T0298795

سلسلة إدارة الموارد البشرية وتنميتها (١)

إدارة الموارد البشرية

في القرن الحادي والعشرين

منحى نظمـــي

الأستاذ الدكتور
عبد الباري إبراهيم درّة
رئيس جامعة الاسراء سابقاً
نائب رئيس جامعة عمان العربية
للدراسات العليا - الأردن

الأستاذ الدكتور
زهير نعيم الصباغ
نائب رئيس جامعة اليرموك
الأردن

دار وائل للنشر

الطبعة الثانية
٢٠١٠

رقم الايداع لدى دائرة المكتبة الوطنية : (2007/11/3445)

درة ، عبد الباري إبراهيم

إدارة الموارد البشرية: في القرن الحادي والعشرين: منحي نظمي/ عبد الباري درة، زهير نعيم الصباغ . - عمان ، دار وائل ، 2007 .

(510) ص

ر.إ. : (2007/11/3445)

الواصفات: إدارة الأفراد / العصر الحديث / إدارة الأعمال

* تم إعداد بيانات الفهرسة والتصنيف الأولية من قبل دائرة المكتبة الوطنية

****

رقم التصنيف العشري / ديوي : 658.3

ISBN 978-9957-11-741-2 (ردمك)

* إدارة الموارد البشرية في القرن الحادي والعشرين

* الأستاذ الدكتور عبد الباري درة - الأستاذ الدكتور زهير الصباغ

* الطبعـة الأولى 2008

* الطبعـة الثانية 2010

دار وائـل للنشر والتوزيع

* الأردن - عمان - شارع الجمعية العلمية الملكية - مبنى الجامعة الاردنية الاستثماري رقم (2) الطابق الثاني

هـاتف : 00962-6-5338410 - فاكس : 00962-6-5331661 - ص. ب (1615 - الجبيهة)

* الأردن - عمـان - وسـط البلـد - مجمـع الفحيص التجـاري- هـاتف: 00962-6-4627627

www.darwael.com

E-Mail: Wael@Darwael.Com

بسم الله الرحمن الرحيم

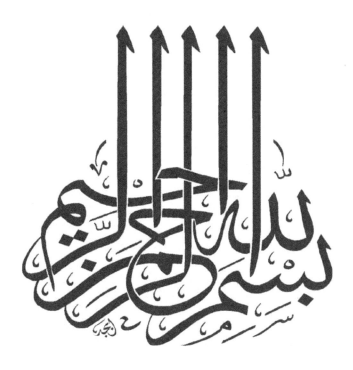

الإهــداء

إلى

وطفة درّة وآمال الصباغ

لقاء

تشجيعهما وصبرهما

المحتويات

بسم الله الرحمن الرحيم

تقديم

هذا كتاب في "**ادارة الموارد البشرية في القرن الحادي والعشرـين**" ولم نشـأ أن نسميه (ادارة الافراد) أو (ادارة شؤون الموظفين)، كما تشيع التسمية عند بعض المؤلفين الذين يتناولون الموضوع، لأن نظرتنا إلى العاملين في المؤسسـات والاجهزة الادارية انهم بشر ومورد ثمين، ورأس مال فكري. قال تعالى: (لقـد كرمنا بنـي آدم، وحملناهم في البر والبحر، ورزقناهم من الطيبات، وفضلناهم على كثير ممن خلقنا تفضيلا). وتختلف ادارة الموارد البشرية في المؤسسات عن ادارة الموارد غير البشرـية كالاموال والآلات والاجهزة والمعلومـات، لأن الانسان كـائن معقد التركيب، وهـو يشبه في بعض النواحي اخاه الانسان، ويختلف في بعض النواحي عـن اخوتـه مـن بني البشر. وان ادارته لتحتاج إلى فهمه فهما علميا دقيقـا، مستندة إلى احـدث النظريات في العلوم الادارية والسلوكية. يضاف إلى ذلك أن الإنسان هو المحرك لكل تلك الموارد السابقة، بل هو اكثر موارد المنظمة اهميـة وتـأثيراً في تحقيـق اهـدافها واعطائها الفرصة للمنافسة وتحقيق التميز.

لقد جاء تـأليف هـذا الكتـاب بعد خبرة للمؤلفيْن في تـدريس الموضوع والتدريب فيه لمدة تزيد عن عشرات السنوات في العالم العربي والخارج. والكتاب موجه إلى الفئات التالية:

- طلاب الادارة في كليات العلوم الادارية والاقتصاد او التجارة سـواء كـانوا طلابـا يدرسـون في المرحلـة الجامعيـة الأولى (البكـالوريوس) أو المرحلـة الجامعية التالية (الماجستير والدكتوراه).

- طلاب كليات المجتمع (المعاهـد الجامعيـة المتوسـطة) الـذين يدرسون مساقات في ادارة الموارد البشرية أو ادارة شؤون الموظفين.

- المشــاركين في بــرامـج تدريبيــة تعقــد في ادارة المــوارد البشرــية (شــؤون الموظفين) في معاهد الادارة ومدارس التكوين الاداري في العالم العربي.
- اعضاء هيئة التدريس والمستشارين والخبراء المهتمين في حقل الادارة بوجه عام وادارة الموارد البشرية بوجه خاص.
- المديرين الممارسين سواء كانوا مديرين عامين لمؤسسات عامة أو خاصة او مسؤولين عن ادارة الموارد البشرـية في تلـك المؤسسـات. فثمـة موضوعـات تهم هؤلاء المديرين مثل الوصف الوظيفي وتصنيف الوظـائف، وتخطيط الموارد البشرـية، والتوظيـف، وتقييم الأداء، وسياسـات الأجور والرواتـب، ومعالجة مشكلات العاملين. ويؤمل ان تـزود فصول الكتاب التي تعالج هذه الموضوعات اولئك المديرين بنظرات ومفاهيم علمية حديثة.

ولهذا الكتاب خصائص يسعدنا ان نبرزها في هذا التقديم:

١- الحداثة :

فلقد حرص المؤلفان على استشارة احدث ما كتب في ادارة الموارد البشرية في العربية والانجليزية، والهوامش في آخر كل فصل، والمراجع العربية والاجنبيـة في نهاية الكتاب تفتح الباب لكل من يريد الاستزادة.

٢- تبني منحى النظم (System Approach) :

فلقد نظر المؤلفان الى إدارة المـوارد البشرـية باعتبارهـا نظامـا يتكون مـن مدخلات تتمثل في رسالة وفلسفة المؤسسة وأهـدافها والسياسـات والتشريعـات والمــوارد البشرـية والمــوارد غـير البشرـية وطـرق وأسـاليب العمـل والمعلومـات والتكنولوجيا، ومن عمليات تتمثل في وظـائف ادارة الموارد البشرـية. ومخرجـات تتمثل في السياسات والقرارات والاستراتيجيات، والأداء المحسن للافراد والجماعـات الصغيرة، ورضا الأفراد الوظيفي والانتاجية التنظيمية، وانتاجيـة المجتمـع. ويتفاعـل هذا النظام مع البيئة الخارجية ببعديها القريب والبعيد.

إن تبني المنحى النظمي كإطار فكري ينظم معالجة موضوع الموارد البشرية ينطوي على مزايا اهمها:

- معاونة الباحث والدارس لادارة الموارد البشرية على تكوين نظرة كلية شمولية، فلا يغرق في بحر لجي من التفاصيل بحيث لا يتمكن من ادراك الملامح العامة للصورة الكلية لتلك الموارد.

- مساعدة الباحث والدارس والممارس على تنظيم فكره وتحليل موضوع ادارة الموارد البشرية الى عناصر يرتبط بعضها مع بعض ارتباطا تبادليا.

- تزويد الباحث والدارس والممارس بأداة فكرية متقدمة تعينه على فهم البيئة الخارجية واستيعاب متغيراتها، مما يجعله حساسا واعيا لكل ما يطرأ عليها من تغيرات وفرص ومخاطر وتهديدات.

٣- الافادة من مستحدثات تكنولوجيا اعداد وتصميم الكتب الدراسية الجامعية:

لقد قطعت الدول الصناعية شوطا كبيرا في مجال تصميم واعداد الكتب، بحيث تدفع القارئ للتعلم والتفاعل مع المادة الدراسية بشكل شيق وفعال، ولقد تجلى ذلك في النواحي التالية:

- تزويد كل فصل باهداف صيغت بشكل سلوكي أدائي يمكن قياسه.
- الاكثار من الامثلة والتطبيقات العملية.
- الاكثار من الاشكال والرسوم والنماذج .
- اختتام كل فصل باسئلة للمناقشة وبحالة ادارية، وبهوامش تتضمن المراجع التي اعتمد عليها البحث.
- اعداد ثبت بالمصطلحات المستخدمة في الكتاب (Glossary) تساعد الدارس على تكوين صورة واضحة عن المفاهيم الأساسية بالكتاب.

٤- معالجــة قضـــايا ادارة المـــوارد البشـــرية في القطــاع العـــام والقطــاع الخاص معا:

فرغم وجود اختلاف في اهداف وتوجهات مؤسسات واجهزة القطاع العام واجهزة ومؤسسات القطاع الخاص، الا ان اعتقادنا ان الفجوة بينها تضيق لتشابك علائقها ووجود مؤثرات تكاد تكون واحدة تؤثر عليها، ثم ان ادارة الموارد البشرية تتعامل مع الانسان بصفته انسانا له مطامح وآمال وتوقعات واحدة بغض النظر عن موقعه في العمل فالانفصال (Dichotomy) بين ادارة الموارد البشرية في إدارة الأعمال والادارة العامة انفصال تاريخي لا يكاد يصمد امام التحديات والمشكلات الواحدة.

٥- إبـــراز القـــوى والعوامـــل السياســية والاجتماعيـــة والاقتصـــادية والتكنولوجيـــة والفكرية التي تميز القرن الحادي والعشرين:

لقد شهد عقد التسعينات من القرن المنصرم والسنوات الأولى من القرن الحادي والعشرين تغيرات وتطورات هائلة تشكل في مجموعها تحديات كبيرة لرؤساء الشركات ومديريها ولمديري الموارد البشرية فيها. ومن هـذه التغيرات والتطورات ظهور حركة العولمة وتداعياتها، وبروز الاقتصاد المعرفي (Knowledge Economy-KE) ، وانتشار الثورة التكنولوجية والثورة المعرفية، وتصاعد آمال الشعوب والجماهير في الحرية وحقوق الإنسان والديمقراطية والرغبة في الحكم الصالح ومراعاة المساءلة والشفافية، وتنوع خلفيات العاملين وطموحاتهم، والاتساع في استخدام الحاسوب والانترنت ووسائل الاتصال الحديثة، يُضاف إلى ذلك كلـه بـروز وانتشار حركات فكرية في حقل الإدارة وإدارة المـوارد البشـرية مثـل أهميـة وضع إستراتيجية للمؤسسة وإستراتيجية للمـوارد البشـرية، وحركـة المنظمـة السـاعية للـتعلم (Learning Organization) ، وإدارة الجودة الشاملة (Total Quality Management-TQM) ، وتكنولوجيا الأداء البشـري (Human Performance Technology-HPT) ، وحركـة الـذكاء العـاطفي (Emotional Intelligence-EI) ، والحـرص عـلى وجـود ميثـاق عمـل أخلاقـي (Code of Ethics) في إدارات الموارد البشرية.

ومن الطبيعي أن يكون لهذه المفاهيم والحركات انعكاس على تناول إدارة الموارد البشرية في القرن الحادي والعشرين، فالكتاب من هذه الناحية نتاج السياق العلمي السائد في أوائل القرن الحادي والعشرين .

هذا ويتضمن الكتاب اثني عشر فصلاً هي :
الفصل الأول، وموضوعه ادارة الموارد البشرية: تحديد المفهوم.

الفصل الثاني، وموضوعه ادارة الموارد البشرية: الخلفية التاريخية والعوامل والحركات التي تؤثر عليها في العالم في مطلع القرن الحادي والعشرين.

الفصل الثالث، وموضوعه ادارة الموارد البشرية كنظام.

ويتناول الفصل الرابع والخامس والسادس والسابع والثامن والتاسع والعاشر والحادي عشر عمليات نظام ادارة الموارد البشرية أو وظائفها وهي:
- وضع استراتيجية للموارد البشرية.
- تحليل الوظائف.
- تخطيط الموارد البشرية.
- تزويد التنظيم بالموارد البشرية (التوظيف).
- تقييم الأداء.
- التدريب والتنمية.
- تحديد الأجور والرواتب .
- فهم دافعية العاملين وحفزهم ومعالجة اوضاعهم ومشكلاتهم.

أما الفصل الثاني عشر فموضوعه مستقبل إدارة الموارد البشرية.

ويحدونا الأمل ان يسد هذا الكتاب فراغا في المكتبة العربية في ادارة الموارد البشرية، آملين ان ينفع الله به الدارس والممارس للادارة. لتكون الدراسة والممارسة على أسس علمية حديثة، فاعتماد هذه الأسس وتبنيها هي احدى الوسائل لتطوير الموارد البشرية وتنميتها، ورفع انتاجيتها. راجين ان لا يبخل علينا الزملاء والأصدقاء بملاحظاتهم وآرائهم، فقد قال احد علماء الادارة الاجلاء: "صديقك من لا يبخل عليك بملاحظاته وآرائه الصريحة فيما تكتب".

ولله الحمد من قبل ومن بعد، انه نعم المولى ونعم النصير

المؤلفان

الفصل الأول

ادارة الموارد البشرية : تحديد المفهوم

أهداف الفصل :

يتوقع ان يتمكن الدارس من تحقيق الأهداف التالية، بعد دراسة هذا الفصل والتفاعل مع نشاطاته :

١- تحديد مفهوم ادارة الموارد البشرية، بكلماته الخاصة، كممارسة ونشاط.

٢- تحديد مفهوم الموارد البشرية على مستوى المجتمع وعلى مستوى التنظيم.

٣- تحديد مفهوم ادارة الموارد البشرية، كحقل من حقول الدراسة.

٤- توضيح مفهوم ادارة الموارد البشرية كمهنة، وتوضيح مستلزمات اية مهنة.

٥- تحديد مفهوم ادارة الموارد البشرية كوحدة ادارية في تنظيم .

٦- ذكر خمس من ادوار ادارة الموارد البشرية الحديثة.

ادارة الموارد البشرية: تحديد المفهوم

تحديد مفهوم ادارة الموارد البشرية :

يصادف مـن يحـاول التصـدي لتحديـد مفهـوم "ادارة المـوارد البشـرية" صعوبات كثيرة. ومنشأ هذه الصعوبات كـثرة المترادفـات لتعبـير "المـوارد البشـرية" والاختلافات حول مجالات الموارد البشرية وتوجيهاتها، والانفصال بين مفهـوم ادارة الموارد البشرية نظريا ومفهومها في الممارسة والتطبيق.

فبعض الكتب تتحدث عـن "ادارة الأفـراد" أو "ادارة شـؤون المـوظفين" أو "ادارة شـؤون العـاملين" أو "ادارة شـؤون العـاملين في الخدمـة العـامة"، أو "ادارة الموارد العاملة".

كذلك فان بعض المراجع تضيق مجالات ادارة الموارد البشرية فتقصرها على نشاطات محدودة، وبعضها يتوسع في مجالات تلك الادارة ويعدد انشـطة متعددة لها.

ومن ناحية ثالثة فان بعض المراجع تعالج ادارة الموارد البشرية من منظور المشروع التجـاري او الصـناعي او ادارة الاعمال او تركـز علـى الخدمـة المدنيـة او الخدمة العامة.

وقد يجد الباحث ان بعض المراجع ذات توجه قانوني هيكلي فتتحدث عـن الاطار القانوني، وحقوق وواجبات الموظف العام، وتنظيم ادارة شـؤون المـوظفين وموقعها في المنظمة او الدولة. كما ان بعض الكتب ذات توجه سلوكي فتتحدث عن سـلوك المـوظفين وحاجـاتهم ودوافعهـم وحـوافزهم، وتكامـل اهـدافهم واهـداف المنظمة، والجانب الاخلاقي للوظيفة.

ويزيد من صعوبات الباحث كذلك ان يلاحظ ان ادارة الموارد البشـرية قـد خطت خطوات واسعة كحقل من حقول الدراسة حتى اصبحت فرعـاً متميـزاً مـن فـروع الادارة وتحظـى بـاهتمام الدارسين والبـاحثين في كليـات ومعاهـد الادارة، فظهرت فيها نظريات ومداخل واساليب. لكنه يجد انفصالاً كبيراً بين مـا يـدرس في تلك الكليات والمعاهد، وبين الممارسة والتطبيـق في المنظمات والمؤسسـات العامـة والخاصة، لا سيما في الدول النامية ومنها الدول العربية.

وسنسوق الآن بعض التعريفات لادارة الموارد البشرية، كما اوردها عدد من المؤلفين الذين تتداول اسماؤهم في الدول الغربية والوطن العربي:

فبعض الكتاب الغربيين يعرفون ادارة الموارد البشرية او شؤون الموظفين بأنها:

- "أي برنامج أو نظام يتعلق بشؤون الموظفين" [١]
- "هي مجموعة وظائف وانشطة تستخدم لادارة الموارد البشرية بطريقة بعيدة عن التحيز، وبشكل فعال، لمصلحة المنظمة والفرد والمجتمع في تنظيم ومجتمع معينين" [٢]
- "هي مجموعة انشطة في جميع المنظمات ترمي إلى التأثير على فعالية الموارد البشرية والمنظمات" [٣]
- "هي استخدام الموارد البشرية في وبواسطة المشروع" [٤]
- "هي تخطيط وتنظيم وتوجيه ومراقبة اجتذاب وتنمية وتفويض وتكامل وصيانة وفصل الموارد البشرية، وذلك لتحقيق أهداف الفرد والتنظيم والمجتمع". [٥]

أما بعض المؤلفين العرب فيحددون ادارة الموارد البشرية بأنها :

- "مجموعة الفعاليات التخطيطية والتنظيمية والرقابية المتعلقة بتهيئة العاملين للجهاز الحكومي (الدولة)، واستخدامهم، ورفع كفاءتهم، وتحديد حقوقهم وواجباتهم، وفقا للنظم والتشريعات واللوائح المعدة باقتراح منها لهذا الغرض" [٦]
- "ذلك النشاط الذي يقوم به مجموعة العاملين في كافة الأجهزة والوحدات التي يتكون منها الجهاز الاداري للدولة ذات الصفة المدنية، سواء كانوا من موظفي الخدمة المدنية التقليدية من وزارات ومصالح وهيئات عامة، او كانوا من مؤسساته العامة وشركات القطاع العام" [٧]
- "هي ذلك النشاط الاداري المتعلق بتحديد احتياجات المشروع من الموارد العاملة، والعمل على توفير تلك الموارد البشرية بالاعداد والكفايات التي تتناسب مع احتياجات المشروع، والعمل على استخدام تلك الموارد استخداماً فعالاً في تحقيق اهداف الكفاءة الانتاجية" [٨]

• "هي ذلك النشاط الاداري المتمثل في وضع تخطيط للقطاع البشري الذي يضمن دائمية وجود الموارد العاملة التي تحتاج اليها المنظمة، ودائمية امدادها بالعناصر البشرية المطلوبة، كما يتمثل في تنمية قدرات العاملين، وتحسين ادائهم، ورفع كفايتهم الفنية والعلمية والعملية، ثم ايجاد الوسائل اللازمة لرفع معنوياتهم، وترقيتهم في العمل والاستمرار فيه، وحثهم على المشاركة بولائهم لتحقيق أهداف المنظمة.

ويدخل في هذا كله توفير المزايا والحوافز المادية والادبية والمعنوية، لاشباع حاجاتهم او رغباتهم الفردية او الجماعية. [٩]

هذه نماذج من تعريفات يقدمها المؤلفون والكتّاب في ادارة الموارد البشرية وتجدر الملاحظة هنا ان هؤلاء المؤلفين والكتّاب يستخدمون تعبيرات مختلفة، فاحيانا نجدهم يتحدثون عن ادارة الموارد العاملة او الموارد البشرية او الافراد او الموظفين، واحيانا تنصب المعالجة على الادارة العامة، واحيانا تتناول ادارة الأعمال.

فما هو موقفنا من هذه التعريفات المختلفة؟ وما هو المفهوم الذي نقدمه ليشكل الاطار الذي ينظم هذا الكتاب؟

الواقع اننا عندما نريد ان نحدد مفهوم ادارة الموارد البشرية، فانه يجب ان نحدد المستوى الذي نعالج به الموضوع.

وفي رأينا انه يمكن استخدام هذا المفهوم على عدة مستويات ومنها ما يلي :

أ- ادارة الموارد البشرية كممارسة ونشاط.

ب- ادارة الموارد البشرية كحقل من حقول الدراسة.

ج- ادارة الموارد البشرية كمهنة.

د- ادارة الموارد البشرية كوحدة ادارية في تنظيم.

وسنقدم هنا بعض التفصيل :

أ- ادارة الموارد البشرية كممارسة ونشاط :

يمكن تعريف ادارة الموارد البشرية كممارسة ونشاط بأنها:

"مجموعة وظائف وانشطة وبرامج تتعلق بتصريف شؤون الموارد البشرية في المنظمة، وترمي إلى تحقيق أهداف الافراد والتنظيم والمجتمع، وتشمل هذه الوظائف والانشطة والبرامج ووضع استراتيجة للموارد البشرية وتحليل الوظائف في التنظيم، وتخطيط الموارد البشرية فيه، وتزويده بالموارد البشرية المطلوبة كما ونوعا، وتقييم أداء العاملين في التنظيم، وتدريبهم وتنميتهم، وتحديد رواتبهم واجورهم ومزاياهم الاضافية، وحفزهم وتنشيطهم ومعالجة مشكلاتهم لتنسيق اهدافهم وحاجاتهم وحاجات التنظيم الذي يعملون فيه، كل ذلك ضمن سياق تنظيمي ومجتمعي معين"

وتبرز في هذا التعريف الأمور والنقاط التالية:

١- ان ادارة الموارد البشرية هي مجموعة وظائف وانشطة وبرامج، اي انه ثمة فعاليات وعمليات ومهام وواجبات ومجموعة من الأنشطة ذات اهداف ونتائج محددة يقوم بها مديرون او مسؤولون في ادارات تسمى ادارات شؤون الموظفين، ويكون عملهم التخطيط والتنفيذ والمتابعة والتنسيق فيما يتعلق بامور العاملين في مؤسسة ما او تنظيم ما.

٢- ان تلك الوظائف والانشطة والبرامج ذات علاقة بالموارد البشرية (Human Resources) في المنظمة او التنظيم، وهذا المصطلح وهو (الموارد البشرية) قد نجد بديلا لها وهو الموارد العاملة او الأفراد أو الموظفون او العاملون. والواقع اننا نفضل مصطلح (الموارد البشرية).

فماذا يعني هذا المصطلح؟

يمكن النظر الى الموارد البشرية من منظورين: منظور كلي مجتمعي ويعني "جميع سكان الدولة المدنيين منهم والعسكريين باعتبارهم مواطنين ترعاهم الدولة اقتصادياً واجتماعياً وسياسياً وثقافياً وتربوياً"(١٠) ويدخل في الموارد البشرية الفئات التالية:

أ- الفئات المهيئة والمؤهلة للعمل.

ب- الفئات غير المهيئة والمؤهلة للعمل بسبب السن أو بسبب وجودهم في مؤسسات معينة كالسجون والمستشفيات.

أما الفئات التي تقع في المجموعة (أ) فهي مكونة من:

١- احتياطي قوة العمل: ويتكون من اولئك الذين يعملون ولا يهدفون الى الكسب الاقتصادي، كاولئك الذين يعملون في بيوتهم ومنشآتهم، وبعض طلاب الجامعات، والمتقاعدين.

٢- مجمل قوة العمل (الموارد العاملة) وتتكون من:

- العاملين في القوات المسلحة وقوات الأمن العام.
- قوة العمل المدنية، وتتكون من :

– العاملين براتب أو اجر

– العاطلين عن العمل (أي القادرين على العمل أو الراغبين فيه ولكنهم لا يجدون عملا لسبب أو لآخر)

اما المنظور الجزئي الضيق فيعني مجموع العاملين في منظمة او مؤسسة ما، ويكون مجال الاهتمام هنا مجموع طاقاتهم واستعداداتهمه وقدراتهم ومعارفهم ومهاراتهم، وقيمهم واتجاهاتهمم وخصائصهم الديموغرافية. ويشمل مصطلح العاملين المديرين في جميع مستويات القيادة، والاداريين والفنيين والمستخدمين، والموظفين الدائمين وغير الدائمين، والموظفين الوطنيين او الاجانب الذين تستخدمهم تلك المنظمة.

ماذا يعني مصطلح المنظمة أو التنظيم؟

المنظمة (التنظيم) هي مجموعة افراد يتفاعلون معاً تفاعلاً تبادلياً ويقومون بصورة مستمرة، بانشطة لتحقيق أهداف معينة ضمن موارد متاحة، وينظم علاقاتهم هيكل تنظيمي يتضمن وحدات تنظيمية مختلفة تعمل على تحقيق تلك الأهداف، وتتفاعل المنظمة بكل عناصرها مع البيئة الخارجية المتغيرة.

فللمنظمة خصائص مميزة هي: وجود الافراد او مجموعات الافراد، ووجود استراتيجية لاهداف معينة، والاستمرارية في النشاط، وهيكل تنظيمي، وحدود معينة يفصلها عن غيرها، ومستويات سلطة، ونظام اتصال ونظام حوافز يمكن الافراد من تحقيق الأهداف المشتركة، وموارد مادية في شكل أموال واجهزة ومعدات وادوات، وتفاعل مستمر مع البيئة الخارجية.

والمنظمة قد تكون كبيرة أو صغيرة، وقد تكون عامة او خاصة، ومن الامثلة على ذلك وزارة التربية والتعليم، والجامعة، والبنك التجاري، والمؤسسة العامة، والجمعية التعاونية،

والمصنع. وفي كل هذه المنظمات ثمة موارد بشرية، وثمـة ادارات تصّرف امـور تلـك الموارد البشرية.

٣- ان الوظائف والانشطة والبرامج المتعلقة بالموارد البشرية في التنظيم تهـدف إلى تحقيق أهداف الأفراد العاملين في التنظيم وأهداف التنظيم.

ولن نتعرض بالتفصيل هنا إلى أهداف الأفراد والتنظيم هنا، بـل سـنرجيء ذلـك الى فصل قادم، ولكن سنكتفي هنا بالقول ان اهداف الأفراد والعاملين تتمثل فيما يلي:

- انجاز المهام والأداء المحسن.

- تلبية حاجاتهم ومطالبهم الخاصة المتعددة.

اما اهداف التنظيم وتتمثل في :

- انتاج سلعة

- تقديم خدمة

- التوفيق بين أهداف الافراد واهداف المنظمة.

- الانتاجية في التنظيم والمجتمع.

٤- تتمثل ادارة الموارد البشرية في التنظيم في وظائف وانشطة وبرامج هي:

- وضع استراتيجية للموارد البشرية.

- تحليل الوظائف.

- تخطيط الموارد البشرية.

- تزويد التنظيم بالموارد البشرية المطلوبة كما ونوعا.

- تقييم الأداء .

- التدريب والتنمية.

- تحديد الرواتب والأجور والمزايا الاضافية.

- حفز العاملين وتنشيطهم ومعالجة اوضاعهم ومشكلاتهم.

وسنعالج هذه الوظائف ببعض التفصيل فيما يلي: كما ستكون كل وظيفة موضـوع فصل من فصول الكتاب.

٥- اننا لا نعالج وظائف وانشطة او برامج ادارة الموارد البشرية في فراغ، بل ان ذلك كله يتم في بيئة تنظيمية معينة، وبيئة خارجية أو مجتمع معين.

والموارد والعوامل والمتغيرات الخاصة بالتنظيم والبيئة الخارجية تتفاعل مع ادارة الموارد البشرية تفاعلاً تبادلياً، وتؤثر فيها وتتأثر بها. فقد يكون التنظيم تنظيماً صغيراً وقد يكون كبيراً، وقد تكون المنظمة منظمة خاصة أو عامة، وقد تكون ذات تاريخ طويل عريق أو حديثة النشأة. وقد تكون منظمة فعالة تتغلب على مشكلاتها، وقد تكون منظمة تحيط بها المشكلات وعلى وشك الانهيار. كذلك فان السياق العام الذي تعمل فيه ادارة الموارد البشرية سياق لا يمكن اغفاله فقد تكون ادارة شؤون الموظفين في منظمة في دولة صناعية غنية او دولة نامية فقيرة. وقد تكون البيئة الخارجية بيئة سريعة التغير تعج بالتيارات والاتجاهات، وقد تكون بيئة هادئة وبسيطة نوعا. هذا وستكون لنا عودة إلى هذا الموضوع في فصل تال.

ب- ادارة الموارد البشرية كحقل من حقول الدراسة :

تعتبر دراسة "ادارة الموارد البشرية" أو "ادارة شؤون الموظفين"، كما عرفت في السابق"، من مجالات التخصص الاساسية لطالب الادارة العامة او ادارة الاعمال في مرحلة التحضير للحصول على البكالوريوس في الادارة او مرحلة الدراسات العليا، تستوي في هذا الجامعات في الدول الصناعية الغنية او النامية، ومنها الدول العربية، وتحتل ادارة الموارد البشرية كذلك مركزا مرموقا في برامج التدريب التي تنظمها معاهد الادارة او مؤسسات التنمية الادارية في تلك الدول.

ومن الموضوعات التي تدرس في هذا التخصص: الموارد البشرية والتخطيط الاستراتيجي، تخطيط الموارد البشرية، والاختيار والجذب، وتقييم الأداء، وتصنيف الوظائف، والتدريب والتنمية، وادارة الرواتب والأجور، والمزايا الاضافية، والامن الصناعي، والعلاقات الصناعية، والمساومات الجماعية، والاساليب والطرق والإجراءات المتعلقة بكل تلك الموضوعات، وموضوعات اخرى متنوعة.

ولا ادل على نمو هذا الحقل من ظهور العشرات من الكتب والابحاث باللغات الاجنبية واللغة العربية في ادارة الموارد البشرية، وكذلك ظهور المجلات المتخصصة باللغة الانجليزية ومنها ما يلي:

Personnel - Personnel Psychology - Personnel Administration - Pubic Personnel Management - Personnel Journal .

جـ- ادارة الموارد البشرية كمهنة (Profession) :

عندما نذكر كلمة مهنة فانه يخطر على بالنا مهنة كمهنة الطب أو الهندسة أو المحاماة او الصيدلة. فهل تعتبر ادارة الموارد البشرية مهنة كاحدى تلك المهن؟

والواقع ان للاجابة على هذا السؤال فاننا يجب ان نجيب على التساؤل التالي: وهو هل الادارة - وهي الميدان الام لادارة الموارد البشرية - مهنة كالمهن المعترف بها؟ ثمة معايير معينة يجب ان تتوافر لكى تجمل المهنة هذا الاسم، وأهم هذه المعايير ا يلي:[١١]

١- وجود حقل من حقول الدراسة المعترف به.

٢- توفر تدريب منظم ولمدة من الزمن للملتحقين بالمهنة.

٣- وجود جمعيات مهنية ينظم اليها الممارسون للمهنة الذين يتخذون من المهنة سلك خدمة لهم (Career) .

٤- وجود اهداف اجتماعية، بالاضافة إلى اهداف النمو والتوسع وتحقيق الربح.

٥- وجود قانون اخلاقي (Code of Ethics) يلتزم به المنضمون للمهنة.

٦- ترخيص او اعتماد (Licensing or Accreditation) من ينظم للمهنة.

ثمة حقل تخصصي لادارة الموارد البشرية، كما انها تحتاج إلى تدريب واعداد منظمين، كما تنتشر الجمعيات التي تعطي للمهنة بعداً مهنياً بحثياً، وأهدافها اهداف اجتماعية عامة، ولكن ادارة الموارد البشرية ينقصها القانون الاخلاقي الواضح الذي يحكم مهنة الطب أو الهندسة أو المحاماة، كذلك ليس ثمة ترخيص لمن ينظم للمهنة. ومن ثم فان ادارة الموارد البشرية يمكن ان تكون اقرب الى المهنة او انها شبيهة بالمهنة، وليس مهنة ذات معالم واضحة محددة متخصصة.

ويرتبط بمفهوم ادارة الموارد البشرية كمهنة ادارة الموارد البشرية كمسلك مهني (Career Service) . ان الدول الصناعية الغنية كالولايات المتحدة وبريطانيا مثلا قد قطعت شوطا طويلا في اعتبار من يعمل في ادارة الموارد البشرية انسانا مؤهلا، يحتاج إلى اساس علمي متين وتدريب منظم، كما ان من يعمل في ذلك الميدان يمكن ان يتخذه مسلكاً مهنياً

(Career) يتدرج فيه، ثم انه يستطيع ان يخطط لنفسه مهنة ومستقبلا في ذلك المجال، ومن مجالات عمله في هذا الحقل تقديم الاستشارات والتدريب .

نقول ان الدول الصناعية الغنية قد قطعت في هـذا شوطا كبيرا ومـن ثم نجـد مختصـين في إدارة المـوارد البشرـية بشكل عـام، او في التحليـل الـوظيفي او التدريب او العلاقات العمالية أو التأمين الصحي مثلا بوجه خاص.

ورغم ذلك فان المسؤولين في ادارات الموارد البشرية في الدول النامية، ومنها الـدول العربيـة، لا يزالــون يقومــون بـادوار تنفيذيـة، هامشـية، تـاركين وضع الاستراتيجيات ورسم السياسات واتخاذ القرارات للـوزراء او وكلاء الـوزارات او المديرين العامين في الوزارات والمؤسسات المختلفة.

د- ادارة الموارد البشرية كوحدة ادارية في تنظيم ما :

لا تكاد تخلو وزارة أو مؤسسة ذات حجم معقول مـن ادارة يطلـق عليها اسم "ادارة شؤون العاملين" او "ادارة الموارد العاملة" او "ادارة شؤون الموظفين" او "ادارة الموارد البشرية" وتكون مهمتها القيام بجميع الاعمال والمسؤوليات المتعلقـة بـالموارد البشرـية في التنظيم وفي بعض منشـآت ادارة الأعمال الخاصة في الـدول الغربية. يتولى ادارة تلك الادارة (نائب الرئيس لشؤون المـوارد البشرـية) أو نائب الرئيس لشؤون الموظفين، ويرتبط به اكثر من مدير، ومن الأمثلة على ذلك الهيكل التنظيمي التالي:

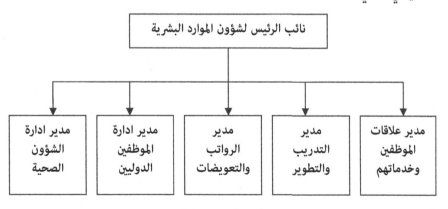

الشكل رقم (١)

هيكل تنظيمي بين الادارات التابعة لنائب الرئيس لشؤون الموارد البشرية في مؤسسة خاصة

ان لادارات الموارد البشرية في التنظيمات ادواراً جديدة تختلف عن الادوار القديمة التي كانت تقوم بها تلك الادارات في أوائل هذا القرن فلقد انحصرت مهام دائرة شؤون الموظفين في تلك الاوقات في العناية بالعمال فقط دون باقي المستخدمين، وفي حفظ السجلات، والاشراف على المناسبات الاجتماعية والثقافية، ولم يكن للمسؤول في تلك الدائرة علاقة اتخاذ القرارات وصياغة السياسات.

أما في الوقت الحاضر فان ادوار ادارات الموارد البشرية تتمثل فيما يلي:

١- التعاون مع متخذي القرارات في التنظيم في وضع استراتيجية للموارد البشرية مرتبطة بالاستراتيجية العامة للمنظمة ووضع السياسات الخاصة بالموارد البشرية فيه:

وتتعلق تلك السياسات بتوظيف العاملين وجذبهم، واختيارهم وترقيتهم، وتعويضهم، وتأديبهم، وفصلهم، وتدريبهم، وغير ذلك من الأمور، ويكون دور المسؤول في ادارة الموارد البشرية تزويد متخذي القرارات بالمعلومات الدقيقة الخاصة بتلك الأمور، والاشتراك بصياغة سياسات واضحة ومكتوبة في جميع النواحي المتعلقة بالموارد البشرية في التنظيم.

٢- تنفيذ السياسات المتعلقة بالموارد البشرية :

وهذا دور جوهري واساسي تقوم به ادارة الموارد البشرية وينصب على القيام بالمسؤوليات اليومية ذات العلاقة مثل اجراء المقابلات والاشتراك في اختيار الموظفين، وتقييم ادائهم، وترقيتهم، وانهاء اعمالهم، وتأديبهم، وصرف مستحقاتهم، وتدريبهم.

وهذا يفرض على ادارة شؤون الموارد البشرية ان تكون ادارة منظمة تصرف الأمور بسهولة ويسرـ وان تكون لديها معلومات دقيقة أو قاعدة بيانات عن أوضاع الموظفين، وان تكون ذات صلة وثيقة بالعاملين مما يسهل عليهم الاتصال بها.

٣- القيام بدور المراقبة والمراجعة للسياسات المتعلقة بالموارد البشرية.

٤- الحرص على تزويد المنظمة بموارد بشرية مدربة ذات دافعية عالية للعمل، والحرص كذلك على الافادة منها بفعالية وكفاية تامتين ويمكن ان يطلق على الدور عبارة (وضع الإنسان المناسب في المكان المناسب).

٥- العمل على تطوير نوعية جيدة من الحياة للعاملين في التنظيم، وذلك باتاحة الفرصة لهم لتحقيق ذواتهم، وبتهيئة المناخ المادي والمعنوي الـذي يفضي ـ الى العمل والانتاجية، والمحافظة على حقوق العاملين، وتـوفير ظروف السـلامة الصحية لهم، وتحقيق العدالة بينهم.

٦- القيام بدور تجديدي في التنظيم:

ويتمثل هذا الدور بادخال وتطبيق الأساليب الحديثة في الادارة ومـن ذلك مثلاً أساليب المقابلـة الفعالـة، وتقيـيم الأداء، وتصنيف الوظائف، واغنـاء العمل وتوسيعه، وتصميم الوظائف، واستخدام الحاسب الالكتروني.

وهـذا يحـتم عـلى متخـذي القـرارات في التنظيمـات الاستعانة بمختصـين (Specialists) في ادارة الموارد البشرـية والابتعـاد مـا امكن عـن الاشـخاص الـذين يحملون مؤهلات عامة بعيدة الصلة بتلك الادارة (Generalists)

ويرتبط بموضوع ادارة الموارد البشرية كوحدة تنظيمية في المؤسسات اشكال تنظيم الخدمة العامة الحديثة. ذلك انه لاغلب الدول اجهزة مركزيـة تتـولى مهام ومسؤوليات عامة ذات علاقة بوضع السياسات واقتراح التشريعات وتحديد النظم التي تحكم وتنظم علاقات الموظفين العامين في الدولة، ويسمى هذا الجهاز المركزي في الأردن باسم "ديوان الخدمة المدنية" ومهام هذا الجهاز المركزي وصلاحياته مـا يلي: (١٢)

١. متابعة تطبيق أحكام هذا النظام (نظام الخدمـة المدنيـة رقم (٣٠) لسـنة (٢٠٠٧) والتحقق من تطبيق الدوائر لأحكام التشريعات المتعلقة بالخدمة المدنية بصورة سليمة. وله في سبيل ذلك القيام بما يلي:

(١) الاتصال بالدوائر للحصول عـلى البيانـات والاحصائيات المتعلقـة بموظفيها بصورة خاصة أو بشؤون الخدمة المدنية بصورة عامة.

(٢) الإطلاع على السـجلات والوثائق والملفات المتعلقـة بـالموظفين أو بشؤون الخدمة المدنية في أي دائرة إذا دعت الحاجة لذلك.

٢. إعداد المشروعات الخاصة بتعليمات اختيار وتعيين الموظفين في الخدمـة المدنية ورفعها الى المجلس لإقرارها.

٣. ترشيح الأشخاص لملء الوظائف الشاغرة في جهاز الخدمة المدنية والمشاركة في عملية اختيارهم ووضع الأسس الخاصة بالامتحانات التنافسية بين المتقدمين للتعيين في الوظائف والإشراف عليها.
٤. المشاركة في اقتراح التشريعات المتعلقة بشؤون الخدمة المدنية.
٥. بناء وتطوير قاعدة بيانات مركزية وأنظمة معلومات لإدارة الموارد البشرية في الخدمة المدنية والمساهمة في توحيد انظمة المعلومات الخاصة بالوظيفة والموظف العام بالتعاون مع الجهات والدوائر المعنية.
٦. النظر في الشكاوى والتظلمات التي تقدم إليه من الموظفين والمرشحين والمتقدمين لإشفال الوظائف واتخاذ الاجراءات المناسبة بشأنها وفقاً لأحكام هذا النظام.
٧. اتخاذ الاجراءات اللازمة لتصويب القرارات الادارية المخالفة لأحكام هذا النظام
٨. إبداء الرأي للدوائر حول المسائل المتعلقة بتطبيق احكام نظام الخدمة المدني.
٩. المساهمة في ادارة الموارد البشرية في جهاز الخدمة المدنية واقتراح السياسات ووضع الآليات التي من شأنها زيادة فعالية وكفاءة هذا الجهاز من خلال ما يأتي:

(١) الإشتراك مع دائرة الموازنة العامة في إعداد نظام تشكيلات الوظائف في الوزارات والدوائر الحكومية بما في ذلك جداول تشكيلات الوظائف على حساب المشاريع الرأسمالية.

(٢) إعداد الدراسات حول التخصصات العلمية المتوافرة بما يخدم جهاز الخدمة المدنية ويسهم في توفير مؤشرات تخدم عملية رسم السياسات التعليمية.

(٣) التعاون مع الدوائر لتحديد الاحتياجات التي تتطلبها عملية رفع كفاءة جهاز الخدمة المدنية عن طريق البعثات والدورات المتخصصة.

(٤) المساهمة في دراسة مشروعات انظمة التنظيم الاداري للدوائر وهياكلها التنظيمية.

(٥) إعداد دراسات لتخطيط القوى العاملة في أجهزة الخدمة المدنية.

(٦) المساهمة في تأهيـل الكفـاءات الاردنيـة وتسـويقها بالتنسـيق مـع الجهـات المعنيـة بتشـغيل القـوى البشـرية في القطـاعين العـام والخاص.

(٧) إعداد الأدلة الخاصة بشؤون الخدمة المدنية والموظف العام.

(٨) توثيق تشريعات الخدمة المدنية والمراجع المتعلقة بها.

(٩) أي مهـام تتعلـق بالخدمـة المدنيـة يكلفه بهـا رئيس الـوزراء أو المجلس.

اسئلة للمناقشة

اجب عن الاسئلة التالية :

١- اعط المترادفات المختلفة لمصطلح "ادارة الموارد البشرية".

٢- ما هي دواعي وأسباب الصعوبات التي تواجه الدارس عندما يريد تحديـد مصطلح الموارد البشرية؟

٣- اختر تعريفـا لادارة المـوارد البشـرية لمؤلـف غـربي وتعريفـا لمؤلـف عـربي، وناقشه، مبيناً نواحي القوة والقصور فيه؟

٤- ما معنى القوة البشرية؟ وما هي الفئات التي يشملها ذلك المصطلح؟

٥- ما أهداف الأفراد وأهداف التنظيم في ادارة الموارد البشرية؟

٦- لمـاذا اصبحت ادارة المـوارد البشـرية حقـلا متخصصا يُدرس ويـدرّس في الجامعات والمعاهد؟

٧- اشرح العبارة التالية شرحا مستفيضاً:
"ادارة الموارد البشرية شبه مهنة"

٨- هل نستطيع ان نعتبر ادارة الموارد البشرية مسلكاً مهنياً في الدول النامية؟ علل اجابتك.

٩- احصل على خريطة تنظيمية لمؤسسة في القطاع الخاص واخـرى في القطـاع العام، وقارن بين وضع واقسام ادارة الموارد البشرية في كل منهما.

١٠- ما ادوار الموارد البشرية الحديثة؟

١١- اذكر خمساً من مهام ديوان الخدمة المدنية في الأردن.

حالة ادارية

اختيار مهنة للطالب ماجد العلي

حصل الطالب ماجد العلي على معدل مرتفع في امتحـان شهادة الدراسـة الثانوية العامة هذا العام. وكان عليه ان يتخذ قراراً حاسماً في حياته: مـاذا يـدرس في الجامعة، وماذا ستكون مهنته في المستقبل؟

جلس ماجد الى ابيه وامه يتحدث عن مستقبله، وكانـا مثقفين يعملان في وظيفتين محترمتين. كان ابوه طبيباً لامراض النسـاء في مستشفى معروف، وكانـت امه مديرة لمدرسة ثانوية كبيرة.

الوالد : انا اعلم انك تشعر بالقلق لأنك سـتتخذ قـرارا خطيـرا سيؤثر عليك طيلة حياتك. لا انصحك يا ماجد بان تدرس الطب لانها مهنة متعبة، وتحتـاج الى سنوات دراسية طويلة.

الوالدة : ولا انصح كذلك بدراسة الهندسة، فاعداد المهندسين الكثيرة تغرق البلـد، ويبدو ان مستقبل هذه المهنة اقل اشراقا مما كان عليه قبل عشر سنوات.

ماجـد : ان لي رغبـة في ان ادرس تخصصا يجمـع بـين حقلي الادارة والحاسب الالكتروني وان الجامعة الوطنية تقدم برامج في هذين التخصصين.

الوالد : انا سعيد بهذا الاختيار. فالادارة هي حقل حديث وبه فـروع ممتعـة جـدا والحاسب الالكتروني هو مهنة المستقبل. ان مدير المستشفى الـذي اعمـل به حاصل على درجة الماجسـتير في ادارة المستشفيات، ومتخصص في ادارة المـوارد البشـرية، وقـد ادخـل نظـام معالجـة المعلومـات حاسوبياً الى المستشفى، وفي ظل ادارته تسير الامور بشكل منتظم في المستشفى.

الوالدة : هل تعتقد ان الادارة وبالتالي ادارة الموارد البشرية مهنة كباقي المهن مثل الطب والهندسة يمكن ان يتخذها الانسان مسلكا مهنياً لحياته؟

الوالد : اكاد اجزم بـذلك، ولنـترك لماجـد الاجابـة على هـذا السـؤال ليتخـذ القرار المتعلق بمستقبله بنفسه.

أسئلة للمناقشة :

١- لو كنت مستشارا للطالب ماجد العلي هـل تنصـحه بـان يـدرس الادارة والحاسب الالكتروني؟ ولماذا؟

٢- ما العوامـل التـي حكمـت تفكـير كـل مـن والـد ووالـدة ماجـد العـلي في التحدث عن مهنتي الطب والهندسة؟

٣- هل تنصح الطالب ماجد العلي بان يتخصص في ادارة الموارد البشرية ؟

٤- هل ادارة الموارد البشرية مهنة؟ علل اجابتك.

الهوامش

1- Felix A. Nigro and Lioyd G. Nigro, **The New Public Personnel Administration**. (Itasca, Illinois: F.F. Peacock Publishers, Inc., 1981), P. 2.

2- Randall S. Schuler, **Personnel and Human Resource Management. International Edition** (St. Paul: West Publishing Company, 1981) P.5.

3- William F. Glueck, **Personnel : A Diagnostic Approach**, Third Edition (Plano, Texas: Business Publications, Inc., 1982), P.11.

4- Andrew F. Sikula, **Personnel Administration and Human Resources Management** (Santa Barbara: John Wiley & Sons, Inc., 1976) P. 6.

5- Edwin B. Flippo, **Personnel Management, (NewYork: McGraw-Hill Book Company, 1984), P. Xiii** .

٦- د. عامر الكبيسي: **ادارة شؤون الموظفين العاملين بالخدمة المدنية** (جامعة بغداد: دار الكتب، ١٩٨٠)، ص ١٣.

٧- د. حمدي امين عبد الهادي: **التقرير العام حول اصلاح نظم الخدمة المدنية بالدول العربية،** دمشق ١٠-١٩٧٩/١١/١٤ (عمان: المنظمة العربية للعلوم الادارية) ص ٢ .

٨- د. علي السلمي: **ادارة الافراد لرفع الكفاءة الانتاجية** (دار المعارف بمصر- ١٩٧٠) ص ٢٣.

٩- د. منصور احمد منصور: **المبادئ العامة في ادارة الموارد العاملة** (الكويت: وكالة المطبوعات، ١٩٧٣)، ص ٥ .

١٠- انظر:

أ- د. منصور احمد منصور: **الموارد العاملة: تخطيط وظائفها وتقويم ادائها** (الكويت: وكالة المطبوعات، ١٩٧٥) ص ١٦-١٧ .

ب- Glueck, **Op.Cit**, PP. 36, 37

11- C.B. Mamoria, **Personnel Management** (Girgaon, Bombay, Himalaya Publishing House, 1980) PP. 85, 86.

١٢-   المملكة الأردنية الهاشمية : نظام الخدمة المدنية رقـم (٣٠) لسـنة (٢٠٠٧) المادة رقم ١٠ ، ص ١٠ ، ١١ .

الفصل الثاني

ادارة الموارد البشرية: الخلفية التاريخية والعوامل والحركات المعاصرة التي تؤثر على ادارة الموارد البشرية في العالم في مطلع القرن الحادي والعشرين

أهداف الفصل :

يتوقع ان يتمكن الدارس مـن تحقيـق الأهـداف التاليـة بعـد دراسـة هـذا الفصل والتفاعل مع نشاطاته:

١-   ذكر خمس من العوامل التي اثرت عـلى تطور ادارة المـوارد البشرـية في الولايات المتحدة الامريكية.

٢-   ذكر اربع من العوامل التي اثرت على تطور ادارة الموارد في العالم العربي.

٣-   تحديد اثر الثورة الصناعية ونمو النقابات في تطور ادارة الموارد البشرـية في الولايات المتحدة الامريكية.

٤-   توضيح المعالم الرئيسية لحركات اصلاح الخدمة المدنية في الولايات المتحدة الامريكية.

٥-   توضيح اثر مبادئ الحركة العلمية في ادارة الموارد البشرية.

٦-   التمييز بين مفهوم العلاقات الانسانية والعلوم السلوكية واثر كل مـنهما في تطور ادارة الموارد البشرية.

٧-   تحديد الجوانب التي اثر فيها الـتراث العـربي الإسلامي عـلى ادارة المـوارد البشرية في الوطن العربي.

٨-   توضيح اثر الاستعمار الاجنبي في ادارة الموارد البشرية العربية.

٩-   تحديـد الـدول الـذي تلعبـه الخدمـة المدنيـة العربيـة في خطـط التنميـة العربية.

١٠- توضح خصائص البيئـة الخارجيـة التي تحيـط بـادارة المـوارد البشرـية في العالم.

١١- تحديد معنى العولمة وكفايات العملية التي يجب ان يتمتع بها مـديرو ادارة الموارد البشرية في القرن الحادي والعشرين.

١٢- تحديد معاني كل من الحركات التالية التي تؤثر على ادارة الموارد البشرـية في القرن الحادي والعشرين:

أ-حركة ثورة المعرفة   ب- حركة ادارة المعرفة

ج- حركة المنظمة الساعية للتعلم   د- حركة ادارة الجودة الشاملة

ادارة الموارد البشرية: الخلفية التاريخية والعوامل والحركات المعاصرة التي تؤثر على إدارة الموارد البشرية في مطلع القرن الحادي والعشرين

نجد لزاما علينا، وحتى نعطي صورة واضحة للخلفية التاريخية لادارة الموارد البشرية، ان نوضح الجذور التاريخية لتلك الادارة في الدول الغربية والدول العربية والعالم.

ويجدر بنا ان نشير في هذا الصدد الى ملاحظتين هما:-

١. اننا عندما نتتبع الجذور التاريخية لادارة الموارد البشرية في الدول الغربية، فاننا سنقصر الحديث في الغالب على الولايات المتحدة الامريكية، لان تطور ادارة الموارد البشرية في الولايات المتحدة كان ذا ملامح واضحة من ناحية، ونظرا لتأثر عدد من الدول الاخرى بمفاهيم وممارسات ادارة الموارد البشرية في الولايات المتحدة من ناحية اخرى.

٢. ان الصورة التي وصلت اليها ادارة الموارد البشرية في الدول الغربية والدول النامية، ومنها الدول العربية، كان نتيجة عوامل اقتصادية واجتماعية وسياسية وفكرية متشابكة. ومن ثم فان التطور التاريخي لتلك الادارة كان بفعل عوامل متعددة فعلت فعلها في المجتمع اولا وفي ادارة الموارد البشرية ثانيا، وكان هذا التطور تدريجياً وليس انقلابياً.

الخلفية التاريخية لادارة الموارد البشرية في الولايات المتحدة:-

ان ادارة الموارد البشرية في الولايات المتحدة في القطاع العام والقطاع الخاص هي نتاج حركات وتطورات متعددة هذه اهمها:-

١) الثورة الصناعية:-

لقد أثرت الثورة الصناعية على المجتمع الامريكي والادارة وادارة الموارد والقوى العاملة فيه بشكل واضح كبير. فلقد شهد النصف الثاني من القرن التاسع عشر واوائل القرن العشرين تحولات ملموسة في الصناعة والتصنيع، فقد استبدلت الالة بالأيدي العاملة، وقام نظام المصانع بدل الصناعة في البيوت، وتجمع العمال في اماكن مكتظة لا تتوفر فيها الشروط الصحية في الغالب، وظهر نظام تقسيم العمل والتخصص، والانتاج بالجملة

(Mass Production) وخطوط التجميع (Assembly Lines) وقد سهل تجمع عدد من العمال في مكان واحد مهمة الاشراف عليهم ومراقبتهم.

وفي نفس الوقت فقد نتج عن الثورة الصناعية سلبيات منها: ظهور مشكلات نفسية واجتماعية معقدة، وغلبة الروح المادية، وكذلك زاد الشعور بالملل والاغتراب، والشعور بالتفاهة، وضعفت العلاقات الودية بين العمال والموظفين[1].

ولهذه المظاهر ولا شك انعكاسات على ادارة شؤون الموارد البشرية، فقد كان من الضروري ان تقوم ادارات تحمل اسم (ادارة العمال) او (ادارة الموظفين) لتشرف على الموظفين والعمال وتنظيم علاقاتهم مع الادارة العليا وتعالج مشكلاتهم النفسية والاجتماعية والاقتصادية.

٢- نمو النقابات:-

لقد ترتب على قيام الثورة الصناعية ونظام المصانع تجمع العمال باعداد كبيرة، وشعورهم بقوتهم، كذلك ترتب على قيام المنظمات والمؤسسات والشركات ونموها ازدياد عدد الموظفين. وكان لكبر حجم الادارات على المستوى الفدرالي والولايات والوحدات المحلية اثره على استخدام اعداد هائلة من الموظفين. كل هذه العوامل اشعرت العمال والموظفين بقوتهم، فنظموا انفسهم في نقابات واتحادات.. عملت على دراسة اوضاع العمال وبحثت في تشغيل الاطفال والنساء، وساعات العمل، واحوال العمل وظروفه، والاجور والرواتب.

وكان لظهور النقابات ونموها اثر على ادارة شؤون الموارد العاملة، فظهرت ممارسات واتجاهات فيها مثل دراسة شكاوى وتظلمات العمال والموظفين، وتوسيع الفوائد التي يجنونها، وتنظيم ساعات العمل والعطل والاجازات، ومعالجة مشكلات النظام والتأديب، وتحديد المهام ومواصفات العمل وتحديد الاجور.

ومن ثم فان ما يسمى بالمساومة الجماعية (Collective Bargaining) تعبيرا عن المفاوضات التي تجري بين ممثلي العمال وممثلي الادارة، تعتبر من الموضوعات الرئيسية في دراسة وتدريس مهام ادارة الموارد البشرية في الولايات المتحدة والدول الغربية.

هذا وقد ضعفت قوة النقابات العمالية في الازمة الاقتصادية بالولايات المتحدة في اواخر العشرينات واوائل الثلاثينات من القرن العشرين ثم زادت قوتها في اواخر الثلاثينات

واثناء الحرب العالمية الثانية نتيجة للنقص في الموارد العاملة. وكانت قوتها واضحة في السبعينات والثمانينات من ذلك القرن.

٣- حركات اصلاح نظام الخدمة المدنية:-

يرتبط مفهوم الخدمة المدنية (Civil Service) بمفهوم الخدمة العامة (Public Service). ونعني بالخدمة العامة ذلك النشاط الذي يقوم به جميع العاملين في كافة الاجهزة والوحدات التي يتكون منها الجهاز الاداري للدولة ذات الصفة المدنية، سواء كانوا موظفي الوزارات والمصالح او موظفي المؤسسات العامة. ومن هنا فان الخدمة المدنية هي الانشطة والوظائف التي يقوم بها الافراد في الجهاز الاداري المدني، مستبعدين بذلك العاملين في الاجهزة والوحدات ذات الطابع العسكري.

ولقد جرت حركات اصلاح لنظام الخدمة المدنية الامريكي في اواخر القرن التاسع عشر والقرن العشرين، وسنحاول الاشارة الى هذه الحركات بايجاز:-

كانت الوظائف في الجهاز الاداري الحكومي الامريكي قبل عام ١٨٨٣، عندما صدر قانون الخدمة المدنية، تقوم على عدم الاستمرارية، فكان الموظف لا يعين لاكثر من اربع سنوات يترك الموظف بعد انقضائها المجال لغيره ويعود الى عمله في القطاع الخاص، ولذلك انعدمت الحاجة الى اعداد الموظفين وانتفت الضرورة لارساء القواعد اللازمة لترفيعهم او ربطهم بالخدمة.

كذلك فقد عرف الجهاز الاداري الحكومي الامريكي نظام المغانم (Spoils System)[٢]

فعندما يتم انتخاب رئيس امريكي جديد، يتم تفريغ الادارة بصورة ميكانيكية من الموظفين، وتملأ بأنصار الرئيس الجديد وحزبه. وقد ادى هذا الى تغير الموظفين السريع، وملء الوظاف بموظفين غير مؤهلين، وتفشي الفوضى في نظام التوظيف والعمل، واستعمل هذا النظام في الثمانينات من القرن التاسع عشر مما دفع بالرأي العام الامريكي الى التحرك ضد النظام القائم، والمطالبة باصلاحات اساسية.

وفي عام ١٨٨٣ صدر قانون الخدمة المدنية: وبموجب هذا القانون ابعدت السياسة عن الادارة، وتألفت لجنة للخدمة العامة او ديوان الموظفين (Civil Service Commission)

عهد اليها تطبيق مبدأ الجدارة في تعيين الموظفين، واتخاذ الاجراءات الكفيلة بتحقيق المبدأ من حيث عقد الامتحانات والاختيار السليم للموظفين.

وفي عام ١٩٣٨ اصدر الرئيس الامريكي روزفلت قراراً جمهورياً نص على وجوب ان تعين الوزارات الفدرالية الاساسية في وظائفها موظفين مؤهلين، وبدأنا نرى في الولايات المتحدة ادارات حديثة للموارد البشرية تطبق الاساليب العلمية في العمليات المتعلقة بالموظفين مثل عملية تصنيف الوظائف واختيار الموظفين، وترقيتهم، وتقدير رواتبهم.

وفي الستينات من القرن العشرين جرت اصلاحات متعددة على ادارات شؤون الموظفين الامريكية سواء كانت تلك الادارات على مستوى الحكومة الفدرالية، او الولاية او الوحدات المحلية. فقد نظم الموظفون في نقابات واتحادات عقدت مع الحكومة الامريكية اتفاقات حسنت في احوال الموظفين، كذلك صدرت تشريعات وقرارات محاكم تشدد على مبدا الفرص المتكافئة للموظفين بغض النظر عن الجنس او الدين او العنصر. كذلك أكدت مبادىء ادارية حديثة مثل اعطاء حوافز للمديرين، والتوسع في مبدا تفويض السلطات، وازالة التعقيدات واجراءات الروتين التي تشل الادارات الحكومية وتصيبها بالشلل والعجز في اداء مهامها الاساسية، ومن الاصلاحات ايضا وضع نظام حديث لتقييم اداء الموظفين(٣).

٤) حركة الادارة العلمية:-

لقد امتد تأثير حركة الادارة العلمية على الادارة بشكل عام وادارة الموارد البشرية بوجه خاص لمدة تزيد على ثلاثين عاما، اي منذ عام ١٩٠٠ وحتى حوالي ١٩٣٠. ويعتبر فردريك تايلور (Frederick Taylor) اباً لحركة الادارة العلمية، كما ان من انصارها فرانك وليان جلبرث (Frank & Liliam Gilbreth)، وهنري جانت (Henry. Gantt) وموريس كوك (Morris Cook).

ويطلق مصطلح حركة الادارة العلمية على تلك الحركة التي حاولت ان تطبق الاسلوب العلمي المنظم على اساليب واجراءات الادارة، وقد حاول تايلور ان يحدد المبادىء العلمية التالية(٤):-

- تحديد مواصفات كل عمل.
- اختيار الانسان الانسب للعمل، وتدريبه لكي يؤدي عمله بطريقة علمية.

- منح العامل حوافز مادية مناسبة.

- فصل الوظائف الادارية عن الوظائف غير الادارية (اي الفنية).

ومن الاساليب التي طبقها انصار الحركة العلمية دراسة الزمن ودراسة الحركة، وتنمية الاساليب والادوات، ومنح نظام تعويض متمايز للعمال الذين ينجزون وحدات انتاجية مختلفة، وطبقت تعليمات محددة للعمال ونظام رقابة على النفقات. وكانت الفكرة الاساسية في فلسفة الادارة العلمية ان ثمة طريقة مثلى واحدة لاداء الاعمال بكفاءة وفعالية.

ولا شك انه كان لحركة الادارة العلمية تأثير على ادارة الموارد البشرية فقد اعطت تصوراً معيناً للعلاقة بين الموظف وبين الادارة، كما انها اكدت التخطيط والتصميم في اداء الاعمال الادارية، بدلا من الحدس والعفوية فيها. ولا شك ان كل هذا ساعد على تمهين ادارة الموارد البشرية واعطائها صفة المهنة. كذلك فان هذه الحركة اعطت للمهندسين دوراً في ادارة المنشآت والمصانع.

٥) حركة العلاقات الانسانية والعلوم السلوكية الحديثة:-

بدا تأثير حركة العلاقات الانسانية في الادارة في العشرينات من القرن العشرين ، ووضح تأثيرها في الثلاثينات والخمسينات فيه. وقد ظهرت هذه الحركة اهمية العوامل الانسانية والاجتماعية في اداء الموظفين والعمال، وابرزت دور القيادة والتنظيمات غير الرسمية.

مهدت حركة العلاقات الانسانية لظهور حركة العلوم السلوكية الحديثة التي تنظر الى الانسان على انه مورد ثمين في التنظيم، واكدت ان التنظيم يحقق اهدافه ليس فقط بالموارد المادية بل بالموارد البشرية الكفؤة ايضا. وقد نحت العلوم السلوكية الحديثة منحى تجريبياً في ابحاثها، مما عمق فهم مديري ادارات الموارد البشرية لسلوك الانسان، ووجههم توجيهات عملية للتعامل مع ذلك الكائن المعقد التركيب.

ومن أهم العلوم السلوكية الحديثة علم النفس، وعلم الاجتماع وعلم النفس الاجتماعي. وقد كان لاحد فروع علم النفس وهو علم النفس الصناعي تأثير واضح في ادارة الموارد البشرية وتحسنت كثير من ممارسات مديري ادارات الموارد البشرية بسبب استفادتهم من ابحاث ونظريات علماء النفس الصناعي. فقد تحسنت ممارساتهم في

الاختيار والتعليم ووضع الاختبارات والتدريب والمقابلات، وحرصوا على تطبيق فكرة المواءمة بين خصائص الموظفين وخصائص الوظيفة.

كذلك استفادوا من دراسات علم النفس الصناعي حول قياس اتجاهات الموظفين، وتعلمهم، وظروف العمل كالتعب والشعور بالاعياء والرقابة.

٦) تأثير فلسفة الرخاء الاجتماعي:-

ظهرت في الثلاثينات من القرن الحالي تشريعات مختلفة نصت على وجوب تدخل الدولة لصالح الموظفين، وتحسين احوالهم المادية والاجتماعية والنفسية . وتوجت تلك التشريعات بصدور قوانين الفرص المتكافئة ولجميع فئات الناس، وتدريب الفئات غير المحظوظة[٥].

الخلفية التاريخية لادارة الموارد البشرية في الدول العربية:-

ثمة تباين واضح في انظمة ادارة الموارد البشرية سواء في القطاع العام او الخاص في الدول العربية، ورغم هذا التباين فاننا نستطيع القول ان ثمة صورة عامة يمكن رسمها للعوامل التاريخية التي اثرت على ادارة الموارد البشرية في تلك الدول، واهم هذه العوامل ما يأتي:-

١- التراث العربي الاسلامي:-

لا شك ان الدول العربية تخضع لتأثير الحضارة العربية الاسلامية بفلسفتها وتوجهاتها ونظام القيم منها. ولذلك تأثير في الممارسات والتنظيمات الادارية في اجهزة ادارة الموارد البشرية. ونستطيع ان نشير الى بعض المفاهيم التي تستمد جذورها من التراث العربي الاسلامي، ومنها مفهوم العدالة، والمسؤولية، وتأدية الامانة باتقان وتجرد، وعدم الاستغناء عن الموظف مراعاة لظروفه الشخصية والاسرية. وهذه لا شك مفاهيم ايجابية ذات مردود طيب على اداء العاملين في الدولة.

ومن ناحية اخرى فان ثمة جوانب من التراث العربي الاسلامي تأثرت بالقيم الجاهلية، او ببعض الحضارات المعاصرة كالحضارة الفارسية او البيزنطية وقد انتقلت هذه القيم الى الممارسات السلبية التي يقوم بها عدد من العاملين في اجهزة الخدمة المدنية او شركات القطاع الخاص. ومن هذه الممارسات: مراعاة الاعتبارات العشائرية والقبلية

والطائفية في الاختيار والتعيين والترقية، واهمال مبدأ الجدارة في الوظيفة، والتمسك الشديد بنصوص اللوائح والقوانين، وعدم مراعاة مصالح الجمهور.

٢- التأثير التركي العثماني:-

خضعت معظم الدول العربية في القرن السادس عشر للدولة العثمانية، واستمرت خاضعة لها حوالي أربعة قرون. ولقد تأثرت ادارة الموارد البشرية بفلسفة الادارة العثمانية وممارساتها. فقد قامت الادارة العثمانية على مبدأ عدم تدخل الدولة في الشؤون الداخلية للمواطنين، واقتصر دورها على جباية الضرائب وحفظ الامن، ورد الاعداء الخارجين. ومن ثم عمت الروح المحلية والقبلية بين الشعوب العربية التي خضعت للدولة العثمانية. وفي اواخر ايامها ضعفت الدولة العثمانية وساءت الادارة بها، وانتشر الفساد الاداري، وكثر ظلم الولاة والملتزمين والجباة، ومن ثم ترعرع بين المواطنين الشعور بالخوف والرهبة من الحكومة، وضعفت الثقة بين المواطن والموظف، ولا نزال نلمس تلك الاثار سائدة بين بعض العاملين في اجهزة الخدمة العامة في الدول العربية.

٣- تأثير الاستعمار الاجنبي:-

خضعت اغلب الدول العربية للاستعمار الاجنبي، فبعضها خضع للاستعمار البريطاني، والبعض الاخر سيطر عليه الاستعمار الفرنسي، كما ان الاستعمار الايطالي سيطر على اجزاء من الدول العربية في القارة الافريقية.

ولقد ترك الاستعمار الاجنبي بصماته على الادارة بوجه عام، وعلى ادارة الموارد البشرية بوجه خاص. فقد كان تصوره للوظيفة تصوراً متخلفاً فالوظيفة ليست خدمة عامة، بل تسلطا، ولم تكن هناك حوافز وسياسات لرفع كفاءة العمل الوظيفي. كذلك فان الاستعمار الاجنبي نقل النظام الخاص بادارة الموارد البشرية المعمول به في بلاده وطبقة على البلاد العربية المستمرة دون مراعاة بظروفها واحوالها. وهذا يفسر تأثر مصر والاردن مثلا بنظام الخدمة المدنية البريطانية، وتأثرت سوريا ولبنان وبلاد المغرب العربي لنظام الخدمة المدنية الفرنسية.

٤- حركات الاستقلال وتبني خطط التنمية الشاملة:-

نالت اغلب الدول العربية استقلالها بعد الحرب العالمية الثانية. وقد رتب الاستقلال على الدول اعباء ومسؤوليات كثيرة. فلم تعد وظائف الدولة تقتصر على حفظ الامن وجباية الضرائب ورد الاعداء، بل تعدت ذلك الى معالجة المشكلات السياسية والاقتصادية والاجتماعية، ورفع مستوى المواطنين المعيشي، ووضع برنامج للوحدة الوطنية، واصبحت الدولة دولة الخدمات والرفاهية.

ولقد تمثل تدخل الدولة في النشاط الاقتصادي والاجتماعي والثقافي والسياسي منذ الخمسينات والستينات من القرن الحالي بتبني خطط تنموية طموحة تترجم الى مشروعات وانجازات عمرانية واقتصادية واجتماعية وثقافية وتربوية. وقد حققت بعض الدول العربية نجاحات في خططها، ولكن اداء معظمها لا يزال يقصر عن الاداء المطلوب. وتعود اسباب ذلك الى ازدياد دور الدولة اولا، وان اغلب الاقطار العربية غير مؤهلة لاستيعاب أبعاد هذا الدور، ولعجز الادارة، ووجود فجوة واضحة بين القدرة الفعلية لاجهزة ومؤسسات الدولة وبين القدرة المبتغاة والمرجوة لتحقيق اهداف التنمية الشاملة.

وايقنت عدد من الدول العربية ان من وسائل ردم الفجوة بين القدرة الادارية الفعلية والقدرة الادارية المطلوبة تطوير الاجهزة الادارية واساليبها، وتكوين كوادر قادرة ومؤهلة لتولي اعباء التنمية، وهذا ما اصطلح على تسميته باسم " التنمية الادارية ".

ان التنمية الادارية هي تلك الجهود والنشاطات التي تبذل باستمرار لتطوير الاجهزة والمؤسسات في الدولة ورفع المقدرة الادارية بها تحقيقا لاهداف التنمية الاقتصادية والاجتماعية في الدولة.

وان من وسائل التنمية الادارية تنمية الموارد البشرية بحيث تكون قادرة وراغبة في الاداء المطلوب. وتتطلب تنمية الموارد البشرية في الدولة تحقيق امور اهمها:-

١- تطوير اجهزة الخدمة المدنية ومؤسسات التنمية الادارية من جامعات ومعاهد ومراكز تدريبية وغيرها.

٢- اتباع نظام حوافز للعاملين في الادارات المختلفة.

٣- تقنين عمليات اختيار وتعيين الموظفين بادخال اساليب الاختبارات وتعيين الحد الادنى للمؤهلات العلمية والخبرات العملية للموظفين.

٤- وضع نظام لترقية وترفيع الموظفين.

٥- تبني نظام مقبول لتقييم الاداء بحيث يستخدم الاساليب الحديثة في ذلك المجال.

٦- وضع نظام بسيط وفعال لتصنيف الوظائف: ونعني بتصنيف الوظائف ترتيب الوظائف بحسب واجباتها ومسؤولياتها ودرجة صعوبتها والمؤهلات الضرورية لانشغالها.

ان تصنيف الوظائف يحقق هدفين:-

أ- تحديد المؤهلات العلمية والخبرات العملية اللازمة لشغل وظيفة معينة.

ب- تحديد الراتب المناسب لكل وظيفة.

وهذا يعني ان الراتب للوظيفة وليس للموظف، وهذا مبدأ هام من مبادىء ادارة الموارد البشرية الحديثة. ويترتب على تطبيق هذا المبدأ اعطاء رواتب متساوية لاعمال متساوية تقريبا، وان يكون الاجر على قدر المشقة.

ان هذه الوسائل وسائل اساسية لتطوير اجهزة ادارة الموارد البشرية في الدول العربية، لا سيما اجهزة الخدمة المدنية والمؤسسات العامة، ذلك ان العاملين في الاجهزة الحكومية العادية وفي مؤسسات وشركات القطاع العام يلعبون أدواراً اساسية، مباشرة وغير مباشرة في وضع سياسات وخطط التنمية الوطنية، وفي تنفيذها، واخيرا في متابعة التنفيذ، ومعرفة مدى تحقيق اهداف تلك الخطط.

العوامل والحركات المعاصرة التي تؤثر على ادارة الموارد البشرية في العالم في مطلع القرن الحادي والعشرين

استعرضنا فيما مضى العوامل والحركات الاقتصادية والاجتماعية والسياسية التي أثرت على إدارة الموارد البشرية كحقل من حقول الدراسة ومهنة وممارسة في الولايات المتحدة الأمريكية والعالم العربي في العصور السابقة وحتى السبعينات والثمانينات من القرن العشرين، ولكن الإدارة بوجه عام وإدارة الموارد البشرية بوجه خاص تعرضت لعوامل وحركات جديدة ومنذ التسعينات من القرن العشرين، كان تأثيرها تأثيراً واسعاً وعميقاً بحيث أخذت تلك الادارة منحى جديداً في كل أقطار العالم، ومن هنا آثرنا أن يكون عنوان هذا الجزء من الفصل " العوامل والحركات المعاصرة التي تؤثر على إدارة الموارد البشرية في العالم في مطلع القرن الحادي والعشرين.

نواجه ادارة الموارد البشرية – سواء في القطاع العام أو القطاع الخاص او في العالم والوطن العربي – تحديات هائلة وهو يعيش على مشارف القرن الحادي والعشرين، ذلك ان هذا القرن يعج بالتغيرات السياسية والاقتصادية والاجتماعية والتكنولوجية والحضارية وهي تغيرات كبيرة في حجمها، سريعة في وتيرتها، معقدة في تشابكاتها، ذات دلالات وانعكاسات متعددة على عمله وفي منظمته.

ان البيئة التي يعيش فيها مدير ادارة الموارد البشرية في اوائل القرن الحادي والعشرين تتميز بالخصائص التالية:

اولاً:- التعقيد (Complexity) :

ففيها تتشابك العوامل الاقتصادية والسياسية والاجتماعية والحضارية والثقافية تشابكاً هائلاً، وتدخل فيها عوامل محلية واقليمية ودولية بالغة التعقيد.

ثانياً:- الدينامية والتغير (Dynamism) :

إن هذه البيئة تتغير تغيراً سريعاً وبتسارع لا يستطيع العقل البشري اللحاق به في أحيان كثيرة.

ثالثاً:- العدائية والغموض (Hostility & Ambiguity) :

إن هذه البيئة مشحونة بالنزاعات والصراعات، كما ان التنافس الاقتصادي والسياسي والاجتماعي والحضاري على أشده. كذلك فإن درجة عدم التأكد والغموض (Uncertainty) عالية مما يجعل اتخاذ القرار امراً بالغ الصعوبة املام متخذي القرار وفي العالم العربي.

رابعاً:- وجود قوى وحركات تأثير بالغ، ومنها:

١. العولمة (Globalization) : (٦)

العولمة تطلع وتوجه اقتصادي سياسي تكنولوجي حضاري تربوي تذوب فيه الحدود بين الدول، وبين الشمال والجنوب، وبين الحضارات بعضها بعضاً، وتتواصل فيه الأمم والشعوب والدول والأفراد باستمرار وبسرعات هائلة، وينشأ اعتماد متبادل (Interdependence) بينها في جميع مجالات الحياة، كالاقتصاد والاستثمارات والسلع والخدمات، والأفكار والمفاهيم والثقافات والأشخاص.

ويتضمن مفهوم العولمة أيضاً اتجاهات (Attitudes) ومناحي (Approaches) وقيماً (Values) على الدول والشعوب أن تتبناها وتتكيف معها وأن تعي نتائجها وعواقبها ومشكلاتها وانعكاساتها.

معنى هذا أن العولمة ظاهرة او حركة معقدة ذات ابعاد اقتصادية وسياسية واجتماعية وحضارية وثقافية وتكنولوجية أنتجتها ظروف العالم المعاصر وتؤثر على حياة الأفراد والمجتمعات والدول المعاصرة تأثيرات عميقة.

وقد فرضت العولمة على مدير ادارة الموارد البشرية كفايات يمكن ان يطلق عليها اسم كفايات العولمة (Globalization Competencies): (٧)

وهي:

(أ) كفاية إدارة التعقيد (Competency of Managing Complexity):

وتعني القدرة على التعلم لايجاد توازنات بين المصالح المتضاربة والتناقضات والتعقيدات المنختلفة التي تعج بها البيئة الخارجية للمنظمة.

(ب) كفاية إدارة التنافس (Competency of Managing Competition):

وتعني القدرة على دراسة البيئة المحيطة بالمؤسسة ومعرفة سوق العمل والتخصصات المطلوبة وحاجات الزبائن المتغيرة وإجراء التعديل في الخطط بالمؤسسة والموارد لمواجهة الأطراف المنافسة.

(ج) كفاية التخطيط الاستراتيجي (Competency of Strategic Planning):

وتعني القدرة على تحديد اتجاه المنظمة في المستقبل، ذلك الاتجاه الذي يتضمن تحديد كل من رسالة المنظمة وأهدافها، بناء على تحليل الوضع الحالي والمستقبلي لكل من البيئة المحلية والقدرات الذاتية، وترجمة تلك الأهداف الى برامج وخطط على المستويات المختلفة اي برامج وخطط طويلة الأجل، ومتوسطة الأجل، وقصيرة الأجل.

(د) كفاية إدارة التغيير (Competency of Managing Change):

وتعني القدرة على فهم البيئة المتغيرة للمنظمة والمهنة والتحولات الهائلة التي تعتريها، كما تعني القدرة على وضع الاستراتيجيات لإحداث التغيير في الهياكل التنظيمية وأساليب العمل والتكنولوجيا والموارد البشرية في منظمته.

(هـ) كفاية الإدارة في فرق عمل (Competency of Managing Teams):

وتعني القدرة على أن يعمل المدير مع فرق عمل متجانسة، والعمل مع فرق عمل يتكون أعضاؤها من خلفيات متنوعة، والقدرة على التغلب على المشكلات والتناقضات التي تنشأ بين اعضاء فرق العمل.

(و) كفاية التعلم المستمر (Competency of Continuing learning):

وتعني القدرة على اكتساب معارف ومهارات واتجاهات جديدة في عمله.

إن ميلاً نفسياً عميقاً للتعلم المستمر يجب ان يتغلغل في نفسه، وان يتخذ من الوسائل والأساليب ما يجعله دائماً على رأس كل التطورات الجديدة في ميدانه، ولا يكون ذلك على مستوى فردي فحسب، بل عليه ان يزاوج بين التعلم المستمر الفردي والتعلم التنظيمي المستمر (Continuing Organizational learning) وإن يسهم إسهاماً جاداً في تكوين منظمات ساعية للتعلم (Learning Organization).

وإن من أهم مهارات التعلم المستمر ان يتعلم المدير كيف يتعلم Learn How to Learn.

(ز) كفاية التعامل مع التكنولوجيا الحديثة بيسر
(Competency of Dealing with Modem Technology Easily)
وتعني القدرة على استيعاب التكنولوجيا الحديثة من أجهزة ومعدات وبرامج واستخدامها، ووضع الخطط بعمله للإفادة من إمكانياتها في إطاره الكلفة والمنفعة Cost Effectiveness .

(ح) كفاية فهم حضارة المجتمع والحضارات الأخرى والتعامل معها
(Competency of Understanding and Dealing with Arab Culture and other Cultures)
وتعني القدرة على فهم حضارة المجتمع العربي بعناصرها المختلفة من لغة وقيم وعادات وتقاليد وأساليب معيشية، وإيجابياتها وسلبياتها، وكذلك فهم الحضارات الأخرى وتقبلها والتعامل معها بما فيها من جوانب مضيئة وأخرى معتمة.

٢. الثورة التكنولوجية: [٨]
تميزت <u>الثورة الإلكترونية</u> الهائلة بسمات هي:

- ساعدت هذه الثورة الى حد بعيد في اختصار المدى الزمني الذي كان يفصل بين كل ثورة صناعية وأخرى.

- تعتمد الثورة الصناعية الجديدة في مجال الإلكترونيات على نتائج العقل البشري وعلى حصيلة الخبرة والمعرفة التقنية.

- ترتب على ذلك، ولمواكبة التطور الجديد الحادث في طبيعة العمليات الانتاجية، استثمار رئيسي في نوعيات معينة من المجالات وبالذات تلك التي تتعلق بامور التعليم والتربية وتنمية المهارات البشرية.

- متابعة مجالات معينة من أجل حل مشكلات اقتصادية واجتماعية وبيئية. ومن هذه المجالات استغلال الطاقات البديلة، والإفادة من الطاقة الشمسية، واقتحام مجال الهندسة الوراثية.

- التركيز على اهمية المعلومات. ان السمة الرئيسية للثورة العلمية والتكنولوجية الاعتماد على المعلومات.

- التزاوج بين الكمبيوتر والفيديو وبرامج تحريك الأشكال تلقائياً (Automatic Animation)، مما أدى الى تطوير نظم المحاكاة الآلية فيما يمكن أن نطلق عليه اسم "صناعة الوهم" التي تسعى إقامة عوالم مصطنعة مركبة غير واقعية. (Synthesized World, Virtual Reality).
- حدوث الثورة الهائلة في تكنولوجيا الاتصالات: ويعتبر هذا من أهم التحولات في العالم، فقد تحول العالم كله الى شبكة اتصالات كونية متلاحمة عبر الأقمار الصناعية والألياف الضوئية وأجهزة الاتصال المتقدمة. وقد أدى هذا الى تقلص المسافات بين الأطراف المعنية في العالم الذي تحول الى غرفة اتصالات كونية صغيرة.
- **التلاقي الخصب للعديد من الروافد العلمية والتكنولوجية التي يتربع على قمتها الثالثوث التالي:**
  - تكنولوجيا الكمبيوتر.
  - نظم الاتصالات.
  - هندسة التحكم التلقائي.

٣. الاقتصاد المعرفي والثورة المعرفية:[٩]

(Knowledge Economy and Knowledge Revolution) :

بدات تتضح منذ الحرب العاليمة الثانية في دول العالم الغنية معالم ما يعرف باسم اقتصاد المعرفة (Knowledge Economy)، إذ أصبح هذا الاقتصاد قائماً على المعرفة أكثر من الصناعة. ولتفصيل ذلك نقول ان الناس في الاقتصاد القديم كانوا ينتجون ويتبادلون مواد مادية ملتصقة (Congealed Resources)، أي الكثير من المواد الملتصقة ببعضها يواسطة قدر قليل من المعرفة. أما في الاقتصاد المعرفي الجديد فإن البشر ينتجون ويتبادلون معرفة ملتصقة، اي قدراً كبيراً من المعرفة الملتصقة ببعضها بعضاً، وقدراً قليلاً من الموارد المادية. لقد تفجرت المعرفة وازدادت في جميع الحقول لا سيما في العلوم والتكنولوجيا، وعم تلك الدول ما عرف باسم "الثورة المعرفية". ومن مؤشرات هذه الثورة ما يلي:

- ازدياد عدد براءات الاختراعات وتطبيقاتها في جميع انحاء العالم، بما فيها الدول النامية.
- ازدياد عدد المجلات والأبحاث العلمية، وقواعد البيانات.
- ارتفاع نسبة الأموال التي تنفق على البحث العلمي النظري والتطبيقي.
- ازدياد اعتماد التقدم التكنولوجي على المعرفة العلمية بدلاً من الخبرة الشخصية المتناثرة.
- ازدياد استخدام الحواسيب والانترنت، مما جعل المعرفة أكثر انتشاراً، ومكن أعداداً كبيرة من المتعلمين من الوصول اليها بسهولة ويسر وبفعالية أكبر. وساعد على تحقيق ذاك كله الثورة التي حدثت في الاتصالات. ويمكن اختصار هذه التطورات جميعاً تحت اسم تكنولوجيا المعلومات (Information Technology).
- النقص الهائل في كلفة وسرعة الأنتقال ونقل المعلومات من بلد الى بلد ومن جزء الى آخر في القطر الواحد.
- التزايد المطرد في اعداد العمال المؤهلين معرفياً (Knowledge Workers) وفي الأعمال والوظائف كثيفة المعرفة (Knowledge-Intensive Jobs).
- الاتساع الكبير في اعداد المؤسسات التي تعتمد اعتماداً رئيسياً على المعرفة مثل شركات المعلومات، والبرمجيات، والبحوث، والاستشارات والأوراق المالية، والخدمات المالية والمصرفية.
- الانفجار المعرفي الذي حدث في حقول معينة مثل هندسة الجينات والبيولوجيا الجزئية، يضاف الى ذلك ما اخترعه علماء الكيمياء والفيزياء والمهندسون من مواد وعمليات جديدة.
- الانعكاسات الجيولوليتيكية والأخلاقية والقانونية والإنسانية التي ترتبط بتلك التطورات. ومن الأمثلة على ذلك إنتاجد أسلحة جديدة من اسلحة الدمار الشامل والاستنساخ، وتهديد الحرية والخصوصية الشخصية للأفراد والجماعات في العديد من بلاد العالم.

٤- حركة ادارة المعرفة (Knowledge Management – KM) (٩):

إدارة المعرفة (Knowledge Management – KM) موضوع معاصر، كثرت في الأبحاث والدراسات في اواخر التسعينات من القرن العشرين، وهو من نتاج عوامل متعددة منها العولمة، كما انه يغذي تلك الحركة بمفاهيم وتيارات.

ادارة المعرفة هي محاولة معرفة القدرات والقابليات المنغرسة في عقول الأفراد والارتفاع بها لتكون نوعا من الموجودات التنظيمية (Organizational Assets) التي يمكن الوصول اليها والاستفادة منها من قبل مجموعة من الأفراد التي تعتمد المؤسسة على قراراتهم اعتمادا أساسياً.

وتوسيعا لهذا المفهوم فإن " إدارة المعرفة " هي الالتزام من قبل المؤسسة بإيجاد وخلق معرفة جديدة ذات علاقة بمهام المؤسسة، ونشرها خلال المؤسسة، وتجسيدها في سلع وخدمات وأنظمة.

ولأن ادارة الموارد البشرية مؤسسة أو منظمة (Organization)، فإنها تتعامل مع ما اصطلح عليه باسم المعرفة التنظيمية (Organizational Knowledge). وللمعرفة التنظيمية خصائص هذه أهمها:

(١) المعرفة التنظيمية ذات طبيعة معقدة:

إن كل مظهر من المعرفة في المؤسسة مرتبط بغيره، فلا يمكن فصل جانب عن آخر.

(٢) إن المعرفة التنظيمية تنظم نفسها بنفسها (Self- Organizing).

ففي كل يوم تخلق معرفة، وتدام، أو تقتل وتتجدد في المؤسسة. فالمعرفة ذات " حياة " أو ذاتية (Self) خاصة بها.

(٣) إن المعرفة تبحث عن مجتمع (Community) تتفاعل معه.

(٤) تسافر المعرفة أو تنقل بواسطة اللغة.

(٥) كلما يحاول المرء أن يحدد المعرفة فكثيراً ما تبوء جهوده بالفشل، فتتملص منه.

(٦) من الصعب السيطرة على المعرفة ووضع رقابة عليها، وكلما حرصت المؤسسة على المرونة كان ذلك أنفع لها.

(٧) ليس ثمة حلول نهائية في موضوع إدارة المعرفة.

(٨) لا تنمو المعرفة بشكل مطلق، بعضها يندثر ويموت او قد يختفي.

والآن ما انعكاسات حركة " إدارة المعرفة " على أفكار وممارسات مديري ادارة الموارد البشرية.

ان على اولئك المديرين المسؤوليات التالية:

١) ان يعوا المعرفة التي لديهم ويبحثون عنها وأن يبحثوا عن المعرفة التي يحتاجونها.
٢) أن يولدوا (يوجدوا) معرفة جديدة من مصادرها الداخلية مثل البحث والتطوير.
٣) أن يجعلوا المعرفة في متناول من يحتاجها من داخل المؤسسات أو خارجها.
٤) أن ينقلوا المعرفة الى من يحتاجها من العاملين في أعمالهم اليومية رسميا من خلال التدريب والتنمية وبشكل غير رسمي من خلال التهيئة أثناء العمل (On – the – Job – socialization) .
٥) أن تمثل المعرفة (Represented) في شكل تقارير، ورسوم وعروض، مما يسهل عملية وضعها في متناول من يحتاجها.
٦) وضع الضوابط لجعل المعرفة السليمة الموثوق بها هي المعرفة السائدة في المؤسسة.
٧) التحقق من المعرفة واختبارها بشكل مستمر.
٨) جعل العمليات المعرفية السابقة عمليات سهلة ميسرة من خلال تطوير حضارة التنظيم، وإيجاد الحوافز وتطوير القيادات التي تقدر وتشارك وتستخدم المعرفة.

٥- حركة المنظمة الساعية للتعلم (Learning Organization) : [١٠]

لقد تعددت الكتابات في الثمانينات والتسعينات من القرن العشرين حول المؤسسات الساعية للتعلم المستمر (Learning Organizations) وحول التعلم التنظيمي (Organizational Learning). ويبدو ان عددا من المنظمات في الدول المتقدمة صناعياً كالولايات المتحدة واليابان استطاعت ان تواجه تحديات التغيرات التكنولوجية والديموغرافية والاقتصادية والمنافسة الدولية الحادة، وتناقض الموارد الطبيعية المتزايد بأن اصبحت منظمات ساعية للتعلم المستمر. فماذا نعني بهذين المصطلحين: المؤسسة الساعية للتعلم المستمر والتعلم التنظيمي؟

المؤسسة الساعية للتعلم المستمر هي تلك المؤسسة التي استطاعت ان تنسج في كيانها وحضارتها (Culture) قدرة مستمرة متجددة على التعلم والتكيف والتغير: فقيمها وسياستها وانظمتها وهياكلها تشجع وتسرع التعلم لجميع العاملين فيها. وينجم عن هذا التعلم تحسن مستمر في مجالات عدة كالعمليات التي تجري، والمنتجات التي تنتج، والخدمات التي تقدم، وهياكل ووظائف اعمال الافراد، وفرق العمل، والممارسات الادارية، مما يؤدي بالتالي الى نجاح المؤسسة والتميز في ادائها.

بعبارة أخرى ان العاملين في تلك المنظمة يتعلمون، وبتخطيط دقيق، اموراً جديدة. ويطبق العاملون ما يتعلمونه في تحسين المنتجات التي تنتج والخدمات التي تزود بها المنظمة جمهورها. كما يعمل العاملون على تحسين نوعية البيئة التي يعملون فيها، والاداء الذي يقدمونه.

وعلى هذا الاساس فان **التعلم التنظيمي** هو تلك العملية التي تؤدي الى تطوير المعرفة عن العلاقات بين الاعمال (Actions) وبين النتائج (Outcomes) وتأثير البيئة الخارجية على تلك العلاقات. وهذا يتطلب ان تتصف تلك المعرفة بطبيعة تشاركية بين الافراد العاملين في المنظمة، وانها تقيم من قبلها باستمرار، مما ينتج عن ذلك كله تكامل في المعرفة والنظرة بينهم.

وللتعليم التنظيمي خصائص من أهمها:

١. انه عملية تتمثل في الحصول على معرفة جديدة وتجديد وتنقيح لذاكرة المؤسسة.

٢. انه يكون نتيجة لخبرات وتجارب مرت بها المؤسسة.

٣. أنه ينصب على ذاكرة المنظمة (Organization Memory) التي تضم مفاهيم ومرجعيات مشتركة ومنها ذاكرات الافراد، والوثائق الرسمية، والسجلات، وهيكل المنظمة، وحضارة المنظمة نفسها.

وهكذا فإن المؤسسة الساعية للتعلم المستمر (Learning Organization) مؤسسة تفتح لنفسها افاقاً واسواقاً وفرصاً جيدة بأن تتعلم من تجاربها ومن تعاملها مع الزبائن والموردين والمنافسين. ومن ثم فانها تحرص على اختيار وتدريب العاملين فيها، واطلاق طاقاتهم الكامنة والقائمة، كما تعمل على اتاحة الفرصة للعمل الجاد المتميز والمشاركة، اي

انها تمكنهم (Empowering) من التأثير على حياة المنظمة ومستقبلها في اتجاه ايجابي بناء.

٦- حركة ادارة الجودة الشاملة Total Quality Management (TQM) : (١١)

تعتبر ادارة الجودة الشاملة تغيرا كبيرا (Megachange) في التفكير والممارسة الاداريين في المؤسسات الصناعية ومؤسسات الاعمال الانتاجية والخدمية، في القطاعين العام والخاص. انها فلسفة ادارية بمعنى انها مجموعة مبادىء ادارية تهدي المديرين ليديروا منظماتهم بشكل افضل. وهي ايضا مجموعة ادوات احصائية وادوات لقياس الجودة، بعضها معقد وبعضها بسيط سهل. ان هذه الفلسفة الجديدة تنأى بالمديرين عن الممارسات الادارية التقليدية التي تعيقهم عن استخدام الامكانات والقدرات الهائلة الظاهرة والكامنة لدى جميه العاملين في المنظمة.

ويدعم هذه الفلسفة ادوات تساعد المديرين على فهم العمليات المختلفة في المنظمة، وعلى قياس الجودة المتقنة سعيا للتحسين المستمر، وتحقيقا لاهداف المنظمة في الانتاجية العالية، والاداء الممتاز، والكفاية المنشودة، والرضا النفسي الواضح.

ويلخص هذه التوجهات التعريف المحدد التالي: فإدارة الجودة الشاملة " جهد تعاوني لانجاز الاعمال يعتمد على مواهب وقدرات العاملين والمديرين على حد سواء لتحقيق الجودة المحسنة والانتاجية العالية باستخدام فرق العمل وأدوات احصائية مختلفة لقياس جوانب الجودة والعمليات الادارية المختلفة ".

وتدين هذه الحركة الفكرية العلمية بوجودها الى رواد (Curus) من اشهرهم:

أ.   ادواردز ديمنج (W.Edwards Deming) .

ب. جوزيف ك. جوران (Joseph. M. Juran).

ج.   كاروو اشكاوا (Kauro Ishikawa) (١٩١٥ – ١٩٨٩).

د.   وليام كونوي (William E. Conway).

ويمكن القول ان المفاهيم المحورية والافكار الرئيسية في ادارة الجودة الشاملة تتمثل فيما يلي:

• العناية والاهتمام الشديدين بالزبون او العميل.

- التركيز على العمليات (Processes) والنتائج (Results).
- الاهتمام بالرقابة اكثر من التركيز على التفتيش.
- تجديد خبرات ومهارات العاملين.
- اتخاذ القرارات المبنية على الحقائق.
- الاهتمام بالتغذية الراجعة والاتصال.
- تأكيد ان الاهتمام بالجودة يحقق الربح.
- اتقان العمل من اول مرة والتشديد على مبدأ ان لا عيوب مطلقا.
- الاخذ بمبدأ الكلفة الشاملة في الجودة. وتشمل الكلفة الشاملة كلفة الوقاية، وكلفة التقييم، وكلف التوقف الداخلي، وكلف الانقطاعات الخارجية، وكلفة متطلبات الزبون الزائدة، وكلفة الفرص الضائعة.
- وضع علامات مقارنة مناسبة للمنافسة (Competitive Benchmarking).
- تأكيد مبدأ اشراك الجميع في عملية التحسين المستمر.
- تأكيد مبدأ التآزر والتداؤب في عمل الفريق، (Synergy in Team Work). ومبدأ التآزر والتداؤب يعني ببساطة ان مجموع جهود الافراد اكبر من المجموع الحسابي لتلك الجهود.
- الايمان بمبدأ ملكية العاملين للمؤسسة ومنجزاتها ومبدأ الادارة الذاتية. والملكية (Ownership) التي تشمل الملكية التجارية والملكية النفسية (Psychological Ownership).
- تطبيق عدد من الادوات والاساليب الاحصائية اطلق عليها البعض اسم سلة ادوات وأساليب الجودة (The Quality Toolbox) .

إن الزبون هو السيد المطلق في فلسفة ادارة الجودة الشاملة، وتحتل "خدمة الزبون" (Customer Service)، والجودة في تقديم الخدمة احد المرتكزات الرئيسية في هذه المنظومة الفكرية الشاملة.

اسئلة للمناقشة

اجب عن الاسئلة التالية:-

١) لماذا اقتصر عرض التطور التاريخي لادارة الموارد البشرية على الولايات المتحدة بدلا من الدول الغربية ككل؟

٢) بين كيف اثر ظهور الثورة الصناعية ونمو النقابات على ادارة الموارد البشرية في الولايات المتحدة؟

٣) تتبع تاريخ حركات اصلاح نظام الخدمة المدنية في الولايات المتحدة من اواخر القرن التاسع عشر الى الثمانينات من هذا القرن؟

٤) اشرح العبارة التالية شرحا وافقيا:-
" كان لمبادىء حركة الادارة العلمية انعكاس مباشر على ادارة الموارد البشرية في الولايات المتحدة ".

٥) قارن بين التأثير التركي العثماني والاستعمار الاوروبي على ادارة الموارد البشرية في الوطن العربي.

٦) ما الوسائل التي استخدمتها الدول العربية لتطوير ادارة الموارد البشرية في النصف الثاني من القرن العشرين؟

٧) ما خصائص البيئة التي يعيش فيها مديرو ادارة الموارد البشرية في العالم في أوائل القرن الحادي والعشرين؟

٨) ما معنى العولمة؟ ما ايجابياتها وما سلبياتها؟

٩) حدد خمساً من كفايات العولمة التي يجب أن يمتلكها مديرو ادارات الموارد البشرية في العالم، وضح معنى كل كفاية ؟

١٠) ما معنى الثورة التكنولوجية؟ وكيف تنعكس على أداء مديرى ادارات الموارد البشرية في العالم في القرن الحادي والعشرين؟

١١) ماذا نعني بالاقتصاد المعرفي وحركة الثورة المعرفية، وكيف ينعكسان على المهام التي تقوم بها ادارات الموارد البشرية في العالم في القرن الحادي والعشرين؟

١٢) ماذا نعني بادارة المعرفة؟ وما خصائص المعرفة؟

١٣) ما انعكاسات حركة ادارة المعرفة على اداء مديري ادارات الموارد البشرية في العالم في القرن الحادي والعشرين؟

١٤) ماذا نعنى بحركة المنظمة الساعية للتعلم؟ وماذا نعني بالتعلم التنظيمي.

١٥) ما انعكاسات حركة المنظمة الساعية للتعليم والتعلم التنظيمي على اداء مديري ادارات الموارد البشرية في العالم في القرن الحادي والعشرين.

١٦) ما الافكار الرئيسية في حركة ادارة الجودة الشاملة ؟

١٧) كيف يمكن ان يفيد مديرو إدارات الموارد البشرية في العالم في القرن الحادي والعشرين من حركة ادارة الجودة الشاملة؟

حالة ادارية
" قطع الاعناق اسهل من قطع الارزاق"

جلس مدير ادارة الموارد البشرية في مصنع الفولاذ والصلب خليل محمد في مكتب المدير العام المهندس عبد الجواد اسماعيل يحمل معه الملف الخاص بالمشرف سليم الذهبي، وقد بدا الجد على محياه، لانه يريد ان يتخذ قرارا بفصل المشرف الذهبي.

قال المدير العام:-

– نعم يا سيدي، مرة ثانية قضية المشرف الذهبي، ماذا من جديد؟

مدير ادارة الموارد البشرية :

- هذه المرة اتى الذهبي الى المصنع سكران. لقد سبق ان بحثت معك قضيته. لقد تكرر غيابه وكثرت اساءاته للعاملين معه وللجمهور المراجع. ولقد وجهت اليه اكثر من لفت نظر وانذار . واليوم لا استطيع الصبر اكثر مما صبرت: ان يأتي سكران الى العمل فان هذا امر لا يحتمل. انني اقترح فصله ودفع تعويض له.

المدير العام:-

- انا اعرف جيدا ان موضوع المشرف الذهبي موضوع مؤرق. وان عدم اتخاذ قرار حاسم بشأنه سيكون له انعكاس سلبي عليك وعلي وعلى العاملين في المصنع. ما اقترحه ان تتروى في قرارك يا سيد خليل. لقد سبق ان ذكرت لي ان عشرة اطفال وان امرأته مصابة بالسرطان ان فصله قرار خطير "فقطع الاعناق اسهل من قطع الارزاق"، ومجتمعنا يؤمن بهذه القاعدة.

مدير ادارة الموارد البشرية

- ان وضعه العائلي وضع ماساوي، وهذا ما يجعلنا نتردد في اتخاذ قرار بفصله، وفي نفس الوقت فان المصنع لا يستطيع ان يتبنى شعار "انما نطعمكم لوجه الله"، والله انه امر محير.

المدير العام:-

- ادرس موضوع المشرف الذهبي مرة اخرى وضع لي بدائل اخرى غير فصله، ولنبحث قضيته بعد اسبوع.

اسئلة للمناقشة:

١) لماذا اقتنع مدير ادارة الموارد البشرية بوجوب فصل المشرف الذهبي"

٢) "تؤثر حضارة المجتمع وثقافته على القرارات الادارية" كيف يظهر اقوال وقرارات المدير العام ومدير ادارة شؤون الموظفين في مصنع الفولاذ والصلب؟.

٣) ماذا تقترح حلا لمشكلة المشرف الذهبي، وما البدائل التي تقترحها على مدير ادارة الموارد البشرية ليبحثها مع المدير العام؟.

الهوامش

(1) Andrew Sikula, **Personnel Administration and Human Resource Management**, (John Wiley 1976), P. 10.

(٢) حسن الحلبي: **الخدمة المدنية في العالم**: (بيروت: منشورات عويـدات ١٩٨١)، ص ٦٠ - ٦١.

(3) O. Glenn Stahl, **Public Personnel Administration**; Sixth Edition (New York: Harper & Row, Publishers, 1971), PP. 16 - 71.

(4) Donald P. Crane. **Personnel. The Management of Human Resources; Second edition** (Belmont California: Wadsworth Publishing Company. Inc., 1979), P.6.

(5) Leon C. Megginson, **Personnel and Human Resources Administration** (Homewood, llinois: Richard D. Irwin, Inc., 1977) PP. 56 - 61.

(٦) د. عبد الباري درة: "**العولمة والنوعية في التعليم الجامعي والعالي**" بحث غير منشور قدم الى المؤتمر العلمي حول "الجامعات العربية وتحديات القرن الحادي والعشرين" الذي نظمه اتحاد الجامعات العربية في جامعة صنعاء اذار (مارس) ١٩٩٧، ص١٠-٢١ .

(٧) انظر :

a. Stephen H. Rhinesmith, **A Manager's Guide To Globalization. Six Skills for Success in A Changing World**; Second Edition (Alexandria, Virginia: ASTD, 1996), pp. 23-44 .

b. Abbas F. Alkhafaji, **Competitive Global Management. Principles and Strategies** (Delray Beach, Florida: St. Lucie Press, 1995), pp. 137-154.

(٨) أنظر ما يلي :

a. Bill Gates, **The Road Ahead**, NewYork: Viking, Perguin, 1995, pp. 1-112.

b. Leslie Kelly, "The Implications of the Information Superhiglway for Training and Human Resoruce Managers", (A Paper Presented to IFTDO Conference, Cairo, 4-7/11/1996), pp. 6-13 .

ج. د، نبيل علي: **العرب وعصر المعلومات** (الكويت: المجلس الوطني للثقافة والفنون والآداب، العدد ١٨٤ من سلسلة عالم المعرفة، ابريل/ نيسان ١٩٩٤)، ص ١٣-٤٤ .

(٩)   انظر ما يلي:

a. Laurence Prusak (ed.) **Knowledge in Organizations** (Boston: Butterworth-Heinemann, 1997, pp. 9-13.

b. Verna Allee, **The Knowledge Evolution. Expanding Organizational Intelligence** (Boston: Butterworth- Heinemann, 1997), pp. 60-64.

c. Jerry M. Rosenberg, **The Essential Dictionary of Management & Human Resources.** (NewYork: Barnes & Noble Books, 2004), p. 299.

d. Thomas Housel and Arthur H. Bell, **Measuring and Managing Knowledge** (Boston: McGraw-Hill, Irwin, 2001, p. 12.

(١٠)   انظر ما يلي :

a. Joan Kremer Bennett and Michael J. O'Brien, "The Building Blocks of the Learning Organization", **Training**, Vol. 319 No. 6 (June 1994), pp. 41-49.

b. Daniel Robey and Carol A. Sales, **Designing Organizations**; Fourth Edition (Burr Ridge , Illinois : Irwin, 1994), pp. 414-462.

c. Peter M. Senge, **The Fifth Discipline . The Art and Practice of The Learning Organization** (NewYork: Currency-Boubleday, 1990), pp. 5-13.

(١١)   انظر ما يلي:

a. Joseph R. Joblonski, **Implementing Total Quality Management: Overview** (San Diego: Pfeiffer and Company, 1991), p. 4.

b. John Bank, **The Essence of Total Quality Management** (New York: Prentice- Hall, 1992), pp. 66, 69 .

c. Patricia A. Galagan, "How Wallace Change Its Mind", **Training and Development**, Vol. 45, No. 6, June 1991, P. 25.

د. انظر التقرير الخاص الذي اعدته مجلة **Training** الملحق بالعدد ابريل/ نيسان ١٩٩٢ عن الجودة ، ص ١٩ .

e. Robert T. Amsden, Thomas W. Ferratt and Davida M. Amsden "TQM: Core Paradigm Changes, **Business Horizons**, Vol. 34, No. 6, November-December 1996, pp. 6-14.

الفصل الثالث

ادارة الموارد البشرية كنظام

اهداف الفصل :

يتوقع ان يتمكن الدارس من تحقيق الاهداف التالية بعد دراسته لهذا الفصل والتفاعل مع نشاطاته:

١) تحديد ست من خصائص النظام المفتوح.

٢) تحديد مدخلات نظام ادارة الموارد البشرية.

٣) تحديد انشطة (وظائف) نظام ادارة الموارد البشرية.

٤) تحديد مخرجات نظام ادارة الموارد البشرية.

٥) تحديد معنى البيئة الخارجية القريبة والبيئة الخارجية البعيدة لنظام ادارة الموارد البشرية.

٦) تحديد عناصر البيئة الداخلية لنظام ادارة الموارد البشرية.

٧) توضيح انعكاسات المنحى النظمي لادارة الموارد البشرية على فكر وممارسات الباحث والمسؤول في ادارة الموارد البشرية.

ادارة الموارد البشرية كنظام

يستمد المدخل النظمي (The System Approach) الذي يدور عليه هذا الكتاب اصوله من نظرية النظم العامة (General System Theory) التي تنظر الى كثير من الاشياء والظاهرات في هذا الكون على انه نظام (A System) فما هو النظام ؟

النظام هو مجموعة عناصر او اشياء مترابطة او متفاعلية تشكل معاً وحدة واحدة متشابكة. فالكون هو نظام، والارض نظام، والانسان نظام، والسيارة نظام، والمصنع نظام، والجامعة نظام، ووزارة التربية والتعليم نظام، والبنك نظام، وديوان الخدمة المدنية أو مجلس الخدمة المدنية نظام، وادارة الموارد البشرية نظام.

وثمة منظوران للنظام: منظور النظام المغلق (Closed System) الذي يصور النظام على انه شيء كلي مترابط ذو ارتباط ضعيف بالبيئة الخارجية، ومنظور النظام المفتوح (Open System) الذي ينظر الى النظام على انه شيء كلي يتفاعل مع البيئة الخارجية تفاعلاً تبادلياً، اي يؤثر في البيئة ويتأثر بها.

ومنحى النظم يستمد مفاهيمه من منظور النظام المفتوح بخصائصه المعروفة واهم هذه الخصائص ما يلي [1]:-

١- النظام يتكون من عدة انظمة فرعية تترابط مع بعضها بعضاً، وأي تغير في أي نظام فرعي، يؤثر على الانظمة الفرعية الاخرى، بطريقة او باخرى، ولتوضيح ذلك نقول ان المنظمة الحديثة كالبنك او المصنع مثلا تتكون من الانظمة الفرعية التالية:-

- النظام الفرعي الفني (The Technical Subsystem)
- النظام الفرعي الانساني (The Human Subsystem)
- النظام الفرعي المالي (The Financial Subsystem)
- نظام المعلومات الفرعي (Information Subsystem)

٢- للنظام عناصر تتمثل فيما يلي:-

مدخلات (Inputs): وتكون على شكل موارد بشرية واموال ومعلومات وطاقة ترد من البيئة الخارجية.

عمليات (Processes): وهي تفاعلات تتم داخل النظام.

مخرجات (Outputs): وتكون على شكل منتجات او خدمات او معلومات تصب في البيئة.

تغذية راجعة (Feedback): وهي نوع من المعلومات تشكل نوعاً من الرقابة والضبط وتصل بين المخرجات من جهة والعمليات والمدخلات من جهة اخرى.

٣- للنظام بيئة داخلية تجري في سياقها العمليات في النظام، وعلى عناصر البيئة الداخلية ومكونات البيئة الخارجية وتفاعلهما معاً تعتمد فعالية النظام.

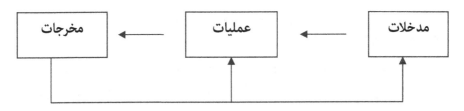

الشكل رقم (١)

شكل يبين عناصر النظام

٤- يتفاعل النظام مع البيئة الخارجية تفاعلا تبادليا فيؤثر في البيئة ويتأثر بها. ويمكن تقسيم البيئة الخارجية المحيطة بالنظام الى نوعين من البيئة: بيئة بعيدة وبيئة قريبة. ويمكن اطلاق اسم البيئة المرتبطة بمهام التنظيم (Organizational Task environment) على البيئة القريبة وهذه ذات تأثير اساسي على التنظيم، وفيها تتم عملية استقطاب موارد التنظيم[٢].

ان معرفة القادة الاداريين وفهم مديرو ادارات الموارد البشرية للبيئة الخارجية بنوعيها البعيد والقريب امر على جانب كبير من الاهمية، اذ ان البيئة الخارجية تمثل فرصاً وقيوداً وتستطيع الادارة ان تتعرف على تلك الفرص والقيود وان تحددها وترسم استراتيجياتها الخاصة بها.

وستكون لنا عودة الى هذا الموضوع بعد قليل.

٥- الحدود (Boundaries):-

وهي الخطوط التي تفصل النظام عن البيئة الخارجية، وقد تكون هذه الحدود حدوداً شديدة التماسك او مفتوحة يسهل اختراقها.

٦- التوازن الديناميكي (Dynamic Homeostasis):-

ان على أي نظام مفتوح، لكي يحيا وينمو، ان يحقق حالة معينة يستورد خلالها مدخلات من البيئة تمكنه من انتاج مخرجاته، وتساعده على تشغيل عملياته. ويطلق علماء الانظمة على هذه الحالة اسم "التوازن الديناميكي"، فالنظام يحاول دائما ان يكون في حالة توازن مع ظروف بيئته المتغيرة، ثم ان هذا التوزن ليس جامداً بل في حالة حركة.

٧- التمايز والتعقيد (Differentiation and Elaboration):-

يميل النظام المفتوح الى تمايز وتعقد مستمرين في عملياته، ذلك ان النظام المفتوح عندما يزداد نمواً يزداد تخصصاً في عناصره وتعقدا في هيكله. فالانظمة الفرعية فيه تميل الى النمو والتخصص وتكوين خصائص متطورة تتناسب والمطالب التي تفرضها عليها البيئة.

٨- الكلية والتكامل (Holism & Integration):-

ان خصيصة التمايز تفرض علينا ان ننظر الى النظام ككل، والى اعتباره اكثر من اكبر مجموع اجزائه. كما ان ميل تلك الاجزاء الى التخصص والتعقيد في العمليات يجعل النظام شيئاً جديداً موحداً ومختلفاً عن كل جزء من اجزائه، ويصبح النظام شيئاً كلياً بتكامل وحدته. فالتكامل، اذن، هو عملية توحيد جهود الانظمة الفرعية لكي يؤدي النظام مهامه.

٩- التعددية في تحقيق الاهداف والقيام بالعمليات (Equilfinality):-

تستطيع الانظمة المفتوحة ان تصل الى النتائج المرغوب فيها مثل التوازن الديناميكي بطرق متعددة ووسائل كثيرة ويطلق على هذه الخصيصة اسم (Equifinality).

فاهداف النظام المفتوح يمكن تحقيقها بانواع مختلفة من المدخلات وبانماط متنوعة من العمليات والطرق. بعبارة اخرى ليس ثمة اسلوب امثل واحد لادارة مؤسسة او لتحقيق هدف معين.

سنحاول في الصفحات التالية ان ننظر الى ادارة الموارد البشرية على انها نظام، وسنحاول ان نطبق خصائص النظام المفتوح عليها.

يبين الشكل التالي ادارة الموارد البشرية باعتبارها نظاما. وفيه نرى ان لهذا النظام مدخلات وعمليات ومخرجات وتغذية راجعة وحدود وبيئة خارجية قريبة وبيئة خارجية بعيدة. ونتناول الآن عناصر هذا النظام ببعض التفصيل :

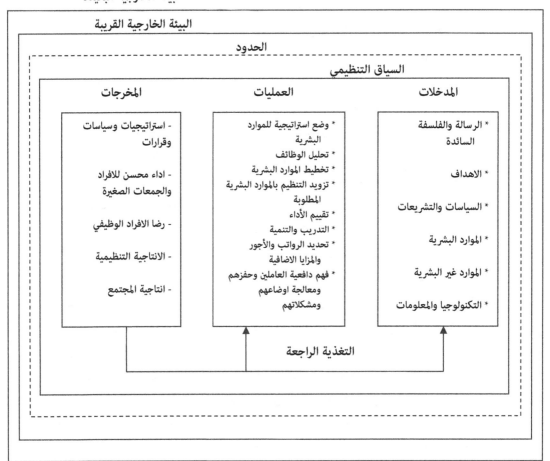

الشكل رقم (٢)
شكل يبين ادارة الموارد البشرية كنظام مفتوح

المدخلات:-

هذه المدخلات هي:-

١) الرسالة والفلسفة السائدة في المنظمة:-

وهذا الجانب يمثل الوظيفة الاساسية او المهمة الاساسي للمنظمة او المؤسسة او الدائرة. فرسالة مصنع مثلا هي انتاج سلعة معينة وتسويقها. ورسالة وزارة الاشغال مثلا هي تصميم وبناء صيانة الطرق الرئيسية والمباني الحكومية. اما الفلسفة فتعبر عن التوجيه العام للمؤسسة ونوع الخدمة وجودة السلعة التي تقدم للجمهور. وتعطي الفلسفة تصورا عن اهداف التنظيم وقيمه ومعاييره.

٢- الاهداف :-

الاهداف نوع اساسي من المدخلات، وهي تترجم رسالة المؤسسة الى غايات توجه اليها الانشطة والجهود، وتتضمن الخطط الطويلة المدى او قصيرة المدى اهدافاً يمكن تحقيقها في زمن بعيد أو في زمن قريب. وبعض الاهداف واضح محدد، وبعضها غامض يصعب تحقيقه.

٣- السياسات والتشريعات:-

والسياسات هي مبادىء او مجموعة مبادىء تدعمها قواعد عمل تساعد جميعها على تحقيق اهداف المؤسسة بنجاح، وتكون على شكل عبارات عامة توجه فكر متخذي القرارات في المؤسسات. والسياسات مدخل اساسي في المنظمة ووجود سياسات مكتوبة يهدي متخذي القرارات في قراراتهم، وفي ادارة الموارد البشرية قد تكون هناك سياسات خاصة بالتوظيف او الاختيار او التدريب او تقييم الاداء، ومن الامثلة على السياسة في التوظيف وجوب تطبيق مبدأ الجدارة بغض النظر عن الاعتبارات القبلية او الطائفية أو الدينية.

اما التشريعات فهي مدخل اساسي كذلك، وتتضمن القوانين والانظمة واللوائح والاجراءات المتبعة في التنظيم، وقد تتصف بعض التشريعات بالكثرة والتعقيد ، وقد تتميز بالمرونة وسرعة الاستجابة للظروف المتغيرة . ومن التشريعات التي تحكم الوظيفة العامة في

الأردن "نظام الخدمة المدنية" الذي اصدره مجلس الوزراء الأردني الصادر بمقتضى المادة (١٢٠) من الدستور في الأردن.

٤- الموارد البشرية:-

وتشمل كما قلنا جميع الافراد العاملين في المنظمة من مديرين وعمال ومستخدمين. وهذا المدخل هو المدخل الذي تدور عليه ادارة الموارد البشرية، فهو مادتها وغايتها، وللموارد البشرية تأثير كبير على اداء المؤسسة، فهي المورد الاساسي، وعليه يعتمد نجاح المؤسسة او فشلها.

ومن الاهمية بمكان ان ندقق في الافتراضات التي تحملها الادارة العليا عن الموارد البشرية او العاملين في المنظمة. فقد تكون الافتراضات ضيقة تنظر الى العاملين على انهم اناس لا يسيرون الا بالقهر وان هدفهم الوحيد هو الحصول على الاجر. وقد تكون الافتراضات افتراضات متسعة الافق تنظر الى العاملين على انهم مورد ثمين يتبغي الافادة منه. وتوفير المناخ الامثل للعمل والانتاج لتتحقق اهداف المؤسسة واهدافهم معاً.

ومن المهم ان نلاحظ ان العاملين في المؤسسة يتشابهون في نواحي كثيرة: في حاجاتهم وتطلعاتهم وامانيهم كأناسي لهم طموحات واشواق. ومن المهم كذلك ان نلاحظ ان ثمة فروقا فردية بين العاملين في الشخصية وفي القدرات وفي الحاجات وفي الاتجاهات، وان على الادارة ان تفهم هذه الفروق وان تحاول استيعابها واخذها بعين الاعتبار عند توزيع المهام والاختصاصات.

٥- الموارد غير البشرية:-

وتشمل المباني والادوات وراس المال والاجهزة والتسهيلات المختلفة والوازم المستخدمة في العمل. وتوفرها عامل اساسي لكي تستطيع اي مؤسسة تحقيق أهدافها.

٦- التكنولوجيا والمعلومات :

اما **التكنولوجيا** فهي تشمل اكثر من جانب ففيها جانب مادي Hardware كاجهزة الحاسوب والأجهزة الأخرى وفيها جانب برامجي (Software) كبرامج الحاسوب. وستكون لنا عودة الى هذا الموضوع فيما بعد .

اما **المعلومات** فتتعلق بالمؤسسة ككل أي باستراتيجيتها وأهدافها وخططها وهيكلها التنظيمي وسياساتها وتشريعاتها وباعداد الموارد البشرية وغير البشرية بها. والواقع ان تكنولوجيا المعلومات عنصر أساسي في نظام ادارة الموارد البشرية، وتعتبر الاتجاهات الحديثة في المعلومات وادارتها أهمية كبيرة ثم ان المؤسسة الحديثة يجب ان يكون لديها قاعدة بيانات Data Base وادارة لنظام المعلومات Management Information System .

العمليات :

كذلك يبين الشكل انه تجري في ادارة الموارد البشرية عمليات تتمثل في وظائف وانشطة هي جوهر عمل تلك الادارة وهذه العمليات هي:-

١. وضع استراتيجية للموارد البشرية.

وتتمثل في وضع تصور عام وبرامج للموارد البشرية تكون جزءاً من الاستراتيجية العامة للمنظمة .

٢. تحليل الوظائف:

وهو عملية تحديد المعلومات ذات العلاقة بطبيعة وظيفة من الوظائف. ويقوم المحلل بواسطة الملاحظة او الدراسة بتحديد المهام (Tasks) التي تؤلف وظيفة من الوظائف، وكذلك تحديد المهارات والمعلومات والقدرات والمسؤوليات المطلوبة توفرها في انسان ما ليقوم باداء ناجح لوظيفته.

٣. تخطيط الموارد البشرية:

وهي عملية تحدد بها الادارة كيف ستنتقل المنظمة من وضعها الحالي الى وضع مرغوب فيه بالنسبة للموارد البشرية بها: وبالتخطيط تحرص المنظمة على ان يكون لديها العدد المناسب من الموظفين (ويشمل هذا الجانب الكمي في التخطيط) وبمؤهلات مناسبة (وتشمل هذا الجانب النوعي او الكيفي في التخطيط)، في الوظائف المناسبة، في الوقت المناسب، وليقوموا باعمال تعود بالنفع الاكبر على المنظمة والافراد معا.

٤. تزويد التنظيم بالموارد البشرية المطلوبة:

في ضوء عملية التخطيط للموارد البشرية تجري عملية الحصول على الموظفين المطلوبين بالاعداد والمؤهلات المطلوبة. وهنا تتم عمليات فرعية مثل الجذب والبحث عن الموظفين، واختيارهم، وتعيينهم ونهيئتهم للعمل عند التحاقهم بوظائفهم.

٥. تقييم الاداء:

وهي عملية تقوم بها ادارة الموارد البشرية او المديرين في المنظمة لتحديد وتقدير وتقييم وتسجيل اداء وسلوك الموظفين الحقيقي في الوظيفة، وتأخذ هذه العملية طابعاً رسمياً منمطاً في الغالب يقيم به سلوك الموظفين المرتبط بالوظيفة لمحاولة الوقوف على اسباب ووضع ادائهم الحالي، ولمعالجة نواحي النقص والضعف فيه، وتحسينه مستقبلا.

ويترتب على تقييم الاداء قرارات تؤثر على اوضاع الموظفين مثل الاحتفاظ بهم، او ترقيتهم او انهاء عملهم او نقلهم، او زيادة في رواتبهم او حسم منها، او ارشادهم وتدريبهم.

٦. التدريب والتنمية:

نستخدم التدريب والتنمية على انهما مصطلحان لمعنى واحد فالتدريب (التنمية) هو ذلك الجهد المنظم والمخطط له لتزويد الموارد البشرية في المنظمة بمعارف معينة، وتحسين وتطوير مهاراتها وقدراتها، وتغيير سلوكها واتجاهاتها بشكل ايجابي بناء.

وقد يكون التدريب طويل المدى او قصير المدى، وقد يقوم به المشرفون او مدربون مختصون داخل المنظمة او خارجها.

٧. تحديد الرواتب والاجور والمزايا الاضافية:

ما دام الموظفون يقومون باعمال ومهام معينة تتفق معهم عليها المنظمة، فانهم يجب ان تخصص لهم رواتب واجور يحكمها سلم رواتب يكون على شكل درجات في الغالب، كذلك فان المنظمة تمنح الموظفين مزايا اضافية تأخذ صورة امتيازات وعلاوات كتأمين السكن والمواصلات والتأمين الصحي والتأمين على الحياة، وما الى ذلك.

٨. فهم دافعية العاملين وحفزهم ومعالجة اوضاعهم ومشكلاتهم:

تتعلق هذه العملية بالموارد البشرية العاملة في التنظيم وبالجوانب الانسانية في حياتهم وادائهم. وتتكون هذه العملية من جانبين هما فهم الدافعية والحفز ثم معالجة الاوضاع او المشكلات.

اما فهم الدافعية والحفز فتعني محاولة المديرين والمسؤولين في ادارة الموارد البشرية للتأثير على اتجاه سلوك الموظفين او شدته، وتنشيط ذلك السلوك وتوجيهه وجهة معينة تحقيقاً لاهداف الموظف وتلبية لحاجاته، وكذلك اهداف وحاجات المنظمة نفسها.

اما معالجة اوضاعهم ومشكلاتهم فتعني تلك الجوانب المتعلقة بالترقية او النقل، وتهيئة ظروف العمل، ومعالجة تعليمات الموظفين وشكاواهم وانضباطهم وتأديبهم.

والخلاصة ان هذه العمليات باعتبارها انظمة فرعية من نظام ادارة الموارد البشرية تتفاعل مع بعضها بعضا، ومع البيئة الداخلية في التنظيم والبيئة الخارجية، مما ينتج عنها مخرجات معينة تصب في البيئة الخارجية.

ويهمنا ان نشير هنا الى ان اي تغيير يحدث في احدى العمليات يؤثر على واحدة او اكثر من العمليات او المدخلات او المخرجات فتقييم اداء فعال مثلا قد يقترح الحاق موظف ببرنامج تدريبي، وهذا قد ينعكس على اداء الموظف ايجابيا، فيتحسن، ثم ان اقامة برنامج تدريبي يتكلف اموالا مما يؤثر على المدخلات، ولكن الانتاجية التي ترتفع قد تترجم الى زيادة في دخل المنظمة.

المخرجات:-

ويوضح الشكل كذلك ان لنظام ادارة الموارد البشرية **مخرجات** (Outputs) والمخرجات هي الحصائل والنتاجات الملموسة التي يضخها النظام في البيئة الخارجية نتيجة لما يتم فيه من تفاعلات وعمليات، بالنسبة لمخرجات نظام ادارة الموارد البشرية، فانها تتمثل فيما يلي:-

١- الاستراتيجيات والسياسات والقرارات :

تستخدم ادارة الموارد البشرية **الاستراتيجيات** لتعاملها مع البيئة الخارجية ببعديها. والاستراتيجية هي برامج عمل عامة في المنظمة، وتحديد للأهداف العامة، واختيار لطرق العمل، وتخصيص للموارد الضرورية لتحقيق تلك الاهداف. ان الاستراتيجيات تمثل تصورا عاما لادارة الموارد البشرية يرتبط بتحديد الاهداف العامة، وقراراتها وسياساتها.

ولا بد لادارة الموارد البشرية الحديثة من استراتيجيات واضحة تمكنها من التعامل مع البيئة الخارجية الديناميكية المتغيرة.

كذلك تضع تلك الادارة **سياسات** تتعلق بجميع جوانب ادارة الموارد البشرية فقد تكون سياسة تتعلق بتخطيط الموارد البشرية والتنبؤ بالاعداد المطلوبة في مدة معينة، او جذب واختيار فئة معينة من الموظفين، او سياسة تتعلق بكيفية تقييم اداء الموظفين، والنتائج التي تترتب عليها، وقد تكون سياسات ذات ارتباط بتحفيز الموظفين ماديا ومعنويا او ندبهم ونقلهم وترقيتهم وتأديبهم.

تتخذ ادارة الموارد البشرية قرارات قد تكون **قرارات** طويلة المدى، او روتينية قصيرة المدى تتعلق بالموارد البشرية نفسها.

ولجيمس د. ثومبسون وآخرون[٣] نموذج يبين السياق العام، الذي تتخذ فيه القرارات وتتبنى الاستراتيجيات. ووفقاً لهذا النموذج فان قضايا القرارات الادارية، ومنها قرارات ادارة المواد البشرية، تتعلق ببعدين رئيسيين وهما البعد المتعلق بالاعتقاد بارتباط السبب بالنتيجة (Beliefs about cause-effect relations) والبعد المتعلق بالمفاضلة بين نتاجات ممكنة (Preferences regarding possible outcomes).

واذا وضعنا هذين البعدين كشكل مستطيل فانه ينتج لدينا مصفوفة (Matrix) ذات اربع احتمالات او استراتيجيات لاتخاذ القرارات وهي:-

١) استراتيجية الحساب الدقيق المبرمج (Computation).
٢) استراتيجية الترضية (Compromise).
٣) استراتيجية الاجتهاد والتقدير (Judgment).
٤) استراتيجية الالهام واصدار افكار موحاة (Inspiration).

ويبين الشكل التالي هذه الاستراتيجيات موزعة على البعدين المذكورين أعلاه:-

		المفاضلة بين نتاجات ممكنة	
		اتفاق	**عدم اتفاق**
الاعتقاد بارتباط السبب بالنتيجة	**تأكُّد**	(١) الحساب الدقيق المبرمج	(٢) الترضية
	عدم تأكُّد	(٣) الاجتهاد	(٤) الالهام واصدار افكار موحاة

الشكل رقم (٣)
نموذج يبين السياق العام القرارات واستراتيجيات ادارة الموارد البشرية

والواقع ان هذا النموذج يفيد كثيرا متخذي القرارات في ادارة الموارد البشرية عند اتخاذهم القرارات وتبنيهم لاستراتيجية معينة. ان عليهم ان يوضحوا اين تقع قضية من قضايا ادارة الموارد البشرية، أي في اي مستطيل من المستطيلات الاربعة التي يتضمنها النموذج ليتمكنوا من تبني الاستراتيجية والقرار المناسبين.

ففي حالة المستطيل الاول من المصفوفة يكون هناك تأكد بالنسبة للاعتقاد بوجود علاقة بين السبب والنتيجة وتأكد واتفاق كذلك بتفضيل نتاج القرار على آخر. وهنا يستخدم متخذ القرار التفكير المنطقي الرشيد ويكون قراره مبنياً على معلومات وافية متكاملة وملموسة. وقد اطلق بعض العلماء على هذا القرار اسم القرارات المبرمجة[٤] وتقع قضايا مراحل تحليل الوظائف، وتفويض الموظفين، ودفع رواتبهم في هذا المستطيل. ومن ثم اطلقنا على هذه الاستراتيجية استراتيجية الحساب الدقيق المبرمج.

وبالنسبة للمستطيل الثاني من المصفوفة يكون لدى متخذي القرارات تاكد ووضوح في الفكرة بالنسبة لبعد ارتباط السبب بالنتيجة وعدم اتفاق بالنسبة لافضلية نتاج او احتمال

على آخر. وهنا يستخدم متخذ القرار استراتيجية الترضية والمساومة والمفاوضات، كما يحدث عادة في النزاع بين ادارة الشركة والعمال والموظفين.

اما فيما يتعلق بالمستطيل الثالث من المصفوفة فان متخذي القرار يكون لديهم اتفاق حول نتيجة متفق عليها، ولكن ليس لديهم تأكد عن العمل الذي يمكن ان يؤدي الى تلك النتيجة المرغوب فيها. ومن القضايا التي تقع في هذا المستطيل قضية ترقية موظف من بين عدد من زملائه. وهنا يستخدم متخذ القرار استراتيجية الاجتهاد والتقدير فيكلف مشرف باستعراض تقاريرهم السنوية ويجري مقابلة معهم، ومن ثم يصدر حكمه ويجتهد ان فلانا افضل من فلان ويستحق الترقية.

وفي المستطيل الاخير يكون هناك عدم تاكد بالنسبة للبعد الاول، وعدم اتفاق وتأكد بالنسبة للبعد الثاني، وهنا يواجه متخذ القرار موقفاً لا يستطيع معه ان يحدد بشكل اجرائي الموقف او المعضلة. وهنا تتميز البيئة بانها تكون بيئة عنيفة متغيرة (Turbulent) كما عبر عن ذلك بعض العلماء[5] وهنا لابد ان يتبع متخذ القرار كثيرا من الخيال الموجه والابداع والالهام. ومن القضايا التي قد تقع في هذا المستطيل قضايا تعيين امرأة في منصب مدير عام، او قضايا تصميم العمل واثرائه، وقضايا نوعية الحياة المثلى في العمل (Quality of Working Life)، حيث يكون للعاملين والمسؤولين ولمجموعات معينة خارجية اراء متضاربة.

٢- اداء محسن للأفراد والجماعات الصغيرة في المنظمة:-

الاداء هو ما يقوم به فرد او مجموعة من الافراد من اعمال وانشطة ترتبط بوظيفة معينة او مهمة معينة. وهو نتيجة لجهد قام ببذله الفرد او مجموعة الافراد لانجاز عمل او مهمة، وقد يكون ذلك بطرق واساليب بسيطة او معقدة، وقد يستعان في الاداء باستخدام ادوات او اجهزة او استخدام اعضاء الجسم المختلفة.

والنتاج الذي نرمي اليه في اداء الافراد والجماعات هو اداء محسن، اي اداء وصل الى حد مقبول من الاتقان والجودة والمستوى، وهذا يستتبع وضع معايير محددة لقياس الاداء، والقيام بعملية التقييم له في ضوء تلك المعايير.

ومن المهم ان نشير هنا الى ان الاداء قد يكون اداء لفرد معين، او مجموعة من الافراد يعملون بقسم معين كقسم الانتاج او المالية او المحاسبة، وقد يكون الافراد جماعة صغيرة في شكل فريق او لجنة يركل اليهم انجاز مهمة ما (Task Group). بيت القصيد هنا اننا في ادارة الموارد البشرية نحرص على اداء محسن كنتاج لجماعة صغيرة ذات طبيعة مستمرة او مؤقتة تنتهي بانتهاء المهمة.

٣- رضا الافراد الوظيفي:-

ثمة نقاش بين علماء الادارة والسلوك حول العلاقة السببية بين اداء الافراد ورضاهم الوظيفي وهل يؤدي الاول الى الثاني ام يؤدي الثاني الى الاول؟. ما يهمنا هنا هو ان رضا الافراد الوظيفي هو احد مخرجات نظام ادارة الموارد البشرية، وان على متخذي القرار في ذلك النظام تهيئة الاسباب والمناخ لكي يحصل الافراد على رضا في اعمالهم.

وستكون لنا عودة الى هذا الموضوع فيما بعد.

٤- الانتاجية التنظيمية:-

الانتاجية هي احد المخرجات الرئيسية لادارة الموارد البشرية الحديثة وتمثل الانتاجية العلاقة بين ناتج ومورد داخل في تكوينه[٦] ويعبر عن الانتاجية في شكل نسبة، فنقول ان مؤشر الانتاجية هو:-

$$\frac{\text{الناتج}}{\text{الموارد المستخدمة}}$$

والانتاجية التنظيمية هي "معيار لحسن استخدام وتجميع موارد التنظيم استخداما يساعد على تحقيق نتائج معينة. وهي ايضا الوصول الى اعلى مستوى من الاداء باستخدام اقل ما يمكن من الموارد"[٧].

من هذا التعريف نتبين المفاهيم والافكار التالية:-

أ) ان الانتاجية تعني التأكيد على حسن استخدام الموارد (المدخلات) في التنظيم، والموارد كما عرفنا قد تكون قوى بشرية او مواد اولية او تسهيلات او رأس مال، او تكنولوجيا،

او اجهزة او ادوات او معلومات. وحسن جمع هذه الموارد معا واستخدامها باقل ما يمكن من التكاليف ينطوي على مفهوم الكفاية (Efficiency).

ب) ان من المفاهيم الاساسية في الانتاجية تحقيق نتائج معينة ملموسة، معنى هذا ان ادارة الموارد البشرية الحديثة يجب ان تحرص على تحقيق نتائج ملموسة من قبل العاملين في التنظيم، وهذه النتائج تاخذ شكلا او اكثر من هذه الاشكال:-

- تحقيق الاهداف العامة للتنظيم والاهداف الخاصة بادارة الموارد البشرية.
- فهم البيئة الخارجية ببعديها القريب والبعيد والتكيف معها او محاولة التاثير بها.

والواقع ان تحقيق الاهداف وفهم البيئة الخارجية والتكيف معها والتأثير فيها، والوصول الى مستوى مرتفع من الاداء (الجودة والاتقان والنوعية الجيدة في الخدمة او الانتاج) هي معايير ثلاث من معايير الفعالية (Effectiveness) والمعيار الاخير هو الذي سنتحدث عنه الان.

جـ) ان الانتاجية تتمثل في اداء ذي مستوى رفيع، سواء كانت المؤسسة مؤسسة خدمية تقدم خدمة كوزارة مثلا او انتاجية تنتج سلعة كمصنع من المصانع.

معنى النقاط أ ، ب، جـ ان الانتاجية تعني في التحليل النهائي تفاعل الكفاية (اي حسن استخدام الموارد والاقتصاد في النفقات) والفعالية (اي تحقيق الاهداف، والتعامل بوعي مع البيئة الخارجية والاداء ذي المستوى الرفيع).

السؤال الآن: كيف تستطيع ادارة الموارد البشرية تحقيق الانتاجية التنظيمية؟

الواقع انه ليس ثمة مدخل واحد تستخدمه ادارة الموارد البشرية لتحقيق الانتاجية التنظيمية وزيادتها. ومن هذه المداخل[٨]:-

- تزويد المنظمة بموظفين مؤهلين ذوي رغبة قوية في العمل.
- حسن الافادة من الموارد البشرية وتوجيه جهودهم بفعالية وكفاية.
- توفير مناخ تنظيمي صحي وظروف حياة وعمل متميزة تتيح الفرصة للعاملين للنمو وتحقيق ذواتهم.
- مراعاة العدل والموضوعية في التعامل مع الموظفين.
- حسن فهم البيئة الخارجية بفرصها وقيودها ومحاولة التكيف معها والتأثير فيها.

٥- انتاجية المجتمع:-

ان ادارة الموارد البشرية التي يكون نتاج عملياتها ونشاطاتها سياسات وقرارات واستراتيجية مدروسة رشيدة، واداء محسن للافراد والجماعات الصغيرة في التنظيم، لابد ان ينعكس ذلك كله على انتاجية المجتمع. ومن الواضح ان هذه ليست هي العوامل الوحيدة التي تزيد من انتاجية المجتمع، ذلك انه يجب ان تتوافر عوامل اقتصادية وسياسية واجتماعية وحضارية اخرى، ولكن هذه العوامل الادارية والبشرية تتفاعل مع غيرها من العوامل فتزيد انتاجية المجتمع.

والواقع ان الانتاجية اساس قوي من اسس التنمية الشاملة والمصدر الحقيقي لرفع مستوى المعيشة في اي بلد، ان الانتاجية هي الطريق الامثل لرفع مستوى حياة الافراد، وذلك عن طريق زيادة الدخل الحقيقي واتاحة المزيد من السلع الانتاجية والاستهلاكية، وتحسين ظروف العمل، وتخفيض ساعات العمل، وزيادة الرفاهية البشرية[٩].

التغذية الراجعة:-

ومن عناصر نظام ادارة الموارد البشرية التغذية الراجعة (Feedback).

التغذية الراجعة هي معلومات تحمل رسائل وارشادات معينة عن كيفية سير عمليات النظام تفيد المعنيين، وتوضح لهم كيفية سير النظام ومدى تطابق انجازاته ومخرجاته مع الخطط. ان هذه المعلومات معلومات تقييمية يحصل عليها المسؤولون بطرق كثيرة مثل الملاحظات وتقارير تقييم الاداء، وسجلات الانتاج والاداء، والابحاث التي تجري وتساعدهم في معرفة وضع نظام ادارة الموارد البشرية، ونواحي الانحراف، ومجالات التحسين.

ان التغذية الراجعة تربط بين المخرجات من ناحية والعمليات والمدخلات من ناحية أخرى. ان ادارة الموارد البشرية، لكي تبقى ادارة حيوية ديناميكية فعالة، فلا بد ان تنتج نتاجات مرغوب فيها تصبها في البيئة الخارجية لتضمن الحصول على المدخلات المطلوبة. ومعنى هذا ان تلك الادارة تحتاج الى معلومات تحصل عليها من البيئة الخارجية تتعلق بطبيعة تلك البيئة ومدى فعالية تلك الادارة، التجاوب معها. وهذا هو جوهر التغذية الراجعة.

في ضوء التغذية الراجعة يجري تعديل وتصويب في العمليات او المدخلات.

البيئة الداخلية:-

هذا وان لاي نظام بيئة داخلية يتفاعل معها ويؤثر على ادائه وفعاليته^(١٠)، وادارة الموارد البشرية كنظام ليس بدعا في هذا الصدد. وتتكون هذه البيئة من مكونات هذه اهمها:-

١. الخصائص العامة للمنظمة:-

ويدخل في هذه الخصائص العناصر التالي:-

أ- المنظمة وتشمل ما يلي:-

• الظروف التي نشأت فيها المنظمة.
• نوع السلعة او الخدمة التي يقدمها.
• حجم المنظمة.
• الملكية: خاصة ام عامة.
• كيفية تشغيل العاملين، وهل هو استخدام مكثف للعمالة (Labor Intensive) ام رأس مال مكثف (Capital Intensive).
• مرحلة نمو المنظمة.

ب- القيادة.

جـ- المناخ التنظيمي.

د- الممارسات والسياسات في التنظيم.

٢. الخصائص الهيكلية:-

وتتضمن العناصر التالية:-

• مستويات الادارية في المنظمة (مستويات الاشراف).
• الترتيبات الخاصة باهل القرار واهل الرأي: (Line-Staff Arrangements).
• مدى الاشراف.
• حجم الوحدات في المنظمة.
• شكل المنظمة وهل هو منبسط (Flat) أم طويل (Tall).
• درجة المركزية او اللامركزية.

- قنوات الاتصال ومستوياته وانواعه.

٣. خصائص العاملين:-

وتشمل ما يلي:-

- طاقاتهم وقدراتهم.
- معارفهم ومهاراتهم واتجاهاتهم وقيمهم.
- مستوى ثقافتهم.
- حاجاتهم وتوقعاتهم.
- شخصياتهم.
- خصائصهم الديموغرافية.

وقد سبق ان اشرنا الى ان العاملين في المنظمة تجمعهم خصائص مشتركة بصفتهم من بني الانسان، وتميزهم فروق فردية في كثير من النواحي المذكورة اعلاه.

٤- الجماعات في المنظمة :

وتشمل هذه:-

- العاملين في الاقسام والوحدات التنظيمية ذات الطبيعة الواحدة وتأخذ شكلا دائما.
- التنظيمات غير الرسمية السائدة.
- الجماعات الصغيرة التي تشكل لاداء مهمة ثم تنفض بعد ان تنتهي المهمة.

٥. خصائص العمل (الوظيفة):-

وتشمل :-

- عبء العمل من الناحية الكمية والكيفية.
- التنوع في العمل، والاستقلالية والاهمية وذاتية العمل، ونوع التغذية الراجعة التي يحصل عليها الموظف من زملائه عن العمل.
- ظروف العمل المتوفرة من الناحية المادية والاجتماعية والنفسية.

٦. اهداف التنظيم العامة والخاصة.

٧. موارد المنظمة المادية.

من الواضح ان هذه البيئة بعناصرها المختلفة تتفاعل مع ادارة الموارد البشرية وتتأثر بها، وان تأثيرها يشمل وضع الموارد البشرية الحالي والمستقبلي. وتأثير هذه العوامل التنظيمية على ادارة الموارد البشرية قد ينعكس في النواحي التالية:-

• اهداف الموظفين وقراراتهم.
• احوال الموظفين المادية ورضاهم الوظيفي.
• التكنولوجيا المستخدمة بمفهومها المادي والاستخدامي.
• نوع الملكية وهي تكون تابعة للقطاع الخاص او العام.

الحدود :

يفصل النظام، وهنا ادارة الموارد البشرية، عن البيئة الخارجية **حدود قد** تكون حدود مرنة او شديدة التماسك، وعبرها يتم دخول المدخلات من البيئة الخارجية، وخروج المخرجات الى تلك البيئة.

البيئة الخارجية :

والبيئة الخارجية كما عرفنا، **نوعان: بيئة قريبة** (Immediate) او البيئة المرتبطة بمهام المنظمة (Organizational task environment) **وبيئة بعيدة عامة** (Distant).

البيئة الخارجية القريبة:-

ونعني بالبيئة الخارجية القريبة تلك الموارد والعناصر والتنظيمات التي يقوم بينها وبين ادارة الموارد البشرية تفاعل وتبادل مباشر مكثف. ومن عناصر هذه البيئة الخارجية[١١]:-

١- الزبائن او الجمهور (Clientele):-

والزبائن او الجمهور هم المستفيدون من خدمات ادارة الموارد البشرية والمنظمة بشكل عام. وقد يكون الجمهور جمهورا وديا او معاديا، مما ينعكس سلبا او ايجابا على فعالية النظام.

٢- المزودون بالموارد (Suppliers):-

ويشمل هذا العنصر تلك الفئات او المجموعات التي تقوم بتزويد المنظمة بالموارد المادية والبشرية والدعم السياسي. والبرلمان، ان وجد، ومدير الموازنة، والوزراء يعتبرون امثلة على هذا العنصر بالنسبة لادارة الموارد البشرية في قطاع عام كوزارة مثلا او مؤسسة عامة.

٣- المنافسون (Competitors):-

ويحاول المنافسون، لا سيما في حالة المنظمات الخاصة، الحصول على الموارد المحدودة التي تقدمها فئة المزودين بالموارد، ومن ثم يشكل هؤلاء تهديداً للمنظمة. ومن الامثلة على ذلك ان بعض مؤسسات القطاع الخاص في الوطن العربي تحاول جذب الموظفين المؤهلين الذين يعملون في الاجهزة الحكومية واغراءهم للعمل بها، مما يحرم تلك الاجهزة من خيرة العاملين بها.

٤- المنظمات ذات العلاقة:-

ومثل هذه المنظمات في حالة ادارة الموارد البشرية قد تكون مجلس الخدمة المدنية او ديوان الموظفين، او جامعة او معهدا للادارة او مجلس ادارة المؤسسة.

٥- مستوى المعرفة ووضعها المتميز (The State of the Art):-

ويتمثل هذا العنصر في حالة ادارة الموارد البشرية في وضع ادارة الموارد البشرية كحقل من حقول الدراسة، وعلاقة تلك الادارة بالجمعيات المهنية ان وجدت، والنشاطات المهنية ، والنشاطات المهنية المختلفة كالحلقات الدراسية، او المؤتمرات والبرامج التدريبية.

ويوضح الشكل التالي عناصر البيئة القريبة لادارة الموارد البشرية:-

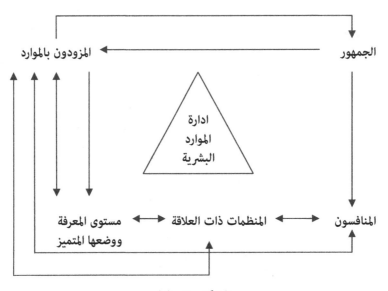

الشكل رقم (٤)

شكل يبين عناصر البيئة الخارجية القريبة لادارة الموارد البشرية

ومن الجدير بالذكر ان هذه العناصر الخمس في البيئة الخارجية القريبة لادارة الموارد البشرية تشكل نظاما واحدا، كما ان كلا منها يمثل نظاما فرعيا في ذلك النظام الواحد.

ومن ناحية اخرى فان واجب المسؤولين في ادارة الموارد البشرية ان يعوا جيدا جوانب هذه البيئة وتفاعلها مع اداراتهم. وفي الغالب ان اولئك المسؤولين يحاولون جهدهم لتقليل اعتمادهم على عناصر تلك البيئة، وان يحسنوا إحكام سيطرة منظمتهم عليها لتكون افادتهم منها افادة كاملة. وهم في كل هذه المحاولات قد يتبعون استراتيجية التنافس والتعاون او التعاقد مع عناصر البيئة[١٢]. ولكل من هذه الاستراتيجيات مزايا ومحاذير، وعلى متخذي القرارات ان يحسنوا اختيار الاستراتيجية المناسبة.

وتجدر الاشارة ايضا ان تفاعل ادارات الموارد البشرية مع عناصر تلك البيئة يختلف في عدد مراته، وشدته ومدته من ادارة لادارة، ولكن ذلك التعامل تفاعلي مباشر.

البيئة الخارجية البعيدة:-

تعنى البيئة الخارجية البعيدة تلك الموارد والعوامل المجتمعية العامة التي تتفاعل مع وفي الغالب تؤثر على ادارة الموارد البشرية وعلى عناصر البيئة القريبة. والواقع ان هذا التفاعل تفاعل غير مباشر، ويختلف في عدد مراته، وشدته، عن التفاعل مع عناصر البيئة الخارجية القريبة. ولكن مدته اطول من التفاعل مع عناصر البيئة الخارجية القريبة.

وتشكل تلك الموارد والعوامل المجتمعية انظمة يمكن اجمالها فيما يلي:-

١. النظام الاقتصادي:-

ويشمل فلسفة الدولة الاقتصادية (اقتصاد حر أم اشتراكي أم الاقتصاد المزيج)، والموارد الاقتصادية في الدولة، وتبني او هدم تبني الدولة لخطط التنمية الشاملة، والتشريعات الاقتصادية، والنظام الضرائبي، والسياسة النقدية والمالية والتجمعات العمالية ومستويات الانتاجية، ونسب نمو الدخل القومي، وغير ذلك من العوامل الاقتصادية.

ان على المسؤولين في ادارة الموارد البشرية في الوطن العربي ان يلموا جيداً بالمؤشرات الاقتصادية في العالم وفي الوطن العربي، لان لها انعكاسات كثيرة على نشاطات وعمليات ادارتهم:-

<u>**ولنعط الآن أمثلة من الوطن العربي والأردن:**</u>

<u>الوطن العربي:</u>

- بلغ الناتج المحلي الاجمالي في نهاية عام ١٩٩٩ ٥٣١,٢ بليون دولار أمريكي، وهو ليس رقماً مرتفعاً، ذلك أن دولة اوروبية واحدة وهي اسبانيا بلغ ناتجها المحلي الإجمالي ٥٩٥,٥ بليون دولار.

- كانت نسبة نمو الناتج المحلي الإجمالي للفرد الواحد خلال المدة ١٩٧٥ - ١٩٩٨ بمتوسط سنوي ١% في حين ان المتوسط العالمي السنوي ١,٣% وقد كانت هذه النسبة في السبعينات أعلى من ذلك بكثير، وكانت في الثمانينات أقل من ذلك، وكانت في التسعينات غير مرضية على الإطلاق.

- ارتفع المتوسط العام لنصيب الفرد العربي من الناتج المحلي الإجمالي الى ٢٤٦٥ دولاراً أمريكياً في عام (٢٠٠١) مقارنة بحوالي ٢٢٢١ دولاراً في نهاية عام ١٩٩٥.

- هناك عشر دول عربية دون المتوسط العربي العام وهي الاردن وتونس والجزائر وجيبوتي والسودان وسوريا ومصر والمغرب وموريتانيا واليمن، ويشير التقرير الاقتصادي العربي الموحد لعام ٢٠٠٢ الى ان متوسط نصيب الفرد في السودان واليمن، على سبيل المثال، لا يصل الى (٤٥٠) دولار سنوياً في نهاية عام ٢٠٠١.

- يقدر عدد سكان الوطن العربي حوالي ٣٠٠ مليون، ويقدر إجمالي القوى العاملة بنسبة ٣٥% من مجموع السكان، اي حوالي (١٠٠) مليون نسمة. وتبلغ نسبة البطالة المعلنة والمقنعة بحوالي (٢٥)%، ويعني ذلك أن هناك حوالي (٢٥) مليون إنسان عربي عاطلين عن العمل، ويذكر الدكتور محمد سعيد النابلسي، وهو احد علماء الاقتصاد في الوطن العربي أن التنمية المستدامة في الوطن العربي تعاني من أربعة ثقوب سوداء تمتص الجهد العربي في تلك التنمية، وهذه الثقوب هي [١٣]:

١- ثقب الاختلالات المالية، متمثلة بهدر الموارد المالية وتنامي الدين العام.

٢- ثقب عدم بلورة النظرة الإستراتيجية للتنمية، ولا سيما فيما يتعلق بدور كل من القطاع العام والقطاع الخاص.

٣- ثقب الازدياد السكاني.

٤- ثقب اليد العاملة الأجنبية، وأغلبها وافد من الهند والباكستان وتايلاند والفلبين.

أما بالنسبة للأردن، فان اقتصاده يتسم بالخصائص التالية :

- صغر حجم الاقتصاد والانفتاح.

- ضيق السوق المحلي.

- أنه اقتصاد اقليمي النسق دولي التأثر. بعبارة اخرى انه اقتصاد إقليمي دولي المغانم والمغارم.

- التركيز الجغرافي والسلعي في التجارة الخارجية (فنجد ٥٠% من إجمالي التجارة الخارجية مع الدول العربية المجاورة، كما تتركز نحو ثلث واردات الأردن مع الدول الأوروبية).
- الانكشاف الاقتصادي. لقد زادت نسبة التجارة الخارجية الى الناتج المحلي في المتوسط خلال الفترة (١٩٧٠ - ١٩٧٧) عن ٦٥%، كما زادت نسبة الواردات الى النتاج المحلي خلال نفس الفترة عن ٥٢%.
- ظهور الاختلالات الهيكلية والتشوهات الاقتصادية ومنها:

❖ تراجع مستوى النمو الحقيقي (من المتوقع ان لا يزيد النمو هذا العام عن ٢% بأي حال من الأحوال).

❖ تفاقم عجز الموازنة العامة.

❖ المديونية الخارجية.

❖ تفاقم وضع ميزان المدفوعات.

❖ تفشي ظاهرة الفقر.

❖ ازدياد نسب البطالة.

لقد حقق الأردن في السنوات الأخيرة انجازات اقتصادية ملموسة مثل بناء تحتية حديثة، وخصخصة بعض الأنشطة، وجذب الاستثمار وتحديث التشريعات، ورغم ذلك فإن المجتمع الأردني يواجه **مشكلة الفقر** وما يترتب عليها من أزمات ومشكلات. وتشير الدراسات الى ان ظاهرة الفقر في الأردن ظاهرة عامة، وان الفقر يتعمق.

وقد ذكر د. نادر مريان في دراسة له قدمها في ندوة في مؤسسة عبد الحميد شومان في حزيران ١٩٩٩، ان نسبة الفقرة المدقع قد ازدادت من ١,٥% في منتصف الثمانينات الى حوالي ٥% مع مطلع التسعينات، كما تشير الى أن حوالي خمس السكان، وربما تكون هذه النسبة قد ارتفعت أيضاً في السنوات الأخيرة، هم تحت خط الفقر المطلق.[١٤]

ويواجه الأردن كذلك **مشكلة البطالة** فقد أظهر مسح العمالة والبطالة لعام ٢٠٠٦ أن معدل البطالة بلغ في ذلك العام ١٤%.وهذه النسبةتعتبر من المعدلات العالمية وتجاوزت

المعدلات العالية، وقد شهدت السنوات الأخيرة ارتفاعاً واضحاً في معدل البطالة بين الإناث، فهي في عام ٢٠٠٦ ٢٥% بينهن. وقد أظهرت نتائج المسح المحلي ما يلي:

- شيوع ثقافة العيب بين الأردنين مما يحول بينهم وبين قيامهم باعمال متاحة.
- يرغب الأردنيون في القيام باعمال في القطاع العام، فالإدارة العامة تشغل ١٩% من مجموع المشتغلين.
- يشكل المتعطلون الذين يحملون مستوياً تعليمياً أقل من الثانوية العامة ٥٠% من إجمال المتعطلين، في حين شكل الحاصلون على درجة البكالوريوس ٢٦% فأعلى.

أما بالنسبة لقضية **الخصخصة** فقد سار الأردن خطوات واسعة في تحويل ملكية عدد من المؤسسات العامة والشركات الى القطاع الخاص او الى شريك
ملكية عدد من المؤسسات العامة والشركات الى القطاع الخاص او الى شريك
استراتيجي، وثمة اتجاه لتقليص حجم دور القطاع العام، وتقليل دور الحكومة. ولكن على الإدارة الأردنية ان تعي بعض إفرازات الخصخصة السلبية وان تتصدى لها مثل سيطرة بعض العائلات او الأفراد على المشروعات الاستثمارية، وظهور المحتكرين، وعمليات التهريب ونهب النظام المصرفي، كما حدث في بعض الدول العربية والتبذير الشنيعين، وازدياد اعداد الفقراء والعاطلين عن العمل.

أما عن **انضمام الأردن الى منظمة التجارة الدولية**. فقد حصل الأردن على العضوية مقابل تنازلات تجارية كبيرة. والتزم الأردن بكافة متطلبات المنظمة العالمية في مجال التعرفة الجمركية، والمواصفات والمقاييس، والتشريعات المطلوبة، وحقوق الملكية الفكرية وغيرها. ولكن على الإدارة الأردنية ان تكون لديها الاستراتيجيات لاستيعاب حل هذه التنازلات، وانعكاساتها على الصناعات الوطنية الأردنية.

٢. النظام السياسي والقانوني:-

ويشمل فلسفة الدولة السياسية (ديمقراطية او ديكتاتورية) وجماعات الضغط السياسية، والاحزاب السياسية، والاستقرار السياسي، والممارسات السياسية، والسلطة التشريعية والقضائية، واعمال وممارسات الحكومة في الميدان الداخلي والخارجي، والتشريعات والانظمة القضائية.

هذا وتعاني البيئة السياسية العربية من اختناقات وأزمات هذه بعض مظاهرها:-

- الطموح لتحقيق وحدة او تضامن عربي في شتى المجالات، وعدم تحقق ذلك، مما يصيب الجماهير العربية بالإحباط.
- انعدام ثقة المواطن العربي في اغلب أنظمة الحكم العربية.
- تغلب تيار الواقعية المفرطة في حقوق الأمة العربية وتقديم التنازلات للقوى المعادية في جميع الميادين.
- اختيار جميع الحكومات العربية طريق التصالح والتفاوض مع إسرائيل والصهيوينة، ورفع شعار السلام كخيار استراتيجي دون الفكير في أي خيار آخر. وفشل مشروع النهضة العربية أمام نجاح المشروع الصهيوني، وتغلغل إسرائيل في عدد من الدول العربية المجاورة والبعيدة.
- معاناة الجامعة العربية من الشلل الواضح، وتعثر مشاريعها لجمع شمل العرب وإدامة العمل العربي المشترك.
- غلبة التنافس والعداء والحروب أحياناً على العلاقات العربية العربية.
- غياب الحياة الديمقراطية الصحيحة في اغلب الدول العربية.
- معاناة النظام العربي من ازمات سياسية طاحنة كما يتمثل ذلك في الاوضاع في فلسطين والعراق ولبنان والصومال.
- تغييب الشعوب العربية بدرجة أو باخرى عن المشاركة في القرارات المصيرية في أقطارها وعلى مستوى الأمة ككل.
- استمرار الانتهاكات الصارخة لحقوق الانسان في عدد من الدول العربية.
- فشل الدول الوطنية في عدد من مشاريعها التنموية والاقتصادية وإيجاد لحمة متماسكة بين مواطنيها.
- ازدياد موجة التقوقع داخل كل قطر عربي، وشيوع الإقليمية والطائفية، وسيادة التيارات التفنينية الانفصالية.
- تعزيز الاجراءات الامنية داخل كل قطر عربي واتجاه التعاون الأمني بين الدول العربية لقمع الحركات الشعبية والتوجهات الديمقراطية أحياناً.

- فشل محاولات إيجاد مؤسسات اقصادية عربية وحدودية.
- فشل أغلب الأقطار العربية في تحقيق نمو اقتصادي متوازن وانتشار البطالة والفقر، وتحقيق نمو اقتصادي متواضع.
- معاناة الاقطار العربية منفردة ومجتمعة من مشكلة الأمن الغذائي.
- إلغاء استعمال النفط كسلاح في مواجهة الدول المعادية للأمة العربية.
- تعرض الشعوب العربية لأخطار الغزو الثقافي الأجنبي وإمكانية محو الهوية الحضارية العربية، وازدياد حدة تأثير ذلك في غياب استراتيجية عربية موحدة لمواجهة كل ذلك.
- تعرض الأجيال العربية المعاصرة، ومنها فئات الشباب، لحرب القنوات الفضائية بكل ما تحمل من تيارات حضارية وثقافية وفكرية وفنية متضاربة. لقد وصل عدد القنوات الفضائية للمشاهدة في المنطقة العربية او اجزاء منها الى (٤٥٢) قناة فضائية.
- شيوع قيم الخضوع والقناعة والاستكانة للواقع والقدرية في شتى المجتمعات العربية، مما يجعل محاولات الإصلاح والنهوض محاولات صعبة.

أما بالنسبة للاردن فانه يتمتع باستقرار سياسي كبير، كذلك فان به هامشاً واضحاً من الحريات العامة وممارسة الديمقراطية، ورغم ذلك فهناك مشكلات سياسية واضحة في النظام السياسي الأردني على الأدارة الأردنية ان تعيها وان تعمل على علاجها. ومن هذه المشكلات:

- الفساد والرشوة والمحسوبية.
- ضعف الأحزاب السياسية الأردنية ومؤسسات المجتمع المدني. كالنقابات المهنية والجمعيات الخيرية والمنتديات السياسية والثقافية.
- هيمنة السلطة التنفيذية (وتغولها أحياناً على السلطتين التشريعية والقضائية).
- وجود شروخ في الوحدة الوطنية.
- قصر عمر الحكومات المتعاقبة وما لذلك من انعكاسات سلبية على الإدارة.

أما بالنسبة **للنظام القانوني** في الاردن فإن من المشكلات ما يلي:

- وجود قانون مدني وقانون عشائري.
- وجود تداخل وازدواجية في الشريعات.
- وجود قوانين وأنظمة قديمة عفا عليها الزمن.
- البطء في إدخال التعديلات القانونية والتشريعية أو اقتراح تشريعات جديدة.

ان ادراك مسؤولي ادارات الموارد البشرية لهذا الجانب السياسي والقانوني امر على جانب من الاهمية لان له انعكاسات مباشرة وغير مباشرة على نشاطات اداراتهم. ومن الامثلة على ذلك توفر الحرية السياسية وحرية التعبير عن الرأي في بلد وعدم توفرها في بلد آخر، والاستقرار السياسي الذي يتمتع به قطر، والاضطراب الذي يعاني منه قطر آخر.

هذا وتكرر المراجع الامريكية في ادارة الموارد البشرية وجوب مراعاة ادارات الموظفين للقوانين والتشريعات واحكام القضاء الخاصة بتساوي الفرص ((Equal Opportunity) وتشغيل الاقليات (Affirmative Action).

٣. النظام الحضاري والاجتماعي:-

اننا نستخدم الحضارة (Culture) هنا بالمعنى الذي يطلقه علماء الاجتماع والانسان (Anthropology) ، اي ان الحضارة تشمل كل ما صنعه الانسان في بيئته خلال تاريخه الطويل في مجتمع معين، ويتضمن اللغة والعادات والتقاليد واداب السلوك العام، والقيم، والمثل والادوات، والفنون، والادب، واية قدرات وتقاليد يكتسبها الانسان بصفته عضوا في مجتمع.

ويرتبط بالحضارة الجانب الاجتماعي ويشمل طبقات المجتمع، والمستويات الاجتماعية والنظرة للفرد والمجتمع، ووضع الاسرة والمرأة، والمؤسسات الاجتماعية الاخرى.

ومن الواضح ان لكل مجتمع نظامه الحضاري ولاجتماعي، وان لعناصر ذلك النظام انعكاسات واضحة على الادارة بشكل عام، وادارة الموارد البشرية بشكل خاص.

ان النظام الحضاري والاجتماعي يمثل مجمل اساليب المعيشة وطرق الحياة اليومية ويشمل معتقدات ومعايير ومهارات ومناقب واتجاهات تحدد السلوك اليومي لابناء مجتمع ما. ولنعط الان امثلة متفرقة:-

فلو أخذنا الأسرة العربية مثلا لوجدنا ان لها خصائص تتمثل في انها[١٥]:-

أ‌) وحدة اجتماعية تشكل نواة ومركزا للنشاطات الاقتصادية والاجتماعية، وتقوم على التعاون والالتزام المتبادل والمودة.

ب) ابوية من حيث تمركز السلطة والمسؤوليات ومن حيث الانتساب.

جـ) هرمية على اساس الجنس والعمر.

د) ممتدة (Extended)، بمعنى ان علاقات وثيقة تقوم ليس بين الاهل والاولاد فحسب، بل تتعداهم الى الجد والجدة والاحفاد والاخوة والاخوات وعيالهم والاعمام والعمات وابناء وبنات العم.

ومن ناحية اخرى فان ثمة قيما معينة، في المجتمع العربي كالكرم والولاء للاقارب والعشيرة تؤثر بطريقة او باخرى على ادارات الموارد البشرية.

ويتكون المجتمع العربي كذلك من عدد من الطبقات وتتكون بعض اجزائه من طوائف وجماعات لها ثقافات فرعية (Subcultures) خاصة.

ويسود ابناء المجتمع العربي في هذه الايام شعور بالاغتراب عن ذواتهم، فهم يشعرون انهم عاجزون عن مواجهة التحديات التاريخية، ولا يسيطرون على مواردهم ومصائرهم، وان ثقتهم بالمؤسسات الاجتماعية، ومنها الاحزاب السياسية ثقة معتزة.

واذا انتقلنا الى مجتمع آخر كالمجتمع الامريكي مثلا لوجدنا فيه نظام قيم (Values System) يختلف عن المجتمعات الاخرى. ومن القيم في هذا النظام قيمة العمل (Work Value) فللعمل في المجتمع الامريكي قيمة ذاتية واخلاقية خاصة، ثم ان العمل يلبي الحاجات الانسانية المختلفة، ويجب اقامة نوع من التوازن بين العمل والراحة (Leisure)[١٦].

ولقد استأثرت القيم السائدة في المجتمع الياباني باهتمام الباحثين في السنوات الأخيرة، وهي ذات انعكاس مباشر على ادارات الموارد البشرية ولا شك[١٧].

• العائلية (Familism).
• احترام السن والمركز (Seniority).
• التعاون المشترك والانسجام (Matual help and Harmony).

• التعاطف والمشركة الوجدانية (Sypmathy).
• أولوية الالتزامات الفردية (Obligation) على الحقوق الفردية (Rights).
• رعاية الفرد واحترام ادميته.

٤. النظام التكنولوجي:-

للتكنولوجيا معنيان:-

أ) معنى ضيق: وتعني تطبيق المعرفة العلمية بتصنيع منتج او منتجات معينة، وانشاء المشروع اللازم لانتاجها[١٨].

ب) معنى واسع: ويعني الجهد المنظم الرامي لاستخدام نتائج البحث العلمي في تطوير اساليب اداء العلميات الانتاجية بالمعنى الواسع الذي يشمل الخدمات والانشطة الادارية والتنظيمية والاجتماعية، وذلك بهدف التوصل الى اساليب جديدة يفترض انها اجدى للمجتمع[١٩].

اننا نستخدم التكنولوجيا بالمعنى الواسع، وليس بالمعنى الضيق، ومن ثم فانه يمكن النظر للتكنولوجيا من زوايا ثلاث:-

(١) التكنولوجيا كعملية (As a process):-

وتعني تطبيقا منظماً للمعرفة العلمية او اية معرفة منظمة اخرى في المسائل العلمية. وهذا هو التعريف الذي قدمه جون كينيث جالبريث (John Kenneth Galbraith) عالم الاقتصاد الامريكي المعروف في احد كتبه المشهورة[٢٠] ومن هذه الزاوية فان التكنولوجيا تعني تطبيق اساليب وطرق علمية موثوق بها لحل مشكلات معينة او لانجاز مهام معينة.

(٢) التكنولوجيا كنتاج (As a product):-

والتكنولوجيا هنا تكون شيئا ملموسا ينتج نتيجة تطبيق العمليات العلمية المنظمة. والنتاج هنا قد يأخذ شكلاً من الاشكال التالية[٢١]:-

الاجهزة والمعدات: (Hardware) كاجهزة الحاسوب والالات والاجهزة المستخدمة في التعليم او التدريب كجهاز عرض الافلام او الجهاز العارض فوق الرأس (Overhead projector).

التكنولوجيا البرامجية (Software): كبرمجيات مايكروسوفت والبرامج التلفزيونية، والمناهج التعليمية، والاساليب التدريبية المختلفة.

الدراسات (Underware) كدراسات الجدوى الاقتصادية والادارية.

(٣) التكنولوجيا كمزيج من العملية والنتاج:-

ان الكمبيوتر كتجسيد عملي للتكنولوجيا الحديثة يمثل تكنولوجيا تجمع بين عمليات معالجة المعلومات واسترجاعها بطريقة منظمة وبين الجهاز نفسه والبرامج المختلفة التي تستخدم فيه.

ان النظام التكنولوجي نظام واسع بالمعنى الذي عرضناه، وهو نظام متكامل يجمع جميع الزوايا التي استخدمناها لفهمه، وعلى ادارات الموارد البشرية فهم هذا النظام والتعامل معه، فهو يؤثر عليها في جميع عملياتها، كما يمكنها استخدام امكانياته الهائلة لتعظيم فعاليتها وتحقيق اهداف التنظيم.

٥. النظام الديموغرافي (السكاني):-

ويعني المخزون السكاني، وجميع فئات الموارد البشرية والخصائص التي تميز ذلك المخزون والفئات، كما يتضمن النظام السكاني السياسات السكانية والتشريعات السكانية، والممارسات السكانية السائدة في مجتمع من المجتمعات.

ان المخزون السكاني هو المجموع الكلي للسكان بكافة اعمار ابنائه من ذكور واناث. وقد عرفنا في الفصل الاول ان المخزون السكاني (او الموارد البشرية) يتكون من:-

أ) الفئات المهيئة والمؤهلة للعمل التي تتكون من احتياطي قوة العمل ومجمل قوة العمل (الموارد العاملة).

ب) الفئات غير المهيئة والمؤهلة للعمل.

ويدخل في النظام الديموغرافي معرفة خصائص المخزون السكاني وفئاته وهي كما يلي:-

- معدل النمو السكاني.
- التوزيع العمري للسكان.
- توزيع السكان حسب الجنس الى ذكور واناث.

- توزيع السكان على الاقاليم الجغرافية المختلفة.
- توزيع السكان حسب الحالة التعليمية.
- نسبة مشاركة السكان في قوة العمل.
- الهجرة الداخلية والهجرة الخارجية، بما في ذلك هجرة العقول.

ويتضمن النظام الديموغرافي السياسة السكانية وتعني الاطار التخطيطي الذي تضعه الحكومة للتأثير على تطور السكان، كالاتجاه نحو زيادة السكان او تخفيض نموهم. كما يتضمن ما تسنه الدولة من تشريعات سكانية تتناول هذا الجانب او ذلك من النظام السكاني كتشجيع النسل او الحد منه. وما تقوم به من ممارسات متمثلة في برامج وانشطة وفعاليات.

ان هذا النظام هو من اشد الانظمة في البيئة الخارجية التصاقا بادارة الموارد البشرية، ومعرفته وفهمه وتحديد مواقف محددة من اولى مهام ادارات الموارد البشرية.

ولنعطي الان بعض المؤشرات السكانية ذات العلاقة بادارات الموارد البشرية في الوطن العربي والاردن.

- يقدر مجموع سكان البلاد العربية في مطلع القرن الحادي والعشرين بـ (٣٠٠) مليون نسمة.
- يتميز سكان الوطن العربي بارتفاع معدل النمو. ويعود هذا الارتفاع في الاساس الى ارتفاع معدل الولادات والى انخفاض متدرج في معدل الوفيات.
- ويتصف الهرم السكاني العربي باتساع القاعدة والانحدار المتدرج، فهو شعب فتي، لكن معدل العمر قصير، اذ يبلغ معدل توقعات العمر بعد الولادة (٥٢) سنة.
- ثمة تزايد مذهل في نسبة سكان المدن، بسبب النمو الطبيعي والهجرة من الريف الى المدينة. وكثيرا ما يكون التزايد في مدينة واحدة الى ثلاثة على حساب المدن الباقية، مما يسبب خللًا في توزيع السكان، وينعكس على اوضاعهم الاجتماعية والاقتصادية والسياسية والتوظيفية.

وفي الأردن اكبر نسبة مئوية للنمو، ولا يتقدم على الأردن الا السودان واليمن وفلسطين، وان كل الف نسمة في الاردن يزيدون ٢٢ شخصاً كل عام وفي الأردن مليون طفل ومليون طفلة دون سن (١٥) عاماً وهي فئة غير منتجة وغير عاملة، وتحتاج إلى الرعاية والانفاق من الاسرة والدولة وفي الأردن ٦١% من عدد السكان اقل من ٢٥ عاماً وحوالي ٤٠% من السكان دون سن ١٥، وتقدر نسبة من هم فوق ٦٠ عاماً بحوالي ٦% من السكان والمجتمع الأردني مجتمع شاب فتي وتوزيع السكان في الاردن في اقاليمه المختلفة غير متوازن، اذ ان ٢٨% من السكان يسكنون في الشمال، ويقيمون على ٣٠% من مساحة الارض، وفي عمان ٦٣% من السكان يعيشون على ١٦% من الارض، وأما في الجنوب الذي تبلغ مساحته ٥١% من الارض فيسكن فيه ٩% من السكان فقط. وقد اصبح الجنوب طارداً للسكان لضعف المشاريع الاستثمارية فيه، وضآلة فرص العمل للشباب والشابات.

٦. النظام التربوي:-

ونعني به الفلسفة التربوية للمجتمع، والسلم التعليمي، والمؤسسات التربوية الثقافية، ومستوى ثقافة افراد المجتمع، والامية، والممارسات التربوية المختلفة، ومستويات الطاقة البشرية المدربة. والحقائق التالية في الوطن العربي والاردن ذات علاقة مباشرة بادارة الموارد البشرية.

اما عن الوطن العربي، فالبرغم من الانجازات التي تحققت في مجال التوسع الكمي في التعليم فيه منذ منتصف القرن العشرين، الا ان الوضع العام للتعليم لا زال متواضعاً مقارنة بانجازات دول أخرى في بلدان العالم النامي.

فما زال التوسع الكمي في التعليم منقوصاً بسبب ارتفاع معدلات الأمية، خاصة في البلدان العربية الأقل تطوراً وبين الاناث، واستمرار حرمان بعض الأطفال من حقهم في التعليم الاساسي، وتدني نسب الالتحاق بالمراحل الأعلى من التعليم النظامي مقارنة بالدول المتقدمة، وتناقص الانفاق على التعليم خاصة منذ عام ١٩٨٥.

ان اخطر مشكلات التعليم في البلدان العربية تتمثل في تردي نوعيته ويطرح ذلك تحديات خطيرة في وجه المكونات الرئيسية للنظام التربوي التي تؤثر في نوعية التربية،

وتضم هذه المكونات السياسات التعليمية والمدرسين، وشروط عمل المربين والمناهج الدراسية ومنهجيات التعليم" .[٢٢]

أما في الأردن [٢٣] فانه تتوفر فيه البنية التعليمية الأساسية المواتية بشكل واضح لدرجة تصل نسب الالتحاق بمراحل التعليم المختلفة الأساسية والثانوية والعالية للذكور والاناث نسبة تعادل مثيلاتها في الدول المتقدمة. وتصل نسبة الطلبة الملتحقين بانواع التعليم والتدريب المهني ضمن مساري التعليم الثانوي الشامل والثانوي التطبيقي الى ٢٠% وهي نسبة منخفضة وتصل نسبة الطلبة الملتحقين في جميع مراحل التعليم الى اجمالي السكان نسبة ٣٣% وقد بلغ عدد الجامعات الرسمية والخاصة في الأردن (٢٥%) جامعة، في حين بلغ عدد الكليات الجامعية المتوسطة (٥٠) كلية.

وقد انخفضت نسبة الامية في لتصل عام ٢٠٠٥ (٨,٩٥)، وتصل نسبة الطلبة الى اجمالي السكان (٣٣%) ويتساوي عدد الطلبة مع عدد الطالبات. وقد بلغت نسبة موازنة وزارة التربية والتعليم في الأردن عام ٢٠٠٥ (١٠,٦%) .

- مستويات الطاقة البشرية المدربة في الاردن هي:-

أ- العمال محدودو المهارة.

ب- العمال المهرة.

جـ- الفنيون.

د- جملة الشهادات الجامعية (الليسانس او البكالوريوس).

هـ- المختصون (الدبلوم والماجستير والدكتوراه).

٧. النظام الاداري:-

ونعني به فلسفة الدولة الادارية، وخططها في التنمية الادارية والاصلاح الاداري، وهيكلها التنظيمي المركزي، والادارة المحلية، ونظام الخدمة المدنية بها، وتوزيع الموارد العاملة على مؤسسات القطاع العام والخاص، والكفاءة والفعالية الادارية، والوظائف الادارية المختلفة والبيروقراطية.

هذا وتعتبر ادارة الموارد البشرية جزءا من النظام الاداري بطريقة او باخرى، وتنعكس ايجابيات النظام الاداري وسلبياته على ادارة الموارد البشرية.

٨. النظام الديني:-

الدين بتشريعاته، واحكامه، وعقيدته، وتعليماته، يحتل نظاما يؤثر على حياة الافراد والجماعات والمجتمعات. وبالنسبة للاسلام بالذات فانه نظام شامل وقد نظم علاقة الانسان بخالقه وتشمل العبادات وبنفسه وتشمل الاخلاق، وبغيره، فتشمل المعاملات.

ونحن عندما نتحدث عن النظام الديني فاننا نشمل الجانبين النظري المثالي كما هو وارد في القرآن والسنة، والعملي كما يمارس من قبل الافراد والجماعات. وعلى المسؤولين في ادارات الموارد البشرية ان يعوا النصوص الدينية ذات العلاقة بحياة الافراد، وبالممارسات فان الدين يتغلغل في حياة الناس، ويمكن ان يكون قوة دافعة لمزيد من العمل والانتماء والالتزام والانتاجية.

ويمثل الشكل التالي الانظمة المختلفة التي تشكل البيئة الخارجية البعيدة لادارة الموارد البشرية.

وكما ذكرنا عندما تعرضنا لعناصر البيئة الخارجية القريبة فان هذه الانظمة الثمانية التي تؤلف البيئة الخارجية البعيدة لنظام ادارة الموارد البشرية – تشكل نظاما واحدا متفاعلا مع بعضه بعضا، ومتفاعل تبادليا مع ادارة الموارد البشرية كنظام.

انعكاسات المنحى النظمي لادارة الموارد البشرية ودلالاته:-

ان المنحى النظمي لادارة الموارد البشرية الذي تدور حوله فصول هذا الكتاب ذو انعكاسات ودلالات كثيرة للفئات التالية:-

- الدارس والباحث في ادارة الموارد البشرية.
- المسؤول في ادارة الموارد البشرية.
- الموظف العامل في تنظيم ما او مؤسسة ما.

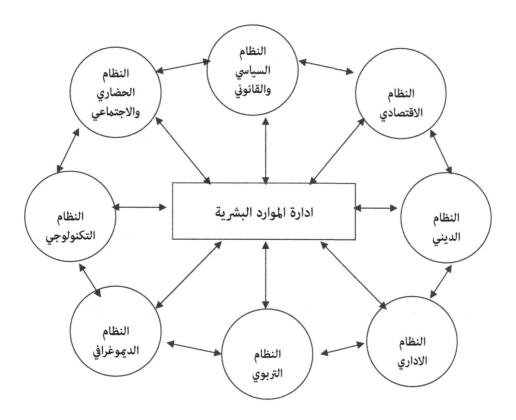

الشكل رقم (٥)

شكل يبين الانظمة المختلفة التي تشكل البيئة الخارجية البعيدة " لنظام ادارة الموارد البشرية "

ومن هذه الدلالات والانعكاسات ما يلي:-

١) المنحى النظمي دو توجه شمولي:-

ان الدراس لادارة الموارد البشرية من خلال المنحى النظمي لابد ان يتبنى نظرة شمولية متضمنة مدخلات النظام وعملياته ومخرجاته، والبيئة الداخلية للنظام والبيئة الخارجية ببعديها القريب والبعيد.

كذلك فان المسؤول او الموظف عليه ان يدرك ان اي تغير يمكن ان يحدث في احد هذه العناصر لابد ان ينعكس على الجوانب الاخرى.

٢) المنحى النظمي مدخل يهتم بالتغير والتغيير:-

ما دام المنحى النظمي منحى يأخذ باعتباره البيئة الداخلية والخارجية، وما دامت هاتان البيئتان في تغير مستمر، فان النظرة الاستاتكية الجامدة لا تصلح للتعامل مع نظام ادارة الموارد البشرية، بل يجب ان تكون النظرة منفتحة تستوعب التغير الذي يحدث في البيئة الداخلية للتنظيم والخارجية كذلك، وان تحاول ادخال التغيرات المناسبة وهيكل وعمليات النظام حتى لا يفقد النظام مبررات وجوده.

٣) المنحى النظمي منحى موقفي (Situational):-

نعني بالمنحى الموقفي هو ذلك المنحى الذي يقر بوجود اختلاف او ظروف متباينة في الناس، وفي مختلف الاوقات، وفي الاوضاع المتباينة، وهو مدخل يؤكد بانه لا توجد طريقة واحدة مثلى يمكن اتباعها في جميع المواقف[٢٤].

والواقع ان المنحى الموقفي يحاول ان يفسر وان يستوعب العلاقات المتبادلة داخل كل نظام فرعي في التنظيم، وبين الانظمة الفرعية ككل، وبين المنظمة والبيئة ويحاول في التحليل الاخير ان يقترح تصاميم تنظيمية (Organizational Designs) وممارسات ادارية ملائمة لظروف معينة.

كذلك فان المنحى الموقفي يحرص على تزويد المسؤولين في ادارة الموارد البشرية بادوات تساعدهم على تنمية مهاراتهم الفنية (Technical) والانسانية (Human) والفكرية (Conceptual) التي يحتاجون اليها في تصريف اعمالهم، وتعتمد كل تلك المهارات على مقدرة المسؤولين التشخيصية (Diagnostic Skills). فهذه المنحى يولي الملاحظة والتحقيق

والتمحيص عند تحديد المسؤولين للمشكلات التي يواجهونها والحلول التي يقترحونها لها – يوليها جل الاهتمام. ومن ثم فان هذا المنحى يمثل تحديا لمقدرة المسؤولين التحليلية ولمقدرتهم على رؤية انفسهم وبيئتهم بانواع مختلفة من المناظير. وهذا في الواقع هو الطريق الى تطوير قدراتهم التشخيصية.

٤) المنحى النظمي منحى ترابطي بين العلوم (Interdisciplinary):-

ما دام المنحى النظمي منحى ذا توجه شمولي ياخذ في اعتباره عدداً كبيراً من العوامل الداخلية والخارجية، فان على الدارس والممارس لادارة الموارد البشرية ان يلم بقدر من العلوم ذات العلاقة كالرياضيات، والاحصاء وبحوث العمليات، والاقتصاد، وعلم الاجتماع، وعلم النفس، وعلم النفس الاجتماعي ، وعلم الانسان (الانثروبولوجيا)، وعلم السياسة.

٥) المنحى النظمي ذو اهتمام متميز بالانتاجية:-

لقد لاحظنا ان الانتاجية هي من المخرجات الاساسية لنظام ادارة الموارد البشرية. والواقع ان ثمة اساليب ووسائل مختلفة لزيادة الانتاجية في التنظيمات، ويظل الاهتمام بالموارد البشرية وتطويرها وتنميتها احد التحديات الاساسية لزيادة انتاجية التنظيم والمجتمع.

٦) المنحى النظمي ذو اهتمام واضح بالانسان:-

ان ادارة الموارد البشرية ذات محور اساسي هو حسن ادارة تلك الموارد كمورد ثمين لتحقيق اهداف العاملين والمنظمة في نفس الوقت.

وهذا يحتم على المسؤولين والعاملين في المنظمة الاهتداء بالمبادىء والاسس التالية:-

(١) الانسان اثمن ما في المنظمة، واكرم المخلوقات.

(٢) يجب النظر الى الانسان على انه كائن معقد التركيب، وانه شيء كلي متكامل.

(٣) ينبغي احترام ادمية العاملين في المنظمة واعطائهم الفرص للنمو والانجاز وتحقيق الذات.

(٤) الانسان كائن يتوق دوما الى العدل والانصاف.

(٥) يحرص العاملون في المنظمة على المشاركة في اتخاذ القرارات ومن ثم يجب تزويدهم دوما بالمعلومات ذات العلاقة.

(٦) لكي ينال الانسان حقوقه، فان عليه ان يقوم بواجباته على خير وجه، وهذا يفرض على الموظف التفاني في العمل، والتجويد فيه، والتعاون مع زملائه.

(٧) القدوة هي خير معلم، وصدق الله حين قال: (أتأمرون الناس بالبر وتنسون أنفسكم).

اسئلة للمناقشة

أجب عن الاسئلة التالية:-

١) ما معنى " منحى النظم"؟ وما مزاياه في معالجة الظواهر الادارية؟.

٢) حدد بكلماتك المصطلحات التالية:-

النظام.

المدخلات.

المخرجات.

العمليات.

التغذية الراجعة.

الحدود

البيئة الخارجية القريبة للنظام المفتوح.

البيئة الخارجية البعيدة للنظام المفتوح.

٣) عدد مدخلات نظام ادارة الموارد البشرية؟

٤) عدد وظائف (انشطة) نظام ادارة الموارد البشرية، وحدد معنى كل وظيفة؟

٥) اشرح العبارة التالية شرحا وافيا:-

" الانتاجية على مستوى الافراد والجماعات الصغيرة والتنظيم والمجتمع من المخرجات الاساسية لنظام ادارة الموارد البشرية".

٦) اشرح مختلف الاستراتيجيات التي يمكن ان يستهدي بها مسؤول ادارة الموارد البشرية في قراراته وفقا لنموذج جيمس د. ثومبسون في اتخاذ القرارات.

٧) استخدم النموذج الوارد في الكتاب عن البيئة الداخلية للنظام وادرس البيئة الداخلية لاحدى المؤسسات في مدينتك او منطقتك؟

٨) ما هي عناصر البيئة الخارجية القريبة لنظام ادارة الموارد البشرية؟.

وما اهمية فهمها للمسؤول في تلك الادارة. طبق نموذج البيئة الخارجية القريبة على جامعتك او معهدك؟.

٩) وضح بامثلة من عندك كيف تترابط عناصر الانظمة المختلفة التي تشكل البيئة الخارجية البعيدة لنظام ادارة الموارد البشرية ؟.

١٠) بين كيف تنعكس خصائص النظام الحضاري والاجتماعي في الوطن العربي على ادارة الموارد البشرية؟.

١١) بين كيف تنعكس خصائص النظام التربوي والاداري والديني على ادارة الموارد البشرية في الاردن؟.

١٢) اشرح العبارة التالية شرحا وافيا:-

"للنظام الديموغرافي (السكاني) تأثير واضح على ادارة الموارد البشرية في الاردن".

١٣) وضح العبارات التالية بكلمات من عندك:-

" المنحى النظمي مدخل يهتم بالتغير والتغيير".

" المنحى النظمي منحى موقفي".

" المنحى النظمي ذو اهتمام واضح بالانتاجية".

١٤) بين بامثلة عملية كيف يولي المنحى النظمي اهتماما متميزا بالانسان؟.

حالة ادارية :

البيئة المتغيرة للشركة العربية للمنظفات الكيماوية

انشئت الشركة العربية للمنظفات الكيماوية منذ عشر سنوات، وكانت تنتج مسحوق الغسيل (ساطع) ، في ذلك الوقت كانت كانت (الشركة العربية للمنظفات الكيماوية) هي الشركة الوحيدة في البلد، وكانت مبيعات الشركة تقتصر عن السوق المحلي. وبعد مرور خمسة عشر عاما جدت عوامل جديدة كان لا بد لادارة الشركة ان تأخذها بعين الاعتبار، فقد رخص لشركات منظفات اخرى بانشاء مصانع لها في البلد، كما سمح لمنظفات اجنبية بالدخول الى السوق. وكذلك فان الشركة روجت لمسحوقها في البلاد العربية المجاورة. كانت هذه الظروف وظروف اخرى هي الشغل الشاغل للمدير العام، المهندس خلدون السالم وقد ارتأى ان يكون "مستقبل الشركة" موضوع الاجتماع الشهر القادم الذي يعقده في الساعة العاشرة من صباح كل يوم اثنين في اول كل شهر، مع المديرين في الشركة.

في ذلك الاجتماع رحب المدير العام السيد السالم بالمديرين وقال:-

- نحن يا اخوان في بداية عام جديد. ومن حمد الله علينا ان شركتنا تحقق نجاحات باستمرار وان " الساطع " اكتسح السوق في السنوات الماضية والواقع ان الفضل الاكبر في هذا النجاح يجب ان نعزيه لكم ولجهودكم ولسهركم المتواصل.

ولا اخفي عليكم ان القلق بدأ يساورني في الايام الاخيرة نتيجة لظهور عدة عوامل جديدة مثل ظهور شركات جديدة والسماح لمنظفات اجنبية بمنافستنا في السوق.

وهنا استأذنه مدير الشؤون المالية السيد صلاح نور الدين في الحديث قائلا:-

- اود ان اعزز ما قاله السيد المدير العام، فانه رغم ازدياد مبيعاتنا في الاقطار الشقيقة فان مبيعاتنا هبطت الى النصف في البلد هنا.

المدير العام:-

- اشكر الاستاذ صلاح على هذه الاضافة واود ان ابين ان المنافسة ليست هي الموضوع الوحيد الذي استجدمن حولنا.تعلمون انه عندما انشأناالمصنع لم تكن المحافظة على البيئةمن الاعتبارات التي نوليهااهتمامنا فقدكنا نلقي بالفضلات كيفما اتفق، وكانت

سيول الشتاء تحملها الى الحقول المجاورة، مما أضر بالمزروعات ودفع باصحاب تلك الحقول الى الاتصال بنا ورفع شكواهم الى وزارة الصناعة.

هل لي ان اقترح ان تعقدوا اجتماعات فيما بينكم وتتداولوا في الامور المستجدة في البيئة الخارجية التي تحيط بشركتنا، وتعدوا ورقة عمل نبحثها بعد اسبوع من اليوم وتتضمن اجابات على اسئلة منها:-

- كيف نتغلب على منافسة الشركات الوطنية والاجنبية لشركتنا؟.
- هل تقترحون اضافة خطوط انتاجية جديدة مثل الصابون والعطور ومعجون الحلاقة مثلا؟.
- كيف نحافظ على البيئة ونمنع تلوثها؟.

ناقش المديرون مع المدير العام النقاط التي طرحها معهم، لمدة ساعة ونصف، وفي نهاية الاجتماع شكر المدير العام المجتمعين، وتمنى لهم التوفيق في مهمتهم.

الاسئلة:-

١) ما الامور المستجدة في البيئة الخارجية للشركة العربية للمنظفات الكيماوية؟.

٢) هل هناك عوامل وظروف اخرى خارجية يمكن ان تواجه صناعة المنظفات الكيماوية؟.

٣) لماذا كانت الظروف المستجدة في بيئة الشركة العربية للمنظفات الكيماوية الشغل الشاغل للمهندس خلدون السالم، مدير عام الشركة؟.

٤) هل تعتقد ان للسيد السالم خصائص المدير الفعال؟ وما هي تلك الخصائص ان توفرت له؟.

٥) ما النقاط الاساسية التي يجب ان تتضمنها ورقة العمل التي سيعدها المديرون عن مستقبل الشركة؟.

٦) من هم المديرون الذين سيسهمون في اعداد ورقة العمل؟.

٧) ما انعكاسات الظروف الخارجية المستجدة على ادارة الموارد البشرية؟.

الهوامش

(١) اعتمد في استخلاص خصائص النظام المفتوح على المراجع التالية:-

(a) Edgar F. Huse and James L. Bowditch, **Behavior in Organizations. A Systems Approach to Managing** (Menlo Park, California: Addison – Wesley Publishing Company, 1977), PP. 35, 64.

(b) Fremont E. Kast and James e. Rosenweig, **Organization and Management: A Systems and Contingency Approach**. International Student Edition; Third Edition (Tokyo: McGraw-Hill Kogakusha Ltd., 1979), PP. 97 – 148.

(c) Harold Koontz Cyril O'Donnell and Heinz Weihrich, **Management**: International Student Edition; Eighth Edition (Aukland: McGraw-Hill International Book company, 1984), PP. 12-21.

(٢) James D. Thompson, **Organizations in Action** (New York: McGraw-Hill Book Company, 1967), PP. 25-29.

(٣) انظر :

(a) **Ibid**, PP. 132-134.

(b) Donald E. Klinger, **Public Personnel Management** (Englewood Cliffs, New Jersey: Prentice – Hall, Inc., 1980), PP. 8-14.

(٤) James March and Herbert Simon, **Organizations** (New York: John Wiley, 1985), PP. 141-147.

(٥) F.E Emery and E.L. Trist "The Causal Texture of Organizational Environment, **Human Relations** 18 (February 1985), PP. 21-32.

(٦) د. وجيه عبد الرسول العلي: الانتاجية: **مفهومها قياسها، العوامل المؤثرة فيها** (بيروت: دار الطليعة، ديسمبر ١٩٨٣). ص ٢٠ ، ٢١.

(٧) د. عبد الباري درة: **العامل البشري والانتاجية في المؤسسات العامة** (عمان: دار الفرقان، ١٩٨٢) ص ٢٧.

(٨) William F. Glueck: **Personnel: A Diagnostic Approach**, Third Edition (Plano, Texas, Business Publications, Inc., 1982), P. 14.

(٩) درة: **نفس المرجع**، ص ٢٩.

(١٠) انظر ما يلي:-

(a) Randall S. Schuler, **Personnel and Human Resources Management**; International Edition; (St. Paul: West Publishing Company, 1981) PP. 35-53.

(b) Anthony G. Athos and Robert E. Coffey, **Behavior in Organizations: A Multidimensional View** (Englewood Cliffs, New Jersey: Prentice – Hall, Inc., 1968), PP. 35-46.

(١١)Felix A. Nigro and LIoyd G. Nigro, **The New Public Personnel Administration** (Itasca, Illinois, F.F. Peacock Publishers, Inc., 1981), PP. 32-36.

(١٢) **Ibid**, PP. 37-56.

(١٣) محمد سعيد النابلسي: "**الاقتصاد العربي راهناً ومستقبلاً**" **في التحولات الاقتصادية العربية والالفية الثالثة**"، تحرير منذر الشرع (عمان: مؤسسة عبد الحميد شومان، بيروت: المؤسسة العربية، ٢٠٠٤) ، ص ١٥٥ .

(١٤) د. نادر مريان: "**واقع الفقر في الأردن**" في البطالة والفقر واقع وتحديات، **الأردن، المغرب، مصر، تونس، لبنان**. تحرير د.خالد الوزني (عمان: مؤسسة عبد الحميد شومان، بيروت: المؤسسة العربية، ٢٠٠٠، ص ٨٣ .

(١٥) د، حليم بركات: **المجتمع العربي المعاصر. بحث استطلاعي اجتماعي** (بيروت: نيسان (ابريل ١٩٨٤)، ص ١٧٥ – ١٩٧.

(١٦) Leon C. Megginson, **Personal and Human Resources Administration** (Homewood, Illinois: Richard D. Irwin, Inc., 1977), PP. 101-102.

(١٧) نضال محمد سعيد واخرون: الانتاجية في اليابان. تقرير غير منشور وضعه عدد من المشاركين العراقيين اشتركوا في برنامج لتطوير الانتاجية وزاروا اليابان في الفترة من ١٩٨٤/٩/٣ – ١٩٨٤/٩/٢٨، ص ٥ ، ٦.

(١٨) Fred Luthans, **Organizational Behavior**; Second Edition (Tokyo: McGraw-Hill, Hogakusha, Ltd, 1977), 80, 81.

(١٩) Unctad, **Guidelines for Study of Transfer of Technology to Developing Countries** (N.Y.: Un Publications, 1972).

(٢٠) John Kenneth Galbraith, **The New Industrial State** (Boston: Houghton Mifflin, 1967), P. 12.

(٢١) د. محمد نوري شفيق: الدراسة في مرحلة التعليم العالي بين الواقع والمطلوب (المملكة الاردنية الهاشمية، مجلس التعليم العالي عدد ٧، عام ١٩٨٤، ص ٩.

(٢٢) برنامج الامم المتحدة الانمائي. الصندوق العربي للانماء الاقتصادي والاجتماعي: **تقرير التنمية الانسانية العربية للعام ٢٠٠٣. نحو اقامة مجتمع المعرفة،** ص ٣ .

(٢٣) عبد الباري درة وآخرون: **دور النقابات والجمعيات المهنية في تنمية الموارد البشرية في الأردن،** عمان : المركز الوطني لتنمية البشرية، شباط ٢٠٠٦ ، ص ٣٤-٤١.

(٢٤) د. عبد الباري درة: " نظرية الادارة الموقفية: اصولها وانعكاساتها على الادارة في الوطن العربي". **المجلة العربية للادارة،** عدد ٣، مجلد ٣، اكتوبر - تشرين اول ١٩٧٩، ص ٨.

الفصل الرابع

وضع استراتيجية للموارد البشرية

أهداف الفصل :

يتوقع أن يتمكن الدارس من تحقيق الأهداف التالية بعد دراسته لهذا الفصل والتفاعل مع نشاطاته:

١-   تعريف مفهوم الاستراتيجية ودورها في تحقيق أهداف المنظمة.

٢-   فهم أهمية إدارة الموارد البشرية في تحقيق أهداف المنظمة.

٣-   فهم الدور الاستراتيجي لإدارة الموارد البشرية مقارنة مع الأدوار التقليدية الأخرى.

٤-   معرفة أبعاد إدارة الموارد البشرية في علاقاتها مع استراتيجية المنظمة.

٥-   فهم وكيفية استخدام التدقيق الاستراتيجي لإدارة الموارد البشرية لتحسين أدائها.

تخضع إدارة الموارد البشرية مثلها مثل بقية الإدارات والمؤسسات والشركات إلى العديد من المتغيرات البيئية المحلية والدولية الأمر الذي يستدعي في ظل المنافسة الاقتصادية والعولمة الاهتمام بإدارة الموارد البشرية ليس فقط من حيث القيام بالمهام المناطة بها مثل الاستقطاب، والتدريب، والتنمية، وتقييم الأداء.. الخ ولكن أيضاً من منطلق موقع ودور تلك الإدارة في صياغة وتنفيذ استراتيجية المنظمة مما يتطلب الاهتمام بالمنحى الاستراتيجي لإدارة الموارد البشرية كجزء من استراتيجية المنظمة.

ما هي الاستراتيجية (Strategy) :

الاستراتيجية هي صياغة رسالة وأهداف المنظمة ووضع خطة لتنفيذ وتحقيق تلك الأهداف التي تساعدها على تحقيق ميزة تنافسية دائمة [١] انطلاقاً من هذا التعريف فإن مفهوم المنحى الاستراتيجي لإدارة الموارد البشرية يتضمن ستة عناصر هي: [٢]

١- دراسة تأثير البيئة الخارجية:

تمثل البيئة الخارجية (فرصاً أو مخاطر) فيما يتعلق بالموارد البشرية في المنظمة من حيث توفر العمالة أو الموارد البشرية المؤهلة والمطلوبة في سوق العمل، وقوانين العمل والعمال، والوضع الاقتصادي، والعوامل الديموغرافية، والتكنولوجيا، الأمر الذي قد يؤثر على قيام تلك الإدارة بمهامها في مجالات عدة منها تخطيط الموارد البشرية، والتوظيف، والتدريب، والتعويض، وعلاقات العمال.

٢- إدراك مدى تأثير المنافسة على المنظمة:

تتنافس المنظمات في ظل المتغيرات البيئية المختلفة المتعددة، ومنها الأوضاع الاقتصادية، على العمالة الماهرة مثلما تتنافس على الأسواق والعملاء، وتلعب تلك المنافسة دوراً رئيسياً في استقطاب والحفاظ على العاملين وتحفيزهم مما يؤثر بشكل مباشر وقوي على استراتيجية الموارد البشرية خاصة فيما يتعلق بالرواتب والمزايا الوظيفية والتدريب والنمو المهني للعاملين.

٣- توفر النظرة بعيدة المدى:

يتطلب وضع استراتيجية الموارد البشرية أن يكون لدى تلك الإدارة نظرة بعيدة المدى مرتبطة مع استراتيجية المنظمة والتي تكون في الغالب بعيدة المدى، حيث لا تخضع تلك الاستراتيجية إلى التغيير أو التعديل بشكل سريع، فهي على العكس بعيدة المدى لعدة سنوات في تعاملها مع المستقبل.

٤- التركيز على اتخاذ القرارات :

تتطلب إدارة الموارد البشرية اتخاذ العديد من القرارات الرئيسية بخصوص موارد المنظمة البشرية الأمر الذي يلزم المنظمة ومواردها لعدة سنوات لكي تحقق كلاً من رسالتها وأهدافها وتركز هذه القرارات على الإجابة عن السؤال التالي: ماذا يجب أن تفعل المنظمة لتحقيق رسالتها وأهدافها ولماذا؟

٥- الاهتمام بطاقات العاملين في المنظمة:

تهتم إستراتيجية الموارد البشرية بطاقات العاملين في المنظمة وقدراتهم من القمة إلى القاعدة ومن كافة الوجوه وفي كافة الاتجاهات وبشكل متساوٍ، الأمر الذي قد يدفع بالمنظمة كوحدة متكاملة نحو تحقيق أهدافها ومواجهة المنافسة والتعامل مع المتغيرات البيئية المتعددة والمتغيرة.

٦- التكامل مع استراتيجية المنظمة:

يجب أن تتكامل استراتيجية الموارد البشرية مع كل من الاستراتيجية الكلية للمنظمة والاستراتيجيات الوظيفية الأخرى مثل استراتيجيات التسويق والإنتاج والبحث والتطوير والمالية ويعكس هذا أهمية أن تلعب إدارة الموارد البشرية دوراً رئيسياً في صياغة استراتيجية المنظمة وتحقيق اهدافها حيث تولد استراتيجية الموارد البشرية من رحم استراتيجية المنظمة ويسهم تحقيق أهدافها في تحقيق أهداف المنظمة. وهذا يتطلب توفر قدرة لدى إدارة الموارد البشرية على توفير موارد بشرية مدربة ومؤهلة ومحفزة لتقديم أدء متميز كما هو الحال على سبيل المثال شركة مايكروسوفت. فإذا كانت استراتيجية المنظمة تتمثل في استراتيجية النمو (growth) عندئذتتأثراستراتيجيةإدارة الموارد البشرية من

حيث التوظيف والرواتب والتدريب لتوفير موارد بشرية مؤهلة تتلاءم أو تتوافق مع استراتيجية النمو.

انطلاقاً من وجوب وضع استراتيجية لإدارة الموارد البشرية يجب أن نعلم بأن المورد البشري هو متخذ القرار وهو منفذه، بالتالي فإن كافة القرارات الاستراتيجية التي تتخذ على مستوى المنظمة لها انعكاساتها على استراتيجية الموارد البشرية.

ويمكن فهم تأثير تلك القرارات الاستراتيجية من عدة منطلقات من أهمها العامل الذي يتمثل في مدى استخدام رأس المال مقابل العمالة .Capital VS Labor فقد ترغب بعض المنظمات بناء على التقدم التقني وفي ضوء اشتعال حدة المنافسة أن تزيد من حجم الاستخدام للآلات والمعدات الحديثة مع تقليل عدد العاملين. وإن استخدام تلك الآلات والمعدات قد يؤدي إلى زيادة الإنتاج، وتقليل التكلفة، وتخفيض الفائض، وتحسين النوعية في المنظمة، لذا تستثمر العديد من المنظمات الكثير من رأس المال في الآلات والمعدات لتحقيق الفوائد سالفة الذكر.

إن ذلك ينعكس على إدارة الموارد البشرية من عدة نواحي منها إعادة تصميم العمل، والرواتب، وظروف العمل، والتدريب، وتقييم الأداء. هذا بالإضافة إلى استخدام أساليب إدارية حديثة مثل حلقات الجودة وإدارة الجودة الشاملة والمشاركة في اتخاذ القرارات، والعمل الجماعي.

دور إدارة الموارد البشرية في صياغة استراتيجية المنظمة:

بناء على ما تقدم يتضح لنا بأن استراتيجية إدارة الموارد البشرية تنبثق عن استراتيجية المنظمة، أي يجب أولاً صياغة استراتيجية المنظمة ومن ثم صياغة أو وضع الاستراتيجيات الوظيفية (Functional Strategies) الأخرى مثل استراتيجية التسويق والإنتاج والاستراتيجية المالية وبالطبع استراتيجية إدارة الموارد البشرية وذلك لتحقيق استراتيجية المنظمة، ومن الواضح أن كل هذه الاستراتيجية يجب أن تتكامل مع بعضها بعضاً، وصولاً إلى تحقيق الميزة التنافسية الدائمة (Sustainable Competitive Advantage)

ويوضح الشكل رقم (١) هذا الدور

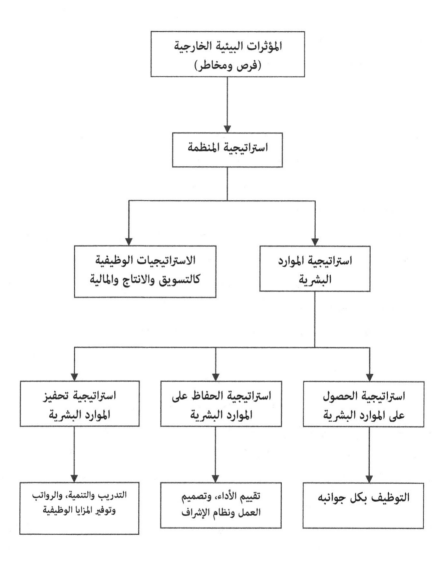

شكل رقم (١) دور ادارة الموارد البشرية في صياغة استراتيجية المنظمة

بناء على الرسم أعلاه يتضح لنا أن التأثير متبادل بين الاستراتيجية الكلية للمنظمة واستراتيجية الموارد البشرية. وقد أثبتت العديد من الدراسات ومنها دراسة Robert Sibson [٣] مدى أهمية ارتباط استراتيجية المنظمة مع استراتيجية الموارد البشرية لتحقيق الميزة التنافسية للشركات التي درسها والذي تم في مجالات عدة منها:

- تحسين النوعية.
- التحكم في تكلفة العاملين.
- تحسين الإنتاجية.
- الإبداع.

ومما تجدر الإشارة إليه أن عالم الاستراتيجية المعروف بورتر (Porter) ذكر في كتابه الشهير الميزة التنافسية (Competitive Advantages) أن الموارد البشرية إحدى الكفايات المحورية (Core Competencies) التي يجب أن تمتلكها المنظمات كي نستطيع تحقيق الميزة التنافسية، وأن هذه الموارد يجب أن تلعب دوراً مهماً في صياغة استراتيجية المنظمة وتنفيذها. لقد ترجم هذا المفهوم واقعياً في العديد من الشركات منها شركة IBM ، ومايكروسوفت. وفي الواقع أن هنالك العديد من الشركات التي تتضمن رسالتها (Mission) الإشارة إلى أهمية الموارد البشرية ودورها في نجاح تلك الشركات في تحقيق كل من استراتيجيتها وأهدافها.

في دراسة متميزة أعدها مارك هيوزلد (Mark Huselid) (٤) وجد أن استراتيجية الموارد البشرية قد لعبت دوراً أساسياً في تحسين أداء الشركات التي درسها من عدة وجوه مثل:

- تحسن في نوعية أداء العاملين.
- تخفيض تكلفة العاملين.
- حسن خدمة العملاء والزبائن.
- ارتفاع نسبة/ معدل رضا العملاء.
- ارتفاع معدل الإنتاجية.

ويمكن تمثيل العلاقة بـين كـل مـن اسـتراتيجية المنظمـة وإدارة المـوارد البشـرية وتحقيق الميزة التنافسية في الشكل رقم (٢)

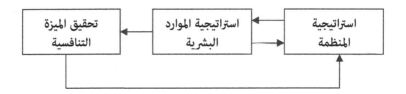

الشكل رقم (٢)

العلاقات الترابطية بين استراتيجية المنظمة واستراتيجية الموارد البشرية وتحقيق الميزة التنافسية

أدوار إدارة الموارد البشرية:

لقد تطور دور إدارة الموارد البشرية مـن الـدور التقليـدي (Traditional Role) إلى الدور الاستراتيجي الذي سيأتي مناقشته تفصيلاً لاحقاً (Strategic Role) يمكن توضيح الاختلاف بين الدورين في الشكل رقم (٣)

البعد	الدور التقليدي	الدور الاستراتيجي
* التخطيط وصياغة الاستراتيجية	المشاركة في صياغة الخطط التنفيذية فقط	المشاركة في صياغة استراتيجية المنظمة الكلية والربط بين استراتيجية المنظمة واستراتيجية الموارد البشرية
* السلطات	مرتبطة فقط بالقيام بالمهام التقليدية لإدارة الموارد البشرية/ رئيس قسم/ وسلطات عمودية	مرتبطة بالإدارة العليا في صياغة أهداف واستراتجيات ورسالة المنظمة/ نائب رئيس للموارد البشرية وسلطات أفقية وعمل جماعي
* اتخاذ القرارات	اتخاذ قرارات تشغيلية روتينية فقط	اتخاذ قرارات استراتيجية
* مدى التكامل مع وظائف المنظمة	تكامل جزئي مع وظائف المنظمة الأخرى	تكامل في وظائف المنظمة كافة والعاملين فيها
* الهيكل التنظيمي	هيكل تنظيمي وظيفي	هيكل تنظيمي عملياتي
* النظرة للعاملين	النظرة اليهم باعتبارهم نفقات	استثمار والنظرة اليهم باعتبارهم ذو مردود

المصدر :

William Anthony and Others - **Human Resource Management .**
A Strategic Approach. NewYork: The Dryden Press, 1999, P. 17.

الشكل رقم (٣)

الدور التقليدي والدور الاستراتيجي لادارة الموارد البشرية

ثمة منظور آخر يمكن النظر اليه لأدوار ادارة الموارد البشرية التقليدية وهو المنظور الاستراتيجي وذلك بسبب التطورات الكبيرة في إدارة الموارد البشرية ووجوب وضع استراتيجية للمنظمة وللموارد البشرية هناك ثلاثة أدوار رئيسية تلعبها إدارة الموارد البشرية منها دوران اثنان يقعان تحت التوجه التقليدي، ودور آخر حديث هو الدور الاستراتيجي.

الأدوار التقليدية:

يشمل ذلك ما يلي : [٥]

١- الدور الإداري Administrative Role :

يتمثل هذا الدور في الاحتفاظ والتعامل مع الملفات والسجلات الخاصة بالعاملين والاحتفاظ بقواعد معلومات تتضمن كافة المعلومات التفصيلية عن العاملين مثل الرواتب، والتدريب، والخبرات ونتائج تقييم الأداء، وحركات النقل والترقية وخلافه. هذا بجانب الاحتفاظ بكافة السياسات والقرارات المتعلقة بالموارد البشرية والتأكد من تطبيقها من قبل كافة الإدارات الأخرى في المنظمة، كذلك رفع التقارير الدورية إلى الجهات ذات العلاقة داخل وخارج المنظمة.

٢- الدور الإجرائي Operational Role :

يتعلق هذا الدور بالأمور التكتيكية وهي المتعلقة بتطبيق كل من الأنظمة والسياسات المتعلقة بإدارة الموارد البشرية من حيث الإعلان عن الشواغر الوظيفية والقيام بعملية الاختيار وتعديل الرواتب والأجور ومتابعة عملية تقييم الأداء للعاملين واستلام التقارير وتنفيذ قرارات النقل والترقية وغير ذلك. ويتطلب القيام بهذا الدور توفر أشخاص مختصين في وظائف ومهام إدارة الموارد البشرية تكون مسؤولياتهم الأساسية مسؤولية تنفيذية تتمثل في تنفيذ القرارات والسياسات والتوجهات التي تضعها الإدارة العليا.

٣- الدور الاستراتيجي Strategic Role : [٦]

لقد ظهر حديثاً بجانب الدورين السابقين الدور الاستراتيجي لإدارة الموارد البشرية وذلك محصلة الاهتمام والتركيز الشديدين للاستفادة بشكل فعال من الموارد البشرية والتي كما أسلفنا سابقايعتبرإحدى أهم الكفايات المحورية(Core Competencies) التي

تساعد المنظمة على تحقيق الميزة التنافسية. وينظر إلى هذا الدور للموارد البشرية على أنها موارد ذات أهمية وتمثل استثماراً مستقبلياً ذا عائد ومردود للمنظمة. ويتمثل هذا العائد في أداء الشركة المتميز وتحقيقها لأهدافها وسمعتها وحصتها السوقية.. الخ. وفي ظل هذا الدور فان على إدارة الموارد البشرية أن تمتلك رؤية مستقبلية للموارد البشرية وإداراتها وأن يكون لها دور في صياغة الاستراتيجية الكلية للمنظمة وفي المساهمة الفاعلة في إنجاح المنظمة لتحقيق الميزة التنافسية الدائمة. من هنا أصبح لهذه الإدارة دور أساسي في عملية التخطيط والإدارة الاستراتيجية صياغة وتنفيذاً.

ويعود الاهتمام بهذا الدور الاستراتيجي إلى العديد من الأسباب أو العوامل منها:

١- المتغيرات البيئية الخارجية والتحديات الاستراتيجية العديدة التي تواجهها المنظمات الآن:

وتتمثل بعض من هذه المتغيرات والتحديات في ارتفاع حدة المنافسة، والتقدم التكنولوجي المتسارع، واتفاقية التجارة الحرة، وازدهار حركات الاندماج والشراء بين الشركات الكبرى، وحرية التجارة.

٢- الاهتمام بأداء المنظمة ومحاولة الوصول إلى الأداء المتميز :

يحدث هذا الأمر خلال توافر موارد بشرية ذات كفايات محورية لديها الحافزية لإعطاء المنظمة ذلك الأداء المتميز.

٣- الاهتمام المتزايد الآن بمفهوم رأس المال البشري:

ويمثل هذا المفهوم القيمة الكلية الإجمالية (Human Capital Total Value) للموارد البشرية التي تمتلكها المنظمة. وتعكس تلك القيمة الكلية القدرات، والخبرات، والمؤهلات، والمهارات التي يمتلكها العاملون في المنظمة والتي يمكن استخدامها وتوظيفها في تحقيق أهداف المنظمة. وينعكس هذا الاهتمام برأس المال البشري على إدارة الموارد البشرية من منطلق الاهتمام بعملية الاستقطاب، والتوظيف، والتدريب والتطوير للعاملين، وتنمية القدرات، وتحفيز الأداء، وتقييم ومكافآت الأداء.

٤- توفر عوامل معينة:

مثل الاندماج، والبيع والشراء، والانكماش، وإعادة هيكلة المنظمة. ولهـذه العوامل انعكاسات بشكل أو بآخر على نظام إدارة الموارد البشرـية وعـلى العـاملين كماً ونوعاً.

٥- السعي نحو ما يسمة المنظمات ذات الأداء المرتفع:

(High Performance Organizations)

إن إحدى المـدخلات الرئيسـية للوصـول إلى هـذا الأداء المرتفع هـو مـدى كفاءة وفاعلية إدارة الموارد البشرية فيما يختص بالقيـام بوظائفها ومهامها. مـن الأمثلة على ذلك ما جاء عـلى لسـان جـاك ولـش (Jack Welch)،المـدير التنفيـذي السابق لشركة جنرال إلكتريـك G.E ، الـذي رفع القيمـة الفعليـة للشركة مـن ٦٠ بليون إلى ٣٠٠ بليون دولار خلال (١٠) عشرة أعوام من ادارته للشركة، فقد ذكر أن الفضل في ذلك يعود لحسن الاستثمار في الموارد البشرية. "ثـم إن هـذه الشركة تدار بأفضل العناصر البشرية وأن أفضل إنجـازاتي هـو الحصول عـلى أفضل تلـك العناصر للعمل في الشركة والعمل معاً كفريق واحد حيث الكل أفضل من الأغلبية. إنهم فريق من العاملين يسعى دائماً للفوز" ^(٧)

يمكن تلخيص الأدوار السالفة الذكر في الشكل التالي:

شكل رقم (٤)

أدوار إدارة الموارد البشرية

الدور الاستراتيجي	الدور الإجرائي	الدور الإداري	
* المنظمة ورؤيتها	* الـدعم الإجـرائـي لبقيـــــــة إدارت المنظمة	* العمليـات الإداريـة والاحتفاظ بالسجلات	التركيز Focus
* طويل المـدى- مـن عامين لخمسة أعوام	* متوسـط المـدى من عام لعاملين	* قصيـر المـدى- أقـل من عام	التوقيت Timing
* دراسـة وتقيـيـم اتجاهات العاملين * المساعدة في إعـادة هيكلة المنظمة * تقديم النصح فيما يخـتص بقرارات الاندماج، والشراء * وضـع اسـتراتيجية إدارة الموارد البشرية	* إدارة رواتــب وتعويضـــــــات العاملين * اسـتقطاب واختيـار العاملين لملـئ الشـواغر الوظيفية * تنفـذ الـبرامج التدريبية * معالجـة مشـاكل وشكاوي العاملين	* إدارة مزايا العاملين الوظيفية * بـرامج لتوجيـه العاملين الجدد * تفسـير وشرح سياسـات وتعليمـات وإجـــراءات إدارة الموارد البشرية * إعـداد التقـاريـر الدورية المطلوبة	الأنشطة Activities

المصدر:

Robert Mathis & John Jackson. **Human Resource Management**; 9th. Ed., Ohio, South Western Publishers, 2000, p. 15 .

التدقيق الإستراتيجي لإدارة الموارد البشرية (Strategic Audit) :

ترتبط أهمية الدور الاستراتيجي لإدارة الموارد البشرية بموضوع التدقيق الاستراتيجي (Strategic Audit) لإدارة الموارد البشرية للتأكد من قيامها بدورها الاستراتيجي ومدى فاعليتها وكفاءتها في إدارة هذا المورد ومساعدة المنظمة في تحقيق أهدافها. ويساعد هذا التدقيق على تقييم ممارسات وأداء تلك الإدارة لتحديد نقاط القوة أو الضعف في أدائها ومن ثم مجالات الاستفادة أو التحسين .

ويمكن تعريف التدقيق الاستراتيجي بأنه :

"تدقيق أو مراجعة شاملة ومنظمة ودورية للموارد البشرية ولإدارتها. يشمل هذا التدقيق والمراجعة تدقيقاً شاملاً للأهداف والاستراتيجيات والسياسات والبرامج والأنشطة المتّبعة، التي صيغت في استراتيجية إدارة الموارد البشرية لتحديد أو التعرف على نقاط الضعف والقوة في تلك الاستراتيجية أو في تنفيذها، لوضع التوصيات اللازمة لتحسين أداء المنظمة الاستراتيجي في مجال الموارد البشرية " [٨] .

للتدقيق الاستراتيجي لإدارة الموارد البشرية خصائص أبرزها ما يلي :

١. تقييم مدى تحقيق إدارة الموارد البشرية لاستراتيجيتها وأهدافها .
٢. تحديد مدى ملائمة أنشطة ومهام إدارة الموارد البشرية لاستراتيجية المنظمة للتأكد من وجود هذه الملائمة (Strategic Fit) .
٣. التعرف على المجالات التي تتطلب تغييراً أو تعديلاً في إدارة الموارد البشرية .
٤. وضع خطة لتحسين الأداء في المجالات التي تتطلب ذلك ومن ثم إعادة صياغة استراتيجية الموارد البشرية .

ويسعى التدقيق الاستراتيجي في إدارة الموارد البشرية إلى الإجابة عن الأسئلة التالية:

١. أين نحن الآن ؟ وتتضمن الاجابة عليه تحليل ودراسة ومراجعة إدارة الموارد البشرية ولأداء العاملين وهل هناك انحراف ؟ وما هي أسبابه وكيفية علاجه ؟
٢. أين نريد أن نكون ؟ أو ماذا نريد أن نحقق ؟ وتتضمن الاجابة تحديد الأهداف المرجوة من إدارة الموارد البشرية في ظل الإجابة على السؤال الأول .

٣. كيف نحقق ما نرغب فيه ؟ أو كيف نحقق هذه الأهداف ؟ ما هي الاستراتيجيات والسياسات والبرامج والأنشطة المطلوبة أو الملائمة لتحقيق هذه الأهداف ؟

٤. متى يجب أن نحقق هذه الأهداف ؟ وتتضمن الاجابة تخطيط الوقت ووضع الجداول الزمنية .

٥. ما هي تكلفة تحقيق الأهداف ؟ وتتضمن الاجابة وضع الميزانية المناسبة لجميع الأنشطة والبرامج لتحقيق الأهداف، تخصيص المبالغ اللازمة .

مؤشرات استخدام التدقيق الاستراتيجي :

أن التدقيق الاستراتيجي عملية مستمرة ومنظمة، وهناك المؤشرات أو العوامل والظروف التي قد تستدعي سرعة القيام بالتدقيق الاستراتيجي في إدارة الموارد البشرية منها ما يلي :

١- وجود فجوة في الأداء (Performance gap) مما يترتب على ذلك نتائج سلبية وغير متوقعة .

٢- عدم تنفيذ السياسات والأنشطة والبرامج الموضوعة لتحقيق الأهداف حسب الأولويات وبالشكل المطلوب .

٣- ظهور متغيرات في البيئة الخارجية تؤثر أو قد تؤثر على تحقيق الأهداف مثل إصدار القوانين أو تغير في خصائص سوق العمل .

٤- ارتفاع في تكلفة إدارة الموارد البشرية ومحاولة التخلص من أو تقليل تكلفة الأنشطة أو البرامج غير الفعّالة مثل تكلفة التوظيف على سبيل المثال ... الخ

مراحل التدقيق الاستراتيجي :

تتمثل مراحل التدقيق الاستراتيجي في المراحل الثلاث وهي مرحلة التشخيص، ومرحلة تحديد نقاط الضعف والقوة، ومرحلة وضع التوصيات والحلول ويمثل الشكل رقم (٥) هذه المراحل ونتحدث الآن ببعض التفاصيل عن تلك المراحل :

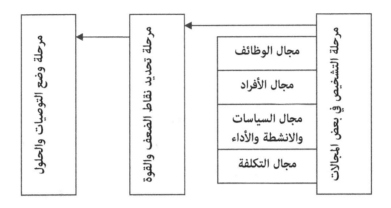

الشكل رقم (٥) مراحل التدقيق الاستراتيجي

١- مرحلة التشخيص .

وهي مرحلة جمع المعلومات للتعرف على استراتيجية وأهداف إدارة الموارد البشرية، وكذلك معرفة مستوى الأداء المتوقع والنتائج التي يجب الوصول إليها ومعرفة كيف تنفذ المهام والأنشطة الخاصة بإدارة الموارد البشرية. وأخيراً معرفة موقع إدارة الموارد البشرية في الهيكل والبيئة التنظيمية، أي أنه تشخيص شامل لكل ما له علاقة بتلك الإدارة .

ويفضل أن يستخدم في هذه المرحلة كل من أسلوبي المقابلة والاستبانة للوصول إلى معلومات موضوعية وتفصيلية وشمولية عن إدارة الموارد البشرية. ويجب التنويه هنا بأن وجود نظام معلومات خاص بإدارة الموارد البشرية يسهّل عملية التشخيص وجمع المعلومات.

من هنا فإن إحدى المتطلبات الأساسية التي يجب توافرها قبل البدء في التدقيق وجود نظام معلومات إدارية (M.I.S) (Management Information System) يتضمن كل المعلومات عن الموارد البشرية داخليّاً وخارجيّاً وبشكل تفصيلي بحيث يستفاد من هذه المعلومات في إجراء التشخيص وبعد ذلك عند وضع التوصيات .

يشمل التشخيص المشار إليه القيام بما يلي :

١- مراجعة كل الملفات والتقارير والسياسات والتعليمات والهيكل التنظيمي لإدارة الموارد البشرية والوصول إلى معرفة مدى مساعدة الهيكل تلك الإدارة في تحقيق أهدافها والتنسيق بين جميع المهام والأنشطة الأخرى.

٢- دراسة وتحليل السياسات التي تحكم الموارد البشرية في المنظمة من توظيف وتدريب وتعويض... الخ ومدى فعاليّة تلك السياسات في تحقيق أهداف استراتيجية الموارد البشرية .

٣- معرفة من يتخذ وكيف يتم اتخاذ القرارات في إدارة الموارد البشرية ؟ هل تتخذ القرارات من أعلى أم من أسفل ؟ وهل تتسق هذه القرارات (الخطط) مع القرارات (الخطط) التنفيذية الأخرى للمنظمة ؟

٤- التعرف على ثقافة المنظمة (Organizational Culture) والقيم والاتجاهات السائدة فيها خاصة تلك التي تؤثر بشكل مباشر على الموارد البشرية .

٥- مقارنة مستوى الأداء الفردي والجماعي والتنظيمي بالمستويات المحددة سابقاً لتحديد أية انحرافات وأسبابها .

يغطي التشخيص في هذه المرحلة أربعة مجالات أساسية في إدارة الموارد البشرية هي محور تلك الإدارة . مجال الوظائف ومجال الأفراد ومجال السياسات والأنشطة والأداء ومجال التكلفة. وتعتبر هذه المجالات الأكثر أهمية وارتباطاً باستراتيجية إدارة الموارد البشرية وتزودنا بمعلومات أكثر وضوحاً وشمولية وموضوعية عن إدارة الموارد البشرية بحيث يستفاد من تلك المعلومات في اتخاذ القرارات ووضع التوصيات الملائمة لمعالجة نقاط الضعف التي قد تتكشف من جراء هذا التدقيق. ويفضل عند تدقيق كل مجال من هذه المجالات الأربعة أن توضع سلفاً مجموعة من الأسئلة تغطي جوانب هذا المجال كافة بحيث لا تهمل أو يغفل عن بعض الجوانب المهمة أثناء التدقيق، ولكي يستعان بها في إجراء المقابلات ووضع الاستبيانات للحصول على المعلومات المطلوبة والوصول إلى النتائج المرجوة من هذا التدقيق.(٩)

٢- تحديد نقاط الضعف والقوة في استراتيجية الموارد البشرية

يتم في هذه المرحلة تدقيق الاستراتيجية كوحدة متكاملة، بعد أن تمت مراجعة المجالات الأربعة سالفة الذكر، لتحديد مواطن الضعف ومواطن القوة في هذه الاستراتيجية بحيث يستفاد من نقاط القوة وتتخذ الإجراءات لمعالجة نقاط الضعف في استراتيجية الموارد البشرية وفي مكوّناتها. وفيما يختص بنقاط الضعف التي قد تكتشف يجب معرفة او تحديد لماذا؟ ومتى؟ وأين؟ وكيف ومن المسؤول عن هذا الضعف. في أحد مكونات أو في الاستراتيجية كلها؟ وهل نشأ هذا الضعف بسبب أخطاء في صياغة الاستراتيجة أم بسبب عوامل خارجية لم يسيطر عليها، أم بسبب أخطاء في تنفيذ الاستراتيجية، أم في ضعف (قلة كفاءة) المسؤولين عن تنفيذها. من الممكن أن يتضح لنا في هذه المرحلة العديد من نقاط الضعف في الاستراتيجية، والعديد من نقاط القوة أيضاً، ولكن المهم هنا بعد تحديد هذا الضعف أن يعرف لماذا وكيف حدث ذلك . فقد لا يقيم الأداء موضوعياً مثلاً وهل كان الخطأ في السياسة أو في الإجراءات ؟ أم في التقييم نفسه أم في القائمين على تقويم الأداء ؟

يفضل أيضاً عند تدقيق الاستراتيجية كوحدة متكاملة لتحديد نقاط الضعف والقوة أن يستعان بمجموعة من الأسئلة كما حدث في المرحلة الأولى. هناك من يفضل أن يكون استخدام هذه الأسئلة في المرحلة الأولى فقط وهناك من يحبذ استخدامها في المرحلة الثانية أيضاً. ونحن نرى استخدام الأسئلة في هذه المرحلة كونها ستغطي أو ستشمل الاستراتيجية ككل بعد الحصول على معلومات تفصيلية في المرحلة الأولى . وتسهل هذه الأسئلة تقويم الاستراتيجية ككل . ومن الأسئلة التي يمكن أن تسأل ما يلي :

١. هل تمت صياغة الأهداف والاستراتيجيات والسياسات بوضوح أم لا ؟

٢. ما هو دور إداريي الموارد البشرية في عملية إدارة الموارد البشرية استراتيجياً، من حيث صياغة وتنفيذ وتقويم الاستراتيجية ؟

٣. هل تتسق استراتيجية الموارد البشرية مع أوضاع المنظمة الداخلية والخارجية ؟

٤. هل تتسق أهداف تلك الاستراتيجة مع أهداف المنظمة الأخرى ؟

٥. ما هي المعوقات التي تهدد إنجاز أو تحقيق أهداف تلك الاستراتيجيات وكيف يمكن مواجهتها ؟

٦. ما هي الإجراءات التصحيحية أو التعديل المطلوب أو الضروري في الاستراتيجية لمواجهة هذه المعوقات وفي ظل نتائج التدقيق ؟

هذه أسئلة على سبيل التمثيل وليس الحصر التي قد يستعان بها لتحديد نقاط الضعف والقوة في استراتيجية الموارد البشرية في ظل نتائج المرحلة الأولى وهي مرحلة التشخيص. كما سيتم الإجابة عن هذه الأسئلة وغيرها من الأسئلة في المرحلة الثالثة والقادمة من هذا التدقيق وهي مرحلة إعداد التوصيات .

نود أن نذكر هنا أمثلة لنقاط الضعف أو نقاط القوة في إدارة الموارد البشرية بعد تدقيقها والتي يجب أن يستفاد بها عند إعداد استراتيجية جديدة أو تعديل الاستراتيجية الحالية .

بعض نقاط القوة :

١) وجود مهارات وقدرات وخبرات ممتازة بين العاملين .

٢) وجود تدريب وتطوير مستمر لرفع كفايات العاملين .

٣) فعالية نظام التعويضات في تحفيز العاملين .

٤) وجود خطط واضحة المعالم للموارد البشرية .

٥) التحديث المستمر لتحليل الوظائف .

٦) ارتفاع معنويات العاملين .

٧) وجود اتجاهات وقيم إيجابية بين العاملين تجاه المنظمة وأهدافها .

بعض نقاط الضعف :

١) عدم وضوح التوجه الاستراتيجي للمنظمة بين العاملين .

٢) ضعف قدرات ومهارات الإداريين .

٣) عدم وضوح الأهداف الاستراتيجية للموارد البشرية .

٤) سوء الانطباع عن إدارة الموارد البشرية ودورها في المنظمة .

٥) سوء الهيكل التنظيمي لإدارة الموارد البشرية .

٦) عدم وضوح السياسات الخاصة بأنشطة إدارة الموارد البشرية .

٧) عدم الوضوح أو الاستفادة من نتائج تقويم الأداء على مستوى المنظمة .

٣- وضع التوصيات .

يتم في هذه المرحلة الإجابة عن السؤال التالي : ماذا يجب أن تفعل إدارة الموارد البشرية بخصوص استراتيجيتها كي تستطيع تحقيق أهدافها، وبحيث يستفاد من نقاط القوة ونتجاوز نقاط الضعف ؟

تتطلب الإجابة عن هذا السؤال وضع العديد من التوصيات التي تعالج المشكلات والانحرافات ونقاط الضعف التي ظهرت أو نتجت عن تدقيق استراتيجية الموارد البشرية خاصة تلك التي لها علاقة بمجالات التدقيق الأربعة سالفة الذكر. وتتحول تلك التوصيات بعد صياغتها إلى خطة عمل مستقبلية للوصول إلى أهداف إستراتيجية الموارد البشرية والتأكد من الاستثمار الأمثل للموارد البشرية. وقد تتحول تلك التوصيات في بعض الأحيان إلى استراتيجية جديدة لإدارة الموارد البشرية خاصة إذا كانت تلك التوصيات تعالج أو تتعلق بمشكلات أو بضعف في معظم أنشطة وسياسات تلك الإدارة وبشكل جذري. ومن هنا يجب أن يكون المسؤول عن صياغة تلك التوصيات حريصاً في صياغتها بدقة وموضوعية ووضوح وأن يتأكد من اتساقها وترابطها مع كل من أهداف إدارة الموارد البشرية وأهداف المنظمة .

قد يكون من الضروري أحياناً أن تكون التوصيات إما طويلة أو قصيرة المدى ويعتمد ذلك على الأهمية النسبية لنتائج التدقيق الاستراتيجي الذي تم وأيضاً على مدى الحاجة المُلحة للقيام بتطبيق ما صيغ من توصيات. على سبيل المثال قد نجد بعد القيام بالتدقيق الاستراتيجي لإدارة الموارد البشرية ما يلي : " عدم توافر المهارات أو الخبرات المطلوبة بين العاملين في بعض الوظائف " قد يعكس هذا ضعفاً في نشاط التدريب أو تقييم الأداء. وقد يعزى هذا الضعف إلى كل أو بعض مما يلي :

١- عدم وضوح مستوى الأداء عند تقييمه .

٢- عدم موضوعية تقييم الأداء وعدم الاستفادة من نتائجه في التدريب .

٣- عدم تحديد الاحتياجات التدريبية .

٤- عدم عقد برامج تدريبية للعاملين .

٥- سوء الاختيار والتعيين وعدم فعاليّة عملية التوظيف .

٦- عدم ارتباط التدريب ارتباطاً مباشراً بالمهارات المطلوبة وظيفيّاً .

وبدون شك قد يكون هناك الكثير من الأسباب التي أدت إلى هذا الضعف في المهارات والخبرات. ولهذا الضعف إذا كان موجوداً انعكاسات سلبية وخطيرة الآن وفيما بعد وعلى عدة أوجه. وبالتالي فإن هذا الضعف يتطلب الدقة في صياغة التوصيات التي تعالجه بشكل جذري وذلك لأهميته على كل من المدى القصير والطويل . ومن هنا قد تصاغ توصيات على المدى القصير مثل : ^(١٠)

١- إعادة توزيع العاملين ذوي المهارات والقدرات المتدنية .

٢- زيادة حجم الإشراف على هؤلاء العاملين .

٣- عقد دورات تدريبية سريعة وقصيرة ومركزة .

ومن التوصيات ذات المدى البعيد ما يلي :

١- تصميم برامج تدريبية في ظل الاحتياجات التدريبية المدروسة وارتباطها بأهداف إدارة الموارد البشرية .

٢- إعادة دراسة سياسة وإجراءات تقييم الأداء ووضع مستويات أداء محددة لكل وظيفة .

٣- إعادة النظر في سياسة وإجراءات التوظيف للتأكد من فعاليّة وكفاءة نشاط التوظيف .

تلك بعض الأمثلة لبعض التوصيات بخصوص ضعف واحد فقط (ضعف المهارات). وينطبق الشيء نفسه على بقية نقاط الضعف التي قد تظهر أو تنتج عن التدقيق السلف الذكر. ونود أن ننوه هنا على أننا لم ننس نقاط القوة. بل يجب أن لا تؤخذ تلك النقاط كشيء مسلّم به، ولا يحتاج إلى أية عناية أو اهتمام، فهذا خطأ فاحش. إن الأمر يتطلب أن تعطى نقاط القوة الاهتمام نفسه والأهمية التي تعطى لنقاط الضعف لكي يستفاد منها الآن ومستقبلاً ولكي لا تتحول إلى نقاط ضعف إذا أهملت. لذا يجب أن تتضمن استراتيجية الموارد البشرية، بجانب توصيات خاصة بنقاط الضعف، توصيات خاصة بنقاط القوة، تبين كيف ولماذا يجب الاستفادة منها واستغلالها على كل من المدى القصير والطويل .

أسئلة للمناقشة :

1) ما هو المقصود بالإستراتيجية و بالمنحنى الاستراتيجي لإدارة الموارد البشرية ؟
2) ما هي الأدوار التقليدية لإدارة الموارد البشرية مقارنة مع الدور الاستراتيجي ؟
3) ما هي أسباب الاهتمام بالدور الاستراتيجي لإدارة الموارد البشرية ؟
4) ما هو دور وأهمية إدارة الموارد البشرية في صياغة استراتيجية المنظمة ؟
5) لماذا يجب أن تتلاءم استراتيجية الموارد البشرية مع استراتيجية المنظمة ؟
6) ما هي أهمية التدقيق الاستراتيجي في نجاح المنحى الاستراتيجي لإدارة الموارد البشرية ؟
7) ما هي مراحل التدقيق الاستراتيجي ومجالاته في إدارة الموارد البشرية ؟

حالة إدارية

شركة الأمل تستخدم إستراتيجية ناجحة في استقطاب العاملين الاوفياء

رأت إحدى الشركات الصغيرة، وتدعى شركة الأمل للحاسبات، في إدارة الموارد البشرية أحد عناصر وأسباب نجاحها في تحقيق أهدافها. ذلك أن هذه الشركة تقدم التدريب والإستشارات في مجال قواعد البيانات، وكثيراً ما يتصل العملاء بالشركة لحل مشاكلهم وتقديم النصح والإرشاد لهم. لقد بدأت تلك الشركة عملها في السوق المحلي منذ (٣) سنوات وتبلغ عائدتها السنوية حوالي (٥) خمسة ملايين دينار. عندما أسست الشركة وضع مؤسسها نصب عينيه إحدى القيم الأساسية والتي تقول " أن يكون العمل في شركة الأمل ممتعاً ومريحاً في نفس الوقت" وقد ساعد هذا الإعتقاد في إيجاد ثقافة تنظيمية فعالة ساعدتها في تحقيق ميزة تنافسية مما هيأ لها استقطاب وتدريب أفضل العاملين في مجال تخصصها. لقد لعب الاستقطاب لأفضل العناصر البشرية دوراً مهماً في نجاح الشركة لتحقيق استراتيجية النمو التي تسير عليها .

انطلاقاً من تلك الأهمية استخدمت إدارة الموارد البشرية العديد من الأساليب المميزة منها على سبيل المثال استئجار المتقدمين للعمل سيارة بأسعار زهيدة للوصول للشركة لتقديم الطلب أو إجراء المقابلات فيما يعد. وقد تقدم الشركة جائزة تبلغ ٥٠٠٠ ديناراً لكل موظف يعمل لديها ويستطيع أن يستقطب أفراداً مؤهلين للعمل في الشركة والبقاء فيها لفترة طويلة .

كما تمنح نفس الجائزة أيضاً للعملاء الذين يستطيعون القيام بنفس تلك المهمة. الأمر الذي ساعدها على زيادة مبيعاتها ومن ثم أهدافها وفي النهاية أن تحقق الميزة التنافسية مقارنة مع المنافسين لها . لقد كان الهدف الأساسي من هذه الإجراءات أن تثبت الشركة بأن الموارد البشرية هي أهم الأصول التي تمتلكها . وقد يتساءل بعض التقليديين من المديرين عن جدوى هذه الأساليب. فكان الجواب بالإيجاب، ذلك أن حوالي ٦٠% من العاملين في الشركة الآن والذين ساعدوها على النجاح في هذه الفترة البسيطة (٣ سنوات) جاءوا للعمل من خلال العاملين في الشركة بناء على المكافآت التي ذكرت .

ومن ناحية أخرى فقد أدى هذا أيضاً إلى تخفيض تكلفة الاستقطاب والتعيين حوالي ٢٠% عن التكلفة لدى الشركات الأخرى في نفس الصناعة. كما ذكر أيضاً أنه لم يستقل أو يترك أحد من هذه المجموعة خلال العامين الماضيين .

وقد ذكر أحد المستشارين الذين دعوا لدراسة استراتيجية الشركة في إدارة الموارد البشرية بها في ختام تقريرها عنها .

" يبدو أن إستراتيجية شركة الأمل في الإستقطاب والحفاظ على العاملين وحفزهم نحو الأداء المتميز قد أتت ثمارها من حيث وجود ثقافة تنظيمية ممتعة ونجاح المنظمة في تحقيق أهدافها. "

أسئلة المناقشة :

١)   ما هو رأيك في استراتيجية شركة الأمل في الاستقطاب كجزء من المنحى الاستراتيجي لإدارة الموارد البشرية .

٢)   ما هي في رأيك أوجه المقارنة (التشابه أو الاختلاف) لهذه الاستراتيجية مع الاتجاهات التقليدية لادارة الموارد البشرية .

الهوامش :

1) William Anthony and Others. **Human Resource Management-A Strategic approach**, 3rd New York: Dryden Press, 1999,p.10.

2) **Ibid**, pp.14 – 16.

3) Robert Sibson, **Strategic Planning for Human Resource Management**, New York: Amacom Books, 1992,p.27.

4) Mark Huselid. " Documenting Human Resource Effect on Company Performance " **Human Resource Management**, January 1994, pp. 74-84.

5) Robert L. Mathis and Jojn Jackson. **Human Resource Management**, 9th. Ed. Ohio: South Western publishing, 2000, pp.14-16.

6) Lin Gensing Pophol, " Taking Your Seat at the Table", **Human Resource Management**, March 1999, pp. 90-94.

7) Mathis, Jackson, op. Cit, p. 17.

٨) زهير الصباغ . " **التدقيق الاستراتيجي لإدارة الموارد البشرية** " مجلة جامعة الملك سعود ، م٢، العلوم الإدارية، ١٩٩٠. ص ص ٢٨٥-٣١٢ .

٩) المصدر السابق .

١٠) المصدر السابق .

الفصل الخامس

تحليل الوظائف

أهداف الفصل :

يتوقع ان يتمكن الدارس من تحقيق الأهداف التالية بعد دراسته لهذا الفصل والتفاعل مع نشاطاته :

١-   تحديد اهمية واستخدامات تحليل الوظائف في ادارة الموارد البشرية.

٢-   تحديد الطرق والاساليب التي تستخدم في جمع المعلومات الخاصة بالوظائف بهدف تحليلها.

٣-   التعرف على مشكلات تحليل الوظائف.

٤-   تحديد معنى تصنيف الوظائف واهميته في ادارة الموارد البشرية.

٥-   تطوير مهارة وضع صف وظيفي لعدد من الوظائف في مؤسسة يدرسها الدارس.

تحليل الوظائف
(Job Analysis)

ان المهمة الاساسية لادارة الموارد البشرية هـي التعامـل مـع الافـراد الـذين يشغلون وظائف متعددة يقومون من خلالها بأداء مهـام محـددة ويلعبـون ادوارا محددة. من هنا تأتي اهمية ادارة الموارد البشرية للتأكد مـن حسـن اسـتثمار تلـك الموارد في المنظمة ولا تستطيع اية منظمـة ان تسـتثمر مواردهـا البشر-ية بالشـكل الافضل ان لم يكن هناك وضوح في طبيعة الوظائف التي يشغلها كافة العاملين، أي وضع وصف لها وتحديد مواصفاتها من خلال تحليلها.

ولا يمكن فهم طبيعة الوظائف المختلفة في المنظمة، بحيث يتم التأكد مـن وجود الوظائف المطلوبة فعـلا لمسـاعدتها في الوصـول إلى اهـدافها، الا مـن خـلال تحليل تلك الوظائف، ويساعد هذا التحليل في التأكد من عدم وجـود تـداخل بـين تلك الوظائف، وان الوظائف المحددة في الهيكل التنظيمـي هـي فعـلا مـا تحتاجـه المنظمة. من هنا تأتي اهمية تحليل الوظائف قبل البدء في تطبيـق ايـة مهمـة مـن مهام ادارة الموارد البشرية. السؤال الاساسي الـذي يجـب الاجابـة عليـه مـن خـلال تحليل الوظائف هو: ما هي طبيعة واوصاف ومواصفات كل وظيفة في المنظمة؟

تعريف تحليل الوظائف:

يمكن تعريف تحليل الوظائف بانه "عملية جمع معلومات عن كل وظيفة بغرض التعرف على وصف الوظيفة ومتطلباتها، ومواصفاتها وخصائصها وطبيعتهـا" والغاية الاساسية من جمع المعلومات عـن كـل وظيفـة هـو محاولـة الاجابـة عـلى الاسئلة التالية:

١- ما هي الاعمال التي يقوم بها الفرد في الوظيفة؟

٢- كيف يقوم بتأدية تلك الأعمال؟

٣- ما هي الوسائل او الادوات التي يستخدمها لتأدية الأعمال المطلوبة؟

٤- ما هو ناتج تلك الأعمال من سلع وخدمات؟

٥- ما هي المؤهلات والقدرات المطلوبة للقيام بتلك الأعمال؟ (١)

يتوفر لدينا بعد جمع المعلومات والاجابة على تلك الاسئلة جانبان اساسيان في تحليل الوظائف هما:

١- الوصف الوظيفي (Job Description)

٢- المواصفات الوظيفية (Job Specifications)

أما الوصف الوظيفي فيتمثل في اعداد وصف عن متطلبات الوظيفة كالواجبات، والمسؤوليات، وظروف العمل، والادوات المستخدمة.

أما المواصفات الوظيفية فيتمثل في تحديد المهارات، والخبرات، والقدرات، والتي يجب توافرها في شاغل الوظيفة.

استخدامات تحليل الوظائف:

يمكن تمثيل استخدامات تحليل الوظائف في الشكل التالي:

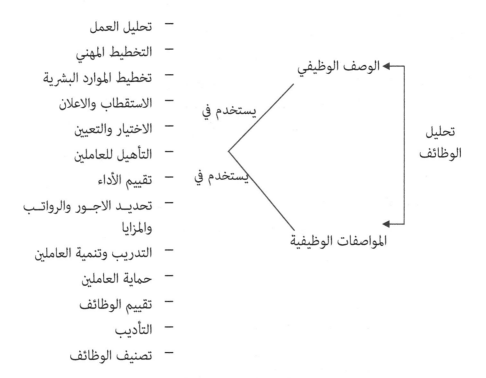

- تحليل العمل
- التخطيط المهني
- تخطيط الموارد البشرية
- الاستقطاب والاعلان
- الاختيار والتعيين
- التأهيل للعاملين
- تقييم الأداء
- تحديد الاجور والرواتب والمزايا
- التدريب وتنمية العاملين
- حماية العاملين
- تقييم الوظائف
- التأديب
- تصنيف الوظائف

وسنعرض هنا الى بعض الاستخدامات الاساسية لتحليل الوظائف بالشرح.

١- الاختيار والتأهيل :

يستخدم تحليل الوظائف كأساس لوضع نظام سليم لاختيار الافراد الـذين يمتلكون القدرات والمؤهلات وتنطبـق علـيهم الشـروط الواجب توافرهـا طبقـا للمواصفات الوظيفية. وكذلك يستند الى تحليل الوظائف في تحديد ووضع برنامج التأهيل للعاملين الجدد.

٢- التدريب والتنمية :

تفيد المعلومات التـي يتم التوصـل اليهـا مـن خـلال تحليـل الوظائف في تحديد الاحتياجات التدريبية في ضوء الوصف والمواصفات الوظيفيـة بحيـث يتم وضع البرنـامج التـدريبي وتـدريب العـاملين في ضـوء مسـتوى الاداء والمهـارات المطلوبة.

٣- الاجور والمرتبات :

لابد من اعطاء الموظف الاجر العادل الذي يتناسب مع أهمية العمل الذي يقوم به تستخدم معلومات تحليل الوظائف في تحديد قيمة واهميـة كـل وظيفـة، اي في تقييم الوظائف. من هنا يستخدم تحليل الوظائف كأساس لتقييم الوظائف وتحديد اهميتها النسبية ومـن ثم تحديـد الاجر او الراتـب. ويعود الاخـتلاف في القيمة المالية (الاجر) الى الاختلاف في الوصف والمواصفات الوظيفيـة بالمقارنـة مـع الوظائف الاخرى. وسنبحث موضـوع تقييـم الوظـائف عند التحـدث عـن الاجـور والمرتبات.

٤- حماية العاملين:

يتم التعرف على اخطار الوظيفة واخطار ظروف العمل مـن خـلال تحليـل الوظيفة بحيث يتم اتخاذ الاجراءات اللازمة لحماية العاملين من الحوادث واخطار العمل. اي ان تحليل الوظائف يساعد على تشخيص حوادث العمل وكيفية تجنبها.

٥- تخطيط الموارد البشرية :

الهدف الاساسي من تخطيط الموارد البشرية هو تحديد احتياجات المنظمـة من الموارد البشرية كما ونوعا. ولا يمكن تحديد ذلك الا في ضـوء تحليـل الوظائف بحيث يمكن التعرف على نوعية الموارد البشرية المطلوبـة وكذلك عـددها. وسيتم مناقشة ذلك بالتفصيل فيما بعد .

٦- **تقييم الأداء:**

يتم تحديد مستوى الاداء المطلوب بناء على الوصف والمواصفات الوظيفية وبحيث يتم تقييم اداء العاملين في ضوء ذلك. في ضوء هذا المستوى الذي وضع اساسا نتيجة تحليل الوظائف يمكن تحديد نوعية الاعمال المطلوبة والقدرات التي يجب ان تستخدم في الوظيفة.

سيتم التعرض الى تلك الاستخدامات في الفصول القادمة. (٢)

اساليب الحصول على المعلومات في تحليل الوظائف :

هناك اساليب ثلاثة اساسية للحصول على معلومات بشأن كل وظيفة وهي:

١- المقابلة.
٢- الاستبانة .
٣- الملاحظة.

قبل التعرض بالمناقشة لكل من هذه الأساليب يجب التأكد عند استخدامها من الحصول على معلومات مفصلة عن كل من العناصر التالية:

١- اسم الوظيفة وموقعها في المنظمة.
٢- ملخص للوظيفة.
٣- مسؤوليات ومهام الوظيفة.
٤- الادوات والاجهزة المستخدمة في الوظيفة.
٥- انتاجية هذه الوظيفة (مخرجاتها).
٦- حجم الاشراف والرقابة.
٧- العلاقة مع الوظائف الاخرى.
٨- المواصفات الاساسية من مهارة وخبرة وتعليم.
٩- ظروف وبيئة العمل. (٣)

١- **المقابلة:**

تشير تلك الطريقة الى قيام المسؤول عن تحليل الوظائف (المحلل) بمقابلة كل من الشخص الذي يشغل الوظيفة ورئيسه المباشرمعااوكل على حدةبغرض الحصول على

المعلومات الاولية الخاصة بالوظيفة. كما يقوم المحلل في بعض الاحيان بملاحظة شاغل الوظيفة أثناء القيام بعمله ليتأكد من صحة تلك المعلومات التي حصل عليها من خلال المقابلة. وبعد كتابة وتدوين كافة المعلومات يقوم المحلل بدراستها ليتأكد من عدم وجود فجوات او نقص فيما جمعه من معلومات عن الوظيفة (٤) وتستخدم تلك الطريقة خاصة في المنظمات الصغيرة التي يكون عدد الوظائف فيها محدودا.

هناك نموذجان اساسيان يستخدمان في المقابلة هما:

أ- نموذج يستخدم كدليل للمحلل نفسه كي يضمن حسن سير اجراءات المقابلة بحيث يعطي كل معلومة من المعلومات التي يحصل عليها وزنها الحقيقي واهميتها الفعلية. والهدف الاساسي من استخدام دليل المحلل هو الحصول على معلومات صادقة وموضوعية عن كل وظيفة بحيث يضمن الا يسهو عليه اي شيء خاص بالوظيفة.

ب- نموذج يدعى "بيانات تحليل الوظيفة" وهو عبارة عن نموذج يعد سلفا يدون فيه المحلل ما يشاهده اثناء مراقبة تأدية شاغل الوظيفة لعمله وما يحصل عليه من معلومات خلال المقابلة. وتختلف محتويات هذا النموذج من منظمة الى منظمة طبقا الى الاختلاف في الهدف من التحليل وحسب طبيعة الوظائف في المنظمة. (٥)

وللمقابلة عدة مميزات منها ما يلي:

١- تساهم في الحصول على معلومات دقيقة وموضوعية مرتبطة بالوظيفة.

٢- تمكن المحلل من تقدير وتقييم اهمية المعلومات التي حصل عليها.

٣- تمكن المحلل من تفهم المصطلحات الفنية التي تستخدم في الوظيفة والوقوف على استخداماتها عمليا. (٦)

٤- يؤمن الاتصال الشخصي مع شاغل الوظيفة صدق المعلومات والبيانات للحصول على ادق التفاصيل.

وثمة ارشادات يجب مراعاتها عند اجراء المقابلة:

١- ضرورة شرح الهدف من تحليل الوظائف للعاملين لكسب ثقتهم وابداء التقدير لما يقومون به من اعمال ومهام.

٢- عدم التعرض الى اسلوب ومستوى الأداء في العمل يجب ان ينصب التركيز على كيفية أداء العمل فعلا وليس على ما يجب ان يؤدي به اي ان موضع التحليل هو الوظيفة وليس شاغلها.

٣- ضرورة مراجعة المعلومات والبيانات مع شاغل الوظيفة ومع رئيسه المباشر للتأكد من صدقها . (٧)

٢- الاستبانة :

يقتضي ذلك الاسلوب ان يقوم شاغل الوظيفة بتعبئة الاستبانة المعدة سلفا عن الوظيفة ثم تراجع اجاباته بمعرفة محلل الوظائف بعد الموافقة عليا من قبل رئيسه المباشر. ويختلف طول الاستبانة ونوعية المعلومات المطلوبة طبقا لطبيعة الوظيفة، وهل هي فنية ام ادارية. ويتطلب استخدام الاستبانة التأكد من فهم شاغل الوظيفة للاسئلة بحيث تكون الاجابة واضحة ومحددة وذلك لضمان الحصول على الحقائق والمعلومات الكاملة للوظيفة.

والهدف الاساسي من استخدام الاستبانة هو الحصول على الحقائق الوظيفية لكل وظيفة مما يتطلب مراعاة الموضوعة في المعلومات المقدمة. من هنا تتأتى اهمية تصميم الاستبانة بشكل مبسط يساعد شاغل الوظيفة على تعبئته مما يسهم في الحصول على معلومات تتطابق مع الواقع الفعلي للوظيفة. (٨)

مزايا استخدام الاستبانة :

١- السرعة في جمع المعلومات والبيانات ودقتها.

٢- الشمول، حيث يمكن توزيع عدد كبير من الاستبيانات على عدد كبير من الموظفين مما يعطي المحلل الفرصة لمقارنة المعلومات والبيانات لضمان الدقة في الاجابة.

٣- قلة التكلفة بالمقارنة مع الاساليب الاخرى من حيث الوقت والجهد.

٤- اعطاء العاملين الفرصة للتفكير واسترجاع اجاباتهم للتأكد منها ومطابقتها مع واقع الوظيفة وما يقومون به من اعمال.

٣- الملاحظة:

يعتمد هذا الاسلوب في تحليل الوظائف في الاساس على الملاحظة المباشرة لشاغل الوظيفة وكيف يقوم بتأدية المهام المنوطة به والادوات التي يستخدمها والمهارات التي يمتلكها.

ويستخدم هذا الاسلوب في الاساس في تحليل الوظائف المهنية التي تتطلب قسطا كبيرا من المهارة (Skill) كما هو الحال في مراكز الانتاج حيث يعتمد شاغل الوظيفة على مهاراته الفنية مع الاستعانة ببعض الادوات والاجهزة يستطيع محلل الوظائف من خلال المشاهدة والملاحظة وتدوين كل ما يراه ان يضع تصوراته عن وصف ومواصفات الوظيفة الذي يخضع في النهاية الى المراجعة من قبل الرئيس المباشر للشخص شاغل الوظيفة.

بغض النظر عن الطريقة المستخدمة في تحليل الوظائف يجب ان يتوافر فيها الشروط التالية:

١- الصدق :

وهو معيار لقياس ما صممت اساليب تحليل الوظائف لقياسه، اي التأكد من ان ما جمع من معلومات من خلال استخدام احد اساليب تحليل الوظائف المشار اليها سابقا ترتبط ارتباطا وثيقا بمواصفات ووصف الوظيفة.

٢- الثبات :

وهو معيار يبين مدى اتساق او انسجام المعلومات التي تحصل عليها عند استخدام احد اساليب تحليل الوظائف في زمنين مختلفين أو من قبل اشخاص مختلفين.

٣- الشمولية :

ان تساعد اساليب تحليل الوظائف على جمع معلومات تفصيلية عن كافة الاعمال والمهام الرئيسية والفرعية التي يقوم بتأديتها الموظف. [١٠]

٤- الموضوعية:

أن يتم تحليل الوظائف بشكل موضوعي من قبل ذو العلاقة دون أية اعتبارات لأية عوامل شخصية أو مؤسسية.

٥- التركيز على الوظيفة وليس على شاغل الوظيفة:

يجب أن يكون التركيز في جمع المعلومات عن الوظيفة بعينها وعن متطلباتها ومهامها ومسؤولياتها وليس على الشخص الشاغل للوظيفة الآن من حيث ما يوم به فعلياً أو ما يمتلك من مؤهلات الآن. لذا يجب أن ينصب الاهتمام على الاحتياجات الفعلية للوظيفة وليس على شاغلها أو على ما يقوم به من مهام.

خطوات تحليل الوظائف:

ثمة خطوات يشتمل عليها تحليل الوظائف، وهذه الخطوات هي:

١- تحديد الغرض من القيام بتحليل الوظائف قد يكون ذلك بسبب النمو السريع والكبير للشركة أو العكس الأمر الذي قد يتطلب إضافه، إلغاء أو دمج أو استحداث بعض الوظائف أو قد يكون السبب إعادة النظر في هيكل الرواتب والأجور.

٢- تحديد عدد الوظائف التي يجب تحليلها وليس كافة الوظائف في الشركة وذلك توفيراً للوقت والجهد وعدم الازدواجية في العمل.

٣- تحديد نوعية المعلومات والبيانات المطلوبة وجمعها اما باستخدام المقابلة أو الاستبانة او الملاحظة استنادا الى طبيعة الوظائف المراد تحليلها. واهم المعلومات التي يجب ان يحصل عليها المحلل:

أ- ماذا يفعل الشخص في الوظيفة؟

ب- كيف يؤدي عمله؟

ج- ما الغرض من الوظيفة؟

د- ما هي المهارات المطلوبة؟

٤- اعداد مسودة لتحليل الوظائف باستخدام احد النماذج المنمطة لوصف الوظائف[١١] بعد التأكد من تغطية كافة المجالات الاساسية المرتبطة بالوظيفة ثم مراجعة تلك المسودات التي تم الوصول اليها مع كل من شاغل الوظيفة ومع رئيسه المباشر ومع أي مستوى اداري للتأكد من صدق المعلومات والبيانات التي جمعها ودقتها.

٥- اعداد كشوف نهائية لتحليل الوظائف بحيث يشمل ذلك تجميع الوظائف المتشابهة في مجموعات تشمل كل مجموعة (فئة) عددا من الوظائف. وبعد اعداد نظام التحليل في شكله النهائي يرفع الى الجهات العليا في المنظمة لاقراره.[١٢]

ويمكن استخدام المعايير التالية للحكم على مدى كفاءة نظام تحليل الوظائف الذي تم اعداده:

١- أن يتسق تحليل الوظائف زمنيا مع احتياجات المنظمة ومتطلبات العمل، اي يجب ان يكون حديث العهد بقدر الامكان بحيث يساير الظروف والمتغيرات التي تواجهها المنظمة.

٢- تناسب اسم الوظيفة مع طبيعة العمل فيها بحيث يمكن الوصول الى تحديد موضوعي وتفصيلي للمتطلبات الأساسية التي تتطلبها الوظيفة وكذلك وضع حدود فاصلة بين الوظيفة وغيرها من الوظائف الاخرى.

٣- ان تعبر المعلومات الخاصة بتحليل كل وظيفة عن المظاهر الاساسية لاختلاف هذه الوظيفة عن غيرها من الوظائف، ومدى هذا الاختلاف ويمكن تحقيق ذلك بمراعاة الدقة في جمع المعلومات وقد تم التعرض الى نوعية تلك المعلومات في بداية هذا الفصل. (١٣)

وهناك نموذج آخر لخطوات تحليل الوظائف، وهذه أهم تلك الخطوات فيه: (١٤)

١- الحصر المبدئي لانواع الوظائف في المنظمة.

٢- تحديد الاسلوب المستخدم في جمع المعلومات.

٣- شرح وتحديد ابعاد التحليل للادارة والعاملين.

٤- تحديد أنواع المعلومات والبيانات المطلوبة تجميعها.

٥- تصميم قوائم جمع المعلومات.

٦- تجميع ومراجعة المعلومات.

٧- اعداد كشوف حصر الوظائف.

٨- تحليل الوظائف.

٩- اعداد كشوف التوصيف لكل وظيفة.

وبعد الانتهاء من تحليل كافة الوظائف وكما ذكر في بداية هذا الفصل يتم الوصول الى الجانبين الاساسيين في تحليل الوظائف وهما:

١- الوصف الوظيفي.

٢- المواصفات الوظيفية.

والشكل التالي يبين لنا محتويات كل من هذين الجانبين:

تحليل الوظائف

الوصف الوظيفي	المواصفات الوظيفية
ويشمل معلومات تتعلق بالعناصر التالية:	وتشمل معلومات عن المهارات والقدرات والخبرات المطلوبة للقيام بأعباء الوظيفة مثل:
أ- اسم الوظيفة	أ- الذكاء والمقدرة العقلية
ب- موقع الوظيفة	ب- مستوى التعليم
ج- تلخيص الواجبات والمسؤوليات	ج- الخبرات السابقة ومستوى التدريب
د- المهام الاساسية	د- القدرات الجسدية
هـ- الالات والادوات المستخدمة	هـ- حجم ونوع المسؤولية
و- حجم ونوعية الاشراف	و- بعض القدرات الخاصة
ي- ظروف العمل واخطار الوظيفة	
ن- طبيعة العمل	

وفيما يلي نموذج يتضمن وصفا وظيفيا ومواصفات وظيفية لوظيفة "محاسب" (١٥)

المجموعة : مجموعة الأعمال المحاسبية

الفئة: محاسب

الوصف العام:

١- تقع الوظائف التي تشملها هذه الفئة في الدائرة المحاسبية او اية وحدة تنظيمية اخرى في المنظمة.

٢- يقوم شاغل الوظيفة في هذه الفئة باعمال تتسم بالمسؤولية المالية، وتختص بممارسة اعمال المحاسبة العادية ومتطلباتها العادية الفنية مما يتصل بتحريك الحسابات التي تؤثر على عناصر الموقف المالي للمنظمة، وذلك طبقا لاحكام القوانين والانظمة والتعليمات والقرارات النافذة والمبادئ والقواعد المحاسبية مما قد يتطلب الاشراف على اعمال الكتبة ومراجعتها.

٣- يتطلب اداء مهام هذه الوظيفة ان يتوافر لـدى شـاغلها قـدر بسـيط مـن حريـة التصـرف في حـدود التعليمات والقرارات النافذة، طبقـا للقواعد المحاسبية والاصول المتبعة فيها.

٤- يعمل شاغل هذه الوظيفة تحت الاشراف العام لرئيسـه، ويكـون مسـؤولا امامه.

الواجبات والمسؤوليات الاساسية:

١- القيام بالاعمال المحاسبية العادية في مجال او اكثر مـن نشـاطات المنظمـة المالية، وفقا لمنهاج محاسبي مقرر.

٢- تنفيذ القيود المحاسبية، واعداد الكشوفات والموازين المحاسبية والخلاصات واجراء المطابقات الضرورية.

٣- المشاركة في تحليل العمليات المالية، واعداد التقارير والكشـوف المحاسبية الدورية التي تبين تطور المركز المالي وعناصر الايرادات والنفقات.

٤- مراجعة اعمال كتبة الحسابات في مجال مسك الدفاتر والقيود والبطاقات.

٥- اعداد مسودات المراسلات والمذكرات المتصلة بعمله.

٦- المساعدة في اقتراح المشـروعات الاوليـة لـبرامج العمـل المحاسـبي المتصلـة بعمله.

٧- اجراء الاتصالات داخل الوحدة التنظيميـة التـي يعمـل فيهـا تسـهيلا لاداء الاعمال الموكلة اليه.

٨- مواصلة الدراسة والاطلاع على المواد والمراجع العملية في مجال التخصص.

٩- القيام بأية اعمال اخرى ذات علاقة يكلف بها.

متطلبات الوظيفة:

أ- المؤهلات والخبرات:

− بكالوريوس محاسبة أو ادارة اعمال.

− او دبلوم معهد (سنتان بعد الثانوية العامة) مع خبرة لمـدة (٥) سـنوات في الاعمال المحاسبية.

ب- المهارات والقدرات والصفات:

١- معرفة بالنظريات والمبادئ والاساليب المحاسبية الحديثة.

٢- معرفة باللغة الانجليزية وخاصة المصطلحات المحاسبية.

٣- مهارة في استعمال الالات الحاسبة والمكتبية والحاسوب .

٤- التمتع بصفات الدقة، الامانة، والنزاهة.

تصنيف الوظائف (Job Classification) :

لاحظنا في الوصف السابق لوظيفة محاسب بانها تقع ضمن مجموعـة (فئة) الاعمال (الوظائف) المحاسبية. كيف حدث ذلك؟ ذكرنا في بداية الفصل بانه ينتج عن تحليل الوظائف الوصول الى معلومات بخصوص عنصرـين اساسيين هـما وصف الوظيفة ومواصفاتها. اي انه يـتم تحليـل كـل وظيفـة في المنظمة ووضع وصف لها في النهاية. ويكتشف في معظم الاحيان بعد الانتهاء من عمليـة التحليـل بأن هناك تشابها بين كل من وصف ومواصفات بعض الوظائف مما يتطلب بالتالي وضعها في مجموعة (فئة) واحدة. مـن هنا تـأتي اهميـة تصنيف الوظائف الـذي يشـمل وضع الوظائف المتشابهة في فئات (Class) ويمكن تعريـف تصنيف الوظائف بانه "ترتيـب الوظائف وتجميعها في المنظمة بشكل مـنظم في فئات (مجموعـات) عـلى اساس التشابه في واجباتها ومسؤولياتها والمـؤهلات اللازمـة لاشغالها بحيث تضم كل فئة مجموعة من الوظائف المتشابهة في كل مـن الوصـف والمواصفات الوظيفية وحسب درجة صعوبة العمل ومسؤوليته . [١٦]

وتمتاز كل فئة (Class) بالخصائص التالية:

١- لها عنوان محدد ومشترك لكافة الوظائف في هذه الفئة مثل فئة الوظائف المالية.

٢- التشابه المشترك في المؤهلات والمتطلبات مثل الخبرة والتعليم.. الخ.

٣- التشابه المشترك في القيمة الماليـة اي في معـدل الاجور مع الاعتبار لمبـدأ العدالة في الاجر.

وفي الواقع يـرتبط تصـنيف الوظائف ارتباطا وثيقا بنظام الاجور والمرتبات خاصة في القطاع العام وقطاع الدولة اكثر منه في المؤسسات والمنظمات الخاصة، حيث ان التصنيف يؤدي في النهاية الى وضع الوظائف في الـدرجات المالية (Grade) المناسبة لـها في هيكـل الاجور. وتضم الدرجـة الماليـة بالضرورة مجموعة من الوظائف المتنوعة والمختلفة من عدة فئات الا انها

تشترك في القيمة النسبية من حيث الاهمية وسوف تأتي مناقشة ذلك تفصيليا في موضوع الاجور والمرتبات.

من الممكن توضيح ذلك بالمثال التالي:

لنفترض ان عدد الوظائف في منظمة معينة يبلغ ٣٠٠ وظيفة استنادا الى الهيكل التنظيمي الذي يبين لنا عدد الوظائف، يقوم محلل الوظائف او اللجنة المسؤولة عن تحليل هذه الوظائف بتحليل كل وظيفة من الـ ٣٠٠ وظيفة بحيث تصل في النهاية الى تحديد ووضع الوصف والمواصفات لكل وظيفة.

قد يكتشف بعد ذلك وجود تشابه بين بعض الوظائف من حيث الوصف والمواصفات. وتجمع هذه الوظائف في فئة واحدة. ويعطى كل فئة اسم (تسمية) تتناسب مع المهام وتدل على طبيعة تلك المهام. بناء عليه قد نجد على سبيل المثال بانه يمكن تقسيم وتجميع هذه الوظائف في عدة فئات كما هو مبين في الشكل التالي:

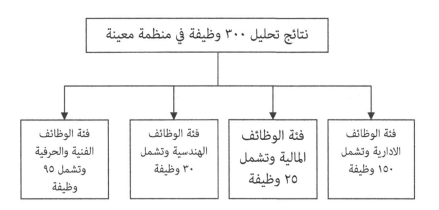

ويندرج تحت كل فئة من هذه الفئات مجموعة من الوظائف المتشابهة في كل من الوصف والمواصفات. ومن الامثلة على ذلك فئة الوظائف المحاسبية، وتشمل:

١- مدقق حسابات.

٢- محلل مالي.

٣- محاسب أول.

٤- محاسب.

٥- امين صندوق.

في نهاية المطاف نصل الى خطة (مشروع) لتصنيف الوظائف في تلك المنظمة اي وضع كافة الوظائف في فئات محددة قد تبلغ كما هو في المثال والشكل السابق اربع فئات مجموع الوظائف فيها ٣٠٠ وظيفة.

هذا ويستخدم تصنيف الوظائف فيما بعد في تقييم الوظائف، اي تحديد قيمتها المالية ووضع هيكل الاجور والرواتب. وهو ما سيتم مناقشته في فصل لاحق. [١٧]

استخدامات تصنيف الوظائف:

فيما يلي اهم المجالات التي يستخدم فيها تصنيف الوظائف:

١- يسهم في وضع الوظائف في مجموعات متشابهة وبالتالي توزيعها على درجات ضمن سلم الرواتب والاجور مما يساعد على ربط الاجر بالاداء المطلوب والخبرات والمؤهلات المتوفرة في شاغلي الوظائف بغض النظر عن هوية الأفراد.

٢- يساعد في ايجاد سلم هرمي للوظائف المتشابهة أو المتقاربة في اهميتها لكي تكون اساسا للترقيات بين العاملين بدلا من الترقية الى الوظائف التي لا علاقة بينها.

٣- يطرح امام ادارة الموارد البشرية والمؤشرات الموضوعية والخطوات السليمة لعمليات الاختيار والترقية والتدريب.. الخ

٤- يسهل ويساعد في وضع خطة الموارد البشرية اذ يحدد تصنيف الوظائف اسماء واعداد المجموعات الوظيفية على مستوى المنظمة وبالتالي اسماء الوظائف المختلفة مما يساعد في عملية تقدير الاحتياجات من الموارد البشرية.

٥- يساعد الاداريين في كافة المستويات في الاشراف على عمل واداء المرؤوسين في ضوء المعلومات التي يوفرها تصنيف الوظائف عن طبيعة كل وظيفة وفقا لتسلسلها في الهرم التنظيمي. [١٨]

ورغم اهمية تحليل الوظائف واستخداماته المتعددة في ادارة الموارد البشرية الا انه لا يطبق ولا يستخدم كما يجب في معظم مؤسسات ومنظمات القطاع الخاص والقطاع العام في دول العالم النامية. حتى ان بعض المنظمات الخاصة والعامة لا تمتلك وصفا محددا واضح

المعالم للوظائف، بالتالي يتم تحديد مستوى الاجر بناء على مبدأ تسعير الشهادة وليس على اساس اهمية الوظيفة او العمل. انه ليس من السهولة اجراء تحليل لكافة الوظائف حيث يتطلب ذلك قدرا من الوقت والجهد بجانب الخبرة. وفي حالة القيام بتحليل كافة الوظائف يجب ان ينعكس ذلك مباشرة على هيكل الاجور والرواتب وبالتالي تعديله في ضوء نتائج التحليل. من هنا قد يعود السبب الرئيسي في عدم تحليل الوظائف الى الخوف من انعكاساته المالية ومن مطالب العاملين بالحصول على اجر يتناسب وطبيعة العمل. طالما لا يتم تطبيق تحليل الوظائف بمفهومه العلمي، وبالتالي ليس هناك تصنيف فعلي للوظائف بناء على التشابه في كل من الوصف والمواصفات الوظيفية فقد يتساءل البعض اذا كيف يكون هناك درجات ادارية كما هو الحال في جهاز الدولة في الاردن، حيث صنفت كافة الوظائف في عشرة درجات (مجموعات) ادارية تدعى تصنيف الوظائف دون ان يكون هناك تصنيف فعلي لها حيث تشمل كل درجة مجموعة من الوظائف المتباينة والمتشابهة؟

للاجابة على هذا السؤال يمكن القول بانه في الامكان وضع وصف للوظائف فقط بغرض تحديد المهام والمسؤوليات وليس للانتقال بعد ذلك الى تصنيفها في مجموعات ومن ثم وضع هيكل الاجور وتحديد الدرجات الادارية والمالية تباعا لذلك. يمكن تصنيف الوظائف الى درجات ادارية ومن اسفل الى اعلى او العكس بناء على او استنادا الى معيار واحد فقط هو المستوى التعليمي (مبدأ تسعير الشهادة) وليس حسب الاهمية النسبية لكل وظيفة.

كما ان هذا الموضوع لم يأخذ نصيبه من الاهمية ليس فقط لدواعي الجهد والوقت والخبرة ولكن ايضا لدواعي لها ارتباط بالاعتبارات الاجتماعية التي تعطي أهمية للشهادة العلمية قبل اهمية العمل او الوظيفة التي يشغلها الموظف.

مشكلات تحليل الوظائف :

تواجه ادارة الموارد البشرية عدة مشكلات في عملية تحليل الوظائف تتمثل فيما يلي:

١- ترتبط المشكلة الاولى بتخوف العاملين من ان يمس تحليل الوظائف بعضا من صلاحياتهم أو مسؤولياتهم في الوظيفة او ان يؤثر ذلك سلبيا في مستوى الراتب. من هنا يجب، قبل البدء في خطة تصنيف الوظائف، ازالة الخوف من نفوس العاملين لكي يمدوا المحلل بالمعلومات الأساسية والصحيحة لوصف ومواصفات الوظيفة سواء من

خلال الاستبانة او المقابلة، والا كانت المعلومات ناقصة وغير موضوعية. وافضل السبل لازالة هذا التخوف ان يساهم ممثل للعاملين في لجنة وتصنيف الوظائف بحيث يشرح لهم اسباب واهمية وانعكاسات تحليل الوظائف على كل من الفرد والمنظمة.

٢- من المنطق الطبيعي ان تحدث عدة متغيرات في المنظمة نتيجة تحليل الوظائف من بينها تغيير في الوظائف من حيث محتوى العمل، ونظام الاشراف، واعادة تصميم العمل. ويتطلب هذا التغير بالتالي اعادة تحليل الوظائف التي تأثرت بالتغيير كي تتناسب مع طبيعة العمل الجديدة. المشكلة كيف يتم اعادة تحليل كل وظيفة اصابها تغيير جزئي او كلي وهل يتم ذلك سنويا او عند كل مرة يحدث فيها تغيير؟ في معظم الاحيان تتم مراجعة تحليل وتصنيف الوظائف سنويا بحيث تكون مطابقة لواقع طبيعة العمل. ومن الواضح ان احداث تغيير او اعادة تحليل وتصنيف الوظائف سنويا يتطلب الكثير من الوقت والجهد بجانب تأثيره النفسي على العاملين.

٣- هناك بعض الوظائف التي لا يشغلها سوى فرد او فردين على الاكثر مثل وظائف الادارة العليا، ويتم في بعض الاحيان تحليل اداء الفرد في هذه الوظائف وليس تحليل وتحديد مواصفات الوظيفة، اي ان المعلومات التي تجمع تركز على ما يقوم او لا يقوم بعمله شاغل هذه الوظيفة وعلى مستوى الاداء الحالي.

٤- ينظر العاملون احيانا الى تحليل الوظائف الذي يقدم لهم في صيغته النهائية على انه عقد بينهم وبين المنظمة يحدد ما يجب ان يقوموا بتأديته من اعمال داخل الوظيفة. عندما يطلب منهم القيام باعمال اخرى او اضافية يكون الرد بأن هذا ليس ضمن وصف الوظيفة، او ليس في نطاق المسؤولية المحددة ومن ثم يرفضون القيام بها، مما يترتب عليه نوع من الصراع بين الرؤساء والمرؤوسين في المنظمة.

ولهذا فقد تستخدم بعض التعبيرات المطاطة في وصف الوظائف، لتجنب مثل هذه المواقف، مثل "القيام بما يطلب من عمل" التي تمكن الرئيس المباشر من ان يطلب من العاملين القيام بأية مهام اضافية، ليست مذكورة بوضوح في وصف الوظيفة، قد يتطلبها العمل.[١٩]

اسئلة للمناقشة :

اجب عن الاسئلة التالية:

١- عرف بكلماتك الخاصة تحليل الوظائف مبينا اهم محتوياتـه، اعـط امثلـة توضيحية؟

٢- ما هي اهم اسـتخدامات تحليـل الوظـائف؟ ومـا أهميتـه في ادارة المـوارد البشرية؟

٣- اشرح كيف يتم استخدام الاستبانة في جمـع معلومـات لتحليـل الوظـائف بالمقارنة مع المقابلة؟

٤- اشرح كيف يتم تصنيف الوظائف في فئات من خلال تحليل الوظائف مـع اعطاء امثلة؟

٥- ما هم المشكلات التي تواجه تحليل الوظائف؟

٦- اختر وظيفة من الوظائف الادارية في منظمة ما وقم بتحليلها مبينا وصـف ومواصفات تلك الوظيفة؟

٧- ضع مع مجموعة من زملائك استبيانا يمكن استخدامه لجمع المعلومات في تحليل الوظائف؟

٨- اجر مقابلة مع عدد من زملائك واستخدم نمطين من انماط المقابلة.

٩- اجر مقابلة مع احـد المختصـين في ادارة المـوارد البشر-ية شـؤون المـوظفين وناقش معه خطه تصنيف الوظائف (ان وجدت) في دائرته؟

حالة ادارية

تقوم الشركة العالمية للالكترونيات بانتاج قطع غيار الحاسب الالكتروني وكذلك الشاشات المستخدمة فيه. وفي بداية هذا العام قررت الشركة حفظ كافة المعلومات والاحصائيات والملفات في الحاسب الالكتروني بحيث يمكن لكل اداري ان يحصل على ما يريد من معلومات تفصيلية سواء فيما يختص بالنواحي المالية، او الانتاج، او التسويق، او الافراد بسهولة ويسر ـ من ضمن المعلومات التي تقرر حفظها في الحاسب الالكتروني معلومات بشأن الموارد البشرية في الشركة ومن بيها وصف ومواصفات كافة الوظائف للشركة بحيث يمكن الاستعانة بتلك المعلومات في التعيين والترقية والتدريب وتحديد الاجور.

عند البدء في تخزين تلك المعلومات لاحظ مدير ادارة الموارد البشرية، الدكتور خليل النقيب بان بعض المعلومات الخاصة بوصف، ومواصفات الوظيفة، ومستوى الاداء في بعض الوظائف قد تم تغيرها من قبل القائمين على تلك الوظائف بادخال بعض المعلومات او حذف بعض المعلومات من ذاكرة الحاسب الالكتروني. وقد لاحظ الدكتور النقيب ان بعض تلك المعلومات، التي كانت تضاف للحاسب الالكتروني بخصوص وصف ومواصفات الوظيفة كانت معلومات جديدة احدثها التغير في محتوى العمل او ظروف العمل. كان الدكتور النقيب في بادئ الامر سعيدا لان بعض العاملين يقومون بادخال او اضافة معلومات جديدة تحديثا لوصف ومواصفات تلك الوظائف. ولكنه واجه مشكلة حقيقية تتمثل في وجود اختلاف في بعض الأحيان بين العاملين على ما هو الوصف والمواصفات الفعلية لكل وظيفة مما احدث تباينا شديدا في وصف ومواصفات بعض الوظائف المتشابهة. لقد كان بعض العاملين يدخلون معلومات في الحاسب في وصف ومواصفات الوظيفة كما يترآى لهم بدون التشاور مع الآخرين الذين يقومون باعمال متشابهة. واتخذ الدكتور النقيب قرارا يقضي بمنع اي فرد من ادخال معلومات بخصوص اي وظيفة دون موافقته الشخصية ليتجنب التباين السابق ذكره، وكذلك قام بمراجعة كافة المعلومات الخاصة بتحصيل الوظائف في الشركة للتأكد من التناسق بينها.

اسئلة للنقاش :

١- لنفترض انك مدير ادارة الموارد البشرية في تلك الشركة، مـا هـي الخطـوات التـي يمكـن ان تتبعهـا للتأكـد مـن ان المعلومـات المخزونـة في الحاسـب الالكتروني بخصوص تحليل كافة الوظائف في الشركة صحيحة.

٢- في ضـوء اسـتخدام الحاسـب الالكـتروني في الشركة لحفـظ وخـزن كافـة المعلومات هل تعتقد بان الشركة تستطيع الحصول على معلومـات تتعلـق بتحليـل الوظـائف بشـرط ان تكـون تلـك المعلومـات ذات صـدق وثبـات احصائيين من خلال اتباع طرق جديدة؟ اشرح ذلك .

الهوامش

1- R. Mathist and D. Jackson. **Personnel.** (West Publishing Company 1982).

2- W. Werther and K. Davis. **Personnel Management and Human Resources.** (McGraw-Hill, 1983), Specially Chapter 5.

3- Dale Beach **Personnel – The Management of People at Work.** (Macmillan Publishing Company, 1980) P. 176.

٤- منصـور احمـد منصـور، **المبـادئ العامـة في ادارة القـوى العاملـة.** (وكالـة المطبوعات-الكويت، ١٩٧٩)، ص ١٦٠ وكذلك عـادل حسـن. **ادارة الافراد** (دار الجامعات المصرية- الاسكندرية، ١٩٨٢) ص ١٨٨.

٥- منصور احمد ، المصدر السابق، ص ١٦٧، د. عـادل حسـن المصدر السـابق، ص ١٩٠.

٦- منصور احمد ، المصدر السابق، ص١٦١ .

٧- علي السـلمي. **ادارة الافراد لرفع الكفاية الانتاجية.** (دار المعارف، القاهرة ١٩٧٠) ص ٦١ .

8- Jean Janes, "Job Analysis: National Survey Findings" **Personnel Journal,** (October 1969) P. 8-5.

٩- عبد الباري درة وآخرون، **مشروع تصنيف الوظائف الادارية والفنية في جامعة اليرموك-** الاردن- جامعة اليرموك ١٩٧٨ .

10- A. Sikula, **Personnel Administration and Human Resource Management** (John Wiley 1976) and W. Glueck, Personnel (Business Publication Inc. 1982).

١١- ابـراهيم الغمـري، **الافـراد والسـلوك التنظيمـي** (دار الجامعـات المصرية، الاسكندرية، ١٩٨٢) ص ٢٢٩ .

١٢- المصدر السابق ، ص ٢٢٩ .

13- J. Dunn and F. Rachel, **Wage and Salary Administration Total Compensation System** (McGraw-Hill, 1971) Specially Chapter 8.

١٤- عاطف عبيد، **ادارة الافراد والعلاقات الانسانية،** (القاهرة- ١٩٧٠) ص ٧٢-١٠٠.

١٥- عبد الباري درة، **المصدر السابق**.

١٦- المصدر السابق، ص ٥٠ .

١٧- المصدر السابق، ص ٥٠ .

١٨- عامر الكبيسي، **ادارة شؤون الموظفين والعاملين بالخدمة المدنيـة**، (دار الكتـب، بغداد، ١٩٨٠) ص ٩٣-٩٤.

19- M. Carrell and F. Kuzmits, **Personnel Management and Human Resources**, (Charles Marrill Publishing Company, 1982), PP. 86-88.

الفصل السادس

تخطيط الموارد البشرية

أهداف الفصل

يتوقع ان يتمكن الدارس من تحقيق الأهداف التالية بعد دراسته لهذا الفصل والتفاعل مع نشاطاته:

١-   مناقشة عوامل أهمية تخطيط الموارد البشرية.

٢-   مناقشة وسائل تحديد احتياجات المنظمة من الموارد البشرية .

٣-   تحديد مراحل تخطيط الموارد البشرية وتقييم تلك المراحل.

٤-   تحديد العلاقة بين تخطيط الموارد البشرية والتخطيط والتطوير المهني.

٥-   ادراك دور كل من الفرد والمنظمة في التخطيط المهني.

تخطيط الموارد البشرية

Human Resource Planning

تعتبر الموارد البشرية من عوامل الانتاج الاساسية، وهذا يتطلب التخطيط لها لتحديد مدى توافرها ومطابقتها لاحتياجات المنظمة كما ونوعا. من هنا تأتي أهمية تخطيط الموارد البشرية كأحد الانشطة الاساسية في ادارة الموارد البشرية حيث انه يهدف الى التنبؤ وتحديد احتياجات المنظمة من تلك الموارد وكيفية الحصول عليها. وبما ان التخطيط هو احد العناصر الاساسية في العملية الادارية فان تخطيط الموارد البشرية يعد احد الانشطة الاساسية ليس فقط في ادارة الموارد البشرية بل على مستوى قيادة المنظمة حيث ان المنظمة تصل الى اهدافها من خلال تلك الموارد البشرية. هذا بجانب الانعكاسات السلبية العديدة في حالة وجود فائض او عجز في الموارد البشرية.

تعريف تخطيط الموارد البشرية:

لقد عرف برنهام (Branhum) تخطيط الموارد البشرية على انه "استراتيجية الحصول على واستخدام وتطوير الموارد البشرية في المنظمة" [١] بينما عرفه باتن (Patten) على انه "عملية التأكد من توافر الكمية والنوعية الصائبة من الموارد البشرية في المكان والزمان الملائمين والقيام بما هو مطلوب منها من اعمال" [٢] وثمة تعريف اخر وضعه بيتش (Beach) ويذهب الى انه "التأكد من توافر العدد والنوعية الملائمة من الموارد البشرية للقيام باعمال تتناسب مع احتياجات المنظمة وتؤدي الى رضا العاملين". [٣]

ورغم الاختلاف في صياغة تلك التعريفات الا ان هناك نقاطا اساسية مشتركة بينها:

١- وجود خطة واضحة المعالم ذات اهداف محددة.

٢- نظرة مستقبلية شاملة للموارد البشرية على اساس منحى النظم بحيث يكون هناك ربط ما بين الاحتياجات البشرية والاحتياجات الاخرى للمنظمة.

٣- اشتمال خطة الموارد البشرية على عمليات او انشطة ادارية اخرى منها التوظيف وتدريب وتنمية الموارد البشرية. [٤]

٤- توفر قاعدة معلوماتية تمد المنظمة بكافة المعلومات عن خصائص الموارد البشرية داخلها اولا ثم خارجها.
٥- اهمية النظرة السلوكية للموارد البشرية على اساس احترام الفرد ورغباته وتقدير مساهمته في مساعدة المنظمة في تحقيق اهدافها. (٥)

أهمية تخطيط الموارد البشرية :

لتخطيط الموارد البشرية في المنظمة مزايا تتمثل فيما يلي:

١- تكمن اهمية تخطيط الموارد البشرية في انه يساعد المنظمة في تحديد احتياجاتها المستقبلية من الموارد البشرية ومن ثم تخفيض التكلفة التي تنتج عن النقص او الزيادة في تلك الموارد والتخلص من الانعكاسات السلبية الادارية في تلك الحالة.
٢- يساعد تخطيط الموارد البشرية على اظهار نقاط الضعف في نوعية ومن ثم في اداء تلك الموارد مما قد يتطلب تدريبها وتطويرها ورفع قدرتها الادائية.
٣- يهيء المنظمة لمواجهة اية تغييرات قد تحدث في بيئتها الداخلية والخارجية، ولمواجهة اية انعكاسات قد تحدث في محتوى العمل او نوعية الافراد، نتيجة لتلك المتغيرات.
٤- يساعد المنظمة على التأكد من تكامل وترابط انشطة ادراة الموارد البشرية وتوجيهها نحو تحقيق اهدافها.
٥- يساعد على التأكد من حسن توزيع واستخدام المنظمة لمواردها البشرية في كافة المجالات الادائية. (٦)

وقبل ان نتعرض الى مراحل تخطيط الموارد البشرية، والعوامل التي تؤثر في تلك المراحل، نؤكد ان هذا التخطيط يتصف ببعض الخصائص منها ما يلي:

١- النظرة الى تكلفة الموارد البشرية المتعددة باعتبارها استثمارا مستقبليا ذات عوائد (منافع) عديدة وليس نفقات جارية.
٢- تبني النظرة المستقبلية تجاه كافة الحلول للمشاكل المتعلقة بالموارد البشرية.
٣- النظر الى تخطيط الموارد البشرية على انه حلقة وصل بين انشطة ادارة الموارد البشرية والبيئة الخارجية للمنظمة.

٤- التركيز على اشباع وتحقيق رغبات واهداف كل من المنظمة والفرد. [٧]

العوامل التي تؤثر على تخطيط الموارد البشرية:

قبل تحديد مراحل تخطيط الموارد البشرية ومناقشتها لابد من التعرض للعوامل التي تؤثر في هذا التخطيط. وكما رأينا فان الهدف الاساسي لتخطيط الموارد البشرية هو امداد المنظمة باحتياجاتها المطلوبة من الموارد البشرية. الا ان هذا الامداد يتأثر بعدة عوامل يمكن تقسيمها الى عوامل داخلية وعوامل خارجية:

أ- عوامل خاصة بالبيئة الداخلية:

تشتمل تلك البيئة على عدة عوامل وقوى لها تأثيرها الفعال على مدى نجاح تخطيط الموارد البشرية، من تلك العوامل ما يلي:

١- الوضع المالي للمنظمة: يؤثر هذا الوضع على نوع التكنولوجيا التي يمكن ان تستخدمها المنظمة من حيث الاعتماد عليها كليا او جزئيا او الاعتماد على الموارد البشرية. ولا شك ان هناك اختلافا بين المنظمات في نوعية وحجم التكنولوجيا المستخدمة في عملية الانتاج، ويعود هذا الاختلاف الى المقدرة المالية لكل منظمة. ويؤثر هذا فيما بعد، اي نوعية وحجم التكنولوجيا، في هيكل الموارد البشرية من حيث خصائصها ونوعيتها، كما يؤثر الوضع المالي للمنظمة في قدرتها على تدريب وتنمية قواها البشرية او في دفع رواتب واجور مرتفعة لاجتذاب الاشخاص المؤهلين للعمل لديها او اعطاء حوافز مادية مقابل تحسين الاداء، مما ينعكس على محتوى خطة الموارد البشرية في شكلها النهائي.

٢- التغيرات التنظيمية: لا يمكن وضع خطة لتخطيط الموارد البشرية في اية منظمة دون التعرف على التغيرات التنظيمية التي سوف تحدث، مثل اجراء تعديل في الهيكل التنظيمي وما قد يصحب ذلك من اعادة توزيع وتفويض الصلاحيات والمسؤوليات. وقد ينعكس ذلك فيما بعد على مواصفات الموارد البشرية مما يتطلب او يترتب عليه احداث تغيير في توزيع العاملين او اعادة تدريبهم للتعامل مع الصلاحيات الجديدة، وقد تشتمل هذه التغييرات ايضا على احداث تغيير في اساليب العمل مما يؤثر على طبيعة الوظائف او اعدادها او كليهما معا.

٣- اهداف المنظمة الاستراتيجية او المرحلية، يجب فهم اهداف المنظمة قبل البدء في التخطيط للقوى البشرية، حيث ان المحصلة النهائية لهذا التخطيط هو مساعدة المنظمة في الوصول الى تحقيق اهدافها. من هنا يجب دراسة اهداف المنظمة المرحلية، ومنها مثلا زيادة نصيب المنظمة من الاسواق، ورفع نسبة الارباح السنوية، وكذلك الاهداف الاستراتيجية مثل محاولة فتح اسواق جديدة في الاسواق العالمية او انتاج سلع جديدة. ولكل من هذه الاهداف انعكاساته المختلفة والمتعددة على حجم وطبيعة وخصائص الموارد البشرية التي تحتاج اليها المنظمة وكذلك على العديد من انشطة ادارة الموارد البشرية مثل التدريب، والتوظيف، والاجور والرواتب. (٨)

ب- عوامل خاصة بالبيئة الخارجية:

يتأثر تخطيط الموارد البشرية بمجموعة من المتغيرات التي تحدث في البيئة الخارجية للمنظمة منها:

١- سياسة العمالة في الدولة: ويقصد بها القواعد التي تضعها الدولة بالنسبة لتشغيل الافراد منها ساعات العمل، والحد الادنى من الاجور ونسبة العمال الاجانب للعمال المحليين. وبدون شك فان خطة الموارد البشرية في المنظمة تتأثر بالتشريعات العمالية السائدة في الدولة حيث لا يمكن وضع اية خطة دون ان يتوافر لها دعم وتأييد من البيئة الخارجية ممثلة في الدولة وفي النقابات العمالية ان وجدت.

٢- اوضاع سوق العمالة: يتمثل هذا العامل في الديناميكية او التغيير الذي يطرأ على سوق العمالة من حيث الفائض او العجز. وفي حالة رغبة المنظمة في الاعتماد كلية على المصادر الخارجية للحصول على احتياجاتها من الموارد البشرية عندئذ لابد من دراسة تلك المصادر، اي دراسة اسواق العمالة للتأكد من توافر تلك الاحتياجات كما ونوعا. وينعكس الفائض او العجز في الافراد في اسواق العمالة على القرار النهائي في خطة الموارد البشرية الخاص بكيفية توفير احتياجات المنظمة من الموارد البشرية وهو ما سيأتي تفصيله فيما بعد.

٣- سياسة الهجرة: تؤثر سياسة الدولة تجاه هجرة الايدي العاملة للخارج على حجم العمالة في الاسواق، اذ ان السماح بالهجرة معناه السماح بترك الموظفين والعمال للعمل الحالي مما قد يؤدي الى العجز في بعض الايدي العاملة وفي بعض التخصصات واحيانا بصورة اشد وطأة في بعض الاعمال او الوظائف ذات الصبغة الفنية، مما قد يدفع الدولة من ناحية اخرى الى السماح باستيراد عمال من دول اخرى، وهذا لا شك ينعكس على خطة الموارد البشرية. وقد يأخذ هذا الانعكاس عدة اشكال منها تدني القدرات لهؤلاء القادمين مما يؤثر بالتالي على معدل الانتاج والاداء. وقد يكون لذلك ايضا تأثير على مستوى الاجور والرواتب مما قد يحدث بعض الخلل في هيكل ومعدلات الاجور السائدة وقد يحدث احيانا ان يكون اجر العامل الاجنبي متدنيا بالمقارنة مع العامل المحلي. هذا يدفع بعض المنظمات الى الاستعانة به على حساب الاداء وعلى حساب العامل المحلي.[٩]

مراحل (خطوات) تخطيط الموارد البشرية:

ثمة اسئلة خمسة اساسية علينا ان نجيب عليها عند وضع خطة للموارد البشرية:

١- ما هي الأهداف التي تسعى المنظمة الى تحقيقها، ومنها الاهداف الخاصة بالموارد البشرية؟

٢- ما هي احتياجات ومتطلبات المنظمة من الموارد البشرية لتحقيق اهدافها؟

٣- ما مدى توافر تلك الاحتياجات والمتطلبات داخل وخارج المنظمة؟

٤- ما هو البرنامج الذي تستطيع المنظمة من خلاله ان توازن ما بين احتياجاتها من الموارد البشرية وتوافر تلك الاحتياجات داخلها وخارجها وما هي الخطوات التي يجب اتباعها لتوفير احتياجات المنطمة من الموارد البشرية ؟

٥- ما هي نتائج وفعالية البرنامج الموضوع لتوفير احتياجات المنظمة من الموارد البشرية، أي نتائج وفعالية التخطيط للموارد البشرية؟[١٠]

يمكن النظر الى الاجابة عن تلك الاسئلة على انها مراحل (خطوات) لتخطيط الموارد البشرية، كما هو مبين في الشكل التالي:

(١)	تحديد اهداف المنظمة ودراسة اوضاعها الداخلية والخارجية
(٢)	التنبؤ باحتياجات المنظمة (تحديد الطلب) من الموارد البشرية لتحقيق اهدافها
(٣)	تقييم امكانيات المنظمة حاليا من الموارد البشرية والمتوفرة لديها وفي اسواق العمالة (تحديد العرض)
(٤)	وضع خطة (برنامج) للتأكد من تلبية احتياجات المنظمة من الموارد البشرية كما ونوعا في ضوء مقارنة نتائج تحليل كل من الطلب والعرض
(٥)	تقييم ومتابعة تنفيذ خطة الموارد البشرية

الشكل رقم (١)

مراحل تخطيط الموارد البشرية على مستوى المنظمة

يمكن تمثيل العلاقة بين المرحلة الثانية والثالثة باعتبارهما اهـم المراحـل في تخطيط الموارد البشرية في الشكل التالي:

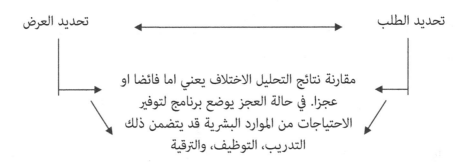

تحديد الطلب ←——————→ تحديد العرض

مقارنة نتائج التحليل الاختلاف يعني اما فائضا او عجزا. في حالة العجز يوضع برنامج لتوفير الاحتياجات من الموارد البشرية قد يتضمن ذلك التدريب، التوظيف، والترقية

وسندرس الآن مراحل تخطيط الموارد البشرية بالتفصيل:

١- المرحلة الأولى: تحديد اهداف المنظمة وفهمها:

تشتمل تلك المرحلة على دراسة وتفهم اهداف المنظمة حيث ان تخطيط الموارد البشرية جزء من التخطيط الاستراتيجي للمنظمة. ولا يمكن لادارة الموارد البشرية ان تضع خطتها الخاصة بالموارد البشرية بمعزل عن ودون تفهم وادراك لخطط واهداف المنظمة المرحلية والاستراتيجية كما ذكر سابقا. ويتم فهم وادراك تلك الاهداف في ضوء طبيعة البيئة الخارجية للمنظمة التي تتضمن اوضاعا اقتصادية وسياسية واجتماعية. كما يشمل ذلك دراسة اوضاع المنظمة الداخلية من حيث موقفها المالي، ونوعية التكنولوجيا المستخدمة، ومواطن الضعف والقوة في المنظمة، والهيكل التنظيمي، وحجم الانتاج، ومعنويات العاملين وادائهم.

في ضوء نتائج دراسة اوضاع المنظمة الداخلية والخارجية يمكن فهم اهداف وخطط المنظمة وامكانية تحقيقها. ويمكن بالتالي وضع خطة للموارد البشرية، اي ان خطة الموارد البشرية تنبثق من خطة المنظمة العامة، ومن ثم يجب توجيه اداء وسلوك العاملين (الموارد البشرية) نحو تحقيق اهداف المنظمة.

فاذا كان ثمة منظمة تسعى الى زيادة مبيعاتها وزيادة نصيبها من الاسواق فان ذلك يتطلب بدون شك توفر عدد من مندوبي المبيعات ذوي مؤهلات وقدرات معينة. وقد يتوفر لدى المنظمة هؤلاء الاشخاص وقد لا يتوفرون ولا يستطيع رئيس قسم التسويق او رئيس قسم ادارة الموارد البشرية ان يحدد ما تحتاجه المنظمة من مندوبي المبيعات كما ونوعا الا في ضوء وضوح اهدافها العامة، ومن هنا يجب تحديد نسبة الزيادة في المبيعات ومعدل الزيادة في نصيب المنظمة من الاسواق في ضوء الاوضاع (البيئية) الخارجية مثل عدد وحجم المنافسين والسلع البديلة في الاسواق وحجم الاسواق ومستوى الدخل. كما يتم ذلك ايضا في ضوء اوضاع المنظمة الداخلية مثل القدرة على زيادة معدل الانتاج، او زيادة حجم التكنولوجيا المستخدمة والوضع المالي للمنظمة.

من هنا يتبين لنا اهمية المرحلة الاولى، حيث انها بمثابة القاعدة التي ينطلق منها تخطيط الموارد البشرية، ان ما يتوفر لدى المنظمة من قوى بشرية هو في الواقع احد

المدخلات الاساسية في وضع خطط وتحديد اهداف المنظمة. كما ان مخرجات عملية التخطيط تكون الاساس الذي يستند اليه في وضع خطط للموارد البشرية. ولا شك ان تخطيط الموارد البشرية ومحتوياته يتأثر بكافة خطط واهداف المنظمة التي يتم وضعها وتحديدها، في ضوء اوضاع المنظمة الداخلية والخارجية.

٢- المرحلة الثانية: التنبؤ باحتياجات المنظمة (تحديد الطلب):

يستند التنبؤ باحتياجات المنظمة من الموارد البشرية (تحديد الطلب) الى الاهداف التي تسعى المنظمة الى تحقيقها. ويتضمن هذا التنبؤ تحديد نوعية المهارات والقدرات والخبرات التي تحتاج اليها المنظمة، وذلك في ضوء نتائج تحليل الوظائف حيث يتم بناء على هذا التحليل تحديد نوعية (مواصفات) الافراد الـذين يجب ان تحصل عليهم المنظمة.

الهدف من التنبؤ باحتياجات المنظمة (تحديد الطلب) من الموارد البشرـية الاجابة على الاسئلة التالية:

١-   ما هو عدد العاملين الذين تحتاج لهم المنظمة مستقبلا.

٢-   ما هي مواصفات هؤلاء العاملين كالخبرة، والتعليم، المهارة.. الخ

٣-   ما هو الوقت الملائم (المناسب) لتعيينهم في المنظمة.

وترتبط الاجابة على تلك الاسئلة، وبالتالي تحديد احتياجـات المنظمة مـن المـوارد البشرية، باوضاع المنظمة داخليا وخارجيا، كما ترتبط بمدى تخطيط الموارد البشرية وهل هو مدى قصير ام متوسط ام بعيد. والواقع انه كلما كـان مـدى التخطيط بعيدا، كانت نسبة التغير في المنظمة وانعكاساته اكثر وضوحا وتأثيرا.

ومن الصعب الوصول الى ارقام دقيقة بخصوص احتياجـات المنظمـة مـن الموارد البشرية لسبب بسيط وهو ان التنبؤ يتعامل مع عدة متغيرات مسـتقبلية لا يمكن احيانا التعرف عليها او ادراكها او التأكد من احتمال حدوثها او عدم حدوثها.

ومن هنا تـأتي أهميـة الطرق المسـتخدمة في التنبـؤ وتحديد احتياجـات (طلب) المنظمة من الموارد البشرية. وقبل التعرض لتلك الطرق نـود ان ننوه بـان هناك ثلاث اتجاهات للتنبؤ بتلك الاحتياجات وهي:

١- ان يتم التنبؤ وتحديد الاحتياجات من قبل الادارة العليا وهو ما يعرف بالاتجاه من اعلى الى اسفل (Top Down)

٢- ان يتم التنبؤ وتحديد الاحتياجات من قبل الاقسام والوحدات داخل المنظمة، وهو ما يعرف بالاتجاه من اسفل الى اعلى (Down Top) .

٣- الجمع بين الاتجاه الاول والاتجاه الثاني.

ويعتبر الاتجاه الثاني من افضل الاتجاهات ويمكن تمثيله في الشكل التالي: [١١]

الادارة العليا

مراجعة تقارير الادارة الوسطى والدنيا والتأكد من صحة الارقام والبيانات ومن ان تلك الاحتياجات واقعية وعملية وتتلائم مع اوضاع المنظمة المالية والادارية وتساعدها على تحقيق اهدافها.

↑

الادارة الوسطى

تقوم بمراجعة احتياجات وتقارير الادارة الدنيا بخصوص احتياجاتها من الموارد البشرية ثم تجمع كافة التقارير والاحتياجات في مشروع احتياجات موحد على مستوى المنظمة، وفي ضوء اهدافها واوضاعها الداخلية والخارجية.

↑

الادارة الدنيا

تحديد الاحتياجات من الموارد البشرية كما ونوعا في ضوء طبيعة الاعمال والمهام وفي ضوء التغييرات المتوقعة اداريا وفنيا، ثم ترفع تقارير بالاحتياجات الى الادارة الوسطى

الشكل رقم (٢)

اتجاه تخطيط الموارد البشرية من اسفل الى اعلى

طرق التنبؤ بالاحتياجات من الموارد البشرية (تحديد الطلب):

يمكن تقسيم طرق التنبؤ بالاحتياجات من الموارد البشرية الى طرق كميـة وطرق وصفية. وتمتـاز الطرق الكميـة بكونهـا اكثر دقـة وموضـوعية في تحديـد الاحتياجات المستقبلية من الموارد البشرية.

أولاً: الطرق الكمية (Quantitative Techniques) :

تشتمل هذه الطرق على ما يلي:

أ- تحليل عبء العمل (Work Load Analysis) .

ب- تحليل قوة العمل (Work Force Analysis) .

ج- سلسلة ماركوف (Markov Chain) .

د- التنبؤ بالاتجاهات (Trend Projection) .

ثانياً: الطرق الوصفية (Descriptive Techniques) :

تشتمل هذه الطرق على ما يلي :

أ- خرائط الاحلال (Replacement Charts) .

ب- طلب الوحدات الادارية (Units Demand) .

وسنتناول هذه الطرق ببعض التفصيل:

الطرق الكمية (Quantitative Techniques) :

١- تحليل عبء العمل:

تعتمد هذه الطريقة في الاساس على نتائج تحليل الوظائف حيث يتم بعد ذلك تحديد المحتـوى الفعـلي للعمـل. والخطـوة الاولى ان يـتم تحديد الاهـداف (المخرجات) التي تسعى المنظمة الى تحقيقها حيـث يـتم بعد ذلك ترجمة تلك الاهداف الى ارقام خاصة بعدد الساعات المطلوبة لتنفيذ كل عمـل، ومـن الامثلـة هنا تحديد معدل المبيعات الذي تسعى المنظمـة الى تحقيقـه. ويتم تحديد هذا المعدل في ضوء اوضاع المنظمة الداخلية مثل الطاقة الانتاجيـة والوضع المـالي، وفي ضوء الاوضاع الخارجية مثل حجم الاسواق والمسـتهلكين وانمـاطهم السـلوكية، يـتم بعد ذلك تحديد حجم العمل الذي يستطيع الفرد الواحد القيام به . وكلما كانت

الاهداف محددة تفصيليا ودقيقة ساعد ذلك في تحديد حجم الموارد البشرية المطلوبة بدقة معقولة.

ثمة فكرتان اساسيتان في هذه الطريقة هما:

١- تحديد كمية العمل الاجمالي المطلوب تنفيذه [١٢]

٢- تحديد مقدار حجم العمل الذي يقوم به فرد واحد،أي وقت العمل في المتوسط سنويا.

ان هناك درجة من الارتباط بين كل من الهدف (حجم المبيعات فقط) وحجم قوة العمل. وبناء على درجة الارتباط المحسوبة تتحدد امكانية استخدام حجم المبيعات في التنبؤ بحجم قوة العمل المطلوبة، اي الاحتياجات من الموارد البشرية. [١٣]

لنأت الآن بمثال توضيحي:

ترغب شركة لانتاج الملابس ان تزيد مبيعاتها بنسبة ٢٠% في العام القادم. هذا ويتطلب المعدل الحالي من الانتاج حوالي ٢٠٠٠ ساعة عمل اسبوعيا. بالتالي تتطلب الزيادة في المبيعات بنسبة ٢٠% ان تزداد ساعات العمل الاسبوعية بواقع ٤٠٠ ساعة (او اجمالي ٢٤٠٠ ساعة اسبوعيا) اي زيادة عدد العاملين الحاليين بعشرة افراد على افتراض ان كل عمل يعمل لمدة ٤٠ ساعة اسبوعيا.

مثال آخر:

تهدف شركة صناعية الى انتاج ١٠,٠٠٠ آلة طباعة في العام القادم وتحتاج كل آلة طباعة الى :

١- عمل هندسي بواقع ساعتين للالة الواحدة.

٢- عمل فني بواقع ٥ ساعات للالة الواحدة.

٣- عمل غير فني بواقع ١٠ ساعات للالة الواحدة.

٤- عمل اداري بواقع ساعتين للالة الواحدة.

كذلك فان عدد العاملين في الشركة كما يلي:

٥ مهندسين

١٥ عامل فني

١٠ عامل غير فني

١٢ اداري

كذلك وان متوسط عدد ساعات العمل السنوي في حدود ٢٥٠٠ ساعة والمطلوب تحديد حجم الموارد البشرية في العام القادم:

عدد الوحدات المطلوب انتاجها	عدد الساعات لانتاج آلة واحدة	متوسط عدد ساعات العمل	عدد الساعات المتوقعة للعام القادم	قوة العمل المطلوبة	الموارد الموجودة
١٠,٠٠٠	مهندس ٢	٢٥٠٠	٢٠,٠٠	٨	-٥
١٠,٠٠٠	عامل فني٥	٢٥٠٠	٥٠,٠٠	٢٠	-١٥
١٠,٠٠٠	عامل غير فني١٠	٢٥٠٠	١٠٠,٠٠	٤٠	-١٠
١٠,٠٠٠	اداري ٢	٢٥٠٠	٢٠,٠٠	٨	+١٢

يمكن استخدام المعادلة التالية:

ق = ع / ت

حيث ق = عدد افراد الموارد البشرية المطلوبة.

حيث ع = المتطلبات الاجمالية لساعات العمل اللازمة لانجاز المطلوب.

حيث ت = عدد ساعات العمل السنوية في المتوسط.

عند استخدام هذه الطريقة يجب ادراك ان المنظمة قد تسعى لادخال بعض التغييرات الادارية او الفنية لرفع مستوى انتاجية العاملين الامر الذي قد يتطلب تخفيض عدد ساعات العمل. لذا لابد أن يأخذ في الاعتبار مثل هذه التغييرات عند وضع تقديرات الموارد البشرية.

٢- تحليل قوة العمل: (Work Force Analysis) :

يرتبط تحليل قوة العمل بمشكلتين اساسيتين هما:

١- الغياب .

٢- دوران العاملين.

بعد ان يتم تحديد احتياجات المنظمة من الموارد البشرية من خلال تحليل عبء العمل لابد من التأكد منها ومقارنتها مع ما يتوفر للمنظمة من الموارد البشرية ومن ثم طرحها من العدد الاجمالي الذي حدده تحليل عبء العمل. من هنا فان تحليل قوة العمل يركز على تحرك العاملين داخل وخارج المنظمة مثل دوران العاملين وانعكاسات ذلك على احتياجات المنظمة من الموارد البشرية مستقبلا [١٤] وتكمن اهمية دراسة دوران العاملين عند تحديد احتياجات الموارد البشرية في انه يعطي مؤشرا على مدى استقرار الافراد في وظائفهم. يمكن اجراء اسقاط (Projection) لتركيب الموارد البشرية من خلال دراسة دوران العاملين. فمعدل دوران العاملين هو معدل تغير العاملين في المنظمة خلال فترة معينة سواء بالالتحاق او الخروج من الوظائف. ويحسب معدل الدوران بقسمة عدد العاملين التاركين لوظائفهم او الملتحقين بها او بمتوسطهما على متوسط عدد العاملين [١٥] . المثال التالي يوضح المقصود باستخدام معدل دوران العاملين.

بلغ عدد العاملين في منظمة في بداية شهر آب/ اغسطس ٥٠٠٠

بلغ عدد العاملين في منظمة في نهاية شهر آب/ اغسطس ٥٠٨٠

تم تعيين ١٠٠ شخص خلال شهر آب/ اغسطس.

ترك العمل ٣٥ شخص خلال شهر آب/ اغسطس.

فما هو معدل دوران العاملين؟

هناك ثلاث طرق لاستخراج معدل الدوران:

$$ (١) \quad \frac{\text{عدد الافراد المعينين}}{\text{متوسط عدد العاملين الكلي}} \times ١٠٠ $$

$$ = \frac{١٠٠}{\dfrac{٥٠٨٠ + ٥٠٠٠}{٢}} = \frac{١٠٠}{٥٠٤٠} \times ١٠٠ = ١,٩٩\% $$

٢) $$\frac{\text{عدد الافراد الذين تركوا العمل}}{\text{متوسط عدد العاملين الكلي}} \times ١٠٠$$

$$\frac{٣٥}{\frac{٥٠٨٠ + ٥٠٠٠}{٢}} = \frac{٣٥}{٥٠٤٠} \times ١٠٠ = ٠,٩٤ \%$$

لا تعكس هاتان الطريقتان حقيقة دوران العاملين خاصة خلال فترة الرواج او الكساد الاقتصادي الذي يؤثر على هيكل الموارد البشرية داخل وخارج المنظمة وعلى سوق العمالة. ومن هنا يفضل استخدام الطريقة الثالثة التي تأخذ ذلك بعين الاعتبار.[١٦]

٣) $$\frac{\text{متوسط عدد الافراد الذين عينوا والذين تركوا الخدمة}}{\text{متوسط العاملين الكلي}}$$

$$\frac{٣٥ + ١٠٠}{٢} = \frac{١٣٥}{٢}$$

$$\frac{\frac{١٣٥}{٢}}{\frac{٥٠٨٠ + ٥٠٠٠}{٢}} \times ١٠٠ = \frac{\frac{١٣٥}{٢}}{\frac{١٠٠٨٠}{٢}} \times ١٠٠ = \frac{٦٧,٥}{٥٠٤٠} \times ١٠٠$$

$$= ١,٣٤\%$$

تمتاز هذه الطريقة بواقعيتها وشموليتها حيث تأخذ بعين الاعتبار ليس فقط عدد الافراد الذين تركوا الخدمة بل ايضا الذين التحقوا بها. والهدف من استخدام دوران العاملين في تحليل قوة العمل هو التوصل الى صافي الموارد البشرية التي ستتوفر لدى المنظمة بعد استخراج ما قد تفقده من قواها البشرية لكي تقارن مع ما قرره تحليل عبء العمل من

اعداد. علما بأن دوران العاملين يشمل كافة الاسباب التـي دفعـت الافـراد الى تـرك المنظمة مثل الاستقالة، والعزل، والاحالة الى التقاعد. [١٧]

٣- سلسلة ماركوف (Markov Chain) :

تقوم سلسلة ماركوف على دراسة وتحليل تحركات المـوارد البشريـة داخـل المنظمة بين عدة وظائف وعلى فترات زمنية متعاقبة بحيـث يمكن التنبؤ بتركيب الموارد البشرية في المستقبل. يشمل هذا التحليـل دراسـة تحركـات المـوارد البشرية ليس فقط من وظيفة الى اخرى بل ايضا من قسم الى قسم آخر، ومن مسـتوى إلى آخر، ومن درجة مالية الى اخرى.

للقيام باستخدام سلسلة ماركوف في التنبؤ باحتياجـات المـوارد البشريـة لابـد مـن توافر ثلاثة انواع من المعلومات:

١- عدد العاملين في كل وظيفة في بداية الفترة الزمنية للتحليل.

٢- احتمالات احصائية تعكس تحركات العاملين بناء على التحركات في السابق.

٣- الفـترة الزمنيـة المسـتقبلية التـي يجب ان يشـملها التحليـل للتنبـؤ بالاحتياجات من الموارد البشرية. [١٨]

كما يجب الاشارة الى ان استخدام سلسلة ماركوف يقوم على عدد مـن الافتراضـات التي يجب التحقق من تواجدها منها ما يلي:

١- توافر معلومات تفصيلية وصادقة عن تحركات العاملين من والى الوظائف المختلفة وكذلك من والى المنظمة. كـما يجـب ان تعكـس تلـك المعلومـات فترة زمنية طويلة نسبيا.

٢- توافر درجة من الثبات النسبي في هيكـل المـوارد البشريـة حيـث يعتمـد التنبؤ المستقبلي على بيانات من الماضي. ويفترض ان تظل سياسات المـوارد البشرية كما هي في المستقبل.

٣- ان تتصف الاحداث الاولية التـي تمثل نقطـة البـدء في سلسلة الاحداث بالثبات النسبي. [١٩]

يمكن استخدام المثال التالي لتوضيح سلسلة ماركوف

صافي مستوى التوظيف في نهاية العام

الوظائف	أ ٤٠٠	ب ٣٦٠	جـ ٢٥٠	د ٦٤٠
أ ٢٥٦	%٨٠ ٣٣٠	%١٠ ٣٦		
ب ٢٩٢	%١٠ ٤٠	%٧٠ ٢٥٢		
جـ ١٥٠			%٦٠ ١٥٠	
د ٦٠١			%١٠ ٢٥	%٩٠ ٥٧٦
دوران العاملين	%١٠ ٤٠	%٢٠ ٧٢	%٣٠ ٧٥	%١٠ ٦٤

شكل رقم (٣)

سلسلة ماركوف

التنبؤ بالاحتمالات لمستويات التوظيف في العام التالي

تنبؤات مستوى التوظيف في العام التالي

الوظائف	أ ٤٢٠	ب ٣٨٠	جـ ٢٦٠	د ٦٦٠
أ ٣٧٤	%٨١ ٣٣٦	%١٠ ٣٨		
ب ٣٠٨	%١٠ ٤٣	%٧٠ ٢٦٦		
جـ ١٥٦			%٦٠ ١٥٦	
د ٦٢٠			%١٠ ٢٦	%٩٠ ٥٩٤
دوران العاملين	%١٠ ٤٢	%٢٠ ٧٦	%٣٠ ٧٨	%١٠ ٦٦

يتبين لنا من الشكل السابق بأن هناك اربع وظائف هي (أ، ب، جـ، د) وقد تم تحليل تحركات العاملين منها واليها واستخدم هذا التحليل في استقراء الاحتياجات المستقبلية من الموارد البشرية. يبين لنا هذا الشكل ايضا بانه في بداية العام الماضي كان في الوظيفة (أ) ٤٠٠ موظفا وبقي في نهاية العام ٨٠% (٣٢٠ شخصا) من هؤلاء في نفس الوظيفة، كما تم ترقية ١٠% منهم (٤٠ موظفا) الى الوظيفة (ب) ودوران ١٠% (٤٠ شخص) وينطبق نفس التحليل على بقية الوظائف. ويعكس الرقم ٣٥٦ المذكور تحت الوظيفة (أ) عدد الاشخاص الذين هم في تلك الوظيفة في نهاية العام وهو يشمل هؤلاء الذين بقوا اصلا في تلك الوظيفة منذ بداية العام والبالغ عددهم ٣٢٠ موظفا بالاضافة الى هؤلاء الذين تم ترقيتهم من الوظيفة (ب) الى الوظيفة (أ) والبالغ عددهم ٣٦ موظفا. (٢٠)

في ضوء ما حدث في العام الماضي من تحركات في الوظائف الاربعة يمكن التنبؤ بالاحتياجات المطلوبة من الموارد البشرية في العام القادم استنادا الى النسب المئوية للتحركات في العام الماضي. ويتضح لنا هذا في الجدول الثاني من الشكل السابق مع الاخذ بعين الاعتبار تحركات العاملين من خلال البقاء في نفس الوظيفة والترقية لوظيفة اخرى او ترك المنظمة.

وبذلك نجد ان المنظمة تحتاج في العام القادم الى ٤٢٠ شخص مقارنة بالعام الماضي.

سنجد في ضوء ثبات النسب السابق ذكرها بانه من المتوقع ان يبقى في تلك الوظيفة في نهاية العام القادم ايضا ما نسبته ٨٠% من شاغليها وترقية ١٠% ودوران ١٠% . (٢١)

٤- التنبؤ بالاتجاهات (Trend Projection) :

تستخدم تلك الطريقة للتنبؤ بالاحتياجات من الموارد البشرية بناء على علاقة سابقة ووثيقة من متغيرين احداهما يرتبط بعدد العاملين بينما يرتبط الآخر بحجم الانتاج والمبيعات مثلا. اي ان حجم العاملين يرتبط ارتباط مباشرا ووثيقا بحجم المبيعات، في حالة اثبات تلك العلاقة عندئذ يمكن التنبؤ باحتياجات المنظمة من الموارد البشرية. ان الرابطة الدالة بين المتغيرين تسمى انحدارا ويدعى احدالمتغيرين بالمتغيرالمستقل(معدل الانتاج)واخربالمتغير التابع

(عدد العاملين) ويسمى الخط الذي يمثل معادلة الانحدار بخط الانحدار المستقيم ويمكن توضيح ذلك بالشكل التالي:

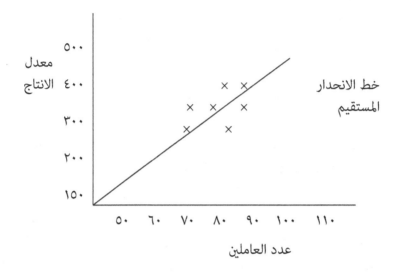

الشكل رقم (٤)
التنبؤ بالاتجاهات

يبين لنا هذا الشكل العلاقة بين المتغيرين حيث ترصد القيم المشاهدة لكل منهما بيانيا ثم يمر خط مستقيم بين النقاط المرصودة. وكلما كان المستقيم مارا باكبر عدد من النقاط الممثلة للمتغيرين فإن خط الانحدار أحسن مطابقة واكثر تمثيلا للعلاقة بينهما.

يتطلب استخدام تلك الطريقة توافر البيانات الدقيقة والسابقة التي تثبت العلاقة المباشرة والوثيقة بين هذين المتغيرين وكذلك استمرارية تلك العلاقة لفترة طويلة، اي ان الزيادة في معدل الانتاج بنسبة معينة في السنوات السابقة ادى الى زيادة حجم العاملين ايضا بنسبة معينة . وبالتالي اذا افترضنا ان المنظمة تسعى الى زيادة معدل الانتاج بنسبة

٢٠% في العام القادم عندئذ يتم التنبؤ باحتياجاتها مـن المـوارد البشريـة في ضـوء الزيادة التي طرأت على الموارد البشرية في السنوات السابقة. (٢٢)

الطرق الوصفية :
أ- خرائط الاحلال (Replacement Charts) :

تستخدم خرائط الاحلال (الاستبدال) في الاساس لملء شواغر قد تحـدث في المستقبل نتيجة التقاعد وبالتالي تحديد متى تكون الحاجة لملء هـذا الشـاغر عنـد حدوثه ومن الشخص المؤهل داخل المنظمة، وفي حالة عـدم وجـوده يبـدأ البحـث عن شخص في اسواق العمالة. كما ترتبط هذه الطريقـة بسياسـة المنظمـة الخاصـة بالترقية من الداخل، ويتم استخدام خـرائط الاحـلال في التنبـؤ بالاحتياجـات مـن الموارد البشرية في الاساس في وظائف الادارة العليـا، كـما تعتمـد عـلى مـدى تـوافر اشخاص مؤهلين داخل المنظمة عند الحاجة اليهم مستقبلا.

تشتمل تلك الطريقة على الخطوات التالية ولكن ليس بشكل تسلسلي:

١- جمع معلومـات عـن الاشـخاص المرشـحين للوظـائف المحتمـل ان تصبـح شاغرة في المستقبل على ان تشمل تلك المعلومات كل ما يتعلق بالفرد من خبرات وطموحات وامكانيات .. الخ .

٢- تقييم اداء كل فرد من المرشحين للتعرف على امكانية الترقية سـواء الآن او في المستقبل بعد تحسين وتطوير الاداء الحالي، ان كانت هناك ضرورة لذلك.

٣- تحديد مواصفات واحتياجات الوظيفة المتوقع ان تصبح شاغرة.

والشكل التالي يوضح لنا المقصود بخرائط الإحلال:

مدير قسم المبيعات		
	العمر	
أ السيد احمد	٦٤	
السيد علي	٤٩	١
السيد حسن	٤٣	١

مسؤول مندوبي المبيعات		
	العمر	
السيد علي ب	٤٩	
السيد عثمان	٣٧	٢
السيد محمود	٤١	٣

رئيس قسم المستودعات		
	العمر	
السيد حسين ب	٤٣	
السيد عوض	٥٦	٣
السيد صلاح	٤٢	٣

خريطة احلال وظيفة

فرص الترقية	رمز الاحلال
١- مؤهل الآن	أ- الحاجة لشخص الان
٢- قد يصبح مؤهلا خلال ستة شهور	ب- الحاجة لشخص خلال عام
٣- قد يصبح مؤهل خلال عام او اثنين	ج- الحاجة لشخص خلال عامين

شكل رقم (٥)

يبين لنا الشكل ان السيد احمد رئيس قسم المبيعات على وشك التقاعد وان هناك مرشحين اثنين لتلك الوظيفة عندما تشغر هما السيد علي مسؤول مندوبي المبيعات والسيد حسين ابراهيم رئيس قسم المستودعات. وكما يبدو ان السيد علي اكثر تأهيلا مـن السـيد حسين لان يحل محل مدير قسم المبيعات مما يتطلب احلاله بشخص آخر عند ترقيتـه الى المنصب الشاغر [٢٣].وينطبق نفس المبدأ على كافة الوظائف داخل المنظمة من اسفل الى

اعلى وكما ذكرنا سابقا تستخدم هذه الطريقة اساسا عند الحاجة الى الترقية بسبب احتمال حدوث شاغر يجب تعبئته، وايضا عندما تكون الاحتياجات من الموارد البشرية قليلة العدد.

بعض محاذير خرائط الاحلال:

لخرائط الاحلال محاذير هذه اهمها:

١- قلة الاهتمام بمتطلبات الوظيفة وخاصة التغييرات التي قد تحدث عند احلال الفرد محل فرد آخر.

٢- الاعتماد على العامل الشخصي والحكم غير الموضوعي عند اتخاذ القرار بالاحلال حيث يتم الاستناد الى تقارير تقييم الاداء وآراء الآخرين في معظم الاحيان.

٣- التركيز على الاحلال الافقي فقط واهمال الاحلال الرأسي أو التقاطعي عند الترقية.

٤- عدم الحصول على معلومات، في بعض الاحيان، من المرشح ذاته بخصوص تقييمه لذاته ولامكانياته، وعن طموحاته واهدافه المهنية في المنظمة. (٢٤)

ب- طلب الوحدات الادارية (Units Demand) :

ترتكز هذه الطريقة على أساس معرفة رؤساء الوحدات الادارية (الاقسام) للمهام المطلوبة منهم وبالتالي تحديد احتياجاتهم من الموارد البشرية في ضوء تلك المهام وتنفيذها مستقبلا. كما يعرف هؤلاء الرؤساء حجم العمل المطلوب والذي يجب ان يقوم به العاملون حاليا في الاقسام والوحدات، من هنا يمكنهم معرفة ما اذا كان زيادة حجم العمل يتطلب زيادة عدد الأفراد العاملين أو اعادة توزيع المهام عليهم.

ويستند الاداري في هذه الحالة الى خبرته الشخصية مثل أن يقول رئيس قسم الانتاج بأن الزيادة في وحدات الانتاج بمعدل ١٠٠٠ وحدة يتطلب زيادة ساعات العمل، وزيادة الماكينات، واعادة توزيع نوبات العمل والحصول على عدد من العمال. وقد يستند الاداري في تحديد تلك الاحتياجات، ومنها الموارد البشرية، على خبرته الشخصية وعلى المعلومات المتوفرة داخل المنظمة، وفي بعض الأحيان قد يلجأ الاداري، والمنظمة، الى الاستعانة بآراءوخبرات مجموعةمن الأشخاص من خارج المنظمة،وقد يستخدم هؤلاء

الاشخاص ما يسمى بطريقة دلفاي (Delphi) للوصول الى قرار بخصوص احتياجات الاقسام والوحدات الادارية من الموارد البشرية مستقبلاً على حدة ثم على مستوى المنظمة. وتعتمد طريقة دلفاي على اجتماع مجموعة من الخبراء في تخطيط الموارد البشرية حيث يقدم كل واحد منهم تقديره لاحتياجات المنظمة النهائية من الموارد البشرية ثم يتبادل كل منهم بعد ذلك تقديرات زملائه لدراستها الى أن تتوصل المجموعة في النهاية بعد المناقشة، الى تحديد نهائي لاحتياجات المنظمة من الموارد البشرية مستقبلاً. وقد يستخدم بعض هؤلاء الخبراء احدى الطرق الكمية لتحديد تقديره من الموارد البشرية المطلوبة. إلا أنه تطرح في النهاية تلك التقديرات للمناقشة ثم يتم الاتفاق على تقدير نهائي لاحتياجات المنظمة من الموارد البشرية(٢٥).

بالرغم من تعدد الطرق (الوسائل) المستخدمة في التنبؤ باحتياجات المنظمة من الموارد البشرية (تحديد الطلب) إلا أن هناك بعض المشاكل التي ينبغي أخذها في الاعتبار في هذه المرحلة .

١) عدم التأكد من المستقبل وما يتضمنه من متغيرات لا يمكن التنبؤ بها أو بحدوثها.

٢) الاعتماد المطلق على الماضي وما يحدث فيه وعلى معلومات خاصة بما حدث سابقاً في المنظمة .

٣) صعوبة وضع اقتراحات مستقبلية ومن ثم الانطلاق منها .

٤) الاعتماد الكلي في معظم الاحيان على الطرق الكمية والأساليب الاحصائية.

المرحلة الثالثة : تحديد العرض (Supply Analysis) :

تتعلق هذه المرحلة أساساً بدراسة وتحليل ما يتوافر لدى المنظمة من موارد بشرية وكذلك ما يتوافر في أسواق العمالة في ضوء الاحتياجات التي تم تحديدها في المرحلة السابقة

يطلق على عملية دراسة وتحليل ما يتوافر حالياً لدى المنظمة من موارد بشرية بمخزون المهارة (Skill Inventory) ويقصد به التعرف على ما يتوافر لدى المنظمة من موارد بشرية كماً ونوعاً من خلال جمع معلومات عن تاك الموارد. تشتمل تلك العملية على ثلاث عناصر أساسية هي :

١) تحديد عدد العاملين حالياً في المنظمة، ويشمل ذلك أيضاً تحديد كافة ما يمتلكون من مهارات ، قدرات، وخبرات، وتدريب.. الخ .

٢) تحليل طبيعة الأعمال داخل المنظمة للتأكد من المهرات والقدرات المطلوبة للقيام بالعمل .

٣) التأكد من توافق العاملين مع ما يقومون به من أعمال ^(٢٦) .

يتم الحصول على تلك المعلومات الخاصة بالموارد البشرية من :

١) طلبات الاستخدام .

٢) تقارير تقييم الأداء.

٣) قوائم وسجلات الاجور والمرتبات.

ويفضل ان يكون داخل المنظمة نظام معلومات خاص بالموارد البشرية بحيث يشتمل هذا النظام على كافة المعلومات الخاصة بالفرد منذ تاريخ التحاقه بالمنظمة، كما يشتمل ايضا على كافة التغييرات الوظيفية التي تحدث له مثل الترقية، والنقل، وزيادة في الاجور، وتقارير تقييم الاداء، ويساعد نظام المعلومات المنظمة في عدة نواح منها:

١- توفر معلومات تفصيلية عن المهارات والقدرات المتوفرة داخل المنظمة للتأكد من توافقها مع احتياجات المنظمة.

٢- توفر معلومات عن تحركات كافة العاملين داخل المنظمة مثل النقل، والترقية، وخارجها مثل الاستقالة، والتقاعد.

٣- المعاونة في اتخاذ قرارات تتعلق بكيفية توزيع الموارد البشرية وتوزيع الاعمال والمهام عليها.

٤- المعاونة في تقييم وظائف ومهام ادارة الموارد البشرية في المنظمة.

٥- التأكد من توافق ما يدفع من اجور ومرتبات مع قدرات العاملين وامكانياتهم.

٦- الاسهام في تحديد الاحتياجات التدريبية الفعلية ^(٢٧)

ويجب ان يتضمن نظام المعلومات للقوى البشرية على المعلومات التالية :

١- معلومات خاصة بالتاريخ والتطور المهني للفرد.

٢- معلومات خاصة بالقدرات والامكانيات والتدريب، والمهارات الفردية.

٣- معلومات خاصة بالاجر، والراتب، والمكافآت، والعلاوات، والزيادات، والحوافز.

٤- معلومات خاصة عن تقارير تقييم الاداء ونتائجها.

٥- معلومات خاصة بالعمل الذي يقوم به الفرد وموقعه داخل المنظمة.

٦- اية معلومات اخرى خاصة او عامة يجب ان يتضمنها النظام. (٢٨)

قد ينتج احيانا عن تقييم ودراسة ما يتوافر داخل المنظمة من موارد بشرية كما ونوعا ان تجد المنظمة نفسها قادرة على اشباع احتياجاتها من الموارد البشرية اعتمادا على مصادرها الذاتية، وفي ضوء ما تمتلك وليس هناك اية دواعي للاستعانة بالمصادر الخارجية، وفي حالة عدم التأكد من الايفاء باحتياجاتها من الموارد البشرية اعتمادا على المتوفر حاليا عندئذ يجب على المنظمة ان تدرس اسواق العمالة الخارجية لمعرفة امكانية الاعتماد عليها لاشباع احتياجاتها من الموارد البشرية مستقبلا.

دراسة اسواق العمالة الخارجية (External Source of Supply) (Labor Market):

تعتبر اسواق العمالة الخارجية احد العوامل المؤثرة في اشباع احتياجات المنظمة من الموارد البشرية ويجب على مخططي الموارد البشرية في المنظمة ان يدركوا ويتفهموا العناصر التالية عند دراسة تلك الاسواق:

أ- النوعية والخبرة (القدرات) المتوفرة في الاسواق.

ب- نسبة (معدل) البطالة ونوعيتها وهل هي موسمية ام مقنعة.

ج- اتجاهات وسياسات التدريب والتعليم في الدولة.

د- الهجرة الداخلية والخارجية للموارد البشرية (العاملة).

هـ- حجم وتوزيع الموارد البشرية على الانشطة المختلفة.

و- الوضع (النشاط) الاقتصادي القائم (٢٩)

وفي ضوء نتائج التقييم والدراسة لتلك العناصر في اسواق العمالة يستطيع مخططو الموارد البشرية ان يقرروا بالتالي ان كان بالامكان اشباع احتياجات المنظمة من الموارد البشرية اعتمادا على المصادر البشرية المتوفرة داخل المنظمة أو تلك المتوفرة في الاسواق الخارجية. ويعتمدد القرار النهائي بالالتجاء الى اي من المصدرين على عاملين اساسيين هما:

١- القدرة على الايفاء باحتياجات المنظمة.
٢- التكلفة المالية في ضوء اوضاع المنظمة المالية.

ويتخذ القرار النهائي الخاص بتحديد المصدر الذي يجب الاعتماد عليه وكيفية تنفيذه في المرحلة الاخيرة من تخطيط الموارد البشرية الا وهي وضع خطة العمل.

المرحلة الرابعة: خطة العمل (Action Plan) :

يتم في ضوء نتائج تحديد كل من العرض والطلب على الموارد البشرية ومقارنة تلك النتائج وضع خطة العمل للموارد البشرية، وتعتمد تفاصيل ومحتويات تلك الخطة على نتائج كل من التحليل والمقارنة المشار اليها سابقا. وهناك عدة قرارات يمكن للخطة ان تتضمنها، لكن اختيار وتنفيذ اي منها يستند في الاساس الى نتائج مقارنة العرض والطلب، من هذه القرارات والخطط ما يلي:

١- خطة للاختيار والتوظيف والتعيين.
٢- خطة للترقية والنقل والتقاعد.
٣- خطة لتدريب وتطوير العاملين.
٤- خطة لاحداث تغيير في المنظمة بهدف تطويرها.
٥- خطة لتعديل مستوى ومعاير تقييم الاداء واساليبه.
٦- خطة لاعادة توزيع الموارد البشرية في المنظمة.
٧- خطة لاعادة توزيع المهام والاعمال والمسؤوليات.
٨- خطة لتغيير هيكل وجدول الاجور والرواتب.

ويعتمد اختيار اي من تلك القرارات التي تتضمنها خطة الموارد البشرية على نتائج تحليل كل من العرض والطلب ويمكن تمثيل تلك العلاقة في الشكل التالي:

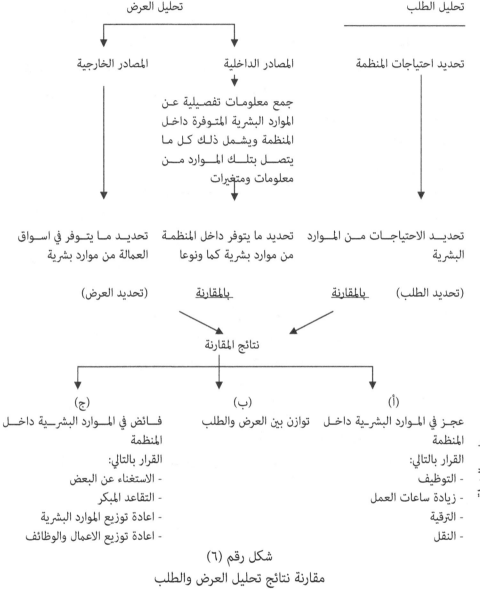

عناصر الخطة

تحليل الطلب
تحليل العرض
تحديد احتياجات المنظمة
المصادر الداخلية
المصادر الخارجية
جمع معلومات تفصيلية عن الموارد البشرية المتوفرة داخل المنظمة ويشمل ذلك كل ما يتصل بتلك الموارد من معلومات ومتغيرات
تحديد الاحتياجات من الموارد البشرية
تحديد ما يتوفر داخل المنظمة من موارد بشرية كما ونوعا
تحديد ما يتوفر في اسواق العمالة من موارد بشرية
(تحديد الطلب)
بالمقارنة
بالمقارنة
(تحديد العرض)
نتائج المقارنة
(أ)
عجز في الموارد البشرية داخل المنظمة
القرار بالتالي:
- التوظيف
- زيادة ساعات العمل
- الترقية
- النقل
(ب)
توازن بين العرض والطلب
(ج)
فائض في الموارد البشرية داخل المنظمة
القرار بالتالي:
- الاستغناء عن البعض
- التقاعد المبكر
- اعادة توزيع الموارد البشرية
- اعادة توزيع الاعمال والوظائف

شكل رقم (٦)

مقارنة نتائج تحليل العرض والطلب

المصدر:

M. Clucek, **Personnel**, Business Publications, 1982, P. 188.

يتبين لنا من الشكل السابق بان هناك ثلاثة احتمالات عند مقارنة نتائج تحليل كل من العرض والطلب:

١- توازن بين العرض والطلب.

٢- زيادة العرض عن الطلب.

٣- زيادة الطلب عن العرض.[٣٠]

يجب في ضوء هذه الاحتمالات اتخاذ قرارات، اي وضع خطة، تكون في النهاية بمثابة خطة لتلبية احتياجات المنظمة من الموارد البشرية كما ونوعا بحيث تساهم هذه الموارد من خلال ادائها المتميز في تحقيق اهداف المنظمة.

أما في حالة توفر قوى بشرية داخل المنظمة تفوق احتياجاتها الفعلية فالخطأ عندئذ خطأ المنظمة وليس خطأ العاملين. ويعود هذا الخطأ الى عدم فعالية سياسة التوظيف او عدم الدقة في تحديد اهداف المنظمة. رغم صعوبة اتخاذ القرارات في ضوء هذا الاحتمال الا ان هناك العديد من البدائل يمكن الاستعانة بها مثل الاستغناء عن بعض العاملين، ولكن المشكلة هنا تكمن في المعيار وهل هو الاقدمية ام مستوى الاداء؟ ومن البدائل التقاعد المبكر، والمشاركة في الأعمال والوظائف، وعدم ملء الشواغر التي قد تحدث نتيجة الاستقالة او التقاعد.

وفي حالة حدوث الاحتمال الاخير، هناك ايضا العديد من البدائل المطروحة امام المنظمة لمعالجة العجز في الموارد البشرية مثل التوظيف، والتدريب، والترقية، وزيادة عدد ساعات العمل.

وكما ذكرنا سابقا يعتمد اختيار اية من البدائل المطروحة (القرارات) على نتائج التحليل والمقارنة التي يجب ان تتم بدرجة عالية من الدقة والثبات لتجنب النتائج والانعكاسات السلبية المستقبلية.

المرحلة الخامسة: الرقابة والتقييم (Control and Evaluation):

لا يمكن الفصل ما بين التخطيط والرقابة حيث يكمل كل منهما الاخر. من هنا يتبين لنا أهمية مراقبة تنفيذ خطة الموارد البشرية والتأكيد من خلال التقييم بأن اهداف الخطة قد تم تنفيذها بدقة وكفاءة او في طريقها للتنفيذ. عرفنا انه يتم في المرحلة السابقة اتخاذ عدة قرارات خاصة بخطة الموارد البشرية، بحيث ينتج عن تنفيذها تلبية حاجات المنظمة من الموارد البشرية، بالتالي تنصب الرقابة والتقييم على القرارات النى تتضمنها تلك الخطة.

تسعى الرقابة والتقييم الى الاجابة على الاسئلة التالية:-

١) مدى كفاءة الخطة حتى الان في تنفيذ اهداف المنظمة؟

٢) ما الذي يجب تغييره في الخطة ؟

٣) هل الخطة فعالية من حيث التكلفة والعائد؟

٤) ما هي انعكاسات الخطة على كل من المنظمة والعاملين؟

كما لابد من توافر الخصائص التالية في نظام الرقابة والتقييم الذي سوف

يتبع:-

١. المرونة الكافية لمواجهة اية متغيرات قد تحدث.

٢. الارتباط بخطط واهداف المنظمة.

٣. الارتباط باوضاع المنظمة الداخلية المالية والادارية منها.

٤. المساعدة في اكتشاف الانحراف في تنفيذ الخطة ومعالجته.

يمكن تمثيل دور علاقة الرقابة والتقييم بخطة الموارد البشرية في الشكل التالي حيث تتم الرقابة والتقييم في ضوء العرض والطلب كما يتم التغيير في كل من العرض والطلب في ضوء نتائج الرقابة والتقييم للخطة.

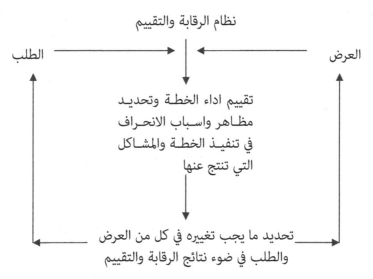

شكل رقم (٧)

الرقابة والتقييم في تخطيط الموارد البشرية

اسباب فشل تخطيط الموارد البشرية:-

هناك العديد من الاسباب لفشل تخطيط الموارد البشرية على مستوى المنظمة ومن هذه الاسباب ما يلي:-

١) عدم توفر المعلومات الدقيقة:-

احدى الركائز الاساسية التي يستند اليها تخطيط الموارد البشرية مدى توفر المعلومات والاحصائيات الخاصة بتلك الموارد. من هنا فإن احد الاسباب الرئيسية لفشل تخطيط الموارد البشرية هو عدم توافر او ضآلة حجم المعلومات الخاصة بالموارد البشرية داخل المنظمة وفي اسواق العمالة الخارجية، وكذلك عدم توفر معلومات دقيقة عن الاحتياجات الفعلية من الموارد البشرية.

٢) عدم وضوح اهداف المنظمة:-

يجب تحديد الاهداف الرئيسية للمنظمة ومن ثم استنباط الاهداف الفرعية لبقية اجزاء المنظمة مع الاخذ بعين الاعتبار عامل التكامل بين الاهداف الرئيسية والفرعية. وفي بعض الاحيان ونتيجة لعدم وضوح اهداف المنظمة الرئيسية لا يستطيع المخطط ان يحدد ما هو المطلوب عمليا وما هي اهداف تخطيط الموارد البشرية. يجب أن ترتبط اهداف تخطيط الموارد البشرية ارتباطا وثيقا مباشرا مع اهداف المنظمة. من هنا نجد ان عدم الوضوح في اهداف المنظمة يؤدي الى عدم وجود ترابط بين تخطيط الموارد البشرية وبقية الخطط في المنظمة، مما يؤدي في نهاية الامر الى فشل تخطيط الموارد البشرية.

٣) ضعف التنسيق بين وظيفة التخطيط والوظائف الاخرى في المنظمة:-

ان تخطيط الموارد البشرية احدى الوظائف الرئيسية لادارة الموارد البشرية في المنظمة ومن ثم يجب ان يكون هناك نوع من التنسيق بين هذا التخطيط وبين الوظائف الاخرى لادارة الموارد البشرية. لا يستطيع المخطط ان يحدد الاحتياجات من الموارد البشرية او تحليل ودراسة المتوفر داخل المنظمة بدون مساعدة وتنسيق مع ادارة الموارد البشرية. كذلك فان الخطة التي سوف تطبق لتلبية احتياجات المنظمة قد تتضمن بعض القرارات الخاصة بالتدريب وهيكل الاجور، والتوظيف، وتلك اساسا مهام ووظائف ادارة الموارد البشرية. من هنا فان عدم وضوح التنسيق المشار اليه يسبب فشل تخطيط الموارد البشرية.

٤) ضعف تأييد الادارة العليا لتخطيط الموارد البشرية:-

لا يمكن تنفيذ اية خطة داخل المنظمة سواء كانت بشرية أو مالية بدون دعم وتأييد الادارة العليا. ذلك ان تخطيط الموارد البشرية يتم على مستوى المنظمة ككل لتحقيق اهدافها. لذلك لا يمكن الشروع في وضع خطة للموارد البشرية، او تنفيذها في حالة وضعها، اذا لم تكن مرهونة بموافقة وتأييد الادارة العليا حيث قد يتطلب احيانا تنفيذ الخطة احداث بعض التغييرات الجذرية في بعض الوظائف، وفي هيكل الاجور، وفي سياسات التدريب والتطوير، او في الهيكل التنظيمي، او في توزيع المهام والمسؤوليات، او توزيع العاملين. عدم الدقة والتاييد معناه الفشل لتخطيط الموارد البشرية.

التخطيط والتطوير المهني للعاملين (الموارد البشرية):-

(Career Planning & Career Development)

من احد المكونات الاساسية لخطة الموارد البشرية التخطيط المهني للعاملين (Career Planning) حيث يجب الاهتمام والتوافق بين احتياجات العاملين والمنظمة. ويساعد التخطيط المهني على اشباع رغبات كل من الطرفين حيث تحصل المنظمة على احتياجاتها من الموارد البشرية وتحقق اهدافها من خلال اداء تلك الموارد ومقابل ذلك يشبع كل فرد من هذه الموارد رغباته المتعددة داخل العمل، اي من خلال الانضمام الى هذه المنظمة او تلك، من هنا نجد ان العلاقة بين الطرفين علاقة متداخلة تكمل بعضها البعض، لذا يجب اعطاء هذا الموضوع بعض الأهمية.

تعريف التخطيط والتطوير المهني:-

تعني كلمة مهنة (Career)، " التزام الفرد لفترة زمنية طويلة بمهنة معينة " وهناك من يعرفها بانها "الوظيفة التي يحدد الفرد من خلالها مستقبلة الاقتصادي" اما عن تعريف التخطيط المهني فهو "ذلك التخطيط الذي يحاول الفرد من خلاله ان يحدد امكانياته وقدراته الحالية في مهنة ما، وكيفية تنميتها للعمل في مهنة اخرى مستقبلا"[٣١].

أما التطوير المهني فيعرف بانه "مجموعة من الوظائف المختلفة التي يستطيع الفرد ان يشغلها انطلاقا من اسفل السلم الوظيفي في المنظمة صعودا الى القمة حتى الوصول الى سن التقاعد"[٣٢].

أهمية التخطيط المهني للعاملين:-

للتخطيط المهني فوائد نجملها فيما يلي:-

١) توفير الشعور بالرضا في العمل والشعور بالالتزام بين العاملين، وبالتالي تخفيض حدة دورانهم في العمل.

٢) مساعدة العاملين على تحمل العديد من الضغوط في العمل التي قد تنشأ من التغيير في المسؤوليات والصلاحيات وفي متطلبات العمل.

٣) المعاونة في مواجهة التغيير العلمي والفني (التكنولوجي) الذي قد يؤثر على نوعية وطبيعة المهام والوظائف ومحتوى العمل مما قد يشعر الفرد بانه عديم النفع او الجدوى.

٤) فهم وتقبل التغيير الذي يطرأ باستمرار على المفاهيم والقيم الاجتماعية الخاصة بالعمل حيث لم يصبح العمل كما كان في الماضي اهم الاهتمامات في الحياة هناك ايضا اهتمامات الاسرية والاجتماعية.

٥) التعرف بموضوعية على كافة امكانيات وقدرات ومهارات العاملين المختلفة والمتعددة وكيفية تنميتها وحسن استغلالها.

٦) التخطيط لافضل استغلال للموارد البشرية لتطوير وتنمية المنظمة كضمان لاستمرار فاعليتها.

٧) محاولة التقريب ما بين امكانيات العاملين المختلفة واحتياجات العمل.

٨) تفهم الشعور بالاحباط الذي قد يسود بين العاملين بسبب تجمد مستقبلهم المهني والوظيفي وشعورهم بالحاجة الى تغييره.

٩) مواجهة المنافسة الشديدة في اسواق العمالة على العاملين خاصة ذوي الخبرة والاختصاص.

١٠) توجيه اهتمامات العاملين لتكون اكثر تركيزا على مستقبلهم المهني منها على احتياجات المنظمة واهدافها[٣٣].

مكونات التخطيط والتطوير المهني:-

يمكن تفهم مكونات التخطيط والتطوير المهني من منطلق مفهوم النظم طبقا للشكل التالي:-

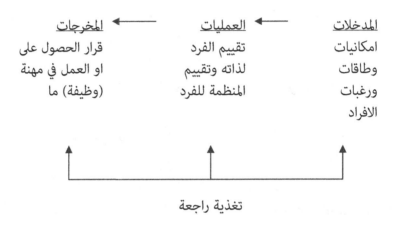

المخرجات	العمليات	المدخلات
قرار الحصول على	تقييم الفرد	امكانيات
او العمل في مهنة	لذاته وتقييم	وطاقات
(وظيفة) ما	المنظمة للفرد	ورغبات
		الافراد

تغذية راجعة

شكل رقم (٨)
مكونات التخطيط والتطوير المهني

يشتمل التقييم الذاتي على تحديد الفرد لاحتياجاته ورغباته واهدافه وكيفية الوصول اليها. في حين يتضمن تقييم المنظمة تحليل الوظائف وتحليل المسلك المهني وتقييم فرص التدريب والتطوير واخيرا تقييم فرص الترقية والتقدم للامام.

ويعتبر الاختيار النهائي (المخرجات) لمهنة ما تتلائم مع احتياجات وامكانيات الفرد ليس خاتمة المشوار بل انها بداية المستقبل المهني للفرد.

ان التخطيط والتطوير المهني عملية مستمرة لا تنتهي بعثور الفرد على مهنة (وظيفة) ما طالما ان الفرد قادر وراغب في العمل في عدة وظائف كما انها تستغرق بعض الوقت.

ويعد هذا الوقت دالة على:-

١) السرعة في الحصول على الخبرات والمهارات والمعلومات التي تتطلبها المهنة (الوظيفة).
٢) مدى تواجد فرص المهنة (الوظيفة) التي يرغب الفرد في شغلها.
٣) عدد الافراد الذين يتنافسون على هذه المهنة (الوظيفة).

مراحل اختيار المهنة والقيم المرتبطة بها:-

يجب الالمام بالمراحل التي يمر بها الفرد عند اختياره لوظيفة او مهنة ما، والقيم التي تؤثر على تلك المراحل وبالتالي على اختيار الفرد. هذا وتتأثر مراحل اختيار الفرد لمهنة ما بثلاثة عوامل اساسية هي الاستمرارية في تلك المراحل، وصعوبة العودة الى المراحل السابقة، واخيرا المقايضة في عملية الاختيار.

يمر الفرد بثلاثة مراحل اساسية هي:-

١. مراحلة الخيال (Fantasy):-

يفكر الفرد في تلك المرحلة فيما يريد ان يفعل او يريد ان يصبح في المستقبل بدون النظر بموضوعية لواقع الامور، وبدون ادراك لامكانياته وخبراته وقدراته ونقاط ضعفه.

٢. المرحلة المؤقتة (Tentative):-

يختار الفرد مؤقتا، او مرحليا، مهنة ما، وهذا الاختيار غير موضوعي حيث انه مبني اساسا على الاهتمامات الشخصية، والمبادىء، والقيم الشخصية، والاحتياجات، والرغبات الشخصية.

٣. مرحلة الاختيار الواقعي او النهائي (Realistic Choice):-

تخضع هذه المرحلة الى التوفيق (Compromise) بين ما يريده الفرد وبين ما يستطيع الحصول عليه او ما هو متوفر فعليا من فرص عمل او وظائف في سوق العمالة اخذين بعين الاعتبار امكانيات الفرد ورغباته. كما تخضع عملية التوفيق الى عمليتين اساسيتين هما البحث عن وجمع معلومات عن عدة وظائف وبلورة تلك المعلومات. وترتبط عملية البلورة (Crystallization) مباشرة بعدة عوامل شخصية منها الجنس، والخبرة، والذكاء، والدوافع، والاهداف، والامكانيات، والقيم، والمبادىء، والاتجاهات[٣٤].

وتتأثر مراحل اختيار الفرد لمهنة ما (وظيفة) من خلال المراحل الثلاث السابق ذكرها بقيمة تجاه العمل (Value Orientation Toward Work) كما يتفاوت معدل التأثر بهذه القيم من فرد الى فرد وبدرجات مختلفة طبقا لاهمية هذه القيم او احداها للفرد مهنيا.

هناك أربع أنواع من هذه القيم:-

١- القيم الفردية (Individualistic):-

يتميز الفرد طبقا لتلك القيم بالرغبة الشديدة في التحديد شخصيا وتفصيليا للمهام والانشطة المطلوبة في العمل. والرفض الشديد لاي تدخل او اية مؤثرات خارجية من اية مصدر كان قد يؤثر على او يعيق اداءه وإشباع رغباته الشخصية. كما يسعى الفرد هنا الى استغلال كافة طاقاته باقصى صورة، كما يتميز ايضا بالرغبة في الحرية والاستقلالية في العمل مع رفض اراء وارشادات الاخرين.

٢- القيم القيادية (Leadership):-

يتميز الفرد طبقا لتلك القيم بالتركيز على والاهتمام بالعلاقات الافقية والراسية مع الآخرين في العمل، كما يتميز ايضا بالرغبة الشديدة في السيطرة على وتوجيه سلوك الاخرين في العمل، والبحث عن دور قيادي يعترف به الآخرون ويتيح له فرصة امتلاك الصلاحيات ومن ثم التأثير على سلوك الآخرين.

٣- القيم الاجتماعية (Social):-

يتميز الفرد طبقا لتلك القيم بالرغبة في الحصول على والاحتفاظ بموافقة الاخرين على الانضمام اليهم في مجموعة العمل بحيث يتمكن من اشباع رغباته المتعددة. وينشأ عن قبول انضمامه للمجموعة الالتزام بآرائها وقيمها ومبادئها، كما انه على استعداد لتقبل اراء وارشادات الاخرين والتخلي عن استقلاليته الذاتية في سبيل صالح المجموعة.

٤- القيم الايدولوجية (Ideological):-

يتميز الفرد طبقا لتلك القيم بالايمان بايدولوجية معينة سواء كانت سياسية او دينية. . ويكون على استعداد للدفاع عنها والدعاية لها والى قيمها التي يؤمن بها. ويكون اهتمامه بالاحتياجات والرغبات الشخصيةليس بقدرالاهتمام بما يؤمن به من ايدولوجية.

ويكون للالتزام بقضية (ايدولوجية) معينة واستغلال العمل للدفاع عن تلك القضية مميزاً عن افراد يؤمنون بقضايا (ايدولوجية) اخرى[٣٥].

والواقع ان هناك تداخلا بين هذه القيم الاربعة، وما ذكر ليس التصنيف الاول والاخير لها.

دور الفرد والمنظمة في التخطيط والتطوير المهني:-

ذكر سابقا بأن احدى عناصر عملية التخطيط والتطوير المهني التقييم الذاتي وتقييم المنظمة، اي ان لكل من الفرد والمنظمة دورا اساسيا في التخطيط والتطوير المهني، فما هي طبيعة هذه الادوار؟

قبل ام نتعرض الى طبيعة دور الفرد يجب ان نتفهم اولا مبدا الذاتية الكلية والذي يقول بان الفرد يستطيع ان يحقق بعض النجاح في العمل كما انه يستطيع ان يوجد نوعا من الترابط والتكامل بين طبيعة شخصيته وبين نجاحه في العمل في وظيفة ما اذا امتلك العناصر التالية:-

(١) اهدافا واضحة المعالم لا تتعارض مع بعضها البعض.

(٢) خطة محددة لتحقيق تلك الاهداف.

(٣) الاستمرارية بين خبراته السابقة والحالية والمستقبلية[٣٦].

ويلعب الفرد في ضوء ذلك العديد من الادوار من خلال القيام بمسؤولياته العملية والمهنية والعائلية مثل القيام بدور الرئيس، والمرؤوس، والزميل، والوالد .. الخ. وتتطلب هذه الادوار في مجموعها من الفرد ان يحاول بقدر الامكان ان يحقق نوعا من الترابط والتكامل بين جميع عناصر ذاتيته، ويساعده هذا التكامل على ان يلعب هذه الادوار المتعددة بنجاح وتحمل مسؤوليتها. ويساعد النجاح في تحديد عناصر الذاتية المتعددة وايجاد نوع من الترابط والتكامل فيما بينها، الفرد ليس فقط في تحقيق اهدافه المختلفة بل ايضا يساعده على القيام بادواره جديدة وتحمل مسؤوليات جسيمة. ويدعى هذا النجاح في ايجاد ترابط وتكامل بين عناصر الذاتية المختلفة بالنجاح النفسي (Psychological Success).

هذا النجاح النفسي هو احد أهم ما يجب ان يحققه الفرد اولا لضمان نجاح التخطيط والتطوير المهني المرغوب. كما ان هناك مسؤوليات اخرى يجب ان يتحملها الفرد عندما نتحدث عن دوره في التخطيط والتطوير المهني منها ما يلي:-

١) تكوين اتجاهات ايجابية تجاه العمل والمنظمة.
٢) استخدام كافة امكانياته ومهاراته باقصى طاقة ممكنة في العمل الحالي للحصول على المزيد من الخبرة والمهارة مما قد يؤهله لمهنة او وظيفة اخرى في مستوى اعلى في السلم الوظيفي في المنظمة.
٣) الاستمرار في تقييم جميع احتياجاته ورغباته واهدافه مع الاستفادة القصوى من جميع البرامج التدريبية والتنموية التي توفرها المنظمة.
٤) وضع اهداف محددة وذات طبيعة واقعية ومرحلية.
٥) الاستمار في تقييم ذاته وتقييم فرص العمل المتوفرة في المنظمة خاصة الفرص ذات المستويات العليا وقد يشمل ذلك في بعض الاحيان البحث عن بدائل للعمل خارج المنظمة[٣٧].

بدون شك فان هناك العديد من الفوائد التي قد تعود على الفرد، لو أدى بشكل جيد الدور المطلوب منه في التخطيط لتنمية ذاته وتطوير مستقبله المهني، ومنها ما يلي:-

- تفهمه الواقعي والموضوعي، لامكانياته، ولمستوى ادائه، ولاهدافه والتخطيط لكيفية تحقيقها.
- مساعدته في تغيير كل من اتجاهاته ونظراته السلبية الى دوره الشخصي في تحقيق مستقبله المهني، وبالتالي اكتساب نظرات ايجابية تجعله يشعر بانه يستطيع تغيير مستقبله المهني للافضل ان هو اراد ذلك.

تستدعي ولا شك هذه الفوائد ان يفكر الفرد جديا في التخطيط لتنمية ذاته وتطوير مستقبله المهني، ويكون التطوير افضل في الحالات الالية:-

(١) انبثاق الحافز للتطوير من داخل الفرد وليس بسبب قوى او مؤثرات خارجية.
(٢) وجود اهداف محددة وواقعية وواضحة المعالم.

(٣) ادراك الفرد ان هذا التطوير سوف يعود عليه بالفائدة وانه يسير في الاتجاه الصحيح، عندئذ يشعر بمزيد من الرضا والسعادة مما يعزز لديه الدافع للتخطيط والتطوير المهني.

(٤) الالتزام بالتخطيط والتطوير المهني.

(٥) حدوث التخطيط والتطوير بشكل تدريجي وبتوقيت منتظم[٣٨].

يمكن توضيح ما سبق ذكره بخصوص ورد الفرد في التخطيط والتطوير المهني بشكل تفصيلي من خلال الرسم التالي:-

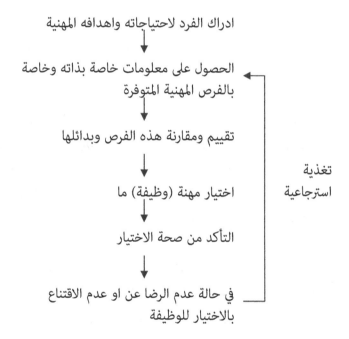

ادراك الفرد لاحتياجاته واهدافه المهنية

الحصول على معلومات خاصة بذاته وخاصة بالفرص المهنية المتوفرة

تقييم ومقارنة هذه الفرص وبدائلها

اختيار مهنة (وظيفة) ما

التأكد من صحة الاختيار

في حالة عدم الرضا عن او عدم الاقتناع بالاختيار للوظيفة

تغذية استرجاعية

شكل رقم (٩)
دور الفرد في التخطيط المهني

يتضمن هذا الرسم عدة عناصر اساسية هي ^(٣٩):

١) الامكانيات الذاتية مثل الخبرات، المهارات، والاهتمامات الشخصية.

٢) الاحتياجات المرتبطة بالعمل مثل: الشعور بالامان، والارتباط، والعلاقات مع الاخرين، والاستقلالية في العمل (Work Related Needs).

٣) القيم والمبادىء والاهداف الشخصية المختلفة (Value and Life goals).

٤) فرص العمل في الاسواق (Market Place Chances).

تمثل هذه العناصر الاربعة بالتريب الابعاد التالية للتخطيط والتطوير المهني:-

١- البعد التنموي (Development).

٢- البعد النفسي الاجتماعي (Psycho - Social).

٣- البعد الاجتماعي الاقتصادي (Social - Economic).

٤- البعد الاقتصادي (Economic).

نأتي الآن الى دور المنظمة الذي لا ينفصل عن دور الفرد في التخطيط والتطوير المهني. رغم انها مسؤولية مشتركة بين الطرفين، الا ان هناك بعض المسؤوليات الخاصة بالمنظمة منها ما يلي:-

١. توفير وظائف ديناميكية وذات مسؤوليات متعددة ومتغيرة.

٢. توفير العديد من البرامج التدريبية لتأهيل واعداد الفرد لوظائف اعلى في السلم الوظيفي.

٣. التقييم الدوري والمستمر لاداء الفرد للتعرف على امكانياته ومدى قدرته على النمو والتطوير ومدى قدرته على تحمله مسؤوليات اكبر في العمل.

٤. التأييد والدعم المستمر للفرد لاحداث التغيير المطلوب والملائم في النمط السلوكي الذي يؤهله للتقدم للامام في المنظمة.

٥. تشجيع الفرد بحيث يتولد داخله الدافع لتنمية ذاته والتخطيط لتطويـر مستقبله المهني ^(٤٠).

ويمكن تمثيل العلاقة والمسؤولية المشتركة بين الفرد والمنظمة في التخطيط والتطوير المهني من خلال الرسم التالي:-

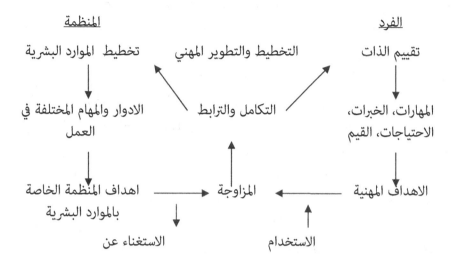

المنظمة
الفرد
تخطيط الموارد البشرية
التخطيط والتطوير المهني
تقييم الذات
الادوار والمهام المختلفة في العمل
التكامل والترابط
المهارات، الخبرات، الاحتياجات، القيم
اهداف المنظمة الخاصة بالموارد البشرية
المزاوجة
الاهداف المهنية
الاستغناء عن
الاستخدام

ان اهم عامل او عنصر في تلك المسؤولية المشتركة بين الفرد والمنظمة في التخطيط المهني هو عامل المزاوجة (Matching).

يشير هذا العامل الى التوافق بين احتياجات الفرد المهنية واحتياجات المنظمة وتتم المزاوجة باقرار المنظمة بان كل فرد عاقل يسعى من خلال تنمية ذاته الى الحصول على وظائف افضل ومسؤوليات اكبر تفتح له الطريق للتقدم الى الامام مهنيا. كما تتم المزاوجة بين الطفرين استنادا الى التوافق بين العوامل الشخصية الخاصة بالفرد مثل:- المهارات، والخبرات المختلفة، والادراك الذاتي، والانماط السلوكية. وبين العوامل الخارجية الخاصة بالمنظمة مثل: خصائص ومتطلبات العمل، والحرية في العمل، ونوعية الاشراف، ونظام الاجور والمرتبات.

ويستمر الفرد في العمل وفي التخطيط لتنمية ذاته مهنيا اذا تم التوافق المطلوب، وفي حالة عدم تحققه يبدأ الفرد في البحث عن عمل اخر في منظمة اخرى ولحدوث التوافق الامثل يجب ان يتوافر تفاهم مشترك بين الطرفين الفرد والمنظمة، على احتياجات كل منهما . وقد يترتب على عدم التوافق ان تفقد المنظمة جزء من الكفاءات المتوفرة لديها والتي يمكن ان

تكون افضل ما تمتلك المنظمة. لذا يجب على المنظمة ان تسعى جاهدة الى خلق وظائف وفرص عمل افضل مهنيا للعاملين بجانب معاونتهم على امتلاك واكتساب الخبرات والقدرات اللازمة والملائمة لهذه الوظائف والفرص من خلال العديد من برامج التدريب او التنمية وكذلك من خلال اعادة النظر فيما يسمى بالمسلك المهني. ودور الفرد في هذا كله دور اساسي، كما سبق واشرنا.

دور الحياة الهنية للعاملين (Employees Career Life Cycle) -:

في سياق ما سبق ذكره بخصوص مراحل اختيار مهنة ما، لا تنتهي مشكلة المستقبل المهني باختيار الفرد لمهنة ما حيث يمر الفرد فيما يسمى بدوره الحياة المهنية التي تبين لنا لماذا يسعى بعض العاملين الى تخطيط وتطوير مستقبلهم المهني. تشبه هذه الفكرة ما يسمى بدورة حياة السلعة في مجال التسويق حيث يسعى اداري التسويق الى التخطيط لتطوير السلعة بحيث يستطيع المنافسة في الاسواق.

الرسم التالي يوضح لنا ماذا تعني دورة الحياة المهنية:-

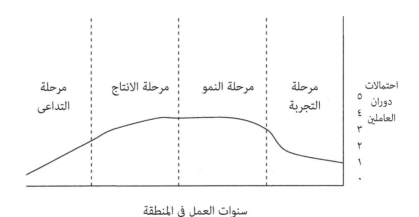

شكل رقم (١١)
دورة الحياة المهنية

تمثل كل مرحلة من المراحل الاربعة نقطة تحول جديدة في حياة الفرد الوظيفية والمهنية وعلاقتها بالاحتمالات دوران العمل[٤١].

١) مرحلة التجربة:-

يبدأ الفرد في هذه المرحلة في العمل في منظمة ما بعد اختياره لمهنة ما. كما يقوم الفرد في هذه المرحلة بعملية تقييم لما تقدمه له المنظمة من فرص مستقبل مهني. ويرتبط هذا الاختيار بمدى قناعة الفرد بقدراته على اشباع احتياجاته ورغباته المهنية من خلال العمل في هذه الوظيفة، ويزيد عدم القدرة على اشباع تلك الرغبات من فرص دوران العمل اي البحث عن عمل اخر في منظمة اخرى. كما تقوم المنظمة ايضا من جانبها في تلك المرحلة بتقييم ما يستطيع الفرد تقديمه من خدمات او مدى مساهمته بامكانياته وقدراته في تحقيق اهدافها من خلال تحمله للمسؤوليات والصلاحيات والقيام باعباء العمل. وتحدد نتيجة التقييم من قبل المنظمة الابقاء على او الاستغناء عن الفرد.

٢) مرحلة النمو:-

يتم في هذه المرحلة اعداد الفرد، بعد القرار بالابقاء عليه، ليتولى مهام ومسؤوليات منصب او دور محدد في المنظمة. كما توفر المنظمة في هذه المرحلة العديد من البرامج التدريبية والتنموية لغايات رفع مستوى اداء العاملين وتحسين انتاجياتهم وزيادة خبراتهم، وتنمية مهاراتهم، وامكانياتهم بحيث يكونوا قادرين على تحمل مهام ومسؤوليات اكثر اهمية، ويستطيع الفرد في هذه المرحلة بشيء من الدقة ان يحدد ان كان يمتلك المقدرة ويستطيع التقدم الى الامام في السلم الوظيفي للمنظمة اذا اعطيت او سنحت له الفرصة.

٣) مرحلة الانتاجية:-

يساهم الفرد في هذه المرحلة مساهمة فعالة في تنفيذ اهداف المنظمة من خلال المشاركة في تحمل مسؤوليات وصلاحيات عديدة. كما يتحدد في هذه المرحلة مستقبل الفرد المهني ذلك لان معالم مركزه الاداري في المنظمة بدأت تتضح بشكل افضل. ويصل مستوى الاداء في هذه المرحلة الى اعلى مستوى له نتيجة لارتفاع مستوى الخبرة والمهارة في العمل وزدياد الدافعية للعمل كما تزداد ايضا ضغوط العمل المتعددة.

٤) **مرحلة التداعي:-**

تمثل هذه المرحلة السنوات الاخيرة في حياة الفرد المهنية. تسمى هذه المرحلة مرحلة التداعي ليس بسبب انخفاض مستوى الاداء ولكن لان الفرد يكون قد وصل الى افضل مركز له في السلم الوظيفي للمنظمة. ويضعف في بعض الاحيان في هذه المرحلة الشعور بالالتزام تجاه المنظمة واهدافها حيث يبدأ الفرد في البحث عن مجالات اهتمام اخرى خارج المنظمة. كما وان طبيعة العمل لا تخضع في معظم الاحيان لتغيير جذري مما يولد الشعور بالضيق والملل وهو شعور كثير الحدوث بين معظم اولئك الذين وصلوا الى تلك المرحلة[٤٢].

خصائص التخطيط المهني:-

لكي ينفذ التخطيط والتطوير المهني بنجاح يجب ان تتوافر فيه الخصائص التالية:-

١- المرونة والسرعة في العمل والتنفيذ.

٢- توفر اهداف محددة يسعى الفرد الى تحقيقها وكيفية تحقيقها.

٣- ترجمة الاهداف الى اعمال، والاعمال هي همزة الوصل بين الاستراتيجية لتحقيق الاهداف والمقدرة الفعلية المتوافرة للفرد لتحقيق الاهداف.

٤- التركيز على الاهداف وليس على الادوار، حيث ان الادوار هي الطريق او الوسيلة لتحقيق الاهداف. والاهداف ثابتة ومستقبلية في حين ان الادوار متغيرة.

٥- الاستعدادات لتحمل درجة من المخاطرة. يعتمد هذا على الخبرات السابقة لدى الفرد، ومدى الثقة في النفس والقدرة على تقييم المخاطرة وكيفية مواجهتها. ويؤثر هذا الاستعداد على نوعية الاهداف في التخطيط والتطوير المهني.

٦- حل الصراع الذي قد ينشأ من توافر العديد من الفرص المهنية.

٧- ان التحلي بنظرة واقعية للامور والى امكانيات الفرد وحدوده الواقعية يعتبر اساسا مهما من اسس التخطيط الناجح الفعال.

٨- وجود نظرة شمولية مبدعة لواقع الحياة. فالحياة مختبر تجارب يكتسب الفرد فيها عدة مهارات وخبرات، كما يتعلم فيه كيفية مواجهة مواقف جديدة مختلفة لذا يجب ان تكون نظرة الفرد لمستقبله المهني نظرة شمولية ليست محددة في مهنة واحدة.

٩- الاحساس الشخصي بالالتزام والمسؤولية[٤٣].

اسئلة للمناقشة:-

اجب عن الاسئلة التالية:-

١) عرف تخطيط الموارد البشرية مبينا اهميته للمنظمة.

٢) اشرح العوامل البيئية الداخلية والخارجية التي تؤثر في تخطيط الموارد البشرية؟

٣) ناقش خطوات (مراحل) تخطيط الموارد البشرية مبينا العلاقة بينهما.

٤) ما هي المعوقات الاساسية التي تؤدي الى فشل تخطيط الموارد البشرية؟

٥) ما هي في رايك طبيعة العلاقة بين تخطيط الموارد البشرية وبين وظائف ادارة الموارد البشرية الاخرى؟.

٦) عدد الطرق الكمية والوصفية المستخدمة في تحديد احتياجات المنظمة من الموارد البشرية وقارن بينها من حيث المزايا والمحاذير لكل منها؟.

٧) ما هي العلاقة بين تخطيط الموارد البشرية والتخطيط المهني للعاملين؟.

٨) ما هي القيم المهنية التي تؤثر في قرار الشخص بالعمل في منظمة ما وما هو دوره في تطوير مستقبله المهني؟.

٩) اشرح العلاقة بين دورة الحياة المهنية واشباع الشخص لرغباته المهنية؟.

١٠) ما هو في رأيك دور المنظمة في اشباع رغبات العاملين المهنية؟.

١١) احصل على خطة للموارد البشرية في احدى مؤسسات القطاع العام او الخاص وقيم تلك الخطة في ضوء المبادىء التي ارساها هذا الفصل؟.

حالة ادارية
تناقص اعداد الطلاب بالجامعة الوطنية
للدراسات التكنولوجية

الجامعة الوطنية للدراسات التكنولوجية جامعة مشهود لها بالتميز منذ عدة سنوات. وقد شجعت سمعتها الممتازة في العقدين الاخيرين الطلاب على الاقبال على الدراسة بها.

لكن الاحوال في السنتين الاخيرتين تبدلت، واصبحت مدعاة للقلق والمراجعة من قبل المسؤولين بالجامعة. فتدني الاحوال الاقتصادية في البلد، او ارتفاع الرسوم الجامعية ادى الى عدم اقبال الطلاب على الدراسة بالجامعة، والى ظهور عجز في ميزانيتها، مما دفع الدولة الى دعم ميزانية الجامعة. وعندما ازدادت الاحوال الاقتصادية سوءا فان الدولة قلصت من دعمها لميزانية الجامعة. ونتيجة لهذه الاحوال جميعا ونظراً لانخفاض رسوم الدراسة الجامعية في البلاد المجاورة وسفر الطلاب للدراسة بها، فان الدراسات اشارت الى احتمال ازدياد تقلص اعداد الطلبة الملتحقين بالجامعة، مع وجود فائض في اعداد أعضاء الهيئة التدريسية والادارية بها.

استعان رئيس الجامعة بمستشار خارجي لدراسة احوال الجامعة وتقديم توصيات تعين الجامعة على الخروج من ازمتها وقد دعمت دراسة المستشار التنبؤ بتناقض اعداد الطلاب في المستقبل. وجاء في توصياته ما يلي:-

"اقترح، لكي تواجه الجامعة العجز في ميزانيتها ايقاف التعيينات في أعضاء الهيئة التدريسية والادارية في الخمس سنوات القادمة. كذلك اقترح ان تشكل الجامعة لجنة تقوم بدراسة المناهج والخطط الدراسية بالجامعة واقتراح تخصصات جديدة تتناسب والظروف المتغيرة في المجتمع".

اسئلة للمناقشة:-

١) لو كنت احد المسؤولين في الجامعة الوطنية للدراسات التكنولوجية فهل توافق على اقتراح المستشار بوقف التعيينات في الجامعة؟ ما نتائج تطبيق هذا الاقتراح؟

٢) ماذا تقترح من تخصصات جديدة تعين الجامعة على مواجهة ظروف المجتمع المتغيرة؟.

الهوامش

1- John Bramhem. **Practical Manpower Planning**. Institute of Personnel Management, London 1978. P. 10.

2- Dale Beach, **Personnel – The Management of People at Work**. Macmillan Publishing Company, 1980, P. 108.

3- Thomas Patten. **Manpower Planning and the Development of Human Resources**. John Wiley, 1971, P. 52.

4- Donald Schuler. **Personnel and Human Resource Management**. West Publishing Company, 1981, PP. 69 – 70.

5- E. Vetter. **Manpower Planning for Right Talent Personal**. Bureau of Industrial Relations, University of Michigan, 1967, P. 15.

6- Beach, **OP. Cit.**, PP. 184 – 185.

7- Schuler, **Op. Cit.**, PP. 69 – 70.

٨- مهدي زويلف. **تخطيط الموارد العاملة بين النظرية والتطبيق**. دار الرسالة للطباعة، بغداد، ١٩٨٠ ص

9- James Walker. **Human Resources Planning** McGraw-Hill 1980.
Also Janes Robert "Effective Planning Strategies",
Human Resources Planning Journal, V.3 (1980), PP. 1-10.

10- W. Glueck, **Personnel**. Business Publishing Inc. 1982, PP. 85 – 86.

11- Patten, **Op. Cit.**, P. 62.

١٢- علي السلمي – **ادارة الافراد لرفع الكفاية الانتاجية** – دار المعارف – القاهرة، ١٩٧٠ ، ص ٧٥.

١٣- احمد صقر عاشور – **ادارة الموارد العاملة**. دار النهضة العربية للطباعة، بيروت، ١٩٨٣، ص ٢٨٧.

١٤- مهدي زويلف. **المصدر السابق**، ص ١٢٧ – ١٣٢.

١٥- **المصدر السابق**.

١٦- المصدر السابق. وكذلك مهدي زويلف. **ادارة الافراد والعلاقات الصناعية**، مطبعة الجامعة – بغداد – ١٩٧٧، ص ٧٢.

١٧- زهير الصباغ " التسرب بين العاملين وانعكاساته الادارية – حالة واقعية" **مجلة الادارة العامة**، العدد ٣٨، يوليو ١٩٨٣، ص ١٥٠ – ١٦٦.

18- Clucek, **Op. Cit.** P. 187.

١٩- مهدي زويلف – **المصدر السابق**، ص ١٥٨ – ١٥٩ وكذلك احمد عاشور المصدر السابق ص ٢٧١ – ٢٧٢.

20- David Cherrington. **Personnel Management**. Brown Company Publisher, 1983. PP. 141-142.

وكذلك حنفي سليمان. **الافراد** – دار الجامعات المصرية – الاسكندرية ص ١٩٨، ١٩٩.

21- B.J. Bartholomen. **Manpower and Management**, The English University Press, 1970. P. 69 Cherrington, OP. Cit., PP. 138-139.

22- Cherrington, **OP. Cit.**, P. 138 – 139.

23- Patten, **OP. Cit.**, P. 120.

24- Walker. **Op. Cit**, P. 286.

25- G. Milkovich and A. Annoni, The Use of Delfi Procedures in Manpower Forecasting, **Management Science**, December, 1972, PP. 381-388.

26- Glucek, **OP. Cit.**, P. 92.

27- Patten, **OP. Cit.**, P. 241-242.

28- **Ibid**, P. 243.

29- Bramhem, **Op. Cit.**, P. 77.

30- Glueck, **Op. Cit.**, P. 188-190.

31- Glueck, **Op. Cit.**, P. 262.

32- R. Barkhouse "Career Development: Whose Responsibility., **SAM: advanced Management, Journal**, (Summer 1978, PP. 51-57).

33- A. Sauerwine, "Career Strategies: Planning for Personal Growth', **Management Review**, (June 1974), PP. 55-60.

34- E. Ginzberg, **The Development of Human Resources**, McGraw-Hill 1966, P. 48.

٣٥- المصدر السابق ص ٤٩.

36- D. Bown, "Career Planning for Employee Development, **California Management Review**, (Winter, 1977) PP, 23-35.

٣٧- المصدر السابق.

38- A. Souer Wine, "Career Strategies: Planning for Personal Growth Why Develop a Career Strategy, Management Review, (May 1977), PP. 24-28.

39- L. Ginsburg, "Career Planning: Help Organization Grow, Supervisory Management, (June, 1977), PP. 9-16.

40- J. Plin "Issues and Problems in Developing Managerial Career and Potentials, Business Quarterly, (Summer, 1978), PP. 22- 29.

٤١- نفس المصدر السابق.

٤٢- نفس المصدر السابق.

43- Souer Wine, **OP. Cit.**, PP. 55-59.

الفصل السابع

تزويد المنظمة بالموارد البشرية (التوظيف)

أهداف الفصل:

يتوقع ان يتمكن الدارس من تحقيق الاهداف التالية بعد دراسته لهذا الفصل والتفاعل مع نشاطاته:

١-   التعرف الى اهمية التوظيف كنشاط اساسي في ادارة الموارد البشرية.

٢-   تفهم العلاقة بين الفرد والمنظمة فيما يختص بالاعلان واستقطاب الافراد للعمل.

٣-   التعرف الى مصادر استقطاب وجذب الافراد للعمل في المنظمة.

٤-   دراسة مراحل وطرق الاختيار المتبعة في اختيار المؤهلين للعمل.

٥-   دراسة اسلوب المقابلة وأنماطها المختلفة لاختيار المؤهلين للعمل.

٦-   التعرف الى طرق الاختيار المختلفة والتأكد من صدقها وثباتها الاحصائي.

٧-   تقييم طرق الاختيار المختلفة للتعرف على مدى فعاليتها في تعبئة الشواغر.

٨-   ادراك اهمية التأهيل للموظف الجديد وانعكاساته على الاداء.

تزويد التنظيم بالموارد البشرية المطلوبة
(التوظيف)

ذكر في الفصل السابق بأن تخطيط الموارد البشرية يسعى الى تحديد احتياجات المنظمة من الموارد البشرية، كما ونوعا، حاليا ومستقبلا. ويتم امداد المنظمة بتلك الاحتياجات من خلال عملية التوظيف التي تهدف في التحليل النهائي الى توفير الموارد البشرية المؤهلة لمساعدة المنظمة في الوصول الى تحقيق اهدافها. من هنا تعتبر عملية التوظيف من العمليات الادارية الاساسية والحيوية في مجال ادارة الموارد البشرية. وتشمل تلك الوظيفة ثلاثة مراحل اساسية هي:

١- الاستقطاب Recruitment

٢- الاختيار Selection

٣- التعيين Employment

تشتمل عملية التوظيف على عدة مراحل يمكن توضيحها تفصيلياً في الشكل التالي:

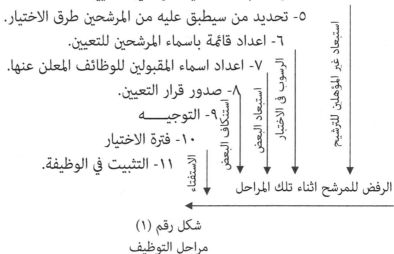

١- تحديد الاحتياجات من الموارد البشرية، كما ونوعا.
٢- الاعلان والترغيب.
٣- تلقى الطلبات من المتقدمين.
٤- فحص الطلبات وتحديد المرشحين للتعيين.
٥- تحديد من سيطبق عليه من المرشحين طرق الاختيار.
٦- اعداد قائمة باسماء المرشحين للتعيين.
٧- اعداد اسماء المقبولين للوظائف المعلن عنها.
٨- صدور قرار التعيين.
٩- التوجيـــــه
١٠- فترة الاختيار
١١- التثبيت في الوظيفة.

استبعاد غير المؤهلين للترشيح
الرسوب في الاختبار
استبعاد البعض
استنكاف البعض
الاستغناء

الرفض للمرشح اثناء تلك المراحل

شكل رقم (١)
مراحل التوظيف

يمكن تعريف التوظيف بأنه العملية الادارية التي تقتضي من المنظمة الاعلان عن وترغيب الموارد البشرية المؤهلة للعمل في المنظمة ثم اختيار وتعيين افضل العناصر المتقدمة للعمل، اسهاما في تحقيق اهدافها. [١]

وللتوظيف اهداف تتمثل فيما يلي:

١- تحقيق الكفاءة والفعالية في استخدام الموارد البشرية في المنظمة.
٢- تطوير قدرات العاملين في المنظمة ومهاراتهم.
٣- اشباع حاجات العاملين الشخصية وربط ذلك بتحقيق اهداف المنظمة.
٤- الوصول الى الحد الاقصى من مساهمة العاملين في تحقيق اهداف المنظمة. [٢]

مراحل التوظيف: (Process of Staffing)

قبل البدء في مناقشة مراحل التوظيف طبقا للشكل السابق يجب ان نذكر بأن عملية التوظيف تقتضي من البداية تحليل كافة الوظائف التي تسعى المنظمة الى اشغالها، بحيث يتم بناء على هذا التحليل تحديد متطلبات ومؤهلات من سوف يشغل تلك الوظائف، وكذلك تحديد وصف لها، ويتم الاعلان والترغيب فيما بعد في ضوء تحليل الوظائف (Job Analysis) .

أولاً: الاعلان والاستقطاب (Recruitment) :

بعد ان يتم تحديد احتياجات المنظمة من الموارد البشرية كما ونوعا وفي ضوء نتائج تحليل الوظائف (Job Analysis) تبدأ عملية التوظيف لتوفير تلك الموارد البشرية. الخطوة الاولى في مرحلة التوظيف الفعلية هي الاعلان عن الوظائف الشاغرة وترغيب من تنطبق عليهم شروط الاعلان للتقدم بطلب للعمل في المنظمة. من هذا المنطلق يمكن تعريف الاعلان والاستقطاب بانه مجموعة من الانشطة تسعى الى جذب الافراد المؤهلين للعمل في المنظمة لاشباع رغبات الطرفين.[٣]

ويمكن النظر الى مرحلة الاعلان والاستقطاب على انها ذات علاقة مشتركة بين كل من المنظمة والفرد المتقدم بطلب للعمل، بحيث يسعى كل طرف الى اشباع رغباته وتحقيق اهدافه من خلال الاستعانة بالطرف الاخر. فالمنظمة تبحث عن فرد او افراد مؤهلين للعمل لتحقيق اهدافها وذلك بالاستعانة بجهود هؤلاء الافراد وادائهم واستخدامها لكافة قدراتهم. كما يسعى الفرد الى الحصول على وظيفة في منظمة ما لاشباع حاجاته المتعددة التي يمكن النظر اليها في ضوء سلم الحاجات لابراهام مازلو (Abraham Maslow) المتمثل في الحاجات الاساسية، والحاجة إلى الامان، والحاجة الى الانتماء والحاجة الى تقدير الذات، والحاجة الى تحقيق الذات.

هذا ويمكن تمثيل تلك العلاقة في الشكل التالي [٤]:

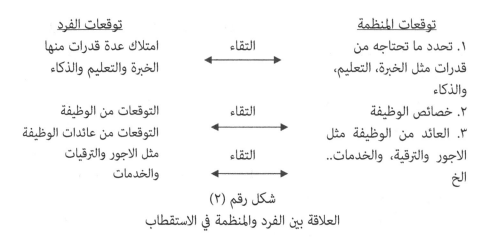

توقعات المنظمة		توقعات الفرد
١. تحدد ما تحتاجه من قدرات مثل الخبرة، التعليم، والذكاء	التقاء ↔	امتلاك عدة قدرات منها الخبرة والتعليم والذكاء
٢. خصائص الوظيفة	التقاء ↔	التوقعات من الوظيفة
٣. العائد من الوظيفة مثل الاجور والترقية، والخدمات.. الخ	التقاء ↔	التوقعات من عائدات الوظيفة مثل الاجور والترقيات والخدمات

شكل رقم (٢)
العلاقة بين الفرد والمنظمة في الاستقطاب

وفي حالة حدوث الالتقاء في التوقعات يكون من السهل ترغيب الافراد المؤهلين ومن ثم اختيارهم وتعيينهم كذلك يمكن النظر الى الاعلان والاستقطاب على انه مرحلة تمد المنظمة بمجموعة من المتقدمين للعمل لاختيار الملائم منهم للعمل في المنظمة في ضوء احتياجاتها.

اهداف الاعلان والاستقطاب:

يتمثل الهدف الأساسي من الاعلان والاستقطاب في امداد المنظمة بمجموعة من المرشحين لاختيار الافضل منهم، وثمة اهداف اخرى اهمها:

١- زيادة فرص النجاح في اختيار افضل المرشحين للعمل من خلال تخفيض عدد المتقدمين غير المؤهلين او الذين تفوق مؤهلاتهم متطلبات الوظيفة.
٢- المساهمة في تقليل احتمال ترك الفرد للمنظمة بعد اختياره بفترة وجيزة.
٣- المساهمة في تقييم وتحديد مدى فاعلية سياسة الاعلان والاستقطاب لكافة الوظائف.
٤- تحديد احتياجات الاعلان والاستقطاب حاليا ومستقبلا في ضوء نتائج تخطيط الموارد البشرية وتحليل الوظائف. (٥)

مصادر الاعلان والاستقطاب:

من الافضل ان يزداد عدد الراغبين في شغل الوظائف الشاغرة بحيث تزداد فرصة اختيار انسب الافراد لتلك الوظائف الشاغرة. وفي حالة تساوي عدد الراغبين في شغل تلك الوظائف مع عدد الوظائف الشاغرة عندئذ ينعدم مبدأ الاختيار من اساسه. السؤال الآن ما

هي مصادر الموارد البشرية التي يتم البحث فيها، عن احتياجات المنظمة من موارد بشرية، من خلال الاعلان والاستقطاب؟

يمكن تقسيم تلك المصادر الى فئتين اساسيتين:

١- المصادر الداخلية (Internal Recruiting) .

٢- المصادر الخارجية (External Recruiting) .

١- المصادر الداخلية:

ويقصد بها الاعتماد على الموارد البشرية داخل المنظمة للاعلان عن الوظائف الشاغرة وترغيب العاملين فيها للتقديم لتلك الشواغر، اي ان المنظمة تعتمد في الاساس عند ملء الوظائف الشاغرة على العاملين بها الذين تتوافر فيهم متطلبات الوظيفة ومؤهلات الاشخاص المطلوبة وتستخدم في هذا النوع من المصادر طريقتان اساسيتان:

أ- الترقية من الداخل:

ونعني بها ترقية احد العاملين الى الوظيفة الشاغرة، والتي تعلو عادة الوظيفة التي يشغلها الفرد، وفي حالة عدم استطاعة ترقية فرد ملائم لتلك الوظيفة عندئذ قد ينقل فرد من وظيفة الى اخرى.

ب- الاعلان والتنافس: (Job Posting and Bidding)

في حالة استخدام اسلوب الترقية لملء الوظائف الشاغرة عندئذ يمكن الاعتماد على الاعلان داخليا، عن طريق لوحة الاعلانات، بوجود وظائف شاغرة مع تحديد متطلبات ومؤهلات تلك الوظائف، واعطاء الفرصة لكل من يعتقد انه مؤهل ان يتقدم بطلب مع توضيح المعايير والأسس التي سوف تعتمد في عملية الاختيار يجب في هذه الحالة اعلام العاملين بالفرد أو الافراد الذين تم اختيارهم مما يساعد على ان يسود الشعور بالعدالة والموضوعية في الاختيار بين العاملين.[٦]

ويتطلب الاعتماد على المصادر الداخلية وجود نظام معلومات دقيقة عن الموارد البشرية، لحصر الكفاءات الموجودة داخل المنظمة كما ونوعا للاستفادة منها مستقبلا، وكلما دعت الحاجة.

مزايا استخدام المصادر الداخلية في الاستقطاب والاعلان:

للمصادر الداخلية في الاستقطاب والاعلان مزايا:

١- توفير اسباب الترقية والترفيع واستقرار العاملين في المنظمة.

٢- تحقيق اخلاص وولاء العاملين للمنظمة ومساهمتهم في تحقيق اهدافها.

٣- ازالة ما قد يشيع في نفوس العاملين من عدم الرضا عن الوظيفة الحالية، ورفع الروح المعنوية لديهم.

٤- تخفيض التكاليف المالية المترتبة على اجراءات جذب موارد بشرية من خارج المنظمة.

٥- المحافظة على سرية العمل داخل المنظمة.

٦- توفير فرص التدريب لبعض العاملين، مما يرفع كفاءة واداء العاملين فاعليته.

محاذير استخدام المصادر الداخلية في الاستقطاب والاعلان:

١- حجب الافكار والاساليب الجديدة التي يمكن ان تحصل عليها المنظمة لو انها عينت افرادا من الخارج لملء الوظائف الشاغرة.

٢- اصابة الروح المعنوية بالانتكاس نتيجة لما قد يترتب عن سوء اختيار افراد في عملية ترقيتهم الى منصب شاغر.

٣- قلة عدد الافراد الذين تجري المفاضلة بينهم.[٧]

والواقع انه يجب على المنظمة ان تحدد فلسفتها وسياستها الخاصة بالبحث عن وترغيب الاشخاص المؤهلين ومدى اعتمادها على المصادر الداخلية او الخارجية في جذب افضل العناصر، ويكاد الباحثون يجمعون على ان السياسة المفضلة هي البحث اولا داخل المنظمة عن تلك العناصر وفي حالة عجز هذا المصدر فانه يستحسن البحث عن المصادر الخارجية.

٢- المصادر الخارجية:

قد تلجأ المنظمة الى ملء الوظائف الشاغرة من المصادر الخارجية.

واهم المصادر الخارجية ما يلي:

١- الطلبات الشخصية.

٢-	الاعلان من خلال وسائل الاعلام والاعلان المختلفة.
٣-	الجامعات والكليات والمعاهد المختلفة.
٤-	مكاتب التوظيف او وكالات الاستخدام.
٥-	نقابات العمال والمؤسسات المهنية.
٦-	توصيات العاملين في المنظمة:

مزايا استخدام هذه المصادر:

لهذا المصدر مزايا منها:

١-	الاستعانة بخبرات وافكار واساليب عمل جديدة نتيجة جذب دماء جديدة للمنظمة.
٢-	احداث تغيير في المنظمة.
٣-	احتمال عدم احداث تغيير في الهيكل التنظيمي الحالي.

محاذير استخدام هذه المصادر:

كذلك فان لهذا المصدر محاذير، منها:

١-	حاجة الفرد المعين من مصدر خارجي لفترة زمنية للتكيف مع اوضاع المنظمة.
٢-	تحميل المنظمة تكاليف تدريب العاملين الجدد وتهيئتهم للعمل.
٣-	نشر الشعور بعدم الرضا بين العاملين خاصة المؤهلين للترقية.
٤-	عدم القدرة على التنبؤ بدرجة جيدة بمدى ملائمة الفرد لكل من الوظيفة والمنظمة.[٨]

ومما لا شك فيه ان عملية الاعلان والاستقطاب تكلف المنظمة جهدا ومالا باهظين، ولذا يجب التأكد من عائدات هذه الكلفة. اي التأكد من ان المنظمة قد نجحت في الحصول على احتياجاتها من الموارد البشرية المطلوبة ويتطلب هذا بالتالي تقييم عملية الاعلان والاستقطاب من وقت الى اخر للتأكد من فعاليتها وتخفيض الكلفة ان امكن.

ويمكن ان تشمل عملية التقييم الاجابة على الاسئلة التالية:

١- هل كانت نسب المتقدمين لشغل الوظائف نسبا مقبولة؟

فعلى سبيل المثال اذا كانت المنظمة في حاجة الى ٣٦ موظفا جديدا وكانت نسبة المتقدمين للوظيفة (٦) الى (١) في هذه الحالة تحتاج المنظمة الى مقابلة ٢١٦ شخص.

لكن اذا كانت النسبة (٤) الى (١) عندئذ تحتاج المنظمة الى مقابلة ١٤٤ شخص مما يخفض الكلفة بدون شك.

٢- هل كان استخدام وسائل الاعلان فعالا، في حث وترغيب المؤهلين للتقدم للوظائف الشاغرة؟

٣- هل ساعدت اجراءات جمع وحفظ المعلومات عن المرشحين على الرجوع اليها عند الحاجة الى موظفين لملء شواغر في المستقبل؟

٤- هل اعتمدت معايير واسس فعالة لتصفية الطلبات في البداية للتخلص من غير المؤهلين والاحتفاظ بالمرشحين المؤهلين؟

٥- ما الانطباع عن المنظمة الذي يسود اسواق العمالة عامة ومن الباحثين عن عمل خاص، هل يساعد هذا الانطباع على جذب الاشخاص المؤهلين للعمل في المنظمة أم لا؟ [٩]

الاستقطاب الالكتروني (E. Recruiting) :

تزايد خلال الأعوام السابقة الإعلان عن الوظائف الشاغرة ومحاولة استقطاب أفضل العناصر البشرية من خلال استخدام الانترنت. يعود ذلك إلى تدني تكلفته مقارنة بالوسائل الأخرى التقليدية هذا بجانب إطلاع عدد أكثر من الأشخاص على تلك الإعلانات عن الشواغر وفي أوقات مختلفة على مدار اليوم. كما يمكن للأفراد الإطلاع على كافة المعلومات التفصيلية، التي قد لا تنشر في وسائل الإعلان التقليدية بسبب تكلفتها، الخاصة بالشركة من حيث طبيعة أعمالها، استراتيجيتها، خدماتها، أسواقها.. الخ، هذا بجانب المعلومات الخاصة بالوظيفة من حيث مواصفاتها ومتطلباتها والمزايا الوظيفية والرواتب وخلافه، وذلك لفترات زمنية طويلة وليس لعدة أيام كما هو الحال في الصحف مثلا. يتيح هذا الوضع للفرد المتقدم لشغل الوظيفة بأن يكون على علم مسبق بكافة التفاصيل، وبالتالي يقرر التقدم أو عدم التقدم مما يوفر الوقت والجهد على الشركة، وفي الغالب لا يتقدم إلا من يعتقد أن شروط الوظيفة تنطبق عليه ويستطيع أن يكون عضو فاعل في الشركة. بالتالي يمكن للشركة استقطاب مجموعة من أفضل العناصر مما يتيح لها الفرصة لاختيارأفضل المتقدمين من بين هذه المجموعة ، هذا بجانب أن الشخص المتقدم يستطيع أن يقوم بتعبئة طلب

الوظيفة على الإنترنت، ويرسل كافة أوراقه ومستنداته بالبريد الإلكتروني، الأمر الذي ليس فقط يخفض من التكلفة، ولكن أيضا يزيد من فاعلية عملية الاستقطاب والاختيار.

نموذج لاعلان عن وظيفة شاغرة

اسم الوظيفة: رئيس قسم شؤون الموظفين.

مؤهلات الوظيفة: ١) بكالوريوس ادارة مع ١٠ سنوات خبرة في العمل الاداري أو ماجستير ادارة مع اربع سنوات خبرة في العمل الاداري

٢) معرفة اللغة الانجليزية.

واجبات الوظيفة: ١) ادارة قسم شؤون الموظفين.

٢) رسم السياسة الخاصة بالتدريب والاجور والتوظيف في المنظمة.

٣) الاشراف على تطبيق الاجراءات بتأهيل الموظفين الجدد.

٤) وضع نظام لتخطيط الموارد البشرية في المنظمة.

الراتـــب : ٤٠٠ دينار اردني في الشهر مع مزايا اضافية مثل التأمين الصحي الشامل، والتأمين على الحياة.

تقدم الطلبات إلى : الادارة العامة ص. ب ( )

ثانياً: الاختيار (Selection)

يعتبر الاختيار مرحلة فرعية اساسية في عملية التوظيف، والهدف الاساسي منها امداد المنظمة باحتياجاتها من الموارد البشرية ومن ثم الوصول الى اعلى انتاجية ممكنة بحيث يساعد ذلك المنظمة على تحقيق اهدافها.

بالتالي فان حسن اختيار وتوزيع الموارد البشرية داخل المنظمة، ووضع الانسان المناسب فيها في المكان المناسب، كل حسب قدرته وامكاناته ينعكس ايجابيا على اداء كل من العاملين والمنظمة. ومن هنا فان عملية الاختيار تحظى بعناية واهتمام فائقين من قبل المنظمة لما قد يترتب على الاختيار الخطأ من سلبيات. ويتحقق الاختيار الخطأ في حالة اختيار شخص تقل قدرته عن واجبات وظيفة معينة او اختيار شخص تفوق قدرته واجبات تلك الوظيفة.

ما هو الاختيار؟

هو عملية انتقاء اشخاص مؤهلين، من بين مجموعة مرشحين، قادرين على القيام باعباء الوظيفة. وينطوي هذا التعريف على مفهومي الفاعلية والكفاءة في عملية الاختيار لما في ذلك من احتمالات الفشل أو النجاح.[١٠]

أهداف الاختيار:

للاختيار اهداف أهمها:

١- اختيار افضل الاشخاص المؤهلين للوظيفة الشاغرة في ضوء مصلحة المنظمة ومؤهلات الفرد وحاجاته.

٢- التأكد من ان الشخص المختار سيؤدي العمل المطلوب منه باتقان.

٣- مراعاة ان يتم الاختيار في ضوء خصائص ووضعية كل من الفرد والمنظمة والوظيفة، وفي ضوء الاعتبارات البيئية التي تحيط بالمنظمة.[١١]

قبل البدء في عملية الاختيار ولكي يتحقق الهدف الأساسي من الاختيار والسابق ذكره يجب على المنظمة ممثلة في ادارة الموارد البشرية ان تدرك طبيعة سوق العمالة وان تقوم بدراسته من خلال استخدام ما يسمى نسبة الاختيار (Selection Ratio) والذي يمكن تمثيله في المعادلة التالية:

$$\text{نسبة الاختيار} = \frac{\text{عدد المرشحين الذين تم اختيارهم}}{\text{عدد المرشحين المتقدمين للاختيار}}$$

اذا كانت النسبة ١ : ١ عندئذ تكون عملية الاختيار غير سليمة واحتمال الخطأ في الاختيار كبير. لكن اذا كانت النسبة ١ : ٢٠ عندئذ هناك امكانية كبيرة لاختيار افضل المتقدمين للوظيفة. ويتم التأكد من نسبة الاختيار الذي يؤثر على عملية الاختيار من خلال دراسة اسواق العمالة ومن ثم معرفة نوعية وعدد الاشخاص المتوفرين في الاسواق والباحثين عن فرص عمل وهل تعاني تلك الاسواق من ارتفاع او انخفاض نسبة (معدل) البطالة؟

عناصر عملية الاختيار:

١- تحديد اهداف المنظمة.

٢- تصميم الوظيفة وتحديد مسؤولياتها وواجباتها، والانشطة وكذلك تحديد نوعية العمل الذي سيقوم به الفرد.

٣- تحديد معايير الاداء الفعال ومستوى الاداء المطلوب وكيفية قياسه.

٤- تحليل الوظيفة وتحديد مؤهلاتها ومتطلباتها من خبرة وتعليم ومهارة ترتبط بالاداء الفعال.

٥- اختيار اساليب (وسائل) الاختيار التي تحدد ما اذا كان الفرد يمتلك المؤهلات المطلوبة ومعايير اختيار هذا الفرد المؤهل للوظيفة.[١٥]

في ضوء العنصر الاخير والخاص بالمعايير (الاسس) التي يتم على اساسها الاختيار، تحاول جميع اساليب الاختيار، التي سيرد ذكرها بعد قليل، الكشف ومن ثم التعرف على المميزات الشخصية للمرشح وقياسها ومقارنتها مع المميزات الشخصية في ضوء متطلبات الوظيفة الشاغرة. والواقع ان امتلاك الفرد لمعايير معينة يجب ان يساعده على اداء معين او تحقيق معدل انتاجية معين. ويتم تحديد تلك المعايير في الاساس من خلال تحليل الوظائف.

فيما يلي سرد لتلك المعايير (الأسس) التي يعتمد عليها في عملية الاختيار:

١- المهارة.

٢- الخبرة.

٣- السن والجنس.

٤- الوضع الاجتماعي.

٥- التعليم.

٦- الشخصية.

٧- التدريب.

٨- الاوصاف الجسمية

٩- المبادرة والاصالة.

١٠- القابلية.

١١- المسؤولية.

١٢- اتجاهات المتقدم نحو العمل وطموحاته المهنية.

اساليب الاختيار :

هناك العديد من الوسائل التي تستخدم في عملية اختيار افضل المرشحين للوظيفة الشاغرة. وهناك عدد من المنظمات التي تستخدم بعض هذه الوسائل وهناك عدد من المنظمات التي تستخدم بعض هذه الوسائل وهناك من يستخدمها جميعا معا. وتحديد اي من تلك الوسائل يجب ان يعتمد في الاساس على طبيعة الوظيفة. فمثلا اختيار سكرتيرة تنفيذية يتطلب استخدام المقابلة واجراء امتحان، بالاضافة الى طلب العمل. وفي حالة اختيار عامل فني فقد يعتمد في الاساس على الامتحان (الاختبار) كما يعتمد ايضا على نوعية القدرات أو المهارات التي تبحث عنها المنظمة عند الاختيار. وبالرغم من الاختلاف والتعدد في اساليب الاختيار الا انه يمكن حصرها في الاساليب التالية:

١-   طلب الاستخدام (Application Form)

٢-   المقابلة (Interview) .

٣-   الاختبارات (Tests) .

٤-   التحريات او الاستفسار عن الخبرات السابقة (Reference Check)

٥-   الفحص الطبي (Medical Exam) .

قبل التعرض لتلك الاساليب بالتفصيل يجب ان نذكر مبدأين اساسيين يجدر مراعاتهما في الاختيار:

١-   ان الاداء السابق هو افضل وسيلة للتنبؤ بسلوك الفرد في المستقبل.

٢-   وجوب التأكد من المعلومات التي تجمع عن الشخص بحيث تكون دقيقة لاختيار افضل مرشح (١٣)

ولنتحدث الآن ببعض التفصيل عن اساليب الاختيار السالفة الذكر.

١- طلب الاستخدام : (Application Form) : (نموذج التوظيف)

تستخدم معظم، ان لم يكن كافة، المنظمات طلب الاستخدام عند اختيار ثم تعيين اي شخص، حيث لا يعتمد عليه فقط في عملية الاختيار بل يعتبر ذلك وثيقة رسمية تحفظ في ملف الموظف بعد تعيينه للعودة اليها مستقبلا للحصول على او للتأكد من بعض المعلومات عن الموظف. والمشكلة الاساسية في هذا الاسلوب هي كيفية تصميم الطلب بحيث يمد المنظمة

بمعلومات دقيقة ومؤكدة عن المرشح للوظيفة لاتخاذ قرار التعيين. وهناك العديد من النماذج التي تختلف في حجمها وفي عدد الصفحات وفي نوعية المعلومات المطلوبة. من هنا يجب اعطاء تصميم الطلب بعض الاهمية بحيث يساعد فعلا في قرار التعيين.

يجب ان يوضع في الاعتبار عند تصميم طلب الاستخدام: الدقة، والوضوح، والشمول، حيث ان الطلب يمكن المنظمة من تكوين انطباع اوَّلي عن الفرد المتقدم للوظيفة الشاغرة واحتمالات اختياره او استبعاده، مما يؤدي بالتالي الى تخفيف الاعباء الخاصة بالاجراءات التالية في التعيين مثل المقابلة او الاختبار. ومن الافضل تصميم طلب الاستخدام بحيث يمكن تحليل البيانات الواردة فيه كميا. ويشتمل طلب الاستخدام على العديد من البيانات منها الشخصية، والتعليم، والخبرة المهنية، والعملية، واية معلومات اضافية يعتقد ان لها اهمية خاصة. والخطأ الشائع هو ان معظم الاداريين يقرأون طلبات الاستخدام بشكل سريع دون اعطاء المعلومات التي امامهم اي اهتمام من حيث استقراء مدلول تلك المعلومات، مما ينتج عنه احيانا استبعاد اشخاص اكثر تأهيلا للوظيفة المطلوبة لذا يجب اعطاء كل وحدة من البيانات التي يتضمنها طلب الاستخدام وزنا او قيمة بالمقارنة مع مستوى الاداء المطلوب في الوظيفة. وعلى سبيل المثال يعطى الفرد اربع نقاط اذا كان يحمل شهادة جامعية ونقطتين اذا كان يحمل الثانوية العامة فقط وتحتسب في النهاية مجموع الاوزان التي يحصل عليها الفرد المرشح ويجري مقارنة اوزان المرشحين الآخرين مما يساعد المنظمة على استبعاد المرشح غير المناسب او الاستمرار في اجراءات التعيين، وكذلك التنبؤ الى حد ما بنجاحه في الوظيفة.

٢- المقابلة (Interview) :

يمكن تعريف المقابلة بانها محادثة شفوية بين طرفين، احدهما يمثل المنظمة والآخر هو المرشح للوظيفة ومن ثم تبادل المعلومات بينهما. وتستخدم المقابلة استخدامات عدة منها الاختيار وتقييم الاداء والترقية والتدريب. والمقابلة في حد ذاتها عملية فنية تحتاج إلى خبرة ومران ولباقة حيث ان الغرض الاساسي منها في مرحلة الاختيار هو المعاونة على تكوين حكم عن مدى صلاحية الفرد لملءالوظيفةالشاغرةمن خلال دراسةشخصيته وسلوكه

اثناء المقابلة، ومن هنا يجب ان يصدر هذا الحكم من شخص قادر على اصداره ولا يتأثر بأية عوامل جانبية.

في الواقع ان عملية المقابلة هي عملية تبادل معلومات بين الطرفين وليس فقط من طرف واحد كما يعتقد، اذ يتولى كل طرف تقديم ذاته واعطاء الفرصة للطرف الآخر لان يعرف ما يريد، او ان يسأل ما يريد عن الطرف الآخر. فهي تتيح لممثل المنظمة فرصة التحدث مع المرشح ودراسة شخصيته وسلوكه والتعرف على خبراته السابقة وهي تتيح كذلك للمرشح مناقشة ممثل المنظمة وسؤاله عن طبيعة العمل وظروفه وسياسات المنظمة، ومقدار الاجر والراتب وحقوقه وواجباته واية امور اخرى.

تتوقف نتيجة المقابلة على رغبة المقابل (Interviewer) في تحديد نوعية المقابلة التي سوف يجريها، اذ ان هناك عددا من انواع المقابلة سنتعرض لها فيما بعد. ومهما يكن شكل المقابلة التي تتم فانه من الافضل دائما ان يستخدم نموذج للمقابلة بحيث يدون فيه المقابل نتائج المقابلة في ضوء انطباعاته عن سلوك وشخصية المرشح. ويجب تدوين ذلك في نهاية كل مقابلة وليس بعد الانتهاء من كافة المقابلات. ويجري تصميم هذا النموذج في ضوء القدرات والامكانيات والخبرات التي تبحث عنها المنظمة وتحاول التأكد منها خلال المقابلة.

أهداف المقابلة:

للمقابلة اهداف تتمثل فيما يلي:

١- التحقق من ملائمة المرشح للوظيفة الشاغرة، والوقوف على استعداده ورغبته للعمل في المنظمة.

٢- تبادل المعلومات بين المقابل والمرشح للوظيفة (المتقابل) بحيث يحاول كل طرف تقديم ذات للطرف الآخر بالصورة المثلى.

٣- خلق نوع من الصداقة والود بين الطرفين. (١٤)

انماط المقابلة:

يمكن تقسيم انماط المقابلة الى عدة انماط وفقا للمعايير التالية:

أ- من حيث كونها منمطة او حرة.

ب- من حيث عدد المتقابلين: فردا أو مجموعة.

ج- من حيث عدد المقابلين: فردا او مجموعة.

د- من حيث كونها تتسم بالتوتر أو الراحة النفسية.

ويحدد استخدام نمط واحد دون الآخر من تلك الانماط من المقابلة طبيعة الوظيفة والجوانب التي يجب ابرازها في المقابلة ومن هذه الانماط:

أ- المقابلة المنمطة : (Patterned Interview)

وهي المقابلة التي يتم اعدادها والتخطيط لها قبل المقابلة حيث يتم تحديد الاسئلة التي يجب أن تسأل واختبار ثباتها وصدقها الاحصائي بحيث يمكن مقارنة الاجابات للمرشحين على تلك الاسئلة (Validity & Reliability) كما يمتاز هذا النمط من المقابلة بالاعداد المسبق لعناصرها مثل التوقيت، المكان، والمناخ (الجو) الذي تعقد فيه المقابلة. كما يشمل هذا النوع من المقابلة على تحديد كل شيء تفصيليا من البداية على شكل خطة بحيث لا تتدخل العوامل الشخصية او غير الموضوعية في عملية الاختيار فيما بعد. ويعتبر هذا النمط من المقابلة من افضل الانماط للاسباب التالية:

نموذج تقييم مقابلة مرشح لوظيفة

الاسم : ....

اسم المقابل : ....

نوع الوظيفة المطلوبة : ....

تاريخ المقابلة : ....

عناصر المقابلة	التقدير					
	ضعيف		متوسط		ممتاز	
	١	٢	٣	٤	٥	٦
١- الذكاء						
٢- الثقة في النفس						
٣- التعبير شفويا						
٤- التفاعل مع الاخرين						
٥- النمو والنضج العقلي						
٦- المظهر الخارجي						
٧- الطموح والحماس						
٨- الالتزام بالمسؤولية						
٩- الاصرار على الرأي						
١٠- الخبرات السابقة						

١١- التوصية بالاختيار غير صالح ☐ مقبول نوعا ☐ صالح تماما ☐

اية معلومات اخرى ــــــــــــــــــ التوقيع

(١) تتم المقابلة في هذا النمط على اساس الوضوح في متطلبات ومحتويات الوظيفة حيث يدرك المقابل من البداية المؤهلات التي يبحث عنها.

(٢) تحدد مرونة الاسئلة المطروحة والوقت الزمني ومناخ الانعقاد للمقابلة حسب خطة موضوعية.

(٣) يكون المقابل متدربا على كيفية اجراء المقابلة والتعامل مع المرشحين نفسيا والاتصال والتفاهم معهم.

(٤) تسهل جمع معلومات محددة ومفصلة عن المرشحين قبل اجراء المقابلة.

(٥) تتوفر فيه الفرصة لتفسير سلوك المرشحين اثناء المقابلة وانعكاساته النفسية. [١٥]

ب- المقابلة الموجهة: (Directive Interview)

يتميز هذا النمط من المقابلة بالتخطيط الدقيق والمسبق لاجراء المقابلة كالنمط السابق، الا انه تترك فيه للمقابل حرية توجيه الاسئلة في حدود الاطار العام للمقابلة، وكذلك في ضوء ظروف المقابل وحالته النفسية. ويتطلب هذا النمط من المقابلة حسن اختيار المقابل، مع توافر درجة كبيرة من المهارة والخبرة في المقابلة حتى يتوصل من خلال المناقشة الى الكشف عن حقيقة المرشح للوظيفة وشخصيته.

ج- المقابلة المشوبة بالتوتر: (Stress Interview)

بالرغم من ان اية مقابلة تتسم بالتوتر الذي قد يشعر به المرشح للوظيفة بسبب طبيعة الموقف ولشعور المرشح بأنه يقيم اثناء المقابلة الا انه في بعض الاحيان وبشكل مقصود يخلق جو من التوتر لمعرفة كيف سيتصرف المرشح وما هي طبيعة سلوكه في هذا الجو من التوتر المفتعل، خاصة ان كانت طبيعة العمل تشتمل نوعا من الضغط مثل اختيار اشخاص للعمل في جهاز امني. يعتمد المقابل هنا على الاسئلة المفاجئة او الانتقادية او المثيرة للاعصاب لمعرفة مدى تحمل المرشح للموقف وقوة ثباته وقدراته على التفكير تحت هذا الضغط. الواقع ان العيب الاساسي في هذا النوع من المقابلة هو عدم ثباته وصدقه للتنبؤ بصلاحية المرشح للوظيفة، لذلك لا يستخدم كثيرا في عملية الاختيار للوظائف العادية. [١٦]

د- المقابلة الجماعية (Group Interview)

وفيها يزيد عدد المتقابلين عن شخص فقد ترى المنظمة تحقيقا لاهداف عملية الاختيار ان تجري المقابلة لمجموعة من المرشحين في نفس الوقت. ويستخدم هذا النمط من المقابلة لاختيار مرشحين لوظائف الادارة العليا حيث يترك لمجموعة المتقابلين حرية التعبير عن ارائهم والنقاش معا. كما انه يطرح على بساط النقاش احيانا مشكلة ادارية، ويترك للمرشحين مناقشتها واتخاذ قرار بصددها.

هـ- المقابلة عن طريق لجنة (Panel Interview)

يستخدم في هذا النمط من المقابلة مجموعة من الاشخاص تمثل المنظمة. تقوم تلك المجموعة اما بمقابلة مرشح واحد او عدد من المرشحين حيث تقرر المجموعة فيما بينها التقدير الذي يعطى لكل مرشح. ويستخدم هذا النمط في حالة ما اذا كان يجب ان يكون قرار التعيين او الاختيار قرارا جماعيا.

خطوات المقابلة :

١- الاعداد للمقابلة :

ويشمل ذلك اعداد خطة وجدول زمني لاجراء المقابلة، وكذلك جمع بيانات خاصة بطالب الوظيفة (المرشح) وكيفية مناقشته. ويجب ان يتم ذلك في ضوء التحليل الوظيفي بحيث يتم في بعض الاحيان عند مقابلة شخص لوظيفة ادارية التركيز على بعض الصفات مثل تحمل المسؤولية والقدرات القيادية.

٢- اجراء المقابلة :

ينبغي قبل اجراء المقابلة ان يتم التعارف بين الطرفين بحيث يخلق ذلك جوا من الود يساعد على كسب ثقة طالب الوظيفة (المرشح) . ويتطلب اجراء المقابلة مهارة وخبرة وتدريبا بحيث تتحقق أغراض المقابلة. والشكل التالي يبين لنا خصائص المقابلة الفعالة وما يجب الابتعاد عنه عند اجراء المقابلة [١٧]:

ما يجب عمله	ما يجب تجنبه
- ان تكون الاسئلة محددة واضحة.	- ان تكون الاسئلة مبهمة غير محددة وغير واضحة المعنى.
- ان تكون الاسئلة مرتبطة بطبيعة العمل (الوظيفة).	- ان تكون الاسئلة شخصية.
- ان تتابع الاسئلة لبعض النقاط ذكرها المرشح.	- ان تستمر في الحديث لفترات طويلة بدون اعطاء المرشح الوقت للاجابة او التعبير عن ذاته.
- ان تجعل المرشح يشعر بالراحة النفسية اثناء المقابلة.	- ان تسأل اسئلة حكمية (Judgemental)
- ان تكون الاسئلة موضوعية وايجابية.	- ان يكون المقابل لحوحا ويطلب من المرشح الاجابة بسرعة.
- ان تستخدم جملا تلخيصية اثناء المقابلة.	- ان تسأل عدة اسئلة مختلفة في آن احد.(١٨)

شكل رقم (٣)

خصائص المقابلة الفعالة

انهاء المقابلة :

يجب اتباع الارشادات التالية عند انهاء المقابلة:

أ- يستحسن انهاء المقابلة بطريقة ودية والابتعاد عن القطع الفجائي لها حتى لا تجرح مشاعر المرشح.

ب- يجب تجنب اعطاء اية وعود للمرشح.

ج- يجب تسجيل نتائج المقابلة مباشرة بعد انتهائها تلافيا للنسيان مما يتطلب ضرورة تقييم كافة المعلومات التي تم الحصول عليها اثناء المقابلة كي يكون القرار اقرب الى الصواب والموضوعية.

من هنا تأتي أهمية استخدام نموذج المقابلة كالنموذج سابق الذكر بحيث يساعد المقابل على اعطاء تقديرات رقمية او كتابية لمجموعة من الخصائص المرتبطة بطبيعة الوظيفة. بعد انهاء مقابلة كافة طالبي الوظيفة (المرشحين) يجب ترتيبهم حسب التقييم النهائي لادائهم في

المقابلة مع تحديد نقاط الضعف والقوة لكل منهم خاصة اذا كانت هناك طرق اختيار اخرى سوف تستخدم في الاختيار النهائي فيما بعد.

محذورات المقابلة :

هناك العديد من المشكلات او المحذورات التي ينبغي تجنبها في المقابلة ومنها ما يلي:

١- عدم توفر معلومات واضحة عن الوظيفة الشاغرة وعن ظروف العمل مما ينعكس سلبا على نوع الاسئلة التي تسأل.

٢- التركيز فقط على النواحي السلبية في المقابلة مما يؤثر على التقييم النهائي لها.

٣- التأثر بالمظهر الخارجي لطالب الوظيفة أو بأية مظاهر اخرى ليس لها علاقة مباشرة بالعمل (الوظيفة) والاداء المطلوب.

٤- التأثر بعامل المقارنة حيث يحدث احيانا عندما يكون طالب الوظيفة الحالي افضل من الذي سبقه في المقابلة، ولكنه ليس افضل المرشحين عندئذ قد يكون تقييمه اقل موضوعية ودقة.

٥- التحيز لاسباب ارادية او غير ارادية مثل التشابه في الجنس او الاداء او المعتقدات مما يؤثر على نتائج تقييم المقابلة[١٩].

وبغض النظر عن نوع المقابلة التي تجريها المنظمة في عملية الاختيار فانه يجب توفر عنصري الثبات والصدق في المقابلات للوصول الى نتائج ايجابية. بالرغم من المحاولات الكثيرة لتحسين اجراء المقابلة وعلى الرغم من انها تستخدم بشكل اوسع، وتعتبر احدى الطرق الاساسية التي تعتمد عليها في عملية الاختيار الا ان الشك يحيط بثبات وصدق المقابلة للتنبؤ بنجاح طالب الوظيفة(المرشح) في العمل (Successful Job Performance).

وقد اثبتت العديد من الدراسات ما يلي :-

١- في معظم الاحيان يختلف مقابلين في تقيمهم لمجموعة واحدة من طالبي الوظيفة (مرشحين).

٢- يعتمد صدق وثبات (Validity and Reliability) المقابلة على كونها منمطة او غير منمطة وكذلك على كفاءة ومقدرة المقابل، لذا من الافضل ان تكون نمطية.

٣- بالرغم من ان المقابلة لا تستطيع تقييم كافة الخصائص الشخصية لطالب الوظيفة (المرشح) الا ان ارتفاع نسبة الثبات في المقابلة يستند اساسا الى تقييم الخصائص التي يمكن ملاحظتها مثل المظهر، والقدرة على التعبير، والذكاء.

٤- المقابلة النمطية اكثر انماط المقابلة فعالية وثباتا.

٥- بسبب عدم قطعية ثبات المقابلة، فان المعلومات التي يتم الحصول عليها ليست صادقة للتنبؤ بنجاح طالب الوظيفة (المرشح) في العمل وان كان هناك عدة دراسات اثبتت عكس ذلك[٢٠].

٣- الاختبارات (Tests):-

تعرف الاختبارات بانها وسيلة قياس لعينة صغيرة من مقدرة وسلوك الشخص على اساس انها تمثل مقدرة وسلوك الشخص تمثيلا كاملاً (Sampling of Behavior) وهي من ادق وسائل قياس قدرات الاشخاص واستعداداهم لتحمل اعباء الوظيفة. كما انها تستخدم ليس فقط في عملية الاختيار بل ايضا في تقييم الاداء وتحديد الاحتياجات التدريبية والترقية[٢١].

خصائص الاختبارات:-

للاختبارات خصائص ابرزها ما يلي:-

١- الموضوعية، حيث تستخدم بعد التأكد من ثباتها وصدقها بحيث تكون قادرة على الحكم على مقدرة وسلوك الشخص.

٢- عدالة المقارنة، تستخدم الاختبارات اسس قياس موحدة تنطبق على جميع الاشخاص مما يضمن عدالة المقارنة بين نتائج الاشخاص موضوع الاختبار.

٣- ان العينة التي يرتكز عليها الاختبار لقياسها تمثل قدرات المرشح تمثيلا كاملا[٢٢].

الافتراضات التي تقوم عليها الاختبارات:-

تقوم الاختبارات على افتراضات منها:-

١) بالرغم من ان الاختبارات تعتبر احدى الوسائل التي يمكن ان تستخدم في الاختيار او المفاضلة بين المرشحين، الا انها تمثل جزء من عملية الاختيار او المفاضلة ولا

يمكن ان يعتمد عليها وحدها في اتخاذ القرار النهائي بصلاحية المرشح او عدم صلاحيته.

٢) نتوقف نتائج الاختبارات على الطريقة التي تعد بها، وعلى ذلك يجب الا تستخدم الا بعد التأكد من ثباتها وصدقها.

٣) تحدد الاختبارات مقدرة المرشح على اداء اعمال معينة الا انها لا تقطع بما اذا كان سيؤدي هذه الاعمال على الوجه المطلوب.

٤) تفترض الاختبارات ان هناك اختلافا بين المرشحين في قدراتهم وامكانياتهم والحوافز التي يمكن ان تدفعهم الى العمل.

٥) كذلك تفترض الاختبارات ان هناك علاقة وثيقة بين هذه القدرات والصفات ومقدرة المرشح على شغل وظيفة معينة.

٦) اخيرا تفترض الاختبارات انه إذا أمكن قياس درجة توافر قدرات او صفات معينة في كل من المرشحين فأنها تقيس ايضا العلاقة بين هذه القدرات والصفات واداء الشخص المرشح بعد شغله الوظيفة[٢٣].

انماط الاختبارات:-

١- اختبارات الذكاء (Intelligence):-

تهدف تلك الاختبارات الى معرفة القدرات الذهنية والعقلية للمرشح من خلال قياس مستوى الذكاء عنده. ويمكن من خلال هذا النمط من الاختبارات معرفة طريقة تفكير وحكم الشخص على الامور، وقوة الذاكرة والملاحظة. وتستخدم اختبارات الذكاء في الوظائف التي تتطلب درجة عالية من الذكاء والتفكير. كما يقيس هذا النمط من الاختبارات القدرة على التعلم والادراك والتعامل مع الارقام والتفاعل مع الاخرين.

٢- اختبارات الشخصية: (Personality):-

تهدف تلك الاختبارات الى قياس دوافع الشخص المهنية في احدى مجالات العمل. كما تدرس تلك الاختبارات شخصية المرشح من حيث مقدرته على القيادة، وشجاعته، وتحكمه في اعصابه وتعبيره عن رأيه. والعيب الاساسي في هذا النوع من الاختبارات يكمن في صعوبة قياس تلك المظاهر بدقة، كذلك صعوبة تحديد نوع الشخصية الملائمة لطبيعة

العمل بدقة. الا انها من افضل الوسائل لارشاد العاملين نفسيا. ولا تستخدم تلك الوسيلة من الاختبار في الوطن العربي بكثرة لعدم وجود اختبارات صممت خصيصا لقياس جوانب معينة من شخصية الافراد المرشحين للوظائف.

٣- اختبارات التحصيل (Achievement):-

يقصد بتلك الاختبارات الكشف عن معلومات ومقدرة المرشح وخبرته في مجال الوظيفة المتقدم لها وقد تكون هذه الاختبارات تحريرية او شفوية او يطلب من المرشح القيام ببعض الاعمال لاعطاء المنظمة فكرة عن مقدرته في أداء العمل. مثلا قد يطلب من سيدة تتقدم لوظيفة سكرتيرة ان تقوم بطباعة بعض الاوراق او اختزال بعض الخطابات. في ضوء اداء المرشح في هذا النمط من الاختبارات يمكن تحديد سرعته في تأدية العمل ومقدرته وخبرته السابقة. ويعتبر هذا النمط من افضل الاختبارات من حيث الثبات والصدق لانها تقوم بقياس سلوك مرتبط ارتباطا مباشرا بالعمل او الوظيفة.

٤- اختبارات الميل للعمل (Interest):-

الغرض منها قياس مدى استعداد المرشح للعمل في مهنة ما وانسجامه معها. وتساعد ههذ الاختبارات على تحديد اية مهنة او ظيفة تتناسب مع اهتمامات المرشح. الا ان تلك الاختبارات تعاني من ضعف ثباتها وصدقها. ومعظم استخدامات هذا النمط من الاختبارات يكون في مجال التخطيط المهني للعاملين ومساعدتهم في اكتشاف مجالات العمل التي تناسب مع ميولهم وقدراتهم وان كانت تستخدم من قبل بعض المنظمات كوسيلة أختيار.

٥- الاختبارات الاسقاطية (Projective Test):-

الهدف من هذا النمط من الاختبارات هو تحديد بعض الصفات الشخصية من خلال رد فعل المرشح لبعض المثيرات وكيفية تصرفه وسلوكه. وتعتمد هذه الاختبارات على تحليل رد الفعل الانساني وترجمة تصرفه وسلوكه الى شخصية ذات صفات معينة. على سبيل المثال يعرض على المرشح بعض الصور، واعطائه معنى لها (رد فعله) يعتمد في الاساس على دوافعه وادراكه واتجاهاته. من هنا يمكن تحديد شخصيته.

يستخدم هذا النوع من الاختبارات، رغم التحفظات عليه، في الغالب في اجهزة الدفاع او الامن[٢٤].

الثبات والصدق الاحصائي للاختبارات (Test Reliability and Validity)

بالرغم من تعدد انماط الاختبارات التي تستخدم في اختيار افضل المرشحين للوظيفة الشاغرة وكذلك تعدد استخدامها ورغم كونها تستخدم في عدة منظمات في الدول الغربية، الا انه على مستوى العالم العربي لا يستخدم في معظم الاحيان الا اختبار التحصيل الذي يقيس المعلومات واحيانا يستخدم اختبار المقدرة خاصة في الاعمال اليدوية التي تتطالب مهارة معينة. ولا تزال معظم المنظمات في العالم العربي تعتمد في الاساس عند الاختيار على نموذج التوظيف والمقابلة. ويعود ذلك في الاساس الى عدم قدرة المسؤولين عن التوظيف على التعامل مع الاختبارات احصائيا وحسن استخدامها كمؤشر للأداء المستقبلي للمرشح.

سبق وان اشرنا الى ان الاختبارات تعتبر من الوسائل التي تتسم بالموضوعية في الاختيار ومثل هذه الموضوعية لن تتوافر في اي اختبار الا اذا كان ثابتا وصادقا. ويشير الثبات (Reliability) الى درجة الاتساق التي يتسم بها الاختبار، اي الى قدرته على اعطاء نفس النتائج اذا ما تكرر استخدامه، بمعنى آخر فانه اذا اعطي نفس الاختبار لنفس الشخص عدة مرات في خلال فترة زمنية معينة فان هذا الاختبار يعتبر ثابتاً اذا حصل هذا الشخص على نفس الدرجة او على درجات متقاربة في جميع الاختبارات.

وهناك العديد من العوامل التي قد تؤثر في درجة الثبات منها ما يلي:-

(١) اذا تم اعطاء الاختبار في ظل ظروف غير نمطية، اي في ظل ظروف متغيرة.

(٢) اذا اختلفت درجة الوضوح في أعطاء الاختبارات وخاصة في حالات الاختبارات الاملائية.

(٣) اذا اختلفت السرعة التي يتم بها اعطاء الاختبار.

(٤) اذا كانت هناك اختلافات بين الافراد موضع الاختبار.

(٥) اذا كانت هناك عوامل عشوائية تؤدي الى اعطاء اجابات صحيحة او خاطئة.

طرق التأكد من ثبات الاختبار:-

هناك عدة طرق يمكن استخدامها للتأكد من ثبات الاختبارات وهي:

طريقة المعادلة وطريقة اعادة الاختبار، وطريقة الاختبار النصفي، واختبار البنود الزوجية والفردية.

تتطلب **طريقة المعادلة** اعطاء الاختبار على نموذجين متشابهين تماما لنفس الاختبار وذلك من خلال الاختبار المنطقي لعناصر كل منهما على ان يتم هذا الاختبار على نفس مجتمع الافراد موضع الاختبار، ثم اعطاء كلا النموذجين لعينة من افراد المجتمع ومقارنة الدرجات التي يحصلون عليها في النموذج الاول مع درجاتهم التي يحصلون عليها في النموذج الثاني. بطبيبعة الحال كلما تشابهت او تقاربت الدرجات دل ذلك على ثبات الاختبار والعكس صحيح.

٢) **طريقة اعادة الاختبار:** وفيها يقسم الاختبار ذاته الى قسمين ثم يعطى كل نصف الى نفس المجموعة، ثم مقارنة درجات النصف الاول مع درجات النصف الثاني من الاختبار.

٣) **طريقة الاختبار النصفي:** وفيها يقسم الاختبار ذاته الى قسمين ثم يعطي كل نصف الى نفس المجموعة، ثم مقارنة درجات النصف الاول مع درجات النصف الثاني من الاختبار.

٤) **طريقة الزوجي والفردي:** يتطلب هذا الاختبار تقسيم الاختبار الى نصفين بحيث يحتوي النصف الاول على جميع البنود الزوجية للاختبار وبحيث ينطوي النصف الثاني على جميع البنود الفردية له، بحيث يتم مقارنة النتائج التي يتم الحصول عليها من النصف الاول (الزوجي) مع نتائج النصف الثاني (الفردي).

الصدق الاحصائي:-

اما الصدق الاحصائي (Validity) فانه يعتبر مقياسا لقدرة الاختبار على قياس ما يجب قياسه. اي انه انعكاس لقدرة الاختبار على تأدية ما صمم من اجله. وفي مجال التوظيف، فان الاختبار الصادق هو ذلك الاختبار الذي يستطيع القيام بمهمته، اي التنبؤ بمعيار النجاح، حيث يعتبر هذا المعيار مقياسا لدرجة المرتبطة بالاداء الفعلي. وعلى ذلك فان الاختبار الثابت قد لا يكون بالضرورة صادقا، الا ان الاختبار الصادق لابد وان يكون على درجة عالية من الثبات.

هناك خمسة أنواع من الصدق الاحصائي المرتبطة بالاختبارات وهي الصدق الحالي، والصدق التنبؤي، وصدق المحتوى، والصدق التركيبي، والصدق المنطقي، يعتبر

الصدق الحالي والتنبؤي من الموضوعات التي تهتم المعنيين بالاختبارات واستخداماتها فـي المنظمات[٢٥].

١- الصدق الحالي (Concurrent Validity):-

يتم في هذا الصدق اختيار عينة من العاملين حاليا في الوظيفة التي تجري دراسات الاختيار لها. وتقاس خصائص وصفات افراد هذه العينة (متغيرات التنبؤ) في الجوانب التي يفترض امكانية ارتباطها بالفاعلية في العمل والتي يمكن استخدامها في المفاضلة بين المرشحين واتخاذ قرار الاختيار لهذه الوظيفة او تلك مثل المهارة، القدرة العقلية ..الخ، يجري في نفس الوقت جمع بيانات عن فاعلية افراد هذه العينة في العمل (متغير الفاعلية) وبهذا يتم قياس صفات الافراد وفاعليتهم في العمل في نفس الوقت من عينة العاملين حاليا، ثم تحسب درجة العلاقة بين صفات الافراد وبين مقاييس الفاعلية. تعتبر هذه العلاقة مقياسا لدرجة الصدق الحالي للصفات في تقدير الفاعلية. ويمكن تمثيل هذه الطريقة في تقدير الصدق في الشكل التالي[٢٦].

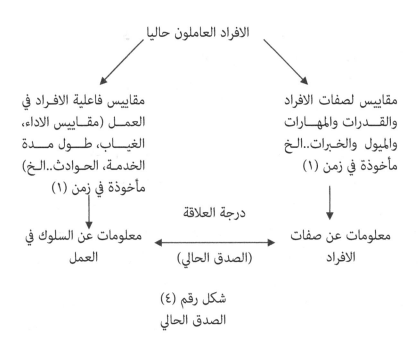

شكل رقم (٤)
الصدق الحالي

وهذه الطريقة رغم سهولة تطبيقها وقلة تكلفتها الا انها تتضمن بعض العيوب المنهجية. فعينة العاملين حاليا قليلا ما تمثل تمثيلا صادقا مجتمع المرشحين للوظيفة. فافرادها جرى فرزهم عند التقدم للوظيفة الشاغرة وهي بالتالي لا تشمل اولئك الذين تم استبعادهم عند الاختيار. كما قد لا تشمل اولئك الممتازين الذين تمت ترقيتهم الى وظائف اعلى بعد التعيين. ونتيجة اكتساب هؤلاء الافراد الخبرات في الوظيفة فان مقاييس صفاتهم قد تتأثر بهذه الخبرات. بالاختصار فان هذه الطريقة تقوم بتقدير الصدق في اطار عينة وظروف لا تماثل العينة والظروف التي تصنع في ظلها قرارات الاختيار وقت تقدم الافراد للوظيفة الشاغرة.

٢- الصدق التنبؤي (Predictive Validity):-

يتم اختيار عينة مماثلة لمجتمع المرشحين للوظيفة من بين هؤلاء المرشحين. يعطي هؤلاء الافراد المقاييس المختلفة لصفاتهم وقت تقدمهم للوظيفة الشاغرة على الا يتم فرزهم واختيارهم بناء على هذه المقاييس. يحتفظ بهذه المعلومات حتى مرور فترة كافية بعد الاختبار تجمع خلالها معلومات عن فاعليتهم في العمل. يتم بعد ذلك حساب درجة العلاقة بين الصفات التي قيست وقت تقدمهم للوظيفة وبين مقاييس الفاعلية التي جمعت لاحقا. تعتبر هذه العلاقة مقياسا لدرجة الصدق التنبؤي لمقاييس الصفات في التنبؤ بالفاعلية في العمل.

يمكن تمثيل هذه الطريقة في تقدير الصدق في الشكل التالي(٢٧):-

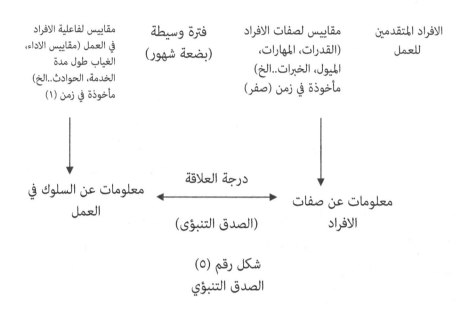

| الافراد المتقدمين للعمل | مقاييس لصفات الافراد (القدرات، المهارات، الميول، الخبرات..الخ) مأخوذة في زمن (صفر) | فترة وسيطة (بضعة شهور) | مقاييس لفاعلية الافراد في العمل (مقاييس الاداء، الغياب طول مدة الخدمة، الحوادث..الخ) مأخوذة في زمن (١) |

معلومات عن صفات الافراد ← درجة العلاقة (الصدق التنبؤى) → معلومات عن السلوك في العمل

شكل رقم (٥)

الصدق التنبؤي

تمتاز هذه الطريقة عن طريقة الصدق الحالي بانها تجري دراسة درجة الصدق على عينة ممثلة وفي اطار ظروف تماثل تلك التي تحيط بقرارات الاختبار. فهي تجري تقديرا للعلاقة بين صفات الافراد وفاعليتهم في العمل وفي اطار يشابه ذلك الذي تتصف به قرارات الاختيار. من الناحية الاخرى تتطلب تلك الطريقة فترة زمنية تفصل ما بين قياس صفات المرشحين ثم قياس فاعليتهم في العمل بعد فترة من التعيين.

بالنسبة الى كل من عامل الثبات والصدق فانه يتم قياسهما باستخدام معامل الارتباط والذي يمكن من خلاله قياس درجة قوة العلاقة بين المتغيرات. هذا ويقاس معامل الارتباط فيما (١-) ، (١+)، وهذا يعني انه كلما قرب معامل الارتباط من الواحد الصحيح دل ذلك على قوة العلاقة والعكس كلما قرب من الصفر. مع ملاحظة ان الفارق بين المعامل السالب والمعامل الموجب هو فارق في نوع العلاقة ذاتها وليس في قوتها. حيث يدل معامل الارتباط الموجب على ان العلاقة بين المتغيرات موضع القياس علاقة في اتجاه واحد (كلما

زادت عدد ساعات الدراسة ارتفع معدل العلامات أو الدرجات. اما معامل الارتباط السالب فيدل على ان العلاقة بين المتغيرين معكوسة اي في اتجاهين متضادين (كلما زاد وزن الانسان انخفضت قدرته البدنية).

مشكلات الاختبارات:-

للاختبارات مشكلات ومحذورات تتمثل فيما يلي:-

١) يجب استخدام الاختبارات بجانب وسائل اخرى للاختبار حيث ان الاختبارات لا تعطي سوى نتائج جزئية عن سلوك الشخص مما يطلب تدعيمها بالوسائل الاخرى.

٢) تعتبر الاختبارات اداة للتنبؤ بالفشل اكثر منه بالنجاح في العمل حيث انها تستطيع قياس ما لا يستطيع الشخص عمله اكثر من قياس ما يستطيع عمله. اذا فشل الفرد في اجتياز اختبار ما فان ذلك دليلا على عدم قدرته القيام بالعمل. وفي حالة النجاح والاجتياز فان ذلك لا يضمن ضرورة النجاح في العمل.

٣) لا يمكن استخدام الاختبارات عشوائيا وبانتظام، ذلك ان الاختبار الذي يكون ثابتا وصادقا في وقت ما قد يقل ثباته وصدقه في وقت اخر حتى يالنسبة الى نفس المجموعة الوظيفية الواحدة مما يتطلب اعادة التأكد من ثباتها وصدقها الاحصائي.

٤) يجب توفر عنصري الحذر والخبرة من جانب القائمين على استخدام واعطاء الاختبارات خاصة عند تفسير وتحليل النتائج.

٥) بعض الاختبارات قد لا تكون نتائجها مؤشرا دقيقا على التنبؤ بالنجاح في العمل.

٦) ان الاختبارات كوسيلة قياس واختبار قد تكون صالحة الاستخدام لبعض وليس لكافة الوظائف[٢٨].

ونستكمل الحديث عن اساليب الاختبار، فتتعرض للاسلوبين الاخيرين وهما:-

٤- التحريات عن الخبرات السابقة:-

تعتبر الخبرة السابقة احد العناصر الاساسية في عملية الاختيار. من هنا يجب التأكد من المعلومات المذكورة في طلب الاستخدام من خلال الاتصال بالشركات او المنظمات التي عمل بها المرشح سابقا او الطلب اليه احضار كتب (خطابات) توصية. تشمل عملية الاستفسار عن المرشح نوعية العمل الذي كان يقوم به ومستوى ادائه، ونتائج تقارير تقييم

ادائه، وسلوكه، وعلاقاته مع زملائه ورؤسائه واسباب تركه العمل. تستخدم بعض المنظمات نماذج معدة وتطلب من ارباب العمل السابقين ملئها.

٥- الفحص الطبي:-

الهدف الاساسي من الفحص الطبي هو اختيار المرشح القادر على تأدية العمل ليس فقط ذهنيا بل ايضا صحيا وجسديا. ويتم استخدام الفحص الطبي حسب طبيعة الوظيفة التي تتطلب ذلك. مثال ذلك استخدام اشخاص للعمل في ارضية المطار حيث مستوى الضجيج واصوات المحركات مرتفع مما قد يؤثر على مستوى السمع. لهذا يجب التاكد من خلال الفحص الطبي من سلامة مستوى السمع.

هناك ثلاثة اغراض اساسية من الفحص الطبي وهي:-

أ- استبعاد الاشخاص غير اللائقين طبيا لاداء متطلبات العمل (الوظيفة).

ب- تحديد الحالة الصحية للمرشح وهل تتناسب (تتلائم) مع طبيعة العمل (الوظيفة).

جـ- تحديد الحالة الصحية الحالية للمرشح تجنبا لمطالب او تعويضات مالية او قضائية في المستقبل قد يطالب بها الموظف بعد العمل لفترة معينة.

النظام المتعاقب والنظام التعويضي في الاختيار:-

تحدثنا فيما سبق عن طرق الاختيار المختلفة ان ننوه هنا بأن بعض المنظمات تستخدم كافة الطرق السابق ذكرها عند اختيار افضل المرشحين للوظيفة الشاغرة كما ان هناك بعض المنظمات التي تستخدم بعضا منها. قد تستخدم تلك الطرق بشكل تسلسلي او عشوائي. ويعتمد ذلك في الاساس على طبيعة الوظيفة المراد اشغالها. في ضوء ذلك هناك نظامان اساسيان في عملية الاختيار هما:-

١. النظام المتعاقب (Successive Hurdle):-

يتم في هذا النظام تقسيم عملية الاختيار الى مراحل حيث يتم استخدام احد طرق الاختيار في كل مرحلة ويجب على المرشح ان يجتاز بنجاح كل مرحلة قبل الانتقال الى المرحلة التالية وذلك حتى نهاية كافة المراحل المتبعة. يتطلب هذا النظام ترتيب مراحل وطرق عملية الاختيار ترتيبا منطقيا. ويمكن تمثيل هذا النظام في الشكل التالي:-

قف قف قف قف قف

طلب الاستخدام ← الاختبار ← المقابلة ← الاستفسار ← الفحص الطبي ← التعيين

وهذا النظام هو الاكثر استخداما في معظم المنظمات.

٢. النظام التعويضي (Compensatory Approach):-

يقوم هذا النظام على افتراض مؤداه ان الفشل في مرحلة من مراحل الاختيار يمكن تعويضه من خلال النجاح في مرحلة اخرى. فعلى سبيل المثال الفشل في الاختبار يمكن تعويضه بالنجاح في المقابلة. وهذا النظام اقل استخداما من النظام من النظام السابق ويمكن تمثيله في الشكل التالي[٢٩]:-

طلب الاستخدام
الاختبار
المقابلة
الفحص الطبي
الاستفسار
التعيين

تقييم الاختيار:-

يلعب قرار الاختيار دورا هاما في تحقيق اهداف المنظمة من خلال اداء الافراد الذين يتم اختيارهم - من هنا يجب ان يكون الاختيار من الاساس سليما بحيث يتم اختيار افضل المرشحين للوظيفة الشاغرة. بالتالي يجب التأكد من خلال التقييم، من منفعة عملية الاختيار المتبعة في المنظمة. يقصد بالمنفعة عائدات الاختيار على المنظمة من منطلق:-

(١) دقة قرار الاختيار النهائي.

(٢) تكلفة عملية الاختيار.

(٣) التكلفة المرتبطة بالاخطاء المرتكبة في الاختيار.

وتعتبر التكلفة اهم عنصر في تقييم عملية الاختيار، وكما ان لها نتائج نستطيع ان نبينها في الشكل التالي:-

أداء الشخص المرشح	قرار الاختيار	
	يرفض	يعين
مرشح مؤهل	(٢) قرار خاطىء - الخطأ السالب	(١) قرار صائب - الاجابة الصحيحة
مرشح غير مؤهل	(٢) قرار صائب - الاجابة الصحيحة	(٤) قرار خاطىء - الخطا الموجب

شكل رقم (٦)

نتائج الاختيار

$$\text{معدل الاجابة الصحيحة (Hit Rate)} = \frac{١ + ٣}{(١+٣) + ٢ + ٤}$$

وهو معدل التوقع الصائب بخصوص فاعلية اداء الشخص في العمل مستقبلا بعد التعيين.

لقد ذكرنا سابقا بان هناك تكلفة اساسية مرتبطة بالاختيار وهي التكلفة المتوقعة (Potential Cost) وهي المرتبطة بالخطأ السالب والخطأ الموجب كما في الشكل السابق. التكلفة المتوقعة هي التكلفة التي قد تتحملها المنظمة في حالة اتخاذ قرار خاطىء عند الاختيار ويمكن تقسيمها الى:-

(١) التكلفة المرتبطة باختيار الشخص الذي يفشل فيما بعد في الوظيفة مثل تكلفة الاستغناء عنه، وتكلفة انخفاض مستوى الاداء، وسوء استخدام الآلات والمعدات .. الخ. والتي يشار اليها بالخطأ الموجب وهو الذي يتضمن تنبؤات بفاعلية الفرد مما يقرر اختياره ثم يتضح فيما بعد عدم تحقق هذه الفاعلية في الواقع (False Positive).

(٢) التكلفة المرتبطة برفض المرشح الذي كان من الممكن ان ينجح في الوظيفة والذي يشار اليه بالخطأ السالب وهو الذي يتضمن تنبؤات بعدم فاعلية الفرد في الوظيفة مما يقرر استبعاده رغم امكانية تحقق هذه الفاعلية في الواقع لو تم اختيار هذا الشخص للوظيفة ((False Negative)[٣١].

من هنا يتبين لنا اهمية تقييم عملية الاختيار من آن الى اخر بحيث تحقق الفاعلية المرجوة من الاختيار مما يعود بالنفع على المنظمة ممثلا في ارتفاع مستوى اداء العاملين بسبب حسن اختيارهم في الاساس.

ثالثا: التعيين والتوجيه (Placement and Orientation):-

بعد ان يتم اختيار الشخص الملائم للوظيفة الشاغرة يتخذ قرار بتعيينه في تلك الوظيفة، شريطة ان يوضع الرجل المناسب في المكان المناسب بمعنى ان يعين الشخص في وظيفة تتناسب مع قدراته وامكانيته. اي ان يكون هناك توافق مشترك بين متطلبات الوظيفة وقدرات وامكانيات الشخص بحيث يكون هناك استثمار افضل لقدرات الشخص وزيادة شعوره بالرضا نظرا لتوافق قدراته مع طبيعة الوظيفة التي عين فيها. من ناحية اخرى اذا تم تعيين الشخص بناء على التوافق المشار اليه يخفف ذلك من الاعباء التدريبية ويزيد من فاعلية اداء الشخص[٣٢].

بانتهاء عملية الاختيار والتعيين تبدأ عملية التوجيه (Orientation) والتي يقصد بها تقديم الشخص الذي تم تعيينه الى المنظمة والوظيفة والزملاء والعاملين، وذلك عن طريق امداده بمعلومات كتابيا او شفويا عن المنظمة والوظيفة والعاملين فيها. فمن الافضل ان يقوم المدير المباشر للشخص المعين بامداده بتلك المعلومات اما من خلال اعطائه كتيبا يحتوي معلومات اساسية، مثل سياسة واجراءات المنظمة الخاصة بالعاملين، او شفويا، ومن الممكن ان تشتمل تلك المعلومات ما يلي:-

١- تاريخ وتطور المنظمة.

٢- انتاج المنظمة من سلع وخدمات.

٣- الهيكل التنظيمي.

٤- سياسة الموارد البشرية.

٥- قواعد واجراءات العمل.

٦- هيكل الاجور والمرتبات.

٧- الامتيازات التي تقدمها المنظمة.

٨- الانشطة المختلفة للعاملين.

٩-   اجراءات حماية العاملين.

١٠-   اية معلومات اخرى اساسية مثل نظام الترقية واجراءاتها.

أهداف التوجيه :

للتوجيه اهداف تتمثل فيما يلي:

١-   تخفيض تكلفة بدء العمل للموظف الجديد حيث تقل نسبة الاخطاء في العمل حيث يدرك مستوى الاداء المطلوب منه من البداية.

٢-   تخفيض حدة التوتر والشعور بالاحباط الذي قد يتوالد نتيجة الخوف من الفشل في تأدية العمل.

٣-   تخفيض نسبة دوران العاملين في البداية حيث ان تخوف الموظف الجديد من الفشل وعدم معرفته بالاداء المطلوب وعدم امتلاكه لمعلومات تساعده على بداية جيدة قد يدفعه الى الاستقالة.

٤-   توفير الوقت الذي يستهلك في عملية الاشراف والتوجيه في كيفية تأدية العمل من قبل الرئيس المباشر او الزملاء.

٥-   يؤدي التأهيل الى خلق روح الانتماء في نفس الموظف الجديد والشعور بالثقة في النفس مما يؤدي بالتالي الى رفع معنوياته ورضائه في العمل. [٣٣]

في دراسة اجريت، لتوضيح اهمية توجيه الموظف الجديد، في شركة تكساس للالات (T.I) اكتشف ان الموظفين الجدد يعانون من بعض المشاكل النفسية والتوتر، وارتفاع نسبة الدوران بينهم، والتخوف من مناقشة مشاكل العمل مع رؤسائهم وانخفاض مستوى الاداء. من هنا تم تقسيم الموظفين الجدد الى مجموعتين مجموعة توجهت للعمل بعد اعطائها معلومات محددة وملخصة عن العمل والمنظمة في حين المجموعة الاخرى خضعت الى برنامج توجيه متكامل وتفصيلي مع اعطاء اعضاء المجموعة الفرص للسؤال والاستفسار. كما تم اخبارهم في هذا البرنامج بأن :

١-   فرصة النجاح في العمل جيدة.

٢-   عدم الانتباه الى ملاحظات او سخرية العاملين القدامى.

٣-   عدم التخوف من سؤال رؤسائهم والاتصال بهم.

٤- اطلاعهم على كل ما يختص برؤسائهم مثل شخصيتهم، اسلوبهم في العمل والقيادة.. الخ

بعد فترة تم اكتشاف ان المجموعة التي خضعت لبرنامج توجيه مفصل تميزت بمستوى اداء افضل وكذلك وانخفاض نسبة الغياب والتأخر في العمل، وانخفاض في نسبة دوران العاملين وانخفاض نسبة الوقت المستهلك في التدريب مع انخفاض تكلفة التدريب [٣٤] مما يبين اهمية التوجيه لكل من الموظف الجديد والمنظمة.

خطوات توجيه الموظف الجديد:

يحسن مراعاة الخطوات التالية عند تصميم برنامج توجيه للموظف الجديد:

١- تهيئة الموظف الجديد: اي استقباله من قبل رئيسه المباشر للتعرف عليه واعطائه فكرة عن العمل الذي سيقوم به والتعبير عن رأيه والاجابة عن اية استفسارات بخصوص العمل (الوظيفة) والمنظمة.

٢- تحديد المعلومات التي يجب ان تقدم له: يجب اعطاء الموظف الجديد معلومات عن النقاط السابق ذكرها ولكن يجب ان يتم ذلك بشكل تدريجي مع البدء بأهم المعلومات التي يجب ان يعرفها مع تجنب امداده بكافة المعلومات دفعة واحدة.

٣- تحديد اسلوب وكيفية امداده بالمعلومات، قد يكون ذلك من خلال محاضرة او لقاء مع رئيس قسم الموارد البشرية او رئيس المنظمة او الرئيس المباشر او اعطائه كتيبا يحتوي المعلومات الاساسية لتجنب الملل من المحاضرة وعدم الانتباه واستخدام بعض الافلام القصيرة والشرائح.

٤- تقديم الموظف الجديد الى كل من الزملاء والمرؤوسين والرؤساء ليتعرف اليهم ويتعرفوا اليه.

٥- التقييم والمتابعة: تقييم نتائج برنامج التوجيه وانعكاساته على اداء الموظف الجديد في العمل. وقد يتم ذلك من خلال الاسئلة او المقابلة او امتحان في ما قدم له من معلومات للتأكد من معرفته وفهمه لتلك المعلومات ويجب الاخذ بعين الاعتبار عند التقييم ان يعطى الموظف الجديد فترة من الوقت ليدرك ما يدور حوله ويتعرف على المنظمة ويتفهم سياستها واجراءات العمل ومستوى الاداء.. الخ [٣٥]

من الممكن استخدام النموذج التالي في تقييم برنامج التوجيه للموظف الجديد :

نموذج توجيه موظف جديد

_____

اسم الموظف _____ اسم الوظيفة _____

_____

١- كلمة ترحيب
٢- شرح دور وأهمية القسم الذي يعمل فيه بالنسبة للمنظمة.
٣- شرح مساهمة الموظف الجديد في تحقيق اهداف القسم والمنظمة.
٤- اعطائه فكرة عن محتوى العمل وطبيعته.
٥- اعطائه فكرة عن فرص وبرامج التدريب في القسم والمنظمة.
٦- اجراءات الزيادة في الرواتب والعلاوات.
٧- شرح ظروف العمل من حيث المساعدات، والاستراحة، والساعات الاضافية، وكيفية الدفع .. الخ
٨- شرح سياسة الشركة (المنظمة) بخصوص مستوى الاداء، والغياب، والتأخير، والالتزام باجراءات العمل، والمظهر.. الخ
٩- تقديمه الى زملائه والمرؤوسين خاصة من لهم علاقة مباشرة معه.
١٠- زيادة مكان العمل والاجهزة او المعدات التي يستعان بها.
١١- تدريبه على بدء العمل.

_____

توقيع الرئيس المباشر _____ التاريخ _____
توقيع الموظف الجديد _____ التاريخ _____
توقيع قسم الموارد البشرية _____ التاريخ _____

يرتهن نجاح او فشل الموظفين الجدد وبالتالي احتمال بقائهم او التخلص منهم بنتائج تقييم ادائهم في الشهور الأولى من العمل. لهذا فان كثيرا من المنظمات تأخذ بمبدأ التعيين تحت الاختبار لمدة زمنية معينة قد لا تقل عن ثلاثة شهور او تزيد عن عامين حسب طبيعة الوظفية. ولا يتم التثبيت في الوظيفة الا بعد التأكد من صلاحية الموظف وفقا لادائه الفعلي أثناء تلك الفترة وربما يكتشف بعد فترة عدم ملائمة الموظف للوظيفة بسبب عدم امتلاكه للقدرات والمهارات اللازمة او ليس لديه الدافع للعمل او ان هناك خطأ في عملية الاختيار او لاية اسباب اخرى. اي انه من حق المنظمة انهاء خدمات الموظف اذا تبين لها عدم صلاحيته للعمل. من الطبيعي ان يقرر ذلك الرئيس المباشر للموظف الجديد مما يتطلب احيانا ان يشارك فعليا في عملية الاختيار السابقة الذكر.

نود ان ننوه هنا بأن هناك وسيلة خاصة باختيار الاداريين من مستوى الادارة العليا، هو ما يدعى مركز التقييم (Assessment Center) المفهوم الاساسي في هذه الوسيلة هو ان المنظمة تبحث عن نوعية معينة من الاداريين ذوي الكفاءات والخبرات المتميزة مما يتطلب الحرص والتأكد الشديدين في عملية الاختيار. من هنا يستخدم هذا المركز للتأكد من صلاحية المرشحين او احدهم لتلك المناصب الادارية العليا. تتلخص الفكرة في دعوة المرشحين للوظيفة الى المركز حيث يتم استخدام عدة طرق ووسائل للتقييم والاختيار مثل التمارين الفردية والجماعية والحالات الادارية، ولعب الادوار، وحل المشكلات. كما يعقد للمرشحين عدة مقابلات واختبارات فردية وجماعية من قبل مجموعة من الممتحنين. وتقوم تلك المجموعة بدراسة سلوك واداء كل فرد في مجموعة المرشحين وتقييم خبراتهم وقدراتهم بحيث تصل الى قرار حول افضل المرشحين الذي يمتلك القدرة والمهارة والامكانيات لتحمل مسؤولية منصب اداري هام. ويستخدم هذا الاسلوب للاختبار في العديد من الشركات الصناعية، رغم تكلفته الباهظة، حيث انه يستمر لفترة زمنية قد تطول لعدة ايام، الا ان نتائج الدراسات اثبتت فعاليته في اختيار افضل المرشحين. ويجب ان ندرك بان هذا الاسلوب يتطلب مهارة فائقة من قبل المقابل عند تقييم اداء المشاركين (المرشحين) ومن الافضل ان تكون لديه خبرة في علم النفس كما يستخدم مركز التقييم في تحديد افضل المرشحين للترقية الى منصب اداري في الادارة العليا.(٣٦)

اسئلة للمناقشة :

١- حدد بكلماتك المقصود بالتوظيف؟

٢- عدد مراحل التوظيف. واشرح مبينا اهمية دراستها؟

٣- اشرح للعلاقة بين الفرد والمنظمة اثناء مرحلة الاعلان والترغيب وبين اهميتها للاشخاص للتقدم للعمل في المنظمة؟

٤- اعط امثلة على ما يجب عمله، وتجنبه في المقابلة لاغراض اختيار الموظفين.

٥- قارن بين كافة انماط المقابلة من حيث فوائد واستخدامات كل منها، واعط امثلة على كل واحدة منها؟

٦- ما هي معايير اختيار الاشخاص وكيف يتم وصفها؟

٧- اي من طرق الاختيار يجب ان تستخدم عند اختيار سكرتيرة، ومدير تسويق، ونائب رئيس منظمة؟

٨- ما انواع الاختبارات؟ وكيف يمكن التأكد من صدق الاختبار كوسيلة اختيار؟

٩- ما هي الانتقادات التي يمكن توجيهها الى الاختبارات؟

١٠- ما هي اهمية التوجيه والتأهيل للموظف الجديد، اعط مثالاً لمراحل ومحتوى برنامج تأهيلي لموظف جديد في قسم المحاسبة في منظمة تعرفها؟

١١- كيف نستطيع التأكد من فعالية التوظيف؟ وما هي الاخطاء التي يمكن ان تنشأ وكيف يمكن معالجتها؟

١٢- ضع خطة تفصيلية لملء شاغر في المنظمة لوظيفة ادارية.

١٣- ما الفرق في نظرك بين اساليب الاختيار لوظيفة عمومية ووظيفة في مؤسسة خاصة؟

حالة ادارية

ارتفاع نسبة ترك العاملين بقسم المبيعات بالشركة العربية للاغذية

تقوم "الشركة العربية للاغذية" ببيع وتوزيع المواد الغذائية على تجار الجملة بالاعتماد على الطلبات التي ترد اليها باستخدام الهاتف. وتركز الشركة على قبول الطلبات من تجار الجملة ثم تجميعها وتوزيعها عليهم. ويعمل حوالي ٦٠% من العاملين في قسم المبيعات بالشركة. كانت ظروف العمل في الشركة ظروفا غير مواتية، فساعات العمل طويلة حيث يجب الرد على كل مكالمة ترد من تجار الجملة والتأكد من تلبية الطلبات وارسالها اليهم حتى وان كان ذلك بعد ساعات العمل الرسمية. كذلك فان المكاتب ضيقة تخلو من وسائل الراحة، مما ادى الى ارتفاع نسبة ترك العاملين للشركة.

أمام هذه الاوضاع قام رئيس قسم المبيعات بالاجتماع مع مدير ادارة الموارد البشرية بالشركة، ودار بينهما الحوار التالي:

رئيس قسم المبيعات:

- ان الاحوال في قسم المبيعات تقلقني. لذلك طلبت ان نلتقي معا لتدارس تلك الاحوال. من خلال دراستي لاحوال العاملين بالقسم فانه يمكن تقسيمهم الى فئتين: فئة مضى على تعيينهم بالشركة عامان او اكثر، وهم راضون عن عملهم ومبيعاتهم في ارتفاع دائما.

وفئة لم يمض على عملهم بالشركة الا عام او اقل وتتم معظم الاستقالات بينهم.

مدير ادارة الموارد البشرية:

- جميل، اكمل حديثك .

رئيس قسم المبيعات:

- لدى التحدث مع العاملين الذين استقالوا ابدى بعضهم الملاحظة التالية: "ان العمل في قسم المبيعات مرهق ولو انهم ادركوا طبيعة العمل وضرورة اجابة طلبات تجار الجملة على التلفون بعد ساعات الدوام الرسمية لما التحقوا باعمالهم" انني راض بشكل عام عن سياسة التعيين التي تتبعها ادارة الموارد البشرية. ولكن لا يمكن التغاضي عن ارتفاع نسبة ترك العاملين للشركة، فان هذا مكلف الى درجة كبيرة. نرجو ان نتعاون معا في الحصول على عمالة مستقرة في قسم المبيعات.

اسئلة للمناقشة :

١-   ما الخطة التي تقترحها لكي تحسن الشركة من اساليب اختيار العاملين لضمان عمالة مستقرة؟

٢-   ما الدور الذي تقترحه على رئيس قسم المبيعات للتقليل من نسبة دوران العاملين في قسمه؟

٣-   هل تعتقد ان المقابلة مع رئيس قسم المبيعات وقيامه بشرح ظروف واوضاع العمل قد تساعد في تحسين اسلوب الاختيار، ولماذا؟

الهوامش

١- منصور احمد منصور، **المبادئ العامة في ادارة الموارد العاملة**، (وكالة المطبوعات، الكويت ١٩٧٩)، ص ٩٤.

2- Dale Yader. **Personnel Management and Industrial Relations**, (Prentice-Hall, 1964) PP. 199-200.

3- William Glueck, **Personnel**, (Business Publications Inc. 1982), P. 246 . Also Ronald Schuler, **Personnel and Human Resource Management**, (West Publishing Company, 1981) P. 122.

4- Glueck , Op.cit, P. 251.

5- P. H. Hawk. **The Recruitment Function**. (AMA Com. The American Management Association, 1967).

6- David Cherrington. **Personnel Management** (Brown Company Publisher, lawa 1983) PP. 179-180.

٧- عبد الوهاب عبد الواسع، **علم ادارة الافراد**، (دار تهامة للنشر الرياض ١٩٨١)، ص ١٥٢-١٥٣. ايضا احمد راشد، **ادارة الافراد** (دار النهضة العربية، بيروت ١٩٨١) ص ١٥٤-١٥٥.

8- Cherrington, **Op.Cit**, P. 174.

9- Ibid.

10- Glueck. **Op.Cit**. P. 285.

١١- احمد راشد، **المرجع السابق**، ص ١٦٢.

12- M. Novit. **Essentials of Personnel Management** (Prentice-Hall 1979) P. 70 .

13- Cherrington, **Op.Cit**, PP. 201-202.

١٤- منصور احمد، **المصدر السابق**، ص ١٤٢، وايضا

Dale Beach, Personnel-**The Management of People at Work**, (Macmillan Publishing Company, 1980) PP. 271-2828.

15- Wendell French, **The Personnel Management Process** (Horghton Mifflin Company, 1978) P. 234.

Also See. R. McMurry 'Validating the Patterned Interview, Personnel, V. 23 (January 1974) PP. 263-272.

١٦- عادل حسن، **ادارة الافراد**، (دار الجامعت المصرية، الاسكندرية ١٩٨٢) ص ١٣٨-١٤٠. وكذلك حنفي سليمان. **الافراد** (دار الجامعات المصرية) ص ٢٤٣-٢٤٦. ومنصور احمد، المصدر السابق، ص ١٤٣-١٤٥.

17- Cherrington. **Op.Cit**, P. 223-226.

18- M. Carrol and F. Kuzmits, **Personnel . Management of Human Resources**, (Charles Merrill Publishing Company, 1982) P. 221.

19- N. Schmitt, **Social and Situational Determinants of Interview Dicision Personnel Psychology**, Vol. 24 (1976) PP. 79-102.

20- R.C. Carlson, 'Improvements in the Selection Interview' **Personnel Journal**. V. 50 (1971) PP. 268-275.

Also F. Landy, The Validity of Interview', **Journal of Applied Psychology**, V. 61 (1976) PP. 193-198.

٢١- عادل حسن، **المصدر السابق**، ص ١٤٦.

٢٢- احمد راشد، **المصدر السابق**، ص ١٥٥-١٦٩ وكذلك عادل حسن، **المصدر السابق**، ص ١٥٥.

٢٣- عاطف عبيد: **ادارة الافراد والعلاقات الانسانية** (القاهرة ١٩٧٠) ص٣٦٧.

24- Andrew Sikula, **Personnel Administration and Human Resource Management** (John Wiley, 1976) P. 190.

Also: M. Miner, **Personnel and Industrial Relations**. (Macmillan Company, 1973) P. 309.

٢٥- حنفي سليمان، **المصدر السابق**، ص٢٢١-٢٢٦.

٢٦- احمد صقر عاشور، **ادارة الموارد العاملة** (دار النهضة العربية للطباعة، بيروت، ١٩٨٣)، ص ٤٢٠-٤٢٣.

27- Glueck, **Op.Cit**. P. 308-309, Also, J. Dunn and E. Stephens. **Management of Personnel** (McGraw-Hill 1972).

٢٨- حنفي سليمان، **المصدر السابق**، ص ٢١٩-٢٢١ .

29- Sikula, **Op.Cit**, P. 195-197.

30- Carrol, Op.cit, P. 175.

31- M.D. Dunnetter, **Personnel Selective and Placement** (Broaks Publishing Company, 1966) P. 174-175.

٣٢- حنفي سليمان، **المصدر السابق**، ص ٢٤٨.

33- Charles Vaver, 'The Right Way to Straighten out a Young Manger' Nation Business, December, 1975) P. 62-64.

34- E. Gamersall and M.S. Myers, 'Break Through in on The Job Training'. **Harvard Business Review**. V. 44. PP. 62-72.

35- Glueck, **Op.Cit,** P. 239.

36- S.D. Norton, The Empirical and Content Validity of Assessment Center, V.S. Traditional Methods of Predicting Managerial Success, **Academy of Management Review** (1977) No. 2 PP. 442-453.

الفصل الثامن

تقييم الأداء

Performance Evaluation

أهداف الفصل :

يتوقع ان يتمكن الـداس مـن تحقيـق الاهـداف التاليـة بعـد دراسـة هـذا الفصل والتفاعل مع نشاطاته:

١- تحديد مفهوم تقييم الاداء وتوضيح اغراضه.

٢- توضيح خطوات تقييم الاداء .

٣- فهم المعايير الاساسية (الجوانب الاساسية) التي تقيَّم في اداء الموظف.

٤- اقتراح صيغة مقبولة لتوقيت اجراء تقييم الاداء.

٥- توضيح محـاذير ومزايـا المـداخل المختلفـة التـي تسـتخدم لتقيـيم اداء الموظف.

٦- ذكـر اشـهر ثـلاث ادوات تقيـيم تقليديـة، واشـهر ثـلاث ادوات تجريديـة حديثة.

٧- تحديد معنى الجوانب السلوكية في تقييم الاداء، وتوضيح ثلاثـة جوانـب منها.

٨- فهم خصائص المقابلة الفعالة والتغذية الراجعة الفعالة.

٩- اقتراح خمس سبل لجعل تقييم الاداء تقييماً فعالاً.

١٠- تنمية مهارة استخدام نموذج او اكثر من نمـاذج تقيـيم الاداء في مؤسسـات عامة أو خاصة في منظمة الدارس.

تقييم الأداء
(Performance Evaluation)

تملك جميع المنظمات التي نتعامل معها، سواء كانت عامة او خاصة نوعا من التقييم لاداء العاملين الذين يعملون بها. وقد يكون التقييم رسميا او غير رسمي. والواقع ان التقييم الرسمي هو محور اهتمامنا الغالب في ادارة الموارد البشرية.

يمكن تعريف تقييم الاداء بانه "عملية اصدار حكم عن اداء وسلوك العاملين في العمل. ويترتب على اصدار الحكم قرارات تتعلق بالاحتفاظ بالعاملين او ترقيتهم او نقلهم الى عمل آخر داخل المنظمة او خارجها، أو تنزيل درجتهم المالية، او تدريبهم وتنميتهم أو تأديبهم أو فصلهم والاستغناء عنهم".

وتحتل هذه العملية جزءا كبيرا من اهتمام القيادات الادارية، ومسؤولي ادارات الموارد البشرية، والعاملين انفسهم، وذلك لما للقرارات التي تترتب على عملية تقييم الأداء من نتائج ايجابية او سلبية على المنظمة والعاملين انفسهم.

ان تقييم الاداء يحقق في المنظمة اهدافا هذه ابرزها:

١- يزود تقييم الاداء متخذي القرارات في المنظمة بمعلومات عن اداء العاملين وهل هو اداء مُرضٍ أم غير مرضٍ.

٢- يساعد تقييم الاداء المسؤولين في المنظمة على الحكم على مدى اسهام العاملين في تحقيق اهداف المنظمة، وعلى انجازهم الشخصي.

٣- يشكل تقييم الاداء اداة لتقويم ضعف العاملين واقتراح اجراءات لتحسين ادائهم، وقد يأخذ التحسين شكل تدريب داخل المنظمة او خارجها.

٤- يسهم تقييم الاداء في اقتراح المكافآت المالية المناسبة للعاملين، ففي ضوء المعلومات التي يحصل عليها من تقييم الاداء يمكن زيادة رواتب العاملين او انقاصها بل ويمكن اقتراح نظام حوافز معين لهم.

٥- يكشف تقييم الاداء عن قدرات العاملين واقتراح امكانية ترقيتهم وتولي مناصب قيادية اعلى.

٦- يفيد تقييم الاداء في التخطيط للموارد البشرية في المنظمة فهو يشكل اداة مراجعة لمدى توفر موارد بشرية معينة بمؤهلات معينة واقتراح احلال موارد بشرية اخرى محلها.

٧- يعتبر تقييم الاداء وسيلة تغذية راجعة، فهو يبين المطلوب من العاملين وفق معايير اداء معينة.

٨- يمثل تقييم الاداء اداة اتصال بين العاملين من جهة وبين رؤسائهم من جهة اخرى، وقد يساعد في تحسين او اساءة الفهم المشترك بين الطرفين.

٩- يزود تقييم الاداء مسؤولي ادارات الموارد البشرية بمعلومات واقعية عن اداء واوضاع العاملين في المنظمة، مما يعتبر نقاط انطلاق لاجراء دراسات ميدانية تطبيقية تتناول اوضاع العاملين ومشكلاتهم وانتاجيتهم ومستقبل المنظمة نفسها.

١٠- يسهم تقييم الاداء في تزويد مسؤولي ادارات الموارد البشرية بمؤشرات تنبؤ لعمليات الاختيار والتعيين في المنظمة.

ان عملية تقييم الاداء عملية معقدة تتشابك فيها كثير من العوامل المتعلقة بالرؤساء والمشرفين، وبالمرؤوسين، والمناخ السائد في التنظيم، وبحضارة المجتمع نفسه. ولهذه العملية جوانب متعددة منها ما يلي:

١- ان تقييم الاداء يرتبط باستمرار بالنتائج، اي بنتائج الأعمال التي يقوم بها العاملون في الوظيفة.

٢- ان تقييم الاداء يرتبط كذلك بسلوك العاملين، أي بما يقوم به العاملون لاحداث نتائج معينة.

٣- ان سلوك العاملين قد يكون سلوكا ايجابيا او سلبيا، أي ان العاملين قد يقومون بعمل ما او يمتنعون عن القيام بعمل ما، وسواء قام العاملون بعمل او امتنعوا عن القيام به، فان ذلك يؤثر على النتائج التي تتحقق.

٤- ان تقييم الاداء ينصب في الاساس على السلوك الذي يمارسه العاملون في الوظيفة. ولكن تقييم الاداء قد يمس الممارسات التي تقع خارج النطاق الوظيفي وتحدث نتائج معينة ذات علاقة بالعمل الوظيفي.

٥- ان عملية تقييم الاداء عملية ذات مساس عاطفي شخصي بالموظف المقيَّم، فقد يذهب الانسان الذي يقيَّم الى الاعتقاد ان التقدير المتواضع الذي اثبته مشرفه في نموذج تقييم الاداء عنه يعكس عدم صلاحيته للعمل ومن ثم فانه انسان غير نافع وغير منتج. وقد يغيب عن بال المشرف والموظف والمقيَّم ان انسانا ما قد يقيم تقييَّما سلبياً في موقع، ولكنه يبدي تفوقا في موقع آخر وبيئة اخرى، ومن ثم يكون تقييمه مرتفعاً.

ان عملية تقييم الاداء عملية متشابكة، كما سبق وذكرنا، كما انها عملية ذات مساس بعمليات اخرى في ادارة الموارد البشرية، وتبسيطاً للموضوع وتوضيحاً له فاننا سنتناول الجوانب التالية منها:

١- خطوات تقييم الأداء.

٢- معايير تقييم الاداء (ماذا نقيِّم؟)

٣- توقيت اجراء تقييم الاداء (متى نقيِّم؟).

٤- الاطراف التي تقوم بعملية التقييم (من يقيِّم؟)

٥- طرق واساليب التقييم (كيف نقيِّم؟).

٦- الجوانب السلوكية في تقييم الاداء.

٧- وسائل جعل تقييم الاجاء تقييماً فعالاً.

خطوات تقييم الاداء:

عملية تقييم الاداء عملية معقدة، كما عرفنا، تتداخل فيها كثير من القوى والعوامل، ولذا فان على مقيمي الاداء من رؤساء ومشرفين ومسؤولين في ادارات الموارد البشرية ان يخططوا لها تخطيطاً جيداً، وان يتبعوا خطوات منطقية متسلسلة لكي يحقق تقييم الأداء اهدافه.

وقد اختلف الباحثون في عدد الخطوات التـي تتكـون منهـا عمليـة تقيـيم الاداء فبعضهم توسع في تلك الخطوات وبعضـهم ضـيَّق منهـا. فمـثلا جـاري لاثـام (Gary P. Latham) وكينيث وكسـلي (Kenneth N. Wexley) حـددا الخطـوات التالية لعملية تقييم الاداء [1] :

١- استعراض المتطلبات القانونية.

٢- اجراء تحليل الوظائف.

٣- تطوير اداء التقييم.

٤- اختيار الملاحظين (المقيِّمين) .

٥- تدريب الملاحظين (المقيِّمين).

٦- قياس الاداء.

٧- تزويد الموظفين بنتائج التقييم.

٨- وضع اهداف التقييم في ضوء النتائج.

٩- منح الثناء او الجزاء نتيجة تقييم الاداء.

ويمثل الشكل التالي هذه الخطوات:

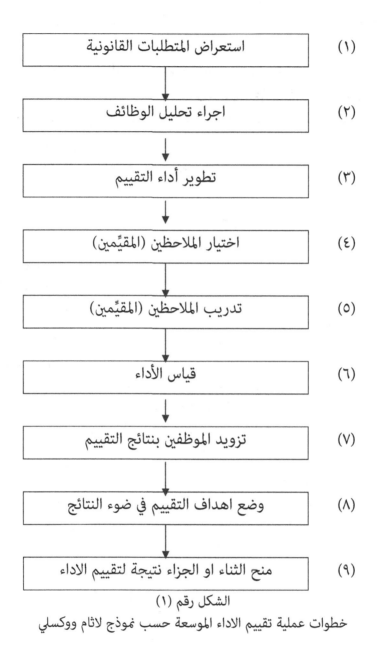

(١)	استعراض المتطلبات القانونية
(٢)	اجراء تحليل الوظائف
(٣)	تطوير أداء التقييم
(٤)	اختيار الملاحظين (المقيِّمين)
(٥)	تدريب الملاحظين (المقيِّمين)
(٦)	قياس الأداء
(٧)	تزويد الموظفين بنتائج التقييم
(٨)	وضع اهداف التقييم في ضوء النتائج
(٩)	منح الثناء او الجزاء نتيجة لتقييم الاداء

الشكل رقم (١)

خطوات عملية تقييم الاداء الموسعة حسب نموذج لاثام ووكسلي

اما وليم جلوك (William P. Glueck) فانه يقتصر على خمس خطوات في عملية الاداء وهي: [٢]

١- وضع السياسات الخاصة بتقييم الاداء، وتتعلق هذه السياسات بمتى نقيِّم وعدد مرات التقييم، وبمن يقيِّم، ومعايير التقييم وادوات وطرق التقييم.

٢- تكليف المقيمين بجمع المعلومات عن اداء العاملين.

٣- القيام بتقييم الاداء نفسه.

٤- مناقشة تقييم الاداء مع العاملين.

٥- اتخاذ القرارات المناسبة نتيجة للتقييم.

والواقع ان النموذج التالي نموذج بسيط وواضح ويبين خطوات التقييم بشكل دورة [٣]

١- وضع معايير الاداء.

٢- ملاحظة وتسجيل اداء العاملين.

٣- مقارنة الاداء بالمعايير الموضوعة.

٤- اتخاذ القرار المناسب في ضوء المقارنة.

ويمثل الشكل التالي دورة تقييم الاداء:

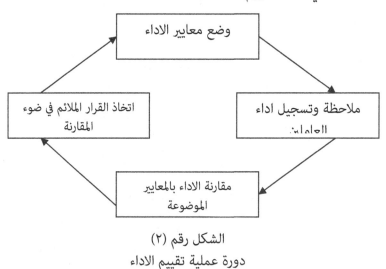

الشكل رقم (٢)

دورة عملية تقييم الاداء

معايير تقييم الأداء:

ان على مسؤولي ادارات الموارد البشرية، وهـم يضـعون نظامـا لتقييـم اداء العاملين، ان يجيبوا عن السؤال التالي:

ماذا نقيم في اداء الموظفين؟ وما الجوانب التي نقوم بتقييمها في اداء الموظفين؟ ان تحديد هذه الجوانب هو ما يسمى بتحديد معايير تقييم الاداء.

والواقع ان تحديد معايير تقييم الاداء امر ضروري لنجـاح نظـام تقيـيم الاداء لانـه يشكل ارضية واحدة ينطلق منها الاطراف اصحاب العلاقة في التقييم، وعلى رأسهم العاملون ورؤساؤهم ومن الامثلة على المعايير [٤]:

- معرفة العمل.
- القيادة.
- المبادأة.
- الابداع.
- نوعية الاداء.
- حجم العمل.
- التعاون.
- القدرة على اتخاذ القرارات.
- القدرة على حل المشكلات.
- القدرة على الاتصال.
- القدرة على التخطيط.
- القدرة على التنظيم.
- الاتجاهات نحو العمل.
- تفويض السلطات.

ومن الملاحظ ان هذه المعايير او الجوانب والعوامل عناصر متنوعة بعضها يتعلق بسـلوك الموظف ، وبعضها يتعلق بشخصيته ،وبعضها يتعلق بالنتائج والانجازات التي يحققها.

والواقع ان هذه العوامل تختلف فيما بينها بالنسبة لصعوبة او سهولة قياسها، وبالنسبة لمدى ارتباطها بالاداء او الجانب موضع القياس.
وفيما يلي نموذج يبين المعايير (العوامل) التي تقييم في أدوات التقييم [٥]:

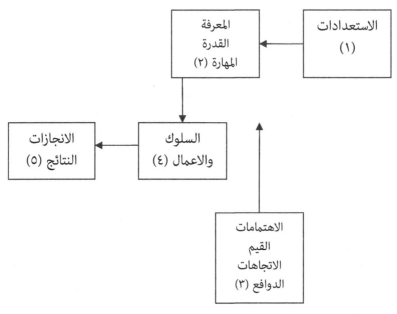

الشكل رقم (٣)
نموذج يبين المعايير (العوامل) التي تقيَّم

ويتبين لنا من ذلك النموذج ان العوامل التي تقيم يمكن وضعها في فئات ثلاثة هي:

١- النتائج (الصندوق رقم ٥):

تعتبر جهود الموظف التي تترجم الى نتائج جوانب تحظى باهتمام الرؤساء وفي معظم الاحيان فاننا نستطيع ان نقيس النتائج. ويمكن التعبير عن النتائج في بعض الوظائف في شكل ارقام مثل عدد الوحدات المنتجة، وفي حالات اخرى فاننا يجب ان نصدر حكما ما

لمعرفة نوعية وحجم النتائج المتحققة. على ان قياس النتائج لوحدها لا يكفي، بل يجب ان ندعم معرفتنا بالنتائج بمعرفتنا بالسلوك الذي يوضح جوانب مهمة من فعالية الموظف.

٢- السلوك (الصندوق رقم ٤):

ان السلوك عنصر مهم من عناصر التقييم، ورغم صعوبة قياسه، الا أنه عنصر مهم من عناصر التقييم لانه يضع النتائج المتحققة في سياقها الحقيقي، ويساعد في التخطيط للانشطة التطويرية المستقبلية (كالتدريب) للموظف.

٣- الشخصية (الصندوق رقم ١، ٢، ٣) :

الشخصية هي مجموع خصائص وسمات الشخص التي تميزه عن غيره. وتتضمن الشخصية عناصر مثل تكوين الانسان العاطفي والعقلي والجسمي. وكما توضح الصناديق ١، ٢، ٣ أعلاه، فان الشخصية تتكون من استعدادات الانسان (Aptitudes) ومعارفه، وقدراته، ومهاراته، واهتماماته، وقيمه، واتجاهاته، ودوافعه. ومن السمات الايجابية التي تتضمنها ادوات التقييم في العادة الابداع، والمبادأة والتعاون، ومدى تحمل الضغوط، والمعرفة بالعمل، والقدرات المختلفة التي يمتلكها الموظف لانجاز الاعمال.

ويمكن استنتاج عناصر الشخصية من السلوك الملاحظ والنتائج المتحققة.

ان شخصية الموظف عنصر اساسي من عناصر النجاح والانتاجية في قطاع الانتاج والخدمات . وثمة صعوبات تواجه المقيم عندما يقيم السمات الشخصية، ومنها:

- غموض المفاهيم المتعلقة بسمات الشخصية مثل مدى الاعتماد على الموظف، ومدى تحمله للضغوط، وتعاونه مع الاخرين.

- الاختلاف بين الباحثين حول عناصر الشخصية التي تسهم في اداء معين والوزن النسبي الذي يعطي لكل عنصر.

- وجود عناصر في شخصية الفرد يصعب قياسها والتحكم فيها، ولذا فانه يصعب على الموظف تغييرها، ولعل هذا يجعل الموظف يقف موقف العناد والدفاع عن النفس اذا ما قيمت تلك العناصر بطريقة تتطلب التحسين.

ان تلك المعايير (العوامل) التي تحدد تقييم الاداء تتناول بعدين من حياة الموظف: اداء الموظف الحالي، وامكاناته المستقبلية. ويدور نقاش واسع بين المهتمين بادارة الموارد

البشرية حول افضلية التركيز على اي مـن البعـدين. ومـن الواضـح ان تقيـيم الاداء يهتم بالاداء الحالي في الوظائف غير الاشرافية. اما المشرفون والمـديرون فيقيّمـون في ضوء ادائهم الحالي وامكاناتهم المستقبلية.

ومن المسائل المرتبطة بمعايير تقييم الاداء موضوع نوع المعايير وهـل هـي خصائص بشرية للعاملين ام اهداف يجب ان تنجز؟ ولقد حرص المـدخل التقليـدي على تقييم خصائص وسمات العاملين اما المداخل الحديثة فانها تركز على الاهداف التي تنجز، وتنظر الى تقييم الاداء على انه نظام ذو توجه تنموي تطـويري، ومهـما يكن من شيء فان ثمة خصائص لمعايير تقييم الاداء الفعالة، ومنها ما يلي:

١- يجـب ان تكـون المعـايير صـادقة (Valid) وذا ارتبـاط قـوي بالعوامـل وبمخرجات الوظيفة التي تقيم.

٢- يجـب ان تكـون المعـايير معـايير موضـوعية غـير متحيـزة فتقـيس سـمات الشخص وليس الشخص نفسه.

٣- يجب ان تكون المعايير متصلة باهداف المؤسسة.

٤- يجب ان تكون المعايير معايير عملية يمكن قياسها وتحديدها.

٥- يجب ان تركز المعايير على الجوانب الاساسية وليس الثانوية مـن الوظيفـة التي تقيم.

٦- يجب ان تأخذ المعايير بعين الاعتبار قدرات الموظف والمهام التي يمكـن ان تنجزها، وليس المهام التي لا يمكن السيطرة عليها والتحكم بها.

وتدل الدراسات العملية التي اجريت على معايير تقييم الاداء على ان نظام تقييم الاداء الفعال هو نظام تتعـدد فيـه المعـايير، ولـيس معيـاراً واحـداً او عـدداً ضئيلاً منها[٦].

ومن جهة أخرى فـان اختيـار معيـار معـين دون معيـار آخـر يعتمـد عـلى الهدف من تقييم الاداء. فاذا كان الهدف هو تحسـين الاداء الـوظيفي فـان المعيـار يجب ان يكون مرتبطاً بذلك الاداء، وان كان الهدف هو قيـاس القـدرات الاتصـالية الاجتماعية المستقبلية فان هذه الجوانب يجب ان تبرز في التقييم.

توقيت اجراء تقييم الاداء:

ان على مسؤولي ادارات الموارد البشرية ان يوضحوا التوقيت الذي يتم فيه تقييم الاداء. وثمة ثلاث قضايا مرتبطة بالسؤال **وهو متى نقيِّم؟**

القضية الأولى: وتتعلق بموضوع تقييم الاداء بشكل رسمي وتعبئة نموذج او نماذج معينة او تقييم الاداء بشكل غير رسمي واعطاء تغذية راجعة (Feedback) عن اداء موظف معين فمن الواضح ان تقييم الاداء غير الرسمي قد يتم بشكل متكرر دون ربطه بموعد معين. وعلى اي الاحوال فقد تعقب التغذية الراجعة اداء تقييم رسمي وتعبئة نموذج يقوم بها مشرف عن اداء موظف يعمل معه.

اما **القضية الثانية** فهي تتعلق بموعد تقييم الاداء.

تقوم بعض المنظمات بتقييم اداء الموظف بها بعد فترة (عام مثلا) من تعيينه، ويؤخذ تاريخ التعيين مثلا موعدا للتقييم.

وثمة منظمات تقوم بتقييم اداء الموظفين في نهاية العام الميلادي او الهجري، وهذا ما درج عليه نظام الخدمة المدنية في الاردن، اذ يقيم اداء موظفي الخدمة المدنية في نهاية العام الميلادي.

ان الاتجاه الحديث في تقييم الاداء يذهب الى ان تقييم الاداء يتم عند انهاء مهمة او عمل معين، وفي مدخل الادارة بالاهداف فان الرئيس والمرؤوس يتفقان على تقييم الاداء عند انجاز هدف معين.

أما **القضية الثالثة** فتتعلق بعدد مرات تقييم الاداء، وتشير دراسة اجريت في الولايات المتحدة الى ان ٧٤% من الموظفين و ٥٨% من العمال قد قيم اداؤهم مرة واحدة سنويا، وان ٢٥% من الموظفين و ٣٠% من العمال قد تم تقييم ادائهم مرة كل ستة أشهر. (٧)

اما في جهاز الخدمة المدنية في الاردن فينص النظام على تقييم عمل الموظف مرة واحدة في السنة على الاقل .

الاطراف التي تقوم بتقييم الاداء:

ان المدخل التقليدي المتبع في التقييم في منظمات القطاع العام والخاص في الدول النامية، ومنها الدول العربية، هي ان يقوم الرئيس المباشر للموظف بعملية التقييم ويسجل

اراءه على نموذج للتقييم، وقد يطلع الموظف على التقييم وفي غالب الاحيان لا يطلعه، ويلجأ الى نماذج التقييم احيانا عندما يراد اتخاذ قرار بشأنه كالنقل الى وظيفة اخرى، او الترقية او تنزيل الدرجة، او انهاء عمله.

لكن ادارة الموارد البشرية الحديثة تشير الى مداخل اخرى حديثة تشرك اطرافا اخرى في عملية التقييم مثل اشراك اكثر من مشرف في التقييم او استخدام المقيِّمين الخارجيين، او التقييم الذاتي، او تقييم الزملاء، او تقييم المرؤوسين، والنموذج التالي يوضح تلك المداخل:

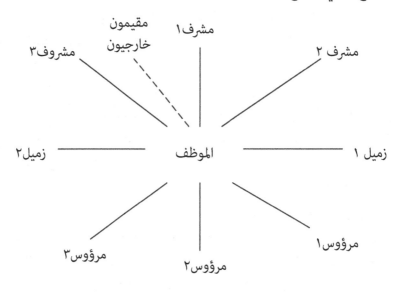

الشكل رقم (٤)

نموذج يبين مداخل تقييم اداء موظف باشراك اكثر من طرف

وسنتعرض الان الى هذه المداخل مبينين مزايا ومحاذير كل منها:

١- تقييم المشرف:

يعتبر المشرف الرئيس المباشر للموظف. ومن المفروض ان يكون اكثر الناس معرفة بعمل مرؤوسه، ومن ثم يفترض ان يكون تقييمه صادقا موضوعيا.

لهذا المدخل محاذير منها:

- ان المرؤوس قد يشعر انه مهدد لان في يد الرئيس سلطة الثواب والعقاب.
- ان هذا المدخل يعتبر اتصالا في اتجاه واحد، ومـن ثـم قـد يلجأ الموظف الى وسائل وحيل دفاعية تبريرية لتفسير ادائه.
- قد تعوز المشرف مهـارة الاتصـال ومهـارة اقامـة علاقـات انسـانية طيبـة مـع مرؤوسيه.
- قد يكون المشرف متحيزاً في تقييمه لاسباب كثيرة تتعلـق بـه او بـالموظف او بالمؤسسة ككل.

٢- تقييم عدد من المشرفين:

اذا شكلت لجنـة تضم عـددا مـن المشرفين الـذين يقومـون بتقييم اداء الموظف فان هذا كفيل بازالة اثر التجيز الذي قد يكون مشرف واحد متأثرا بـه. كما ان تقييم عـدد مـن المشرفين الـذين يكونـون عـلى اتصـال بـالموظف يضيف معلومات جديدة عن اداء ذلك الموظف.

ومن محاذير هذا المدخل انه يتطلب شيئا من الجهد والوقت، مما يضيف الى كلفة عملية التقييم.

تقييم خبراء خارجيين:

قد يكون المقيِّم الخارجي واحدا او اكـثر، ولهـذا النـوع مـن التقييم ميـزة تتمثل في ان المقيِّم الخـارجي قـد يعطـي صـورة موضـوعية، ولا يكـون منـدمجا في عمليات التنافس والاحتكاك الذاتي اليومي مع الموظفين.

ولكن من محاذير هـذا المـدخل انه يتطلب مـالاً ونفقـة قـد لا تطيقهما المنظمة. كما ان المقيِّم الخارجي قد لا يكون لديه الوقت الكافي لمعرفة ابعاد عمـل الموظف وتشابكاته، وقد تخدعه المظاهر الخارجية الشكلية. ويستخدم هذا النـوع من التقييم لتقييم وظائف على درجة كبيرة من الخطورة والحساسية.

٤- التقييم الذاتي:

ويستخدم هذا المدخل من قبل موظفين لاغـراض تطويرية وليس لاغـراض اصـدار حكم على اداء معين، وقد يستخدمه موظف او عامل يعمل في بيئة منعزلة عـن الاخرين. ومن مزايا هذا المدخل انه يشرك الموظف في عملية التقييم،ويساع في تحديد ادوار الموظف

وتقليص فرص الصراع في الادوار. ومن ثم يستخدم في الادارة بالاهداف بشكل واسع، ويجعل الموظفين اكثر التزاماً بتحقيق الاهداف التي اشتركوا في تحديدها.

ومن نقائص هذا المدخل انه قد تشوبه عملية متعمدة من التشويه والتحيز الشخصي يقوم بها الموظف نفسه.

٥- تقييم زملاء العمل:

يستخدم هذا المدخل حين يكون بين الموظف وزملائه اتصالات وعلاقات عمل مستمرة. ولابد لنجاحه من توفر قدر من الثقة بين الموظف وزملائه، ومن مزاياه انه يزود متخذي القرارات بمعلومات قيمة، لا سيما عندما لا تكون لديهم وسيلة للاتصال المباشر مع الموظف.

ومن محاذيره انه يكون قليل الفائدة في منظمة يقوم الثواب والعقاب فيها على التنافس الشديد بين العاملين، وعندما تكون الثقة بينهم ضعيفة او معدومة.

٦- تقييم المرؤوسين:

من مزايا هذا المدخل انه يزود الموظفين الرؤساء بمعلومات عن كيفية رؤية مرؤوسيهم لهم، مما قد يساعدهم على تعديل سلوكهم واتجاهاتهم نحو مرؤوسيهم، وهو يؤكد كذلك فكرة ان التقييم عملية اتصال في اتجاهين: تقييم الرئيس لمرؤوسيه وتقييم المرؤوس لرئيسه، مما يدعم فكرة التواصل الديمقراطي المفتوح في المنظمة.

ومن محاذيره ان المرؤوسين قد يميلون الى الرئيس المحبوب الشعبي الذي لا يكلفهم بواجبات ثقيلة ومن ثم يكون تقييمهم لادائه غير دقيق. كذلك فان المرؤوسين قد يبتعدون عن الدقة والصدق اذا شعروا ان رؤساءهم قد يعرفون اسماءهم بطريقة او باخرى.

ان لكل مدخل مزايا ومحاذير، ومن ثم فان الاقتراح الذي يمكن ان نقدمه هنا هو ان تستخدم المنظمة اكثر من مدخل لتفيد من مزايا كل، وتتجنب محاذيرها وان يكون ذلك احد العناصر التي تتضمنها سياسات تقييم الاداء بها.

وثمة معايير يمكن استخدامها لتحديد الطرف المقيم. وهذه المعايير هي:[٨]

١- مدى توافر الفرصة امام المقيِّم ليلاحظ اداء الموظف:

يجب ان تتوفر لدى المقيِّم فرصة كافية ليلاحظ اداء الموظف. بعبارة اخرى فإن المقيِّم يجب ان يكون في موقف يستطيع ان يجمع خلاله معلومات ذات صلة باداء الموظف. ويمكن تحقيق ذلك بواسطة الملاحظة المباشرة أو استعراض سجل الموظف وتقاريره، او التحدث مع اشخاص ذوي علاقة بالموظف.

٢- قدرة المقيِّم على الحكم:

تعتمد قدرة الموظف على اصدار حكم على وجود فهم واضح لمتطلبات الوظيفة ومعايير الاداء المقبول. ومن هنا فان على المقيم ان يعي جيدا اهداف نظام التقييم واجراءاته. ولقد اثبتت نتائج بعض الابحاث الميدانية ان المشرفين الاكفياء مشرفون يعطون تقييما سليما، بينما يميل المشرفون الاقل كفاءة الى منح تقديرات عالية للعاملين العاديين المتعاونين الذين لا يملكون تهديدا لمراكز مشرفيهم.

٣- وجهة نظر المقيِّم ووضعه الوظيفي:

يجب ان تتفق وجهة نظر المقيم مع هدف التقييم، لان وجهة النظر هذه تؤثر على اتجاه المقيم نحو اختيار الجوانب التي يرغب او لا يرغب في تقييمها. وكذلك فان وضعه الوظيفي كأن يكون خارج التنظيم او داخله، ويملك او لا يملك سلطة، يؤثر على مدى توفر الفرصة له للملاحظة، والقدرة على الحكم ووجهة نظره.

وفيما يلي نموذج يوضح معايير تحديد اطراف التقييم لاغراض المقارنة بين اكثر المداخل شيوعا واستخداما:

وجهة نظر ووضع المقيِّم الوظيفي	القدرة على الحكم	توفر الفرصة للملاحظة
تقييم المشرفين	تقييم المشرف	التقييم الذاتي
تقييم زملاء العمل	التقييم الذاتي	تقييم زملاء العمل
التقييم الذاتي	تقييم زملاء العمل	تقييم المشرف
تقييم المرؤوسين	تقييم المرؤوسين	تقييم المرؤوسين

الشكل رقم (٥)

نموذج يوضح معايير تحديد اطراف التقييم لاغراض المقارنة بينها

طرق وأساليب التقييم

ان تحديـد طـرق واسـاليب التقييم يعتبـر مـن الجوانـب الاساسـية التـي تتضمنها سياسة تقييم الاداء في ادارة الموارد البشرية. وتعج ادبيـات ادارة المـوارد البشرية وممارسات تقييم الاداء بعدد مـن النمـاذج والادوات او الطـرق واسـاليب التقييم. كما تختلف تلك الادبيات في القاعدة التي تستخدم لتصنيف تلـك الادوات والطرق فثمة تصنيف يقسم الادوات وفقا لمقارنتها مع موضوع ما.

ومن هنا فان ثمة ادوات وطرق تقارن الاداء الموظف المقيـم مـع آخـرين وادوات وطرق تقارنه مع معايير، وادوات وطرق تقارن الاداء مع الاهداف.

والتصنيف الذي نفضله هو ان نقسم الادوات الطرق الى اسـاليب تقليديـة معروفة، واساليب حديثة تجديدية، وسنستعرض الآن اكـثر هـذه الطـرق والادوات شيوعاً:

الاساليب والادوات التقليدية:

هناك اساليب وادوات متعددة تستخدمها منظمات القطاع العام والخـاص لتقييم اداء العاملين فيها. ومن اشهر هذه الاساليب والادوات:

١- سلم التقدير التمثيلي البياني (Graphic Rating Scale) :

وهو اكثر الادوات استخداما واقدمها. وفيها يقـدر اداء الموظـف او صـفاته على خط متصل يبدأ بدرجة قليلة وينتهـي بدرجـة مرتفعـة كـأن تكـون الـدرجات ضعيف جدا، ضعيف، متوسط، جيد، جيد جدا، ممتاز.

٢- قوائم الرصد وقوائم الرصد ذات الوزن النسبي للعناصر:

(Checklists and Weighted Checklists)

قائمـة الرصد هـي مجموعـة عبـارات وصـفية لانمـاط سـلوكية للموظـف في وظائف معينة، ومن الامثلة على هذه العبارات:

- نادرا ما يرتكب اخطاء.
- يحترمه زملاؤه.
- يعامل الجمهور معاملة طيبة .

فاذا اعتقد المقيم ان الموظف يمتلك ايا من السمات التي تتضمنها القائمة فانه يضع علامة امام تلك السمة، واذا كان الموظف لا يمتلك سمة ما فان المقيم يتركها دون وضع اشارة ازاءها. وتكون علامة الموظف مساوية لعدد البنود التي وضعت امامها الاشارة.

وثمة شكل معدل لقوائم الرصد، وهو قوائم الرصد ذات الوزن النسبي للعناصر. وفي هذا الشكل تحتوي القائمة على عدد من العبارات التي تصف انماطا سلوكية معينة. ويعطي لكل عبارة وزن وثقل يحدده الخبراء في ضوء اهمية العبارة. وعندما يقيم المقيم اداء الموظف ما فانه يضع اشارة ازاء العبارات التي تصف سلوك الموظف. اما علامة الموظف فهي متوسط اوزان العبارات التي وضع المقيم علامات ازاءها.

٣- اداة الوقائع (الاحداث) ذات الاهمية القصوى: (Critical Incident Technique)

وفي هذا الاسلوب يقوم المقيم بتسجيل الاحداث الاساسية التي كان الموظف فعالا او غير فعال فيها. وفي الغالب ما يقوم المشرف بتسجيل تلك الاحداث وليس الزملاء او المرؤوسون.

ومن مساوئ هذا الاسلوب انه يحتاج الى وقت طويل من جانب المقيِّم، كما انه لا يسجل اداء الموظف خلال عمله اليومي، وهو الاداء الذي يمثل فعاليته.

٤- المقال كأداة تقييم (Essay Type) :

وفي هذا الاسلوب يطلب الى المقيِّم ان يكتب مقالاً او تقريراً عن اداء الموظف وان يبرز نقاط قوته ونقاط ضعفه، ويمكن ان تكون المقالة مفتوحة او محددة بقائمة ارشادات ترشد المقيِّم الى النقاط التي سيعالجها.

وتستخدم بعض المنظمات هذه الاداة كأسلوب وحيد لتقييم اداء الموظف وتستخدمها منظمات اخرى بجانب ادوات متعددة. ويمكن ان يستخدم هذه الاداة المشرف وزملاء العمل والمرؤوسون. ومن محاذيرها انها تعتمد على مقدرة المقيم الادبية، كما قد يتدخل خيال المقيِّم في عملية التقييم.

٥- ادوات المقارنة بين العاملين:

وفي هذه الادوات يقوم المقيم بمقارنة اداء الموظف مع غيره من زملائه.
وثمة اشكال ثلاثة لادوات المقارنة:

أ- ترتيب العاملين تنازلياً (Rank Ordering)

وفي هذا الشكل يقوم المقيم بترتيب جميع العاملين في دائرة او قسم على خط متصل يتراوح بين ادنى الدرجات واعلى الدرجات، ويكون اساس التقييم الاداء العام الاجمالي للعاملين. ومن الواضح ان ثمة صعوبة في تطبيق هذا الاسلوب عندما يزيد عدد العاملين عن (٢٠) كذلك فان من السهل تقييم اداء العاملين البارزين او الضعفاء، اما تقييم اداء المتوسطين فانه اكثر صعوبة.

ب- المقارنة الثنائية (Paired Comparion)

وفي هذا الاسلوب يقوم المقيم بمقارنة الموظف بكل موظف من زملائه، والترتيب النهائي يكون بتحديد عدد المرات التي كان فيها الموظف متفوقا على الآخرين.

ج- طريقة التوزيع الاجباري (Forced-Distribution)

وتشبه هذه الطريقة طريقة توزيع علامات مجتمع احصائي على منحنى (Curve) وفيها يطلب الى المقيم ان يقيم عددا من الموظفين وفق توزيع معد سلفا (اجباري) وبالتالي يقوم بتقسيهم الى مجموعات على نحو التالي:

- المجموعة الأولى (مجموعة الرديئين) = ١٠% من العاملين.
- المجموعة الثانية (مجموعة الاقل من المتوسط) = ٢٠% من العاملين.
- المجموعة الثالثة (مجموعة المتوسطين) = ٤٠% من العاملين.
- المجموعة الرابعة (مجموعة الاعلى من متوسط) = ٢٠% من العاملين.
- المجموعة الخامسة (مجموعة الممتازين) = ١٠% من العاملين.

٦- اختبارات الاداء او اختبارات عينات عمل:

(Performance Test-Work Sample Tests)

وفيها يعطى العاملون بين الحين والآخر اختبارات ذات صلة باعمالهم وبناء على العلامات التي يحصلون عليها في تلك الاختبارات يرقون او تعدل رواتبهم. ومن الامثلة على هذه الاختبارات اختبار الطابعات او السائقين او الطيارين.

الاساليب والادوات الحديثة:

ويسمى بعض الباحثين هذه الاساليب اساليب تجديدية تطويرية (Developmental)

ان الاساليب والادوات المستخدمة في هـذه المجموعـة تقـيم اداء المـوظفين وتصلح لمعاونتهم على تنمية قدراتهم وطاقاتهم، ومن ثم تحقيق نتائج مرغوبة.

وتقـدم هـذه الاسـاليب والادوات ارشـادات محـددة، وهادفـة، ومرتبطـة بالوظيفة لتحسين الأداء. كما يحرص انصار هـذه الأسـاليب والادوات عـلى تحديـد معاني المفاهيم المستخدمة بشكل واضح ودقيق.

فالسلوك: هو ما يقوم به العاملون من اعمال في وظائفهم مثل املاء خطـاب عـلى السكرتيرة، او طباعة رسالة، او اعطاء اوامر للمرؤوسين.

امـا **الاداء** (Performance) فهـو السـلوك الـذي يقـيِّم في اطـار مـدى اسـهامه في تحقيق اهداف المنظمة.

اما **الفعالية** (Effectiveness) فهي مؤشرات لنتائج حققتهـا المنظمـة واسـهم فيهـا الفـرد جزئيـا، مثـل الاربـاح، ودوران العمـل، وكميـة الانتـاج المنتجـة، والمبيعـات، ومستوى الرواتب.

ان من الاهمية بمكان التفريق بين الاداء والفعالية باعتبـار ان الفعاليـة لا تشـير الى سلوك ما وتحقيق نتائج مباشرة، بل هـي محصلة لعوامـل اخـرى قـد تكـون خـارج سيطرة الفرد مثل الوضـع الاقتصـادي في البلـد، ونوعيـة المـواد الخـام المسـتخدمة، واسلوب القيادة في المنظمة وغير ذلك من العوامل.

ومن هنا فان الاساليب والادوات التجديدية تركـز عـلى العوامـل التـي تقـع تحـت سيطرة الموظف او الفرد المقيَّم.

وأهم الادوات والاساليب هنا ما يلي:

١- مراكز التقدير (Assessment Centers) :

مركز التقدير هو مكـان او بنـاء يـتم فيـه تقيـيم وتقـدير العـاملين. وفيـه يتعرض الموظف لعدد من الخبرات يقيم من خلاها اداؤه. ويقـوم بـذلك عـدد مـن المختصين المدربين. ومن تلك الخبرات دراسة حالات والقيام بتمثيـل ادوار واجتيـاز امتحانات شفوية وتحريرية. ان تقييم اداء الموظف من قبل عدد مـن الخـبراء هـو جوهر فكرة مراكز التقدير. وقد سبق ان عالجنا هذا الموضوع في فصل سابق.

مدخل "الادارة بالاهداف" :

تعتبر "الادارة بالاهداف" فلسفة تقوم على افتراضات اساسية منها ان العاملين في التنظيمات يميلون الى معرفة وفهم النواحي المتوقع منهم ان يقوموا بها، وان لديهم رغبة قوية في الاشتراك في عملية اتخاذ القرارات التي تؤثر على حياتهم ومستقبلهم، وانهم يرغبون في الوقوف على ادائهم في تلك التنظيمات، وهل هو اداء مرضٍ أم رديء [١٠]

كذلك تعتبر "الادارة بالاهداف" مدخلاً أو عملية تتكون من عدة خطوات، ويبين الشكل التالي هذه الخطوات:

الشكل رقم (٦)

خطوات مدخل "الادارة بالاهداف"

ومن هذا الشكل يتبين ان الخطوة الخامسة تمثل تقييم الاداء، وهي عملية تعاونية بين الرئيس والمرؤوسين ويكون محورها استعراض ومعرفة مدى تحقيق المرؤوس للاهداف التي سبق ان اشترك مع الرئيس في تحديدها. وفي ضوء هذا الاستعراض يتم اتخاذ قرارات بشأن الخطوات التي ستتبع في حالة اذا كان الاداء غير مرض او هامشيا او مرض او ممتازا. وتوضع لذلك خطة تفصيلية يكون هدفها تطويريا تنمويا.

والواقع ان "الادارة بالاهداف" كمدخل من مداخل تقييم الاداء تختلف عن الاساليب التقليدية في التقييم. ويبين الشكل التالي عناصر المقارنة بين الادارة بالاهداف وتلك الاساليب. [1]

اداة التقييم / عنصر المقارنة	الإدارة بالأهداف	الاساليب التقليدية
موضع الاهتمام	تحسين الاداء المستقبلي	الاداء المسبق
الهدف	تنمية الفرد	اصدار حكم عليه
دور الرئيس	المعاونة والرشد والنصح	اصدار حكم والتقييم
دور المرؤوس	المشاركة في التقييم بهدف التعلم	تبرير السلوك والدفاع عن النفس غالباً

الشكل رقم (٧)

نموذج يقارن بين مدخل "الادارة بالاهداف" والاساليب التقليدية في التقييم

٢- سلوك التقدير السلوكي: (Behaviorally-Anachored Rating Scales (BARS)

وتكمل هذه الادارة مدخل "الادارة بالاهداف" لانها تحاول ان تقيم كيف يتم الاداء واهم ملامح ههذ النظرية انها:

١- تبرز اهمية الاهداف التطويرية.
٢- تركز على الوظائف الفردية.
٣- تحدد السلوك الذي يقيم شكل محدد يمكن ملاحظته وقياسه.
٤- تفرق بين السلوك والاداء والفعالية (النتائج).

وفيما يلي خطوات تصميم الاداة :

١- يجب تحديد الوظائف التي ستستخدم فيها الاداة، ويقوم المشرفون في هذه الوظائف بتطوير واستخدام الادارة لتقييم اداء مرؤوسيهم فيها.

٢- على كل مشرف ان يكتب بين ٥ الى ١٠ عبارات تبين الاداء الفعال والاداء غير الفعال، وتكون هذه العبارات امثلة عملية لانماط سلوكية مورست في الوظيفة تحت الدراسة.

٣- تترجم هذه العبارات الى مقاييس (Scales) بفرز العبارات ووضعها في مجموعات تعكس بعداً ادائيا مشتركا، ليكون بعضها اداء فعال جدا والبعض الاخر اداء غير فعال مثلا.

٤- على المشرفين ان يكتبوا عبارات تقع بين هذين الحدين الادنى والاعلى. ومن هنا فانه يوضع خط متصل لسلوك مرتبط بالوظيفة وباوصاف لسلوك يتراوح بين اكثرها فعالية وادناها فعالية ولا توضع الا العبارات التي تعكس سلوكا يمكن ملاحظته.

٥- يقوم بتنقيح العبارات عدد من المشرفين قد يصل عددهم الى ١٢ مشرفا ويضعون تلك العبارات على مقياس يراوح بين (١) وتمثل الحد الادنى و (٩) وتمثل الحد الاعلى.

والنموذج التالي يمثل سلم التقدير السلوكي:

المقدرة التنظيمية لمرضة

تستخدم الممرضة الوقت والادوات وتستفيد من الممرضات العاملات معها بفعالية لتحافظ على مستوى عال من الرعاية للمرضى

تتضمن ملاحظتي لقدرة الممرضة التنظيمية ما يلي:

الوصف	الدرجة
تراجع ارشادات الطبيب مرات يوميا وتحتفظ بجداول دقيقة لتوزيع الادوية على المرضى	٩
	٨
....	٧
....	٦
....	٥
....	
لا تستطيع انجاز اعمالها وفقا لجدول معين	٤
لا تنجز عددا من الاعمال المهمة لتغادر المستشفى مبكرة.	٣
تقوم الممرضة بعدد من المشاوير الى غرفة التمريض لتحضر لفافة للمريض.	٢
	١
	٠

وفي ختـام هـذا الاسـتعراض لاسـاليب وادوات التقيـيم فاننـا نشـير الى ملاحظتين:

١- ان استخدام اكثر من اداة من ادوات التقييم كفيل باعطاء عمليـة تقيـيم الاداء، باعتبارها عملية اساسية في ادارة المـوارد البشرـية، بعـدها المناسـب كذلك فانه كفيل بضمان قدر من الموضوعية في التقييم.

٢- ان مصممي ادوات التقييم يجب ان يراعوا معيارين من معـايير التصـميم وهـما معيـار الصـدق (Validity) والثبـات (Reliability) وقـد سـبق ان عالجنا هذا الموضوع في فصل سابق.

الجوانب السلوكية في تقييم الاداء :

عرفنا ان عملية تقييم الاداء عملية معقدة تتفاعل فيها كثير مـن الجوانـب والعوامل والقوى. وتعتبر الجوانب السلوكية من ابرز الجوانب في هذه العمليـة، اذ ان عملية تقييم الاداء هي عملية تبادل وتفاعل بين طرفين هـما المقـيِّم والموظـف والمقيَّم بكل خلفياتهما الاجتماعية والاقتصادية والسيكولوجية والثقافية.

ونعني بالجوانب السلوكية هي كل ما يتعلـق بسـلوك الافـراد الاطـراف في عملية تقييم الاداء وهم المقيِّمون والعاملون المقيَّمون قبل عملية التقييم، واثناءها وبعـدها، مسـتعينين في دراسـة هـذه الجوانـب بنتـائج دراسـات وابحـاث العلـوم السلوكية الحديثة.

ونورد الآن الملاحظات التالية حول هذا التعريف:

١- ان دراسة الجوانب السـلوكية في تقيـيم الاداء امـر عـلى جانـب كبـير مـن الاهمية لان اخذها بعين الاعتبار كفيل بانجاح نظام تقييم الاداء، واهمالها ينعكس سلبيا على هذا النظام بوجـه خـاص وعـلى نظـام المـوارد البشرـية بشكل عام.

٢- ان هذه الجوانب تتناول ما يـتم قبـل عمليـة التقيـيم الاداء نفسـها، اذ ان شخصية كل من المقيم والمقيم وخلفياتهما، وطبيعة العلاقات بينهما تـؤثر على ما يتم اثناء عملية التقييم نفسها.

٣- ان الجوانب السلوكية تتصل بما يـتم اثنـاء عمليـة التقيـيم اي اثنـاء جمـع المعلومات عن اداء الموظف المقيَّم وتعبئة النماذج، واثناء عمليـة التغذيـة الراجعة التي يعطيها المشرف للموظف المقيَّم.

٤- ان للجوانب السلوكية امتدادا لما يتم بعد عملية التقييم اذ انه يعقب عملية التقييم قرارات ونتائج قد تكون قرارات ونتائج مقبولة من الموظف المقيَّم او غير مقبولة منه، مما يكون له انعكاس بطريقة او باخرى على اهداف المنظمة نفسها.

٥- اننا ونحن ندرس الجوانب السلوكية في عملية تقييم الاداء نحاول ان ندرسها بطريقة علمية مقبولة، مستعينين في ذلك بدراسات ونظريات العلوم السلوكية الحديثة، وعلى رأسها على النفس، وعلم النفس الاجتماعي، وعلم الاجتماع.

وسنركز في حديثنا عن الجوانب السلوكية في عملية تقييم الاداء على هذه الموضوعات:

- مشكلات سلوكية تتعلق بالمشرف المقيِّم.
- مشكلات سلوكية تتعلق بالمرؤوس المقيَّم.
- المقابلة الفعالة.
- التغذية الراجعة الفعالة.

مشكلات سلوكية تتعلق بالمشرف المقيِّم :

سنركز في حديثنا عن المقيم على المشرف الذي يقوم بعملية تقييم اداء الموظف غالبا. ويمكن ان نلخص المشكلات التي تتعلق به فيما يلي:

أ- ان المشرفين قد لا يعرفون جيدا ما يقوم به العاملون، ومن ثم لا يستطيعون ان يقيِّموا اداءهم بشكل موضوعي.

ب- وثمة مشكلة اخرى وهي انه حتى لو عرف المشرفون ما يقوم به العاملون، فانه قد لا تكون لديهم معايير واضحة لتقييم اداء العاملين ومن ثم يتلق العاملون تقييما غير سليمة نتيجة لتنوع واضطراب المعايير.

ج- ان هناك بعض المشرفين الذين يترددون في اعطاء تقييمات للعاملين، لا سيما اذا كانت تقييماتهم سلبية.

د- ان المشرفين يقعون اثناء تقييم في اخطاء، ومن هذه الاخطاء ما يلي:

١- الميل نحو الوسط في التقييم: (Central Tendency)

ويتضح هذا الخطأ عندما يميل المشرف المقيم الى تقييم كل العاملين على انهم متوسط في ادائهم، ويتردد في اعطاء تقدير ضعيف او ممتاز لبعض العاملين، والشكل التالي يبين هذا الخطأ :

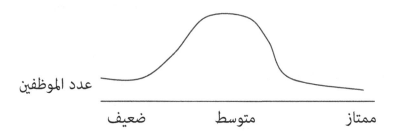

عدد الموظفين
ضعيف
متوسط
ممتاز

الشكل رقم (١٠)
شكل يبين الميل الى الوسطية

٢- الميل الى اللين او التشدد في التقييم (Leniencey or Strictness Tendency):

اما في الميل الى اللين فان المقيم يتجه الى اعطاء جميع العاملين تقديرات عالية، فيمنح العاملين ذوي الاداء الرديء تقديرات متوسطة، ويمنح البقية من العاملين تقديرا عاليا. ويبين الشكل التالي هذا الخطأ:

عدد الموظفين
ضعيف
متوسط
ممتاز

شكل يبين الميل الى اللين في التقييم
الشكل رقم (١١)

أما الميل الى التشدد فيكون عكس الميل الى اللين، فيعطي المقيم تقديرات متوسطة حتى للممتازين في ادائهم.

٣- اثر الهالة (خطأ الهالة) (Halo Effect) :

ويحدث هذا الخطأ عندما يسمح المقيِّم لجانب واحد من اداء الموظف المقيم ان يؤثر على تقديره العام لذلك الاداء. فاذا كان الموظف يجيد كتابة التقارير بشكل متفوق، فهو متفوق في كل النواحي لعلاقته مع الجمهور او الزملاء او المحافظة على الدوام، وهكذا.

معنى هذا ان المشرف المقيم عندما يؤثر موظفا فانه ينسب له انجازات او فضائل قد لا يملكها ذلك الموظف. ويطلق البعض على هذا الخطأ اسم (الخطأ الدائم) (Constant Error) .

٤- خطأ الاختلاف في فهم المعايير:

ينشأ هذا الخطأ عندما يكون هناك فهم مختلف لمعاني المعايير: فجيد ومقبول وممتاز تعني اشياء مختلفة لمقيمين مختلفين.

٥- تحيز السلوك الحديث (Recent-Behavior Bias)

يميل كثير من المقيمين الى نسيان وقائع وتفاصيل الاداء الماضي ويظل عالقا في اذهانهم اداء الموظفين في الاسابيع او الايام الاخيرة فقط وقد يكون ذلك الاداء رديئا او ممتازا، مما يجعل تقدير المشرف المقيم تقديرا متحيزا.

٦- **خطأ الوقوع في التحيزات الشخصية (Personal Biases)** :

يميل بعض المقيمين الى الانجذاب نحو صفات شخصية معينة، او قد يحملون كرها لمجموعات من الناس يتميزون بخصائص معينة كالتشابه في اللون او العقيدة او الجنس وتؤثر هذه التحيزات في تقييمهم لاداء العاملين معهم.

٧- الميل الى التقييم العشوائي (Tendency of Random Response) :

وهنا لا يهتم المقيم بمراعاة الدقة في تقديراته، بل يهتم بأن يقال عنه بانه غير متحيز. ومن ثم فانه يعطي وبشكل عشوائي (Randomly) تقديرات متفاوتة للعاملين دون ان تعكس تقديراته حقيقة اداء اولئك العاملين.

مشكلات تتعلق بالمرؤوس المقيَّم :

من المشكلات التي تتعلق بالمرؤوس المقيَّم ما يلي:

١- عدم معرفة الموظف ما هو متوقع منه.

٢- عدم قدرة الموظف على اداء ما هو متوقع منه.

٣- عدم فهم الموظف لنظام التقييم.

٤- شعور الموظف بالحيف والظلم وعدم الامان.

٥- ميل الموظف للكسل وعدم اهتمامه بنتائج التقييم.

٦- ثمة مشكلات توجد اخطاء في التقييم ولا يكون الموظف مسؤولا عنها مثل:

- وجود سمات وخصائص لديه تشبه خصائص المقيِّم، مما يجعل الاخير يتحيز له.

- الاقدمية في العمل.

- عمر الموظف كأن يكون كبير السن، مما قد يدفع رئيسه الى احترام سنه ومنحه تقديرا مرتفعا.

المقابلة الفعالة:

بعد ان يجمع المقيِّم معلوماته ويدرس اداء الموظف ويملأ نموذج التقييم الاداء (ان وجد) فان عليه ان ينقل نتائج التقييم الى الموظف المعني، فتتم بينهما مقابلة. ولقد سبق ان عالجنا موضوع المقابلة في الفصل الخاص بالتوظيف، ونود ان نشير هنا الى ان على المشرف ان يراعي خصائص المقابلة الفعالة واهمها ما يلي:

١-   الاستعداد الجيد من قبل المقابِل.

٢-   الحرص على ان يكون مناخ المقابلة مناخا وديا، لطيفا.

٣-   اتاحة الفرصة للموظف لان يعبر عن رأيه بحرية وصراحة.

٤-   الحـرص عـلى ان يركز الحـديث عـلى الاهـداف المستقبلية وكيـف يمكـن للمشرف ان يعاون في نمو الموظف.

٥-   الاتفاق على وضع خطة عمل لتلافي الاخطاء وتحسين الاداء.

التغذية الراجعة الفعالة (Effective Feedback) :

التغذية الراجعة هـي عملية اعطاء المشـرف معلومـات عـن اداء الموظف وقد تكون التغذية الراجعة سلبية (Negative) اي تبين النواحي التـي قصرـ فيها الموظف، او ايجابية بأن تبين بموضوعية نواحي الاجادة في ادائه.
وللتغذية الراجعة الفعالة خصائص هذه أهمها: [١٢]

• تكون محددة وليست عامة.

• تركز على السلوك والاداء وليس على النواحي الشخصية.

• تركز على السلوك والاداء اللذين يستطيع الموظف المتلقـي لهـا ان يتحكم فيهما.

• تكون ذات توقيـت مناسـب، فـلا تكـون متـأخرة، وتأخـذ بعـين الاعتبـار استعداد السامع لتلقيها.

• تحمل كمية مـن المعلومـات يستطيع المتلقي ان يستوعبها ويستخدمها وليس معلومات يرغب المشرف فقط في اعطائها.

• تركز على كيف تم الاداء وتبتعد عن اعطاء الاسباب والتعليل.

• تسمح للموظف ان يراجعها ويدقق فيها.

• تقوم على المشاركة في الاداء، وتبتعد عن اعطاء الاحكام واعطاء النصائح الخرافية.

وسائل جعل تقييم الاداء فعالاً:

لقد اجريت بعض الابحاث الميدانية على ممارسات تقييم الاداء في الولايات المتحدة[١٣] وخلصت تلك الابحاث الى النتائج التالية:

١- ان لدى معظم المنظمات برامج تقييم اداء رسمية وتستخدم اداتين او اكثر من ادوات تقييم الاداء.

٢- ان المنظمات كبيرة الحجم التي يزيد فيها عدد الموظفين على (٥٠٠) موظفاً ليست بالضرورة اكثر تطورا في برامج تقييم الاداء عن المنظمات صغيرة الحجم.

٣- يعتبر سلم التقدير التمثيلي البياني (Graphic Rating Scale) اكثر الادوات استخداما.

٤- انه رغم الحديث المسهب في ادبيات الادارة عن "الادارة بالاهداف" الا انه كمدخل لا يعتبر مدخلا واسع الانتشار بين المنظمات التي درست.

٥- ان معظم تقارير تقييم الاداء تقارير سنوية وتملأ من قبل المشرفين.

٦- ثمة منظمات قليلة تقوم بتدريب مقيميها على عملية التقييم.

٧- ثمة تناقض في رؤية المشرفين والموظفين لعملية التقييم فبينما تشعر الفئة الاولى ان تقييم الاداء يلبي حاجاتها، تشعر الفئة الثانية انه يقصر عن ذلك.

فاذا كانت الصورة بهذه القتامة في الدول الصناعية الغنية فانها ولا شك اكثر قتامة في الدول النامية ومنها الدول العربية. فلا تزال نماذج التقدير التمثيلي البياني هو الاكثر شيوعا.

كما ان تلك النماذج تملأ بعفوية، وتشوبها كثير من الاخطاء التي يقع فيها الرؤساء عند تعبئتها، ولا تزال تسمى تقارير سنوية مكتومة، وكثيرا ما ينظر اليها على انها اداة عقاب وليس اداة تطويرية.

ومن الوسائل التي نقترحها لجعل التقييم الاداء تقييما فعالا:

١- تبنى نظرة شمولية كلية لعملية تقييم الاداء، فتقييم الاداء نظام يتكون من مدخلات وعمليات ومخرجات، وهو جزء من نظام ادارة الموارد البشرية يتفاعل مع اجزائه وانظمته الفرعية. ومن هنا يرتبط تقييم الاداء بالمناخ التنظيمي وبطبيعة ومحتوى الوظيفة، ونظام الاجور، ونظام الحوافز والدوافع، وتخطيط الموارد البشرية وتنميتها.

٢- ينبغي تحديد اهداف نظام تقييم الاداء تحديدا جيدا.

٣- يحسن بمسؤولي ادارة الموارد البشرية ان يشركوا اكثر من طرف في عملية التقييم (كالتقييم الذاتي وتقييم المرؤوسين) وان يستخدموا اكثر من اداة من ادوات التقييم.

٤- ينبغي ان تكون فلسفة تقييم الاداء فلسفة تطويرية تجديدية، وليس عقابية واصدار الاحكام واعطاء النصائح، وان تركز على النتائج بدلا من شخصية الموظف.

٥- ينبغي اجراء المراجعة المستمرة لبرنامج تقييم الاداء في المنظمات والمؤسسات العربية.

٦- يحسن بمسؤولي ادارت البشرية الموارد ان يضعوا برامج لتدريب المشرفين على الاسس الحديثة في تقييم الاداء.

٧- ينبغي ان يبنى التقييم على تحليل لمتطلبات الوظيفة ومعايير الاداء.

٨- ينبغي ان تؤخذ حاجات الموظفين في المشاركة، وابداء الرأي في تصميم اي برنامج لاداء التقييم.

اسئلة للمناقشة

اجب عن الاسئلة التالية:

١- حدد بكلماتك الخاصة مفهوم تقييم الاداء في المنظمة.

٢- ما الاهداف التي يحققها تقييم الاداء في ادارة الموارد البشرية؟

٣- "عملية تقييم الاداء علمية معقدة تتشابك فيها كثير من العوامل والقوى والجوانب".

اشرح هذه العبارة شرحا وافيا، مستشهدا بامثلة.

٤- قارن بين نموذج لاثام ووكسلي، ونموذج وليم جلوك، ونموذج دورة عملية تقييم الاداء عن خطوات تقييم الاداء من حيث ضيق او اتساع الخطوات، والسهولة والصعوبة، وواقعية النموذج.

٥- ماذا نقصد بمعايير تقييم الاداء؟ وما خصائص المعايير الفعالة؟

٦- قارن بين النتائج والسلوك والشخصية كمعايير لتقييم الاداء من حيث سهولة او صعوبة القياس، وأهمية كل منها في نظام التقييم.

٧- قارن بين تقييم اداء موظف من قبل مشرف واحد، وعدد من المشرفين، واستخدام مقيمين خارجيين، والتقييم الذاتي، وتقييم الزملاء وتقييم المرؤوسين من حيث مزايا ومحاذير كل مدخل.

٨- عدد المعايير التي يمكن ان نستخدمها في تحديد اطراف تقييم الاداء.

٩- اذكر ثلاثا من اساليب (ادوات) التقييم التقليدية وثلاثا من اساليب (ادوات) التقييم الحديثة.

١٠- قارن بين كل وسائل (ادوات) التقييم التقليدية من حيث نقاط القوة ونقاط الضعف في كل منها.

١١- بماذا يتميز مدخل "الادارة بالاهداف" كمدخل في تقييم الاداء عن الاساليب التقليدية؟

١٢- ما معنى "الادارة بالاهداف"؟ وما خطواتها؟

١٣- حدد معنى وخطوات تصميم سلم التقدير السلوكي.

١٤- ما معنى الصدق والثبات في ادوات التقييم؟

١٥- حدد معنى الجوانب السلوكية في تقييم الاداء. وما دواعي اهتمام مسؤولي ادارات الموارد البشرية بها؟

١٦- ما الاخطاء التي يمكن ان يرتكبها المقيِّم عند تقييم الاداء؟

١٧- ما المشكلات التي تتعلق بالموظف المقيَّم بصفته طرفا في عملية التقييم؟

١٨- ما معنى المقابلة؟ وما انواعها؟ وما خصائص المقابلة الفعالة في تقييم الاداء؟

١٩- ما خصائص التغذية الراجعة الفعالة؟

٢٠- ما الوسائل التي تقترحها لجعل نظام تقييم الاداء نظاما فعالا؟

٢١- "تقييم الاداء كحزام الامان: الكثيرون يرون انه ضرورة ولكنهم لا يفضلون استخدامه".

هل تتفق ام تختلف في رأيك مع هذه العبارة؟ بين اسباب الاتفاق او الاختلاف؟

٢٢- ما معايير تقييم الاداء للوظائف التالية:

- وظيفة سكرتيرة   - سائق

- مروِّج ادوية   - مدير موظفين

- طيار   - آذن (فرَّاش) (مراسل)

حالة ادارية

تقييم اداء مكتوم ام علني؟

المشهد الأول

تسلم الدكتور سليمان خليفة ادارة (المعهد العربي للتنمية الادارية) قبل عامين. وقد عينه مجلس ادارة المعهد، لانه لمس فيه حماسا لتطوير المعهد الذي مضى على انشائه اكثر من عشرين عاما، ولم يكن له اثر يذكر في دفع عجلة التنمية الادارية في البلد الى الامام.

كان الدكتور خليفة متخصصا في تنمية الموارد البشرية وادارة شؤون الموظفين، وقد اخذ على عاتقه تطوير العمل في المعهد نفسه ليكون قدوة تحتذى في ممارساته الادارية من قبل المؤسسات الاخرى في البلد.

ابتدأ الدكتور سليمان برنامجه في التغير باعادة التظر في الاسلوب الذي يجري به تقييم اداء العاملين في المعهد. وقد لاحظ الدكتور خليفة ان شهر ديسمبر (كانون الاول) من كل عام، وهو شهر تعبئة نماذج تقييم الاداء المكتومة، شهر يتميز بخصائص معينة. ففيه تكثر زيارات الباحثين والمدربين له في المكتب، كما ان بعض الباحثين يرسمون على شفاههم ابتسامات عريضة لم يكونوا يعرفونها من قبل.

كذلك كان يلاحظ كثرة جلوس عدد من الباحثين والمدربين في مكتب السكرتيرة، مها عبد الرحمن، التي كانت تحتفظ بنماذج تقييم الاداء في خزانة المكتوم في غرفتها، بعد ان يملأها المدير.

كانت هذه المظاهر تزعجه، وكان اكثر ما يزعجه ان تقييم الاداء بالشكل الذي يتم فيه بالمعهد يسبب قلقا لدى عدد كبير منهم. فتقييم الاداء كان يتم بصورة سرية، ولا يطلع عليه الموظف ولا يناقشه فيه المدير، ومن ثم لا يعرف الموظف اذا كان قد اساء او اجاد في ادائه، كما كان يجهل اسباب ترقيته الى درجة اعلى او حجب الدرجة عنه.

وفي الاول من شهر ديسمبر (كانون الاول) هذا العام عقد الدكتور خليفة اجتماعا للباحثين والمدربين في غرفة الاجتماعات بالمعهد، وفاتحهم بما يشعر به ازاء تقييم الاداء في المعهد. ثم عرض عليهم فكرة ان يكون تقييم الاداء تقييما علنيا وشرح لهم الفكرة الجديدة قائلا:

- ان تقييم الاداء المكتوم لا يؤدي الاهـداف المرجـوة منـه. فلتقيـيم الاداء اهـداف منها تعزيـز السـلوك الايجـابي لـدى الموظـف، وتعـديل السـلوك السـلبي، وتزويـد متخـذي القـرارات بمعلومـات تسـاعدهم في ترقيـة الموظـف او زيـادة علاوتـه، او حجبها عنه او انزال عقوبة به . كما ان من اهدافه مساعدة المنظمـة في التخطـيط للمـوارد البشر-ية بهـا، وفـتح قنـوات الاتصـال بـين الرؤسـاء والمرؤوسـين، وتحديـد المجالات التي يعتريها الضعف في اداء الموظفين واقتراح بـرامج تدريبيـة ترفـع مـن كفاءتهم، ولكن كثيرا من هذه الاهداف لا تتحقق بسبب السرية والكـتمان اللـذين يحيطان بعملية التقييم الاداء في المعهد.

وأردف قائلا:

انني سأقترح الاساليب لتعبئة نماذج تقييم الاداء هذا العام:

١- ان يقوم المرؤوس بتعبئة النموذج بنفسه، واحالته لرئيسـه المبـاشر ليبـدي ملاحظاته عليه عن طريق النقاش المباشر معه والتوصل الى التقييم النهائي.

٢- ان يقوم الرئيس بتعبئة التقرير عن المرؤوس واحالته اليه ليبدي ملاحظاته عليه عن طريق النقاش المباشر والتوصل الى التقييم النهائي معا.

٣- ان يقوم الرئيس والمرؤوس بتعبئة النموذج سوية في جلسة حوار مباشر.

ارتسمت علامات الاستغراب على وجوه المجتمعـين، وقالـت الانسـة سـلمى خليـل، المدربة في المعهد:

- هل تريدني يا دكتور ان اعبئ التقرير السنوي عن نفسي، وان اضع تقديرا لنفسي- فأقول انني استحق (ممتاز) مثلا. لا يا سيدي، الانسان في حق نفسه ضعيف.

رد الدكتور خليفة قائلا:

- نعم، هذا ما اريده بالضبط، والتقدير النهائي سـيكون موضـع نقـاش بينـك وبـين رئيس التدريب، السيد سالم المحمد.

وأريد ان اضيف الى ذلك انني سأطلب من كل منكم ان يقيم اداءي وفقا للنموذج الخاص الذي اعددته لهذا الغرض. فعملية تقييم الاداء لا تقتصر على تقييم الرئيس والمرؤوس، بل تقييم المرؤوس للرئيس ايضا.

وهنـا ارتسـمت عـلى الوجـوه علامـات اسـتغراب اخـرى، ودار همـس ولغـط في الاجتماع.

المشهد الثاني

تجمعت على مكتب الـدكتور سليمان خليفـة، مـدير المعهـد، نمـاذج تقييم الاداء الخاصة بالعاملين بالمعهد، وقـد وقـع في نهاية كـل نمـوذج الموظف ورئيسـه، كمـا تجمعت امامه نماذج تقييم العاملين لادائه، وكانت غفلا من اي توقيع او اشارة الى اسم من قام بتعبئة النموذج.

المشهد الثالث

رفع الدكتور سليمان خليفة تقريرا اضافيا عن هذه التجربة الى مجلس ادارة المعهد وكان ما تضمنه التقرير ما يلي:

أ‌- لقد قاوم عدد كبير من الموظفين والمشرفين الاسلوب الجديد في تقييم الاداء.

ب‌- يلاحظ ان مقاومة التغيير لدى الموظف او المشرف تتناسب بشكل عكسيـ مـع درجة كفاءته او انتمائه للعمل.

ج‌- لقد خفت مظاهر القلق التي كانت تعم اغلب الموظفين في شهر ديسمبر مـن كل عام، شهر تعبئة نماذج تقييم الاداء.

د‌- لقد تراوح تقييم العاملين لاداء المدير الـدكتور سـليمان خليفـة بـين (ممتـاز) و (جيد جدا) فقـد منحـه (١٥) باحثا ومـدربا مـن مجمـوع الباحثين والمـدربين العاملين في المعهد وعددهم (٢٦) تقدير (ممتاز) ومنحه الاخرون تقدير (جيـد جدا).

هـ- في ضوء نتائج التجربة فان اسلوب تقييم الاداء العلني سـيعتمد في المعهـد في السنوات القادمة.

و- يقترح تصميم اسلوب تقييم الاداء العلني على المؤسسات التـي ترغـب في ذلـك البلد.

اسئلة للنقاش :

اجب عن الاسئلة التالية:

١- ما معنـى "التنميـة الاداريـة" ومـا اسـباب فشـل (المعهـد العربـي للتنميـة الاداريـة)، في نظرك، في دفع عجلة التنمية الى الامام في البلد؟

٢- يتميز اسلوب الدكتور خليفة، مدير المعهد، في ادخال التغييرات في المعهد بملامح من اسلوب "البحث الموجه نحو العمل" (Action Research) فما هو هذا الاسلوب؟ وما هذه الملامح؟

٣- ما مزايا ومساوئ تعبئة نماذج تقييم اداء العاملين بالاسلوب المكتوم والاسلوب العلني (ان وجدت)؟

٤- لماذا يقاوم العاملون في المنظمة التغيير؟

٥- "تقييم اداء العاملين عملية في اتجاهين" كيف طبق الدكتور خليفة هذه المقولة في معهده؟

٦- ماذا تتوقع ان يكون رد فعل اعضاء مجلس الادارة للتقرير الذي رفعه الدكتور خليفة الى المجلس عن تقييم اداء العاملين؟ فصل في اجابتك؟

الهوامش

1- Gary P. Katham and Kenneth N. Wexely , **Increasing Productivity Through Performance Appraisal** (Reading, Masschusetts Addison-Wesley Publishing Company, 1981), PP. 8-11.

2- William F. Glueck, Personnel : **A Diagnostic Approach** (Plano, Texas: Business Publications, Inc. 1982) P. 368.

3- Richard M. Hodgetts and Steven Altman, **Organizational Behavior** (Philadelphia: W. B. Saunders Company, 1979) P. 320.

4- Richard F. Olson, **Performance Appraisal . A Guide To Greater Productivity** (NewYork: John Wiley & Sons, Inc., 1981) P. 6.

5- Marlon G. Haynes, "Developing An Appraisal Program", **Personnel Journal,** (January 1978) P. 16.

6- Glueck, **Op.cit**, P. 378.

7- **Ibid**, P. 380.

8- Haynes**, Op.cit**. P. 18, 19.

9- Donald P. Crane, **Personnel. The Management of Human Resources;** Second Edition (Belmont, California: Wadsworth Publishing Company, Inc. 1979) P. 374.

١٠- د. عبد الباري درة "الادارة بالاهداف": "فلسفة ومـدخل فعـالان في الادارة" **مجلـة الادارة العامة،** العدد ٢٩، (مايو ١٩٨١)، ص٣٨.

١١- د. زهير الصباغ: "الادارة بالاهداف كأسلوب لتقييم الاداء" **مجلة التنميـة الاداريـة،** العـدد ١٦، اغسطس ١٩٨١، ص ١١-٣٣.

١٢- انظر ما يلي:

a-Randall S. Schuler, **Personnel and Human Resource Management.** (St. Paul: West Publishing Company, 1981) PP. 239-240.

b- Edgar F. Huse and James L. **Bowditch. Behavior in Organizations: A Systems Approach to Managing** (Reading, Massachussets: Addison Wesley Publishing Company, 1977), PP. 182-183.

١٣- انظر ما يلي:

a- Alan H. Locher and Kenneth S. Teel, "Performance Appraisal A Survey of Current Practices" **Personnel Journal** , (May 1977) PP. 245-254.

b- Edward E. Lawler III. Allan M. Mohrman, Jr. And Susan M. Resnick, "Performance Appraisal Revisited", **Organization Dynamics,** (Summer 1984) PP. 20-35.

الفصل التاسع

التدريب والتنمية

Training & Development (T & D)

أهداف الفصل :

يتوقع ان يحقق الدارس الاهداف التالية بعـد ان ينتهـي مـن دراسـة هـذا الفصل والتفاعل مع نشاطاته:

١- تحديد مفهوم التدريب والتنمية.

٢- توضيح العوامل التي تؤدي الى اداء الموظف الفعَّال.

٣- تعداد سبع من اسس ومبادئ فلسفة التدريب.

٤- تحديد معنى العملية التدريبية وعناصرها.

٥- تحديد الخطوات الرئيسية في مرحلة تصميم البرنامج التدريبي.

٦- تحديد الجوانب التي يجب ان يشـملها تنفيـذ البرنـامج التـدريبي بشـكل فعال.

٧- تحديد معنى تقييم البرنامج التدريبي ومتابعته.

التدريب والتنمية

(Training and Development) (T & D)

يعتبر نشاط التدريب والتنمية من الانشطة الاساسية والخطيرة في ادارة الموارد البشرية. وتنفق ادارات الموارد البشرية في الدول الغنية والنامية اموالا باهظة في تدريب الموارد البشرية وتنميتها، املا في ان تؤدي تلك الجهود التدريبية الى رفع كفاءة العاملين بها، ورفع انتاجيتهم، مما يساعد على تحقيق اهداف التنظيم.

ومن جهة اخرى فان العالم يشهد الان ما نستطيع ان نطلق عليه اسم "ثورة تدريبية" Training Revolution بمعنى ان ثمة برامج تدريبية عديدة تنظمها المنظمات والمؤسسات المختلفة، وموازنات كبيرة، كذلك فان من مظاهر هذه الثورة وجود مداخل وأساليب وتقنيات حديثة متعددة لابد من استخدامها اذا ما اريد للتدريب ان يحقق اهدافه بشكل فعَّال.

أولاً: تحديد مفهوم التدريب والتنمية.

ثانياًَ: فلسفة التدريب الاداري.

ثالثاً: العملية التدريبية.

أولاً: تحديد مفهوم التدريب والتنمية :

يحاول بعض الباحثين في التدريب ان يفرقوا بين تدريب الموارد البشرية في المؤسسات والتنظيمات الادارية وبين تنمية تلك الموارد فيها، فيحدد فريق منهم التدريب بوجه عام على انه نقل مهارات معينة، يغلب عليها ان تكون مهارات يدوية حركية، الى المتدربين وتوجيههم لاتقان تلك المهارات الى مستوى اداء مقبول. اما التنمية فيحددونها على انها تطوير المهارات العامة للعاملين في مؤسسة ما ليكونوا اكثر تهيؤا لقبول تحديات مهام جديدة اوكلت لهم. (1)

ويفرق بعضهم الاخر بين التدريب والتنمية وفق المعايير التالية (2):

- من هم فئات المشاركين في برنامج تدريبي أو تنموي؟
- ما الذي سنعلمه لاولئك المشاركين؟
- ما الاهداف التي نرمي اليها؟

- ما المدي الزمني الذي سيستغرقه النشاط التدريبي او التنموي؟

وللاجابة على هذه الاسئلة فان الاجابات عليها تكون وفق الجدول التالي:

المعيار	التدريب	التنمية
فئات المشاركين	العاملون من غير المديرين	المديرون
المحتوى	العمليات الفنية الميكانيكية	المفاهيم النظرية الفكرية
الاهداف	اهـداف تتعلـق بالعمـل او الوظيفة	المعرفة العامة
المدى الزمني	قصير المدى	طويل المدى

والواقع ان التفريق بين تدريب الموارد البشرية وتنميتها يعكس التـراث التـاريخي لحركـة التـدريب والتنميـة، فالبـاحثون والمـديرون في المؤسسـات في الاربعينـات والخمسينات من هذا القرن كانوا يتحدثون عن التدريب ثم تغيرات لغتهم وارادوا ان يكسبوا التـدريب بعـداً مسـتقبلياً نظرياً ودخل مفهوم التنميـة الى لغـتهم[٣] والواقع ان الفصل بين التـدريب والتنميـة يعكـس الخـلاف الفقهـي بـين البـاحثين، ولكنه لا يعني الكثير للمـدرب او المـدير، ومـن هنا فانـنا نجمع بـين مصطلحى التدريب والتنمية :

وتأسيساً على ما سبق فان التدريب والتنمية هما :

"الجهد المـنظم والمخطط لـه لتزويـد المـوارد البشرـية في الجهـاز الاداري بمعـارف معينة، وتحسين وتطوير مهاراتها وقدراتها، وتغيير سلوكها واتجاهاتها بشكل ايجابي بناء"[٤]

وثمة تعريف قريب من هذا التعريف تقدمه الدراسة المستفيضة التـي قامـت بهـا (الجمعية الأمريكية للتدريب والتنمية)[٥] :

(American Society for Training and Development - ASTD)

وحملت العنوان التالي: **"نماذج للتفوُّق : النتائج والتوصيات التي تضـمنتها دراسـة كفايات التدريب والتنمية الخاصة بالجمعية الأمريكية للتدريب والتنمية"**

"Models for Excellence The Conclusions and Recommendations for the ASTD Training and Development Competeney Study" .

يقول ذلك التعريف :

"التدريب والتنمية تخصص فرعي من تخصصات حقل الموارد البشرية في المنظمات يهتم بتحديد وتقدير وتطوير الكفايات الرئيسة للموارد البشرية (أي المعارف والمهارات والاتجاهات)، من خلال التعلُّم المخطط مـما يسـاعد الأفراد عـلى أداء وظائفهم الحالية والمستقبلية بفاعلية" .

من هذين التعريفين نستشف المعاني والأفكار التالية:

١- إن التدريب والتنمية، جهد منظم يقوم على التخطيط، وهو تخصص فرعي من تخصصات حقل الموارد البشرية.

٢- ان التدريب والتنمية يتناولان كفايات الموارد البشرية في التنظيم، وهذه الكفايات هـي المعارف والمهارات والاتجاهات، ويحرص على تنميتها وتطويرها. ونعني بالكفاية هنا مجال المعرفة أو مهارة ذات تأثير حاسم في انتاج مخرجات رئيسة.

٣- تتم تنمية وتطوير الكفايات من خلال التعلُّم المنظَّم المخطط لاحداث التغيير المطلوب في سلوك العاملين في التنظيمات ومـن ثم فأن فهم نظريات التعلم الحديثة من أولى مهام المدرب الفعال.

٤- ان التـدريب ذو توجه عمـلي يركـز عـلى الأداء (Performance) الحالي والمستقبلي، فيحاول رفع مستواه.

٥- يعود التـدريب بالفائـدة عـلى الأفراد والجماعـات الصغيرة والتنظيمات والمجتمع، فيؤدى إلى تحسين قدرات الأفراد على حل المشكلات، والقيادة والشعور بالرضا، ويؤدي إلى تقوية الأواصر بين الجماعات الصغيرة وفتح قنوات الاتصال بينها، وترتفع بواسطته الفعالية في التنظيم والانتاجيـة في المجتمع.

٦- ولتحقيق هذه الفوائد والنتائج التي أشرنا إليها فـلا بـد أن تتضافر جهـود التخصصات الفرعية الأخرى في حقل ادارة الموارد البشرية في المنظمة مع التدريب والتنميـة. ويمكن اعتبـار هـذه التخصصـات الفرعية اجـزاء في "عجلة الموارد البشرية".

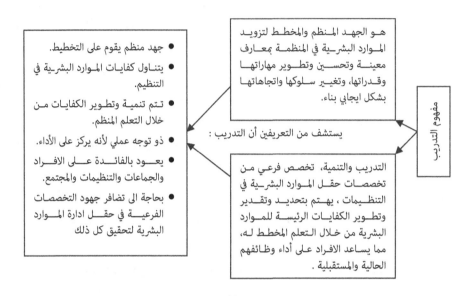

الشكل (١)

مفهوم التدريب والتنمية

والواقع ان التـدريب، بصـفته عمليـة منظمـة مسـتمرة، يرمـي الى تزويـد المـوارد البشرية في التنظيم بمعارف ومهارات واتجاهات ايجابية، اي انـه يرمـي الى تحسـين اداء تلك الموارد البشرية في العمل ليكون اداء فعالاً.

والاداء الفعال لاي موظف لعمله يعني تحقيق نتائج معينة يتطلبها ذلك العمل، من خلال قيام الموظف بـاعمال ومهام معينـة تتفـق وسياسـات اجـراءات وظـروف بيئة التنظيم الذي يعمل فيه ذلك الموظف.

ان الاداء الفعال لاي موظف هو محصلة تفاعل عوامل كثيرة، وابرزها هنا ما يلي:^(٦)

١- كفايات الموظف (Competencies) : ونعني بها معلوماته ومهاراته واتجاهاته وقيمه. فكفايات الموظف هي خصائصه الاساسية التي تنتج اداء فعالا يقوم به ذلك الموظف.

٢- متطلبات العمل (الوظيفة): ونعني بها المهام او المسؤوليات او الادوار التي يتطلبها عمل من الاعمال او وظيفة من الوظائف.

٣- بيئة التنظيم: وتتكون من عوامل داخلية وعوامل خارجية. ومن العوامل الداخلية التي تؤثر في الاداء الفعال للموظف اهداف التنظيم وهيكله والاجراءات المستخدمة فيه، وموارده ومركزه الاستراتيجي، ومن العوامل الخارجية التي تشكل بيئة التنظيم العوامل الاقتصادية والاجتماعية والتكنولوجية والحضارية والسياسية والقانونية.

ومها يهمنا هو ان التدريب ينصب على كفايات الموظف يحاول تحسينها وتطويرها. ولكن الاداء الفعال في النهاية لا تحدده الكفايات فقط بل تتفاعل معه متطلبات الوظيفة وبيئة التنظيم.

ويمكن وضع ذلك كله في المعادلة التالية:

الاداء الفعال لاي موظف = كفايات الموظف × متطلبات الوظيفة × بيئة التنظيم

كما يمكن تصوير ذلك من خلال تداخل دوائر ثلاثة هي دائرة كفايات الموظف، ودائرة متطلبات العمل (الوظيفة)، ودائرة بيئة التنظيم، وجميعها تنتج اداء فعالا ويبين ذلك كله الشكل التالي:

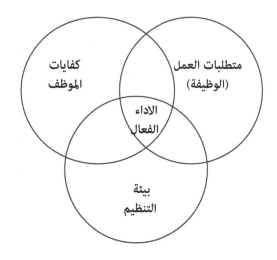

كفايات الموظف

متطلبات العمل (الوظيفة)

الاداء الفعال

بيئة التنظيم

الشكل رقم (٢)
نموذج يبين العوامل التي تنتج الاداء الفعال لعمل ما

والواقع ان محـددات الاداء الفعـال تحتـاج الى بعـض التفصيل، لان ذلـك يلقي ضوءا على دور التدريب وفلسفته في المنظمات.

ان الاداء الانساني (البشري) لاي موظف هو في الواقع محصلة لدافعية ذلك الموظف للعمل وقدرته على العمل. ودافعية الموظف للعمل هي نتـاج لاتجاهاتـه في موقف معين. وقدرته هي نتيجة تفاعل معارفه ومهاراته.[٧]

هذه هي المعـادلات التي تحكـم الاداء الانسـاني، ولكـن الاداء الانسـاني لا يعمل من فراغ، انه يعمل في تنظيم له مـوارده ومحدداتـه وقيـوده. ومـن ثـم فاننـا نستطيع القـول ان الاداء التنظيمـي المؤسسـي ـ (Organizational Performance) هي نتاج تفاعل الاداء الانساني بكل مكوناته وموارد ذلك التنظيم وقيوده.

ونستطيع الان ان نضع ما سبق قوله في معادلات على الشكل التالي:
الاداء الانساني (البشري) = الدافعية × القدرة

الدافعية = الاتجاهات × المواقف

القدرة = المعارف × المهارات

الاداء التنظيمي = الاداء الانساني × الموارد والقيود

نخلص مما سبق الى الامور التالية:

١- ان للتدريب صلة مباشرة باداء الموظف، فبالتدريب نستطيع ان نزود الموظف بمعارف معينة، ونستطيع ان ننمي مهاراته واتجاهاته، فاذا ما استخدم ذلك الموظف تلك الكفايات (المعارف والمهارات والاتجاهات) واظهر مستوى معينا من الاتقان في العمل نستطيع ان نقول ان التدريب حقق اهدافه

٢- ان الاداء في النهاية ليس محصلة التدريب وحده بل هناك متغيرات وعوامل اخرى، ومنها متطلبات الوظيفة ومواصفاتها، وهناك كذلك البيئة العامة للتنظيم المتمثلة فيما لدى التنظيم من موارد مادية وغير مادية وما هناك من قيود ومحددات خاصة بالتنظيم وخاصة بالمجتمع الكبير الذي يعمل فيه التنظيم.

٣- تأسيسا على ما سبق لا يعتبر التدريب بلسماً شافياً لكل انواع النقص والعجز في اداء العاملين في المنظمات، فقد يكون مرده انخفاض الروح المعنوية او انخفاض الانتاجية او تكرار اخطاء فنية معينة، أي اسباب وعوامل لا يستطيع التدريب ان يعالجها، ومن هذه الاسباب ضعف نظام الحوافز في المؤسسة، او الاسلوب القيادي للمديرين بها، او الهيكل التنظيمي لها. ومن هنا فان على تلك المنظمات ان تتبنى مداخل غير مداخل التدريب فقد يكمن العلاج في ادخال نظام جديد للحوافز او في اعادة النظر في الهيكل التنظيمي، ونظام الاتصالات فيه، او تغير النمط القيادي السائد، او تحديد متطلبات جديدة للعمل واعادة تنظيم الوظيفة.

والواقع ان هذا هو اساس من اسس حركة تكنولوجيا الاداء البشري (Human Performance Technology) التي سنتحدث عنها ببعض التفصيل في الفصل الاخير من هذا الكتاب.

٤- يعتبر التدريب نمطاً من انماط الانظمة التعليمية (Learning Systems) او شكلا من اشكال تنمية الموارد البشرية (Human Resource Development) ومن تلك الانظمة او الاشكال التربية (Education) [٨]

وما دام التدريب نظاما تعليميا او شكلا من اشكال تنمية الموارد البشرية فانه يتضمن عنصرا تعلماً (Learning Element) فالتعلم هو تغير في السلوك الانساني او اكتساب المتعلم لمعارف ومهارات واتجاهات مرتبطة بموقف معين.

وهذا كله يعني ان على المهتمين بالتدريب الاحاطة بنظريات التعلم ومبادئه، ليكون تعلم المتدربين فعالا.

ثانياً: فلسفة التدريب والتنمية : [٩]

للتدريب فلسفة تقوم على اسس ومبادئ، هذه اهمها:

- التدريب جزء من التنمية الادارية ووسيلة من وسائلها.
- التدريب وسيلة اساسية تتكامل مع وظائف وانشطة ادارة الموارد البشرية الحديثة.
- التدريب عملية شاملة.
- التدريب عملية مستمرة.
- التدريب عملية مخططة تتكون من عمليات فرعية مترابطة.
- التدريب يجب ان يكون ذات معنى للمشاركين.
- التدريب يجب ان يستند الى نظريات العلوم السلوكية الحديثة.
- التدريب ينبغي ان يراعي مبدأي الكفاية والفعالية.
- التدريب يجب ان يكون متجدداً دوماً.
- التدريب يجب ان يتكامل مع الاستشارات الادارية والبحوث الادارية.

وسنحاول الان ان نعالج كل اساس او مبدأ من هذه الاسس والمبادئ ببعض التفصيل:

١- يعتبر التدريب جزءا من التنمية الادارية ووسيلة من وسائلها:

لقد تبنت الدول النامية، ومنها الدول العربية، منذ الخمسينات من هذا القرن خططاً تنموية طموحة تهدف الى رفع مستوى المعيشة بين مواطنيها، وزيادة الانتاج القومي، ونشر العدالة الاجتماعية بين جميع قطاعات الشعب.

وادركت تلك الدول ومنذ الستينات والسبعينات مـن هـذا القـرن ان كثيراً من المشروعات التي تتضمنها الخطط التنموية قد اصابها الفشل، كـما ادركت ان عدداً من اهدافها التنموية الكبيرة لم يتحقق. ولعل من الاسباب الرئيسـية في ذلك الفشل هو غياب تصور شامل لمفهوم التنمية، تتكامل فيه الجوانـب الاقتصادية والاجتماعية والسياسية والادارية، ذلك ان هذه الجوانب تتفاعل مع بعضها بعضا تفاعلا ديناميكيا، كما ان ذلك الفشل قد يعزى الى اهـمال الادارة التـي تلعـب دورا اساسيا في العملية التنمية تخطيطاً وتنفيذاً ومتابعـة، فالتنميـة الاداريـة يجب ان تسير جنبا الى جنب مع التنمية الاقتصادية والاجتماعية لتزيد قدرة اجهزة التنميـة، وترفعها الى المستوى المطلوب.

ولقد عرفت التنميـة الاداريـة اكثر مـن تعريف، ولعـل مـن أهمهـا ذلك التعريف الذي يذهب الى انها "تلك الجهود التي يجب بـذلها باستمرار لتطوير الجهاز الاداري في الدولة سعيا وراء رفع مستوى القدرة الادارية عن طريق وضـع الهياكـل التنظيميـة الملائمـة لحاجـات التنمية، وتبسيط نظام العمـل واجراءاتـه، ومحاولة تنميـة سلـوك ايجابي لـدى الموظفين تجـاه اجهـزتهم والمتعاونين معهـا، وتحسين بيئة العمل التي تؤثر في الجهاز الاداري وتتأثر بـه، وذلك لتحقيـق اهـداف خطط التنمية الاقتصادية بكفاية عالية وباقل التكاليف (١٠)

فالتدريب اذن هو احد المداخل للتنمية الادارية، وهـو وسـيلة مهمـة مـن وسائلها، اذ انه يرمي الى تنميـة انمـاط سلـوكية ايجابيـة لـدى الموارد البشـرية في التنظيمات.

٢- يعتبر التدريب وظيفة اساسية تتكامـل مـع وظـائف وانشطة ادارة المـوارد البشرية الحديثة:

لقد اتجهت المؤسسات والمنظمات الحديثة في العقـود الاخيرة الى تأسيس ادارات الموارد البشرية بها، واصبحت النظرة الى هذه الادارات نظرة جديدة متغيرة، فلم تعد ادارات شؤون الموظفين تقوم بواجبات ومهام روتينية مثل نشر الاعلانات عن الوظائف الجديدة، او حفظ السجلات الخاصة بالعاملين في المنظمة، او تنظيم الحفلات التي تقام لتكريم المتقاعدين من الموظفين، بل غدت ادارات متميزة للموارد البشرية في المنظمة، تقوم بانشطة ومهام خطيرة يرتبط بعضها ببعض ارتباطا وثيقا، ومن هذه الانشطة والمهام: التخطيط للموارد البشرية في المنظمة، وجذب اختيار المـوارد البشـرية المناسبة، وتقديـم بـرامج تأهيل المـوظفين

الجدد، وتدريب الموظفين العاملين وتنميتهم، وتقييم ادائهم، وتقديم رواتب ومزايا اضافية مناسبة لهم.

فالتدريب يحتل وظيفة اساسية في ادارات الموارد البشرية الحديثة، لانه يساعد الموظفين الجدد على التكيف في المنظمة التي ينضمون اليها، ولانه يزود الموارد البشرية في المنظمة بكفايات تحسن من ادائهم، وتعاونهم على استيعاب المستجد من وسائل وطرق واساليب حديثة في العمل، ورغم ان تلك المؤسسات تنفق كثيرا من الاموال الطائلة على التدريب، الا ان شعور متخذي القرارات بها ان انفاق تلك الاموال لا يعتبر استهلاكا قصير المدى، بل استثماراً مجزياً طويل المدى يعود على المنظمة في التحليل النهائي بمردودات ايجابية ترفع من قدرة الاداء بها.

٣- التدريب عملية شاملة:

يجب ان تشمل جميع المستويات الادارية في المنظمة، من قيادات عليا ووسطى ودنيا ومن عاملين ومشغلين بها، وهو ايضا عملية شاملة، اي يجب ان يشمل جميع التخصصات سواء كانوا في ادارة الانتاج او المالية او المحاسبة او العلاقات العامة او ادارة شؤون الموظفين . [١١]

٤- التدريب عملية مستمرة :

فهي تبدأ قبل التحاق الموظف بالخدمة في شكل برامج تقدم لطالبي الوظائف، وتكون عند بدء التحاق الموظف بالعمل وتهيئته له، وتكون بعد انتظامه في العمل اما تصحيحا لوضع غير مرض او اكسابا لمهارة جديدة له.

٥- التدريب عملية مخططة تتكون من عمليات ومراحل فرعية مترابطة :

والنظرة لهذه العمليات يجب ان تكون نظرة كلية مترابطة، فكل واحدة تؤثر في الاخرى، ونجاح احدها او فشله يعتمد ويؤثر على نجاح او فشل الاخرى.

واهم العمليات الفرعية في العملية التدريبية:

- تصميم البرنامج التدريبي.
- تنفيذ البرنامج التدريبي.
- تقييم ومتابعة البرنامج التدريبي.

٦- ان التدريب يجب ان يكون ذا معنى للمشاركين وللمنظمة:

ويمكن تحقيق ذلك عـن تقـدير دقيـق للاحتياجـات التدريبيـة، واسـتخدام الاساليب التدريبية العلمية التي تشرك المشاركين وتدمجهم في العمليـة التدريبيـة، وبايجاد مناخ صحي يفضي الى التعلم الفعال.

٧- ان التدريـب يجب ان يسـتند الى نظريـات العلـوم السـلوكية الحديثـة، ومنهـا نظريات التعلم:

من اهم العلوم السـلوكية الحديثـة التـي عـلى التـدريب ان يسـتمد منهـا نظرياته وممارساته علم النفس، وعلم النفس الاجتماعي، وعلم الاجتماع.

على اننا هنا سنركز على نظريات التعلم.

التعلم هو تغير يمكن ملاحظته في سلوك المـتعلم، وعمليـة الـتعلم عمليـة معقـدة تؤثر عليها كثير من العوامل والموارد. فمقدار التعلم ومدى الاتقان فيه يعتمد على عوامل منها: قدرات المتعلم، ورغبته، ودافعيته للتعلم، ومدى اندماجه واشتراكه في عملية التعلم واتجاهه نحو المدرب، وتوافر واستخدام التقنيات السمعية البصريـة، والمناخ النفسي العام، والتسهيلات المادية المتـوفرة، ومـدى حداثـة وواقعيـة المـادة المقدمة، والجزاءات والتعزيزات المرتبطة بالتعلم.

ومعنى هذا ان المشرفين عـلى اي برنـامج تـدريبي يجـب ان يأخـذوا هـذه العوامل المتشابكة بعين الاعتبار ليكون تعلم المشاركين تعلم فعالا.

لقد كتب في مبادئ التعلم عدد مـن العلـماء السـلوكيين المحـدثين ومـنهم كيرت ليفين (Kurt Kewin) وب. ف سكنر (Skinner) ومالكولم نولز (Malcolm Knowles) وروبرت ميجر (Robert Mager) وج.ر كيـد (J.R. Kidd) وجـوردون ليبيت (Gordon Lippit) وديفيد كولب (David Klob) [١٢]. نستطيع ان نخلـص بمبادئ التعلم التالية التي يجب مراعاتها في التدريب:

١- التعلم عملية ناشطة فاعلة، ومـن ثـم يجـب ان يكـون المتـدربون فـاعلين وليسوا سلبيين في عملية التعلم.

٢- التعلم عملية هادفة، وليست عبارة عن رد فعل (reflex) ومن ثـم يجـب ربط التعلم بهدف، وان يكون ذلك من دافعية التعلم.

٣- يجب توفير دافعية للمتعلم للتعلم.
٤- يجب اتاحة الفرصة للمتعلم لكي يمارس ما تعلم.
٥- ينبغي اتاحة الفرصة للمتعلم للشعور بالرضا، وتلبية حاجاته اثناء عملية التعلم.
٦- يجب اعطاء تغذية راجعة للمتعلم، وتعزيز السلوك المقبول لديه.
٧- ينبغي بلورة معايير واضحة للاداء يقيم في ضوئها تعلم المتدرب.
٨- يرتبط التعلم ارتباطا مباشرا بالانتباة والتركيز، ومن ثم يجب الحرص على الاستئثار بانتباه المتعلم وتوفير التركيز عنده.
٩- ينبغي مراعاة الحداثة في المادة المقدمة، واستخدام التكرار في التدريب.
١٠- للتعلم مستويات عدة: المعارف والمهارات والاتجاهات، وينبغي ان يتم التعلم على جميع هذه المستويات اذا اردنا للاداء في العمل ان يتحسن لدى المتدرب.
١١- لجميع الافراد استعداد للتعلم، ومن ثم يكون القول السائد "انك لو تستطيع ان تعلم انسانا هرما وتقدمت به السن"، قولا غير صحيح.
١٢- ينبغي استخدام التقنيات السمعية البصرية بشكل فعال، لما لها من مردود ايجابي على عملية التعلم.
١٣- التعلم المبني على الخبرة (Experiential Learning) نوع من التعلم الذي يجب ان يستخدم باستمرار في التدريب، وهذا النمط من التعلم هو ذلك التغير الدائم او شبه الدائم الذي يحدث في سلوك المتعلم نتيجة اشتراكه وتعرضه لموقف تعليمي يكون فيه المتعلم نشطا، فاعلا، مستمتعا، متأملا، مستنتجا، ويكون ذلك عن طريق استخدام الحالات الادارية، والمباريات الادارية، والمشروعات العملية، والتمارين المختلفة. وفي هذا النمط من التعلم يكون للمتعلم مراحل اربعة هي:
- الخبرة الملموسة: وفيها يجب ان تكون لدى المتعلم القدرة على الاشتراك والاندماج دون تحفظ في خبرات ملموسة جديدة.
- الملاحظة والتأمل (Observation and Reflection) وفيها يقوم المتعلم بملاحظة تلك الخبرات والتأمل فيها من زوايا مختلفة.

- مرحلة التجريد العقلي (Abstract Conceptualization) وفيها يقوم المتعلم بتوليد مفاهيم تضم وتجمع ملاحظاته في تعميم او نظرية منطقية.

- مرحلة التجريب الحي النشط (Active Experimentation) وفيها يقوم المتعلم باستخدام تلك النظريات لاتخاذ قرارات وحل مشكلات تواجهه في العمل.

١٤- التعلم عملية فردية (Individualistic Process) فكل متعلم يتعلم وفقا لشخصيته وخبراته، وادراكه، وتوقعاته، واستعداداته، وسنه، ولكل فرد سرعة معينة في التعلم، ومن ثم ينبغي مراعاة الفروق الفردية بين المتعلمين واستخدام استراتيجيات تدريبية متنوعة، ومنها التنويع في اساليب التدريب.

٨- ينبغي مراعاة مبدأي الكفاءة (Efficiency) والفعالية (Effectiveness) في التدريب:

يحيط اللبس بهذين المفهومين في الادارة بشكل عام وفي التدريب بشكل خاص. فالكفاءة هي اداء الأعمال بشكل صحيح، اما الفعالية فهي القيام بالاشياء الصحيحة بالشكل الصحيح. ومعنى هذا ان الكفاءة تنصب على اداء الاشياء بشكل منتظم ودقيق، واعداد كل شيء بحيث تتم خطوات العمل بشكل منتظم، وتوفير النفقات والتقليل من الهدر في استخدام الموارد، اما الفعالية فهي ذات مفهوم اوسع فهي لا تحرص على اداء الاعمال بشكل صحيح فقط، بل تريد ايضا ان تبحث عن الامور الصحيحة بالشكل السليم الصحيح. فمعنى هذا ان الفعالية ترتبط بالاهداف ارتباطا وثيقا، فهي لا تحرص على انجاز اي هدف مهما كان تافها، بل يجب ان يكون هدفا ذا معنى، وهي ترتبط كذلك بتحقيق النتائج، أو ان تحول الجهد الى نتائج ملموسة.

ان الفعالية هي الهدف الذي نسعى اليه في التدريب، مع عدم التضحية بالكفاءة. والفعالية في التدريب هي محصلة ما يقوم به المدربون والمتدربون، فلكي يكون البرنامج التدريبي برنامجا فعالا فانه يجب ان ينهض كل المدربين والمتدربين بمسؤولياتهم، فعلى المدربين ان يديروا المواقف التدريبية بشكل جيد، وعلى المتدربين – اغلب المتدربين- ان يحققوا مستوى معقولا من الاتقان. معنى هذا ان فعالية المدربين والمتدربين مرتبطة بما ينجزونه، وما يحققونه من نتائج.

ولكي يكون البرنامج التدريبي برنامجا فعالا، فانه يجب اخذ متطلبات المهمة التدريبية بعين الاعتبار، وكذلك ينبغي الاهتمام بحاجات المتدربين، وان يجري التوفيق بينهما، وهذا يستلزم تفريد التدريب.

٩- يجب على التدريب ان يكون متجددا دوما:

ومعنى ذلك ان التدريب يجب ان يفيد من كل جديد: فلسفة ومناهج واساليب وتقنيات، وتخطيطا وتنفيذا وتقييما. ان التدريب يواجه في المجتمعات تحديا هائلا يتمثل في طبيعة المشكلات المعقدة التي عليه ان يواجهها والتطلعات التي عليه ان يحققها ومستحدثات العلم والتكنولوجيا التي يستوعبها.

١٠- يجب ان يتكامل التدريب مع الاستشارات الادارية والبحوث الادارية:

لعل من أهم نقاط الضغف التي يعاني منها التدريب في العالم العربي انفصاله عن الاستشارات الادارية والبحوث الادارية. والنظرة الصحيحة للتدريب هي تلك النظرة التي يتكامل فيها التدريب مع النشاطين الاخرين الذين تقومان بها مؤسسات التنمية الادارية. وفي هذه الحالة فان التدريب يفتح الباب واسعا للقيام باستشارات عملية ويطرح مشكلات لتعالجها البحوث الادارية. كذلك فان المشكلات التي تبرزها الاستشارات والبحوث يصلح لان تكون مجالات يجري التدريب فيها.

ثالثاً: العملية التدريبية

هي مجموع الانشطة او العمليات الفرعية التي توجه لعدد من المتدربين لتحقيق اهداف معينة في برنامج تدريبي معين وتحدث الاثر او الاثار المطلوبة فيه.

لقد اختلف الباحثون في عدد العمليات الفرعية التي يمكن ان تشملها العملية التدريبية، فبعضهم توسع في خطواتها [١٣] والبعض الاخر ضيق في عدد الخطوات[١٤] وكذلك اختلف الباحثون في عدد العناصر التي تشملها كل عملية فرعية.

والواقع اننا سنؤثر النموذج الذي يصور العملية التدريبية باعتبارها عملية مخططة، ذات عمليات فرعية مترابطة هي:

- تصميم البرنامج التدريبي.
- تنفيذ البرنامج التدريبي.

- تقييم ومتابعة البرنامج التدريبي.

والشكل التالي يبين مراحل العملية التدريبية او عملياتها الفرعية:

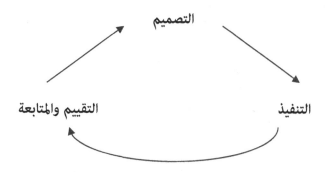

شكل يبين مراحل العملية التدريبية
(عملياتها الفرعية)
الشكل رقم (٣)

وسنتحدث الان ببعض التفصيل عن كل عملية فرعية:

(أولاً): تصميم البرنامج التدريبي:

تعتبر مرحلة تصميم البرنامج من أهم المراحل في العملية التدريبية وذلك للاسباب التالية:

- ان مرحلة تصميم البرنامج التدريبي تتكون من عدة عناصر أو مراحل فرعية، وبالتالي فهي ليست سهلة، بل عملية معقدة، تتشابك مع عدد من المتغيرات والموارد والعوامل داخل النظام التدربيي وخارجه.
- ان نجاح البرنامج التدريبي يعتمد في الاساس على التصميم الدقيق الجيد لذلك البرنامج.

أما أهم خطوات او عناصر تصميم البرنامج التدريبي فهي ما يلي ويبينها الشكل رقم(٤):

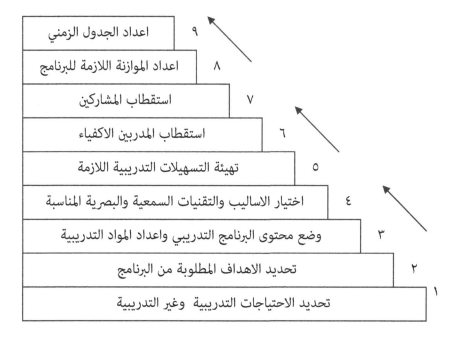

	اعداد الجدول الزمني	٩
	اعداد الموازنة اللازمة للبرنامج	٨
	استقطاب المشاركين	٧
	استقطاب المدربين الاكفياء	٦
	تهيئة التسهيلات التدريبية اللازمة	٥
	اختيار الاساليب والتقنيات السمعية والبصرية المناسبة	٤
	وضع محتوى البرنامج التدريبي واعداد المواد التدريبية	٣
	تحديد الاهداف المطلوبة من البرنامج	٢
	تحديد الاحتياجات التدريبية وغير التدريبية	١

الشكل رقم (٤)
خطوات تصميم البرنامج التدريبي

١- تحديد الاحتياجات التدريبية وغير التدريبية:

ان مرحلة تحديد الاحتياجات التدريبية هي من العناصر الخطيرة في هـذه العملية، لان التحديد الـدقيق للاحتياجـات التدريبيـة يسـاعد عـلى جعـل النشـاط التدريبي نشاطاً هادفاً ذا معنى للمنظمة والمتدربين، ويجعله كذلك نشاطاً واقعياً ويوفر كثيراً من الجهود والنفقات.

وعندما نقول ان هناك احتياجا تدريبيا في مؤسسة ما فاننا نفهم مـن ذلـك ان هناك نقصا او فجوة في جزء ما من تلك المنظمة وان التدريب المـنظم المخطط يمكن ان يتلافي ذلك النقص او يغطي تلـك الفجـوة، فالتـدريب اذن يعـاون في سـد نقص او عجز معين في المنظمة.

فالحاجة التدريبية تعني وجود تناقض او اختلاف حالي او مستقبلي بين وضع قائم وبين وضع مرغوب فيه في اداء منظمة او وظيفة او افراد في اي من المعارف او المهارات او الاتجاهات او في هذه النواحي جميعاً. [١٥]

من هذا التعريف تتبين لنا الامور التالية:

(١) ان الحاجة التدريبية تمثل تناقضاً او نقصاً او فجوة بين وضع قائم وبين وضع مرغوب فيه.

(٢) ان النقص يكون في الاداء المتعلق بمنظمة (Organization) او وظيفة (Occupation) او افراد (Individuals) ومن ثم فانه يمكن القول ان تحديد الاحتياجات التدريبية يتم على مستويات ثلاثة:

أ- مستوى المنظمة: وعلى هذا المستوى فاننا نسأل السؤال التالي: اين توجد الحاجة الى التدريب في المنظمة هل هو في دائرة معينة كالانتاج او التسويق مثلا او في مجموعة من العاملين كالمحاسبين مثلا او الكتبة او الطابعات.

ب- مستوى الوظيفة: وهنا نسأل السؤال التالي: ما المعارف والمهارات والاتجاهات التي تتطلبها وظيفة من الوظائف كوظيفة مدرب او محلل مالي مثلا؟ وهنا نستعين بالتحليل الوظيفي (Job Analysis) لتقدير الحاجة التدريبية، اي ننظر الى الوصف الوظيفي (Job Description) ومواصفات الوظيفة [١٦] (Job Specifications) .

ج- مستوى الافراد: وهنا يسأل السؤال التالي: من هم الافراد الذين يحتاجون الى تدريب في المنظمة؟ وما المعارف والاتجاهات التي تحتاج الى تنمية وتطوير لديهم؟

(٣) ان التدريب يردم الفجوة بين الوضع الحالي والوضع المرغوب فيه في الاداء في نواحي معينة مثل المعارف والمهارات او الاتجاهات او فيها جميعا. ويوضح الشكل التالي هذه الفكرة.

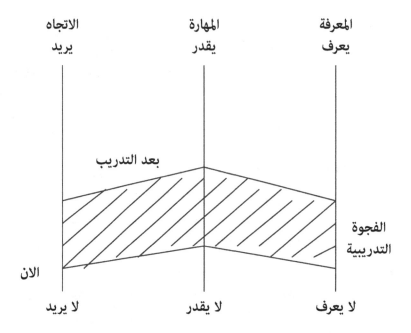

الشكل رقم (٥)
نموذج يبين مفهوم تقدير الاحتياجات التدريبية والفجوة التدريبية

(٤)   ان نقل المنظمة او الوظيفة او الافراد من وضع قائم غير مقبـول الى وضـع
احسن مقبول قد يكون ذا مدى قصير، ويمثل حاجة تدريبية عاجلة ملحـة،
وقد يكون ذا مدى ويمثل حاجة تدريبية مستقبلية.

ولتقدير الاحتياجات التدريبية، على اي مستوى من المستويات، وسواء كانت انيـة
او مستقبلية، فاننا نستخدم عددا من الاسـاليب لجمـع المعلومـات [١٧] ومـن هـذه
الأساليب:

- المقابلة: وقد تكون مقابلة منمطة او نصف منمطة او حرة.
- الاستبانة.
- الملاحظة.
- اليوميات.
- تقارير العمل.

- تقارير تقييم الاداء.
- المواد المطبوعة.
- النقاش في رمز، ومن اشكالها العصف الفكري (Brainstorming)
- الاختبارات.

ومن المعروف ان لكل من هذه الاساليب مزايا ومحاذير، كما انها قد تستخدم مع الافراد لوحدهم او في جماعات. ولعل من المفيد هنا ان يستخدم المدرب عددا من هذه الاساليب لكي يفيد في نواحي القوة فيها ويتجنب نواحي الضعف بها.

ومن ناحية أخرى فان تحليلنا للأداء قد ينتج عنه حاجات تدريبية أي نقصاً نعالجه بالتدريب او حاجات غير تدريبية نعالجها بحلول غير التدريب مثل ادخال التكنولوجيا او تغيير اساليب العمل او تعيين موظفين جدد أو الاستغناء عن موظفين أو غير ذلك من الحلول.

٢- تحديد الاهداف المطلوبة من البرنامج التدريبي:

بعد ان يكون المدرب قد استخدم الاساليب المختلفة في تحديد الاحتياجات التدريبية، فان عليه ان يحدد الاهداف التي يتوقع ان تتحقق بعد ان يتعرض المشتركون في البرنامج التدريبي للخبرات المختلفة فيه.

ان صياغة الاهداف علمية اساسية وصعبة في نفس الوقت، اساسية لان النشاط التدريبي يتحدد في ضوئها، وصعبة لانها تحتاج الى كثير من الخبرة، كما ان يجب ان تتوافر فيها مواصفات معينة لتكون اهدافا جيدة، ومن هذه المواصفات ما يلي:

أ- ان تكون اهدافا تعلمية تختصر الفجوة بين موقف المتدرب (المتعلم) من حيث المعلومات والمهارات والاتجاهات وبين الوضع الذي سيؤول اليه بعد تعرضه للخبرات التدريبية.

وبعبارة اخرى، فان هذه الاهداف يجب ان تجيب على الاسئلة التالية:
- ما المعلومات التي يملكها المتدرب الان؟
- ما المهارات التي يتقنها المتدرب الان؟
- ما الاتجاهات التي تحكم سلوك المتدرب الان؟

- ما المعلومات والمهارات والاتجاهات التي نريد للمتدرب ان يكتسبها بعد انتهائه من البرنامج التدريبي؟

ب- يجب ان تحدد سلوكياً، اي يجب ان تنص على نتاجات ونتائج يمكن قياسها وان تبتعد عن العموميات والغموض.

ج- يجب ان تكون واقعية يمكن تحقيقها وليس صعبة المنال.

د- ينبغي ان تنسجم مع سياسات المؤسسة وفلسفتها.

هـ- يستحسن ان تبدأ صياغتها بفعل مضارع وان تدل على سلوك يقوم به المتعلم.

امثلة على اهداف سلوكية لبرنامج في "تدريب المدربين".

المعلومات:

- ان يذكر المشترك اسم واضع نظرية "تسلسل الحاجات".
- ان يعدد المشترك الحاجات الخمس كما وضعها ابراهام مازلو (Abraham Maslow).
- ان يدرك المشترك الاسس النظرية الجشتطلتية في التعلم.
- ان يعدد المشترك اربعاً من اساليب في التدريب.

المهارات:

- ان يتقن المشترك مهارة جمع المعلومات لتقدير الاحتياجات التدريبية بواسطة المقابلة.
- ان يصمم المشترك استبانة بسيطة يستخدمه لتقدير الاحتياجات التدريبية للعاملين في المستويات المتوسطة في بنك.
- ان يكتب (٤) اهداف سلوكية لبرنامج تدريبي.
- ان يصمم جدولاً زمنياً لبرنامج تدريبي.
- ان يتقن مهارة تشغيل آلة عرض سينمائية.

الاتجاهات:

- ان يكتسب المشترك اتجاهاً ايجابياً نحو العمل في مجموعات.
- ان ينمي المشترك اتجاهاً ايجابياً نحو الانضباط النفسي- اثناء الاشتراك في نقاش.
- ان يطور المشترك اتجاها ايجابيا عن المشاركة في اتخاذ القرارات.

٣- وضع محتوى البرنامج التدريبي، واعداد المواد التدريبية:

لاي برنامج تدريبي محتوى معين تحدده الاهداف التي سبق صياغتها في ضوء الاحتياجات التدريبية الدقيقة للبرنامج. ويدور محتوى البرنامج التدريبي حول موضوعات معينة تحدد عادة في النواحي التالية:

- المعلومات والمعارف المتعلقة بالعمل وظروف التنظيم.
- المهارات والطرق والاساليب التي يمكن استخدامها لتطوير الاداء وتحسينه.
- انماط السلوك والاتجاهات التي يؤمل تنميتها.

ومن الطبيعي ان يختلف محتوى البرنامج التدريبي من برنامج الى برنامج، ومن الطبيعي ان يختلف المحتوى من حيث العمق والشمول من برنامج الى آخر. ونعني بالعمق المدى الذي يذهب اليه البرنامج التدريبي في عرض اصول الموضوعات وجذورها النظرية والفلسفية. ونعني بدرجة الشمول مدى التنوع في عرض الجوانب المختلفة للموضوع.

ويمكن ان يساعد النموذج التالي في تحديد درجة العمق والشمول في موضوعات المحتوى، وهذا النموذج يتمثل في وجوب اعطاء درجات متفاوتة من الاهمية للموضوعات التي تعالج في البرنامج، فثمة موضوعات مهمة جدا، واخرى اقل اهمية، واخرى ذات اهمية محدودة وقد اصطلح بعض الكتاب [١٨] على تقسيم المجموعات الى:

أ- موضوعات ينبغي حتما وبالضرورة معرفتها، وتعطي الاولوية الاولى لها.

ب- موضوعات يجب معرفتها، وتعطي الاولوية التالية لها.

ج- موضوعات يجدر بالمشارك معرفتها، وتعطي لها الاولوية الأخيرة.

عند صياغة المادة المكتوبة يجب ان تراعى مبادئ اساسية في العرض [١٩] واهم هذه المبادئ ما يلي:

(١) التركيز على المشترك اكثر من التركيز على المدرب.

(٢) مراعاة الفروق الفردية بين المشتركين.

(٣) ابراز مجموعة مهارات محددة، وتعزيز اتجاهات وقيم ايجابيةز

(٤) الجمع بين الناحية النظرية والناحية العملية التطبيقية.

(٥) ان تكون المادة مستمدة من واقع المشتركين، وذات معنى لهم.

(٦) ان تكون مصاغة بلغة سليمة واضحة.

(٧) ان تراعي الدقة والموضوعية والحداثة.

(٨) ان تكون الافكار والمفاهيم متماسكة، متتابعة، مترابطة، واضحة، وان تبتعد عن التكرار الممل والحشو.

(٩) ان تتناسب والزمن المقرر للبرنامج التدريبي.

(١٠) ان تلتزم بفلسفة وأهداف البرنامج التدريبي وتوجهاته.

(١١) ان تناسب مستوى المتدربين الذين سيشتركون في البرنامج.

٤- اختيار الاساليب التدريبية والتقنيات السمعية والبصرية المناسبة:

الاسلوب التدريبي هو طريقة تستخدم في ظرف ملائم لايجاد موقف تدريبي يتم فيه اكساب او تنمية او تبادل معلومات او مهارات او اتجاهات (او واحد او اكثر من هذه العناصر) بين المشاركين وبين المدرب او بين المشاركين انفسهم، وصولا لتحقيق اهداف البرنامج التدريبي.

ويستخدم المدربون اساليب متعددة في التدريب، بعض هذه الاساليب التدريبية اساليب بسيطة لا تحتاج الى جهد كبير، وبعضها معقد يحتاج الى بذل جهود مكثفة، وتحضير جيد من قبل المدرب، وبعض هذه الاساليب لا تشرك المتدرب، وبعضها الاخر يتطلب من المدرب مشاركة فعالة. كذلك فان بعض هذه الاساليب التدريبية اساليب تقليدية تركز على جانب المعلومات، وبعضها الاخر اساليب حديثة تهتم بالمدرب ككل، وتبني على خبراته وتستهدف تغيير اتجاهاته وسلوكه وقيمه.

وثمة معايير مختلفة لتصنيف الاساليب التدريبية، ومن النماذج المقبولة لتصنيف الاساليب التدريبية ذلك التصنيف الذي يقسم الاساليب التدريبية وفقا لاهتمامها بالمدرب او المتدرب. وعلى هذا فالاساليب التدريبية هي:

أ- اساليب تدريبية تركز على المدرب كالمحاضرة والنقاش.

ب- اسـاليب تدريبيـة تركـز عـلى المتـدرب مثـل التـدريب عـلى الحساسـية. (Sensitivity Tranining)

ج- اساليب تدريبيـة تعطي اهتمامـا لكـل مـن المتـدرب والمـدرب مثـل اسلوب الحالات، وتمثيل الادوار، والمباريات الادارية.

ويمكن ان نضع هذه الاساليب على خط متصل طرفاه المدرب والمتدرب ويوضحه الشكل التالي:

المدرب	ــ	المتدرب
	اسلوب الحالات	
المحاضرة	تمثل الادوار	التدريب على
النقاش	المباريات الادارية	الحساسية

خط متصل يبين انواع الاساليب التدريبية

والواقع ان لكل اسلوب من هذه الاساليب مزايا ومحاذير وعلى المدرب الفعال ان يمزج بين هذه الاساليب، وان يختار الاسلوب الذي يناسب الموقف التدريبي.

اما عن **التقنيات السمعية البصرية** فهي ادوات ووسائل تستخدم لتسهيل تعلم وتعليم المفاهيم والاساسيات والنظريات المختلفة في التدريب، وبطريقة منظمة، مشوقة، فعالة، وكذلك لتطوير المهارات واتجاهات ايجابية لدى المتدربين، وتأخذ تلك الادوات شكل لوحة طباشيرية، او دفتر قلاب، او صور ثابتة، او شرائح فيديو، او تمارين ومشاريع عملية تطبيقية كعمل المجسمات او القيام برحلة.

والتقنيات السمعية البصرية عنصر اساسي لنجاح اي برنامج تدريبي وهي ذات اهمية خاصة في العملية التدريبية [٢٠]، اذ انها تستخدم:

أ- كوسيلة في عملية التعليم (التدريب):

- فهي تساعد المدربين على التواصل الفعال مع المشاركين، ومن الامثلة على ذلك اللوح الطباشيري والشفافيات التي تستخدم جهاز العرض فوق الرأس (Overhead Projector).

- وهي تفرغ المدرب ليقوم بعملية التدريب بنجاح، ومن الامثلة على ذلك الشرائح الناطقة التي تستخدم لشرح كيفية تعلم مهارة ما.

ب- كوسيلة في عملية التعلم:

- فهي تساعد المتدرب على الفهم والاحتفاظ بما يرى ويسمع. وقديما قيل "ان صورة واحدة تساوي في قيمتها الف كلمة تقال".

- وهي تساعد في عملية نقل التعلم فقد تساعد التقنية السمعية البصرية في نقل تعلم مهارة من موقف صفي الى موقف في العمل او الوظيفة.

- وهي تساعد في عملية تقدير (Assessment) مستوى الاتقان تعلم ما.

ولكي يكون استخدام التقنيات السمعية البصرية استخداما فعالا فانه يجب مراعاة الامور التالية [٢١]:

١- البساطة والتحديد.

٢- ان تكون اساسية وضرورية للموقف التدريبي.

٣- ان تكون ممتعة وتبعث على التحدي.

٤- ان توفر الوقت والجهد في التدريب.

٥- ان تتفق واهداف البرنامج التدريبي او الجلسة التدريبية.

٦- ان تتفق وحجم المجموعة التدريبية، وحجم وشكل القائمة التدريبية.

٥- تهيئة التسهيلات التدريبية الاخرى:

على مصمم البرنامج ان يختار ويعد الموارد والتسهيلات التدريبية الاخرى، ومنها:

- قاعة التدريب المناسبة: وقد تكون القاعة في معهد او مؤسسة علمية او في فندق او شركة او مركز مؤتمرات (Conference Center) وبغض النظر عن المكان الذي يضم قاعة التدريب فان القاعة التدريبية يجب ان يتوفر فيها حد ادنى من الراحة من حيث التدفئة او التكييف، والمقاعد، والتهوية والرؤية، والضوء.

- الاجهزة والمعدات والادوات المستخدمة مثل جهاز عرض فوق الرأس (المسلاط)، جهاز العرض السينمائي او جهاز عرض الشرائح، والدفاتر القلابة، والالواح الطباشيرة والقرطاسية والاقلام وشاشات العرض و Power Presentation وغيرها من المستلزمات.

- وسائل النقل والمواصلات المناسبة للمشاركين.

- الخدمات المساعدة مثل الهواتف واماكن الاقامة، والاكل والمرطبات والقهوة والشاي.

٦- استقطاب المدربين الاكفياء:

ليس كل محاضر مدرباً كفؤاً، بل يجب ان تتوافر للمدرب الفعال خصائص وصفات هذه ابرزها:

- خلفية علمية قوية، والمام متمكن بنظريات العلوم السلوكية الحديثة، ومنها نظريات التعلم.
- خبرة واسعة في التدريب.
- القدرة على تهيئة مناخ تعلمي صحي يدفع المتدربين الى التعلم.
- التحلي بالمرونة والقدرة على تشخيص المشكلات وحلها والتمتع بروح مرحة.
- القدرة على التحدث بوضوح والاصغاء بعناية للمتدربين.
- توافر الحماس لمهنة التدريب والاهتمام الواضح بالمتدربين.
- القدرة على التعامل مع الجماعات، وادماج المشاركين في انشطة تدريبية علمية ذات معنى.
- القدرة على استخدام اساليب تدريبية متنوعة، وتقنيات سمعية بصرية حديثة.
- القدرة على تحضير خطط دراسية (Lesson Plans) بعد دراسة خلفيات المشاركين في برنامج تدريبي واهدافه التعليمية.

٧- استقطاب المشاركين:

نقطة بداية في استقطاب المشاركين في اي برنامج تدريبي هي تحديد الاحتياجات التدريبية. فبعد تحليل المعلومات التي تجمع عن الاحتياجات التدريبية يجري اعداد قوائم بالمشاركين في برنامج معين بحيث تتلاءم النواحي التي يحتاجون الى التدريب فيها ومتطلبات البرنامج.

وينبغي مراعاة أمور معينة عند توزيع المشاركين على البرامج التدريبية:

- مستوى الوظيفة الاداري.
- المؤهلات العلمية .

- المشكلات التي تواجه المتدربين وواقع اعمالهم.
- حجم المشاركين.
- اعمارهم.

فعلى مصمم البرنامج ان يراعي الأمور التي ذكرت اعلاه عند توزيعهم على البرامج التدريبية لتكون المجموعات التدريبية مجموعات متجانسة قدر الامكان.

٨- اعداد الموازنة اللازمة للبرنامج التدريبي:

على مصمم البرنامج التدريبي أن يأخذ في اعتباره عند تصميم برنامجه الجانب المالي بعين الاعتبار، فهو عنصر أساسي. بعبارة اخرى فانه عليه ان يعد موازنة تبين الموارد والنفقات فالموارد قد تكون على شكل رسوم تستوفى من المشاركين، او منح، او جزءا من موازنة التدريب في المؤسسة.

اما النفقات فتشمل اجور المحاضرين، واجور الانتقال والسفر والاقامة، واجور استخدام القاعات والاجهزة (ان وجدت) واجور اعداد النشرات وطباعتها، وثمن المواد والتسهيلات التدريبية، واجور الاعلان عن البرنامج (ان وجدت).

٩-اعداد الجدول الزمني (The Time Table) للبرنامج التدريبي:

يتضمن الجدول الزمني جميع الخبرات والانشطة التدريبية التي تحقق اهداف البرنامج، كما يثبت عليه اسماء المحاضرين او المدربين المسؤولين عن كل نشاط تدريبي.

وكذلك ينظم الجدول الزمني ترتيب اوقات المحاضرات والفعاليات التدريبية الاخرى، والاستراحات، والرحلات الميدانية والنشاطا الاجتماعية الترفيهية.

هذا ويجب ان يكون الجدول الزمني جدولا مرنا، يخضع للتعديل والتغيير وفق الظروف المستجدة، ووفق اقتراحات المشاركين المعقولة.

(ثانياً): تنفيذ البرنامج التدريبي:

بعد ان يكون مصمم البرنامج التدريبي قد خطط لجميع عناصر البرنامج التي سبق معالجتها في مرحلة تصميم البرنامج، فان البرنامج يعقد في الزمان والمكان المحددين. وفي العادة يكون للبرنامج منسق او مشرف يكون هو الذي صمم البرنامج التدريبي، او قد يكون البرنامج صمم من قبل جهة اخرى، ويطلب من المنسق او المشرف تنفيذه.

ان مرحلة التنفيذ هـي مرحلـة ادارة البرنامج واخراجـه الى حيـز الوجود. والواقع ان هذه المرحلة مرحلة مهمة وخطيرة، ففيها نتبين حسن وسلامة التخطيط وينعكس فشلها او نجاحها سلبا وايجابا على المرحلة التالية: وهـي مرحلـة التقييم والمتابعة.

وبالطبع فان تنفيذ البرنامج التدريبي بنجاح يعتمد على عدة عوامـل مثـل قدرة المنسق والمدربين، ونوعية المدربين، والظروف المادية وغير المادية التي تحيط بالبرنامج، ونوع البرنامج التدريبي كأن يكون برنامجا للقيـادات الاداريـة العليـا او الوسطى او لتدريب المدربين او برنامجا ذات طابع فني في المحاسبة او الماليـة او الانتاج.

ان عـلى ادارة البرنـامج ان تراعـي أمـوراً وجوانـب لضـمان حسـن تنفيـذ البرنامج، هذه اهمها:

١- بالنسبة للمتدربين:

التأكد من والعمل على ما يلي:

- وصول دعوات الاشتراك في البرنامج اليهم والموافقة من الجهـات ذات العلاقـة على اشتراكهم.
- وجود قائمة باسمائهم، ومؤهلاتهم ووظائفهم وعناوينهم.
- استقبالهم في المطار، ان كان البرنامج التدريبي برنامجا يعقد خارج بلادهم.
- تهيئة اماكن الاقامة لهم.
- تأمين وصولهم الى المكان الذي يعقد فيه البرنامج التدريبي في الوقت المحدد.
- تأمين عودتهم دون مشكلات الى بلادهم من حيث حجـز مقاعـد سـفر لهـم، والوداع بالمطار.

٢- بالنسبة للمدربين:

التأكد من والعمل على ما يلي:

- سلامة الاتصالات بين المدرب وبين الجهة المنظمة للبرنامج.
- تهيئة وصول المدرب الى المكان الذي يعقد فيه البرنامج في الوقت المحدد له.
- توفير المستلزمات التي يطلبها المدرب من مواد تدريبية وتقنيات.
- الحرص على تقديمه للمشاركين بكلمات مناسبة.

- التدخل في سير المحاضرة ان خرجت عن الاهداف المرسومة للبرنامج.
- دفع المخصصات التي يستحقها المدرب في الوقت المناسب.
- ارسال كتاب شكر وتقدير للمدرب.

٣- بالنسبة للمرافق والتسهيلات التدريبية:

التأكد من والعمل على ما يلي:

- نظافة القاعة التدريبية ووجود التهوية او التدفئة او التبريد والاضاءة المناسبة.
- وجود بطاقات اسماء المشاركين.
- توفر صلاحية واجهزة العرض وشاشات العرض المختلفة والتقنيات المختلفة.
- وجود المواد التدريبية المطبوعة.
- توفير القرطاسية والاقلام للمشاركين واقلام الكتابة للمدربين.
- توفير القهوة والشاي والمرطبات.
- توفير وسائل النقل للمشاركين.
- وجود اماكن او قاعات او غرف لعمل المجموعات (ان استلزم الامر ذلك).
- ترتيب المقاعد بطريقة تسهل التواصل بين المدرب والمشاركين من جهة وبين المشاركين مع بعضهم من جهة اخرى.

٤- بالنسبة لافتتاح البرنامج:

التأكد من والعمل على ما يلي:

- افتتاح البرنامج في الوقت المناسب.
- شرح اهداف البرنامج ومتطلباته للمشاركين.
- الطلب الى المشاركين تقديم انفسهم، والتعريف بخبراتهم وتطلعاتهم.
- التعرف على توقعات المشاركين والاخذ بالتوقعات المعقولة منها.
- استخدام التمارين والانشطة التي تزيد من ترابط المشاركين وتكسر الجليد بينهم.

٥- بالنسبة لسير البرنامج والفعاليات التي تتم فيه :

ثمة ارشادات على ادارة البرنامج والمدربين مراعاتها، لتكون فعاليات البرنامج ناجحة، ويدخل في هذه الفعاليات:

- المحاضرات والنقاش.
- مجموعات العمل.
- الانشطة العملية.
- المشاغل التدريبية.
- الزيارات الميدانية.
- النشاطات الاجتماعية والترفيهية.

ومن هذه الارشادات ما يلي [٢٢]:

- الحرص على فهم اهداف البرنامج التدريبي، والعمل على تحقيقها.
- معرفة المشاركين بشكل جيد، والعمل على ادماجهم في انشطة البرنامج، واحترام قدراتهم وخلفياتهم، وحل مشكلاتهم.
- الحرص على جعل محاضرات البرنامج التدريبي ونقاشاته ذات طابع عملي، وذات معنى للمشاركين.
- المحافظة على حسن ادارة وقت الجلسات، والحرص على البدء والانتهاء في الوقت المحدد لجميع فعاليات البرنامج.
- تخطيط استخدام التقنيات السمعية البصرية والاساليب التدريبية الحديثة (كالحالات وتمثيل الادوار، والمباريات الادارية) تخطيطا جيدا.
- مزج النشاطات العلمية المنهجية بالنشاطات اللامنهجية (الاجتماعية والترفيهية) مثل زيارة الاماكن الاثرية والمناطق السياحية، والتخطيط لها بشكل سليم.
- الحرص على اشاعة جو غير رسمي، مرح، وودود بين المشاركين وبين المشاركين والمدربين، واقامة توازن معقول بين هذا الجدل والجو الرسمي الجاد.
- التعرف على وجهات نظر المشاركين والمدربين في سير البرنامج واخذ تغذية راجعة مستمرة عن البرنامج، واطلاع المشاركين على نتائجها.
- ضمان التنسيق والترابط والتسلسل في نشاطات وفعاليات البرنامج.
- تلخيص الاتجاهات والمفاهيم والمرتكزات الاساسية عقب كل فعالية تدريبية.

- التأكد على المشاركين بوجوب دراسة المواد المطبوعة المعدة سابقا، لتثري دراستهم النقاش بينهم.
- مراعاة الفروق الفردية بين المشاركين والتجاوب مع الاحتياجات الخاصة بهم.
- مراعاة مبادئ التعلم الفعال لتكون خبرات المشاركين خبرات غنية ذات معنى.
- توزيع شهادات حضور البرنامج على المشاركين الذين اكملوا متطلبات البرنامج في حفل ختامي.
- ارسال تقارير عن اداء المشاركين لمنظماتهم (ان كانت مثل هذه التقارير من متطلبات البرنامج) وارسال كتب شكر وتقدير للمشاركين، والحرص على التواصل المستمر معهم.

(ثالثاً): تقييم البرنامج التدريبي ومتابعته:

سنحاول تحت هذا العنوان ان نذكر بعض الافكار الاساسية التي تتعلق بتقييم البرنامج التدريبي ومتابعته وأهم هذه الافكار ما يلي:

١- يمكن تعريف التقييم بانه "تلك الاجراءات التي تقاس بها كفاءة البرامج التدريبية ومدى نجاحها في تحقيق اهدافها المرسومة، كما تقاس بها كفاءة المتدربين ومدى التغيير الذي نجح التدريب في احداثه فيهم، وكذلك تقاس بها كفاءة المدربين الذين قاموا بتنفيذ العمل التدريبي" [٢٣]

٢- قد تكون متابعة النشاط التدريبي اثناء تنفيذ البرنامج التدريبي، وقد تكون متابعة لنتائج التدريب بعد انتهاء البرنامج التدريبي فيحاول منسق البرنامج او اية جهة اخرى ان تتابع سلوك المتدربين أثناء العمل ومحاولة قياس الاثر الذي ترتب على تعرض المتدربين لخبرات تدريبية معينة.

٣- ثمة نماذج فكرية كثيرة تحاول ان تصنف المستويات او الجوانب التي يشملها التقييم. واشهر هذه النماذج نموذج دونالد كيركباتريك (Donald L. Kirkpatrick) [٢٤] كما بينه الشكل رقم (٦)

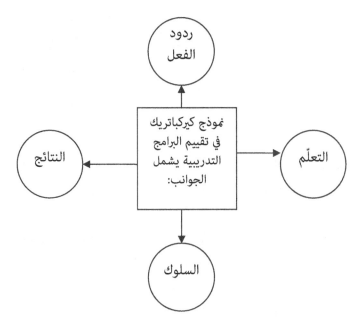

الشكل (٦)

نموذج كيركباتريك في تقييم البرنامج التدريبي

وفي هذا النموذج يعرض كيرياتريك المستويات الاربعة التالية التي يشملها التقييم:

أ- ردود الفعل (Reaction) :

وفيه نحاول ان نجيب على السؤال التالي: هل يرضى المشاركون عن البرنامج التدريبي؟

ب- التعلم (Learning) :

وفيه نحاول ان نجيب على السؤال التالي: ماذا تعلم المشاركون من البرنامج التدريبي؟

ج- السلوك (Behavior) :

وفيه نحاول ان نجيب على السؤال التالي: هـل غـير المشاركون سـلوكهم نتيجة تعلمهم؟

د- النتائج (Results) :

وفي هذا المستوى نطرح السؤال التالي: هل يـؤثر التغـير في السـلوك عـلى المنظمة تأثيرا ايجابيا؟

٤-   من الواضح ان عملية المتابعة تشمل المستويين ج، د اي محاولة معرفة مدى التغير الذي طرأ على سلوك المتدربين في العمل ومحاولة قياس نتائج التغير في السلوك على حياة المنظمة واهدافها ونشاطاتها.

٥-   ان معظم البرامج التدريبية في الوطن العربي تركز عـلى المستوى الأول، وهـو مسـتوى رد الفعـل اي ان التقيـيم الـذي يجـري ينصب عـلى معرفة رضا المشاركين في البرنامج التدريبي اما اثناء عقد البرنامج نفسـه او بعد انتهائه مباشرة. والواقع ان هـذا التقيـيم لا يكـون تقيـيماً علمياً سـليماً في غالب الاوقـات، لان المشـاركين يكونـون عـلى وشك الرحيل اما الى مـنظماتهم او اقطارهم ويكونون في حالة ابتهاج نتيجة لاشتراكهم في البرنامج والتقائهم بمشاركين في بيئات واقطار مختلفة. كما ان عنصر المجاملة والبعد عـن ذكر الحقيقة يغلبان على المشاركين عندما يعطون اراءهـم في البرنامج التدريبي شفوياً او كتابة.

٦-   من ناحية اخرى فاننا نستطيع القول ان المعلومات التـي نحصل عليها مـن تقييم ردود الفعل تكون معلومات ذات قيمة محدودة كما ان اجراء التقييم لهذا الجانب يكون عملية سهلة، ومن ثم يكثر القائمون على امر التـدريب في العالم العربي من استخدامه.

والواقع ان النمـوذج التـالي (٢٥) يوضح خصـائص مسـتويات التقيـيم كـما ذكرهـا كيركباتريك من حيث قيمة المعلومات، وتكرار الاستخدام وصعوبة التقدير.

مستويات التقييم / الخصائص	قيمة المعلومات	تكرار الاستخدام	صعوبة التقدير
ردود الفعل التعلم السلوك النتائج	اقل قيمة ↕ اعلى قيمة	متكرر نسبيا ↕ غير متكرر نسبيا	سهل نسبيا ↕ صعب نسبيا

نموذج يبين خصائص مستويات (جوانب) التقييم
الشكل رقم (٧)

٧- يجدر بنا ان نذكر اننا عندما نقيس تعلم مشارك في برنامج تدريبي فاننا نقيس اما معلوماته وهذا يكون عن طريق اختبار مثلا او نقيس مهاراته وهذا قد يكون عن طريق اختبار اداء (Performance Test) او نقيس اتجاهاته. وهذا قد يكون عن طريق ملء المشارك لاستبانة في قياس الاتجاهات. ومن الواضح هنا ان قياس المعلومات اسهل من قياس المهارات، وقياس المهارات بدوره اسهل من قياس الاتجاهات.

٨- ان عملية التغير في السلوك في العمل ليست بالعملية السهلة، وثمة متطلبات يجب ان تتوفر لكي يغير موظف سلوكه في العمل ومن هذه المتطلبات ما يلي[٢٦]:

- يجب ان تتوفر لدى الموظف رغبة قوية في التحسن.
- على الموظف ان يواجه ويجابه بقوة نقاط ضعفه دون تبرير او تقليل منها.
- يجب توافر جو مريح متسامح يحميه من اللوم والسخرية عندما تنكشف نقاط ضعفه.
- يجب ان يكون هناك انسان يثق فيه الموظف، ويعمل على تحسين ادائه، ولديه القدرة على العون.
- يجب تزويد الموظف بخبرات عملية تمكنه من التعلم وتطبيق المعارف والمهارات في قاعة التدريب.

٩- نظرا لصعوبة قياس النتائج التي تعود على المنظمة من التدريب، فان هذا الجانب من التقييم (او المتابعة) يعتبر اكثر الجوانب اهمالا من ممارسي التدريب والباحثين، ويحتاج هذا الجانب الى استخدام عدد من الادوات الموثوق بها، وكذلك يحتاج الى كثير من الابداع. ولعل الاساليب التي سنذكرها الان تساعدنا على انجاز عملية متابعة النتائج التي ترتبت على التقييم.

١٠- ومن المستحسن ان يستخدم المقيم عددا من تلك الاساليب وان لا يقتصرـ على اسلوب في تقييم البرامج التدريبية، فانه بذلك يستطيع الافادة من جوانب القوة في تلك الأساليب وتجنب محاذيرها.

وعند استخدام اي من اسلوب من تلك الاساليب او عدد منها فان عليه ان يراعي معيارين هما:

الصدق والثبات: اما الصدق (Validity) فهو معيار لقياس ما صممت الاداة لقياسه فعلا سواء كان محتوى برنامج او مهارة او اتجاه. اما الثبات (Reliability) فهو معيار يبين مدى اتساق وانسجام النتائج التي نقيسها عند استخدامنا الاداة في زمنين مختلفين او من قبل اشخاص مختلفين.

١١- ان المدرب الفعال هو الذي ينظر الى التقييم على انه عملية مستمرة تبـدأ قبل بدء البرنامج التدريبي، وتجري اثناء تنفيذه وتستمر بعد انتهائه، اخذين بعين الاعتبار خضوع جميع مدخلات وعمليات ومخرجات النظام التدريبي لعملية التقييم تلك.

فتقييم البرنامج التدريبي ليست عملا متقطعا وغير منظم بل عمل مستمر منتظم يشكل جزءا لا يتجزأ من بنية نظام التدريب.

ومن ناحية اخرى فان التقييم عملية تعاونية، اي ينبغي ان تشترك فيها كل الاطراف المعنية التي يمكن ان تتأثر بنتائج التقييم، والتقييم مـن ناحيـة ثالثـة وسيلة وليست هدفا في ذاته. انه وسيلة لتحقيق اهـداف نرمي اليهـا، وتتمثل في تقدير فعالية التدريب واثره في المتدربين وقياس درجة كفاية المـدربين، وفي حسـن استخدام الموارد التدريبية المتاحة.

اسئلة للمناقشة

اجب عن الاسئلة التالية :

١- ما معنى اننا نعيش "ثورة تدريبية" A Training Revolution في الوقت الحاضر؟

٢- حدد مفهوم التدريب والتنمية .

٣- حدد العوامل التي تحكم اداء فعالا لموظف معين، وبين اثر التدريب في زيادة فعاليته؟

٤- ما معنى نظام تعلمي؟ وما معنى تنمية الموارد البشرية؟

٥- حدد معنى التنمية الادارية، وصلة التدريب والبحوث والاستشارات بها.

٦- بين كيف ان التدريب عملية شاملة، مستمرة، مخططة.

٧- ما عوامل نجاح التدريب؟

٨- ميز بين الكفاءة والفعالية في التدريب.

٩- حدد معنى العملية التدريبية، وبين عناصرها.

١٠- ما معنى تصميم البرنامج التدريبي؟ وما هي العناصر التي يجب ان يشملها تصميم برنامج تدريبي؟

١١- استخدم العناصر التي يتضمنها تصميم البرنامج التدريبي في تصميم برنامج تدريبي للقيادة العليا.

١٢- ما معنى تنفيذ برنامج تدريبي، وما جوانب ذلك التنفيذ؟

١٣- حدد معنى تقييم البرنامج التدريبي ومتابعته.

١٤- ما المستويات الاربعة التي يتضمنها نموذج دونالد كيرك باتريك في تقييم البرنامج التدريبي؟ قارن بين تلك المستويات من حيث قيمة المعلومات وتكرار الاستخدام وصعوبة التقدير في كل مستوى.

حالة ادارية
تنمية المديرين والعوامل التي تحكمها

لدى المؤسسة العربية العامة للتعدين برامج تدريبية ناجحة، وهي تنظم تلك البرامج على جميع المستويات الادارية في المؤسسة: الادارة العليا والوسطى والدنيا. ويحلو لمديرها العام السيد خليل عبد السميع ان يراجع بين حين واخر تلك البرامج، وذلك ليتأكد من تحقيقها للاهداف التي توضع من اجلها.

استدعى المدير العام السيد خليل عبد السميع في يوم من الايام خبير التدريب الدكتور جلال سالم، وعقد معه اجتماعا حضره جميع مديري الادارات في المؤسسة واستعرضوا معا سير البرامج التدريبية في المؤسسة، ثم طرح السيد خليل على الدكتور جلال السؤال التالي:

- انني اعرف ان لديك خبرات واسعة في برامج تنمية المديرين على جميع المستويات الادارية وفي كثير من المؤسسات، فهل تستطيع القول ان هناك مبادئ عامة تحكم عملية تنمية المديرين وتؤدي الى نجاحها؟

قال خبير التدريب:

- ثمة اتجاهات عامة اتفق عليها علماء الادارة في التدريب وترتبط بتنمية المديرين، ومن هذه الاتجاهات ما يلي:

١- ان على اي مدير يصمم برنامجاً تدريبياً ان يعرف على وجه التحديد النتاجات السلوكية التي يهدف البرنامج للوصول اليها.

٢- ان على اي مدير ينظم برنامجاً تدريبياً ان يربط النظرية بالعمل، وان تكون الافكار التي تطرح في الدورة ذات معنى للمشاركين في الدورة.

٣- ان البرامج التدريبية يجب ان تنفذها ادارة متخصصة في المؤسسة، وليس خبراء من الخارج فان ذلك كفيل ببناء خبرات في ادارة التدريب.

٤- يجب ان يقوم كل برنامج تدريبي في ضوء مساهمته في تحقيق اهداف المؤسسة.

٥- ان حماس الادارة العليا للبرامج التدريبية يعطيها دفعة كبيرة الى الامام، كما ان عدم اهتمامهم بها يساعد على فشلها.

وعندما ذكر الخبير النقطة الاخيرة تصدى له السيد حازم عبد الواحد، مدير الانتاج، وقال:

- انا لا اوافق على ذلك، فليس لدينا نحن المديرين وقت للاهتمام بموضوع التدريب، وذلك ان وقتنا تزحمه امور اكثر اهمية.

وهنا تدخل المدير العام وقال:

- اسمح لي يا سيد حازم ان اذكرك بان مثل هذا القول لا يتناسب والسياسة العامة التي تتبناها المؤسسة العربية العامة للتعدين، والتي تتعلق بايلاء التدريب اهتماماً خاصاً، وذلك للمردود الايجابي الذي يعود على المؤسسة نتيجة للبرامج التدريبية التي تعتمدها.

ثم ان هذا الرأي الذي تفضلت به، هو انشغال المديرين المستمر، يعكس مشكلة تواجه كثيرا من المديرين في المؤسسات العربية، وهي مشكلة عدم التخطيط لوقتهم في العمل. فتخصيص وقت معين لتطوير موظفيهم يعتبر من الاسس الحديثة في ادارتهم لوقتهم.

وعندما التفت المديرون الى الدكتور جلال ليروا صدى كلام المدير العام في نفسه، كان الدكتور جلال يبتسم، ويهز رأسه مؤمناً على كلام المدير.

اسئلة للمناقشة:

اجب عن الاسئلة التالية :

١- ما معنى نتاجات سلوكية ؟

٢- هل تستطيع ان تضيف مبادئ وقواعد اخرى تؤدي الى نجاح البرامج التدريبية؟

٣- هل توافق ام لا توافق على كلام السيد حازم عبد الواحد، مدير الانتاج، من انه ليس لديه الوقت الكافي للاهتمام بامور التدريب؟

٤- هل يعتبر رد المدير العام على السيد حازم عبد الواحد رداً مقنعاً؟

٥- لماذا كانت عملية تقييم البرامج التدريبية، وهو ما قام به السيد خليل عبد السميع، المدير العام، عملية اساسية في نجاح تلك البرامج ؟

الهوامش

1- Bervely Hyman, **Training for Productivity** (American Management Associations, Extension Institute, 1980), P. 2.

2- Andrew F. Sikula, **Personnel Management: A Short Course fo Professionals. Training & Development** (John Wiley & Sons, 1977), P.5.

٣- د. علي محمد عبد الوهاب: **التدريب والتطوير، مدخل علمي لفعالية الافراد والمنظمات** (الرياض: معهد الادارة العامة، ١٩٨١)، ص ١٩.

4- Kenneth T. Byers (ed)., **Employee Training and Development in the Public Service** (Chicago, Illinois, Public Personnel Association, 1970), PP. 8 , 9 .

انظر ايضا عبد الباري درة: التدريب الاداري، بيئته، اسسه، وافتراضاته الفكرية "**المجلة العربية للادارة**، عدد ٣ ، مجلد ٤ ، تشرين اول/ اكتوبر ١٩٨٠"، ص٦٠.

٥- د. عبد الباري درة و د. احمد بلقيس و د. توفيق مرعي: **الحقائب التدريبية** (بغداد: معهد النفط العربي للتدريب ١٩٨٨، ص ١٨ ، ١٩ .

6- Richard E. Boyatzis, **The Competent Manager: A Model for Effective Performance** (NewYork: John Wiley & Sons, 1982), PP 10-23.

7- Keith Davis, **Human Behavior: at Work: Organizational Behavior; Sixth Edition** (NewYork: McGraw-Hill Publishing Company, 1981) P. 514.

٨- ظهرت في الاونة الاخيرة عدد من الابحاث التي تعالج التدريب كنظام تعلمي وكنمط من انماط تنمية الموارد البشرية.

انظر في هذ الصدد :

a) A.J. Romiszowski , **Designing Instructional Systems** (London: Kogan Page, 1981), PP. 3-42.

b) Lenoard Nadler (ed.) **The Handbook of Human Resources Development** (New York: John Wiley & Sons, 1984), Chapter one.

٩- للاطلاع على مزيد من الافكار عن فلسفة التدريب والتنمية انظر ما يلي:

a. Bruce Klatt, **The Ultimate Training Workshop Handbook. A Comprehensive Guide to Leading Successful Workshops & Training Programs** (NewYork: McGraw-Hill, 1999).

b. Elaine Biech, **Training for Dummies**. (Hoboken , NJ; Wiley Publishing Inc., 2005) .

c. Charney & Kathy Conway , **The Trainer's Tool Kit**; Second Edition (New York: American Management Association, 2005).

d. Karen Lawson, **The Trainer's Handbook**; Second Edition (San Francisco : Pfeiffer, 2006) .

١٠- د. محمـد عبـد الـرحمن الطويـل: "دور الادارة العامـة في التنميـة الاقتصـادية والاجتماعية" **المجلة العربية للادارة**، عدد ١، ٢ السنة الرابعة، يونية، حزيـران ١٩٨٠، ص ٨ .

١١- جعفر العبد: **تعريـف التـدريـب وتحديـد الاحتياجـات التدريبيـة** – القـاهرة ادارة البحوث والدراسات بمركز ابروماك، العدد ١-٤ ، ص١٢.

١٢- انظر المراجع التالية:

a- Donald L. Kirkpatrick, **A Practical Guide for Supervisory Training and Development** (Reading, Massachusetts: Addison – Wesley Publishing Company, 1971) PP. 36-45.

b- Merrick Jones, Training Practices and Learning Theories, **Journal of European Industrial Training**, Vol. 3, No.7, 1979, PP. 22-25.

c- Dugan Laird, **Approaches to Training & Development** (Reading Massachusetts; Addison- Wesley Publishing Company, 1983). PP. 113-120.

d- Malcolm S. Knowles, **The Modern Practice of Adult Education. Andragogy Versus Pedagogy** (NewYork: Association Press, 1976) P. 37.

e- John, D. Ingalls, **A Trainers Guide to Andragogy. Its Concepts, Experience & Applications**; Revised Edition. (U.S. Department of Health, Education and Welfare, May 1973) PP. 5-9.

f- Robert F. Mager, **Developing Attitude Toward Learning** ; Second Edition (Belmont, California: Pitman Learning Inc., 1984) PP. 7-12.

g- David A. Kolb, Management and the Learning Process, **Galifornia Management Review**, Vol. XVIII, No. 3 , Spring 1976, PP. 21-30.

h- Heslie E. This and Gordon L. Lippit, Learning Theories & Training, in **Organizational Development: Values, Process & Technology By Newton Margulies and Anthony** P. Raia (N. Y : McGraw- Hill Book Company, 1972) PP. 82-101.

13- T. H. Boydell, **A Guide to the Identification of Training Needs** (London: British Association for Commercial and Industrial Education, April 1979) P. 43.

١٤- نضال محمد سعيد: مدخل الى العملية التدريبية "**المفهوم والممارسة**" ورقة غير منشورة عام ١٩٨٤، ص ٤ .

١٥- انظر التعريفات المختلفة للاحتياجات التدريبية في المراجع التالية:

a-James H. Morrison, **Determining Training Needs in Training and Development Handbook** Edited by Robert L. Craig (NewYork: McGraw-Hill Book Company, 1976); Second Edition, Chapter 8 .

ب-عبد الله عليان: "الاحتياجات التدريبية" (ورقة غير منشورة ١٩٨٤) ص١ .

c- Sally Sparhwk , Identifying Training Needs (Irvine, California: Richard Chary Associates, Inc., Publication Division, 1995), PP. 8, 9.

16- T. H. Boydell, **A Guide To Job Analysis** (London: British Association for Commercial and Industrial Education, 1973) PP. 5-10 .

17- Louis Olivas, "Designing and Conducting: A Training Needs Analysis: Putting the Horse Before the Cart", **The Journal of Management Development** , Vol. 2, No. 3, 1983, PP. 29-31.

١٨- د. عمار نجم الدين جلميران: **تصميم البرامج التدريبية** (ورقة غير منشورة، ١٩٨٤) ص ٤ .

19- Albert Joseph, "Writing Training Materials That Turn People on **Training and Development Journal**", Vol. 35, v No. 5 (May 1981) P.31.

20- Ivor K. Davies , **Instructional Technique** (NewYork: McGraw-Hill Book Company, 1981) P. 193.

21- Les Deonaldson and Edward E. Scannell, **Human Resource Development: The New Trainer's Guide** (Reading, Mussachusetts: Addison-Wesley Publishing Company, 1978) PP. 86-87.

22- Lawrence S. Munson, **How To Conduct Training Seminars** (NewYork: **McGraw-Hill Book Company, 1984)** PP. 137-163.

٢٣- د. عبد الباري درة: "تقييم البرامج التدريبية في ضوء المنحى المبني على نظرية القيم" **المجلة العربية للادارة**، عدد (١، ٢) مجلد (٥) حزيران ١٩٨١، ص٥٨.

24-   a- Donald L. Kirkpatrick, "Evaluation of Training" in **Training & Development Handbook**. Edited by Reobert L. Craig (NewYork: McGraw-Hill Book Company , 1976) Chapter 18.

  b- Donald. L. Kirkpatrich, "Techniques for Evaluating Training Programs", **Training and Developmental Journal** , Vol. 33, No. 6 (June 1979) PP. 78-92.

25- Jack J. Phillips, **Handbook of Training Evaluation and Measurement Methods** (Houston: Gulf Publishing Company, 1983) PP. 42-92.

26- Charles E. Watson, **Management Development Through Training** (Reading, Massachusetts: Addison Wesley Publishing Company 1979) P.301 .

الفصل العاشر

تحديد الرواتب والاجور

أهداف الفصل :

يتوقع ان يتمكن الدارس من تحقيـق الاهـداف التاليـة بعـد دراسـته لهـذا الفصل والتفاعل مع نشاطاته:

١-   شرح اهداف التعويضات واثرها على اداء العاملين.

٢-   دراسة العلاقة بين التعويضات والدافعية للعمل.

٣-   التعرف الى اهمية تقييم الوظائف وعلاقته بهيكل الاجور.

٤-   تحديد المبادئ التي تستخدم في تحديد الرواتب والاجور.

٥-   دراسة طرق تقييم الوظائف المختلفة وانعكاساتها على هيكل الاجور.

٦-   التعرف على خطوات بناء هيكل الاجور ومكوناته الاساسية.

تحديد الرواتب والأجور
Employees Compensations

تلعب التعويضات ومنها الأجور والرواتب دورا بارزا في حياة الافراد والمنظمات. فهي ذات دور مهم في تحسين مستوى الاداء ورفع الكفاءة الانتاجية للعاملين. وشرط من شروط تحسين الاداء ان يحصل العاملون على اجر يتناسب مع ما يقدمونه للمنظمة من امكانيات وقدرات مختلفة تستوجبها متطلبات العمل. كما يحتل موضوع الاجور والرواتب اهتماما متزايدا من جانب الافراد باعتباره الوسيلة الاساسية لاشباع رغباتهم المتعددة خاصة المادية منها. هذا وتعتبر الاجور والرواتب احدى الوسائل التي تستطيع المنظمة من خلالها ان تحفز العاملين لرفع مستوى ادائهم وتحسين انتاجياتهم. هذا وتمكن الوسيلة الاساسية في تحددي معدل الاجر الذي يتناسب مع طبيعة العمل في ما يسمى بتقييم الوظائف (Job Evaluation) الذي يهدف الى تحديد التعويض المادي الذي يتناسب مع كل من مستوى الاداء ومتطلبات العمل. يضاف الى ذلك كله ان الاجور والرواتب تعد احدى المكونات الاساسية للتعويضات التي يحصل عليها العاملون من المنظمة ويمكن تقسيمها اساسا الى تعويضات خارجية لا ترتبط مباشرة بالعمل (Extrinsic) وداخلية (Intrinsic) ترتبط مباشرة بالعمل.

مكونات التعويض:-

للتعويضات التي يحصل عليها الافراد من المنظمة مكونات هذه ابرزها:-

١) العمل الذي يقم به الفرد بما يشمل ذلك من امكانية اشباع رغباته المتعددة وأهمية العمل، والفرص للتقدم للامام، والحرية في العمل وظروف العمل ومتطلبات العمل الذهنية والجسدية.

٢) الاجور والرواتب وكافة الامتيازات الاخرى مثل الحوافز المادية والمعنوية.

٣) العلاقة مع الرؤساء: وتتأثر هذه العلاقة بدرجة تفويض الصلاحيات ونوعية وحجم الاشراف ودرجة الحرية والمساهمة في اتخاذ القرارات ومدى المساعدة التي يقدمها الرئيس للمرؤوس واخيرا مدى اهتمام الرئيس باشباع رغبات المرؤوس وتقدمه المهني في المنظمة.

٤) العلاقة مع الزملاء.

٥) العلاقة مع المنظمة وما ينطوي تحتها من مناخ تنظيمي [١].

يمكن توضيح تلك المكونات في الشكل التالي:-

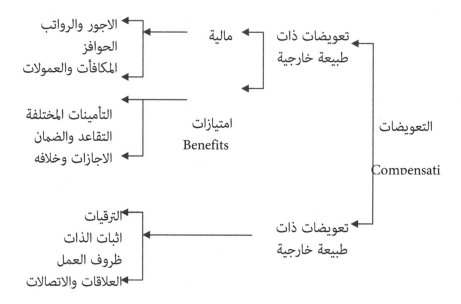

الشكل رقم (١)

مكونات التعويضات

وتهدف التعويضات في النهاية الى ما يلي:-

١) جذب افضل العناصر البشرية للعمل في المنظمة.

٢) الحفاظ على افضل العناصر البشرية في المنظمة.

٣) تحفيز ودفع العاملين لافضل مستوى من الاداء.

علاقة التعويضات بالدافع للعمل:-

بناء على الهدف الثالث نستطيع القول بان هناك علاقة مباشرة بين التعويضات التي يحصل عليها الفرد من المنظمة وبين الدافع للعمل.

ويمكن تمثيل العلاقة في الشكل التالي[٢]:-

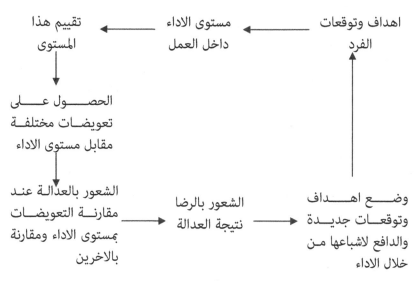

شكل رقم (٢)
العلاقة بين التعويضات والدافع للعمل

يبين لنا هذا الشكل بأن هناك علاقة مباشرة بين ما يحصل عليه الفرد من تعويضات تتساوى مع مستوى الاداء الذي يقوم به وبين الدافع للعمل، ذلك ان للفرد عديدا من الرغبات التي يتم اشباعها من خلال ما يحصل عليه من تعويضات من المنظمة بكافة انواعها. ومن هنا فان حصوله على تلك التعويضات يساعده او لا يساعده، بناء على مستوى ادائه على اشباع العديد من الرغبات. وهذا يعني ان هناك علاقة مباشرة بين التعويضات واشباع الرغبات مما يدفع الفرد الى اعادة مستوى الاداء السابق او تحسين هذا المستوى بحيث يتسنى له الحصول على المزيد من التعويضات لاشباه المزيد من الدوافع والرغبات. وكلما كان هناك توازن او تساوي الى حد ما بين ما يتوقع ان يحصل عليه الفرد من تعويضات وبين ما يحصل عليه فعلا زاد معدل الرضا في العمل وبالتالي الدافع للعمل[٣].

في ضوء تلك المقولة يمكن تلخيص العلاقة بين التعويضات والدافع للعمل في التالي:-

١) يعتمد الدافع للعمل على مدى احساس الفرد بالعدالة بمقارنته بين ما يحصل عليه من تعويضات وما يحصل عليه الاخرون في العمل.

٢) يعتمد الدافع للعمل على مدى رضا الفرد عن التعويضات التي حصل عليها سواء ان كانت تعويضات ذات طبيعة داخلية او ذات طبيعة خارجية.

الاجور والرواتب:-

تحدثنا فيما سبق عن العلاقة ما بين التعويضات والدافع للعمل وذكرنا بان الاجور والرواتب احدى المكونات الاساسية للتعويضات مما يتطلب دراستها بشيء من التفصيل.

أهمية الاجور والرواتب:-

يمكن تلخيص الاسباب الرئيسية لقيام الافراد في اي مجتمع بالعمل في سببين رئيسيين هما:-

١- الرغبة او الميل للعمل.

٢- كون العمل وسيلة لاشباع رغبات متعددة.

بجانب ذلك هناك العديد من الاسباب وراء اهمية الاجور والرواتب منها ما يلي:-

١. تشجع الاجور والرواتب الافراد وتحفزهم لمزيد من الاداء والانتاجية لوجود علاقة ارتباط بينها وبين اشباع رغبات اخرى.

٢. تساعد على تخفيف حدة الاضطراب والتوتر النفسي لدى الافراد من خلال تعويضهم ماديا عن استثمارهم لقدراتهم في العمل.

٣. تمثل الاجور والرواتب العائد الوحيد الملموس والممكن قياسه لتوظيف الافراد لكافة امكانياتهم في العمل [٤].

اهداف سياسة تحديد الاجور والرواتب:-

ترمي سياسة تحديد الاجور والرواتب في ادارة الموارد البشرية الى اهداف منها:-

١- جذب ومن ثم الحصول على الموارد العاملة المؤهلة.

٢- الحفاظ على الموارد العاملة داخل المنظمة ومنع تسربها للخارج.

٣- تحقيق العدالة في تحديد وفي دفع الاجور والرواتب بما يتناسب مع العمل.

٤- تشجيع وحفز العاملين لمزيد من الأداء المتميز مع مكافأة مثل هذا الاداء.

٥- مراقبة تكاليف الاجور والرواتب من خلال وضع هيكل لها يساعد على التأكد من ان الأجور والراواتب التي تدفع تتناسب مع حجم العمل[٥].

مباديء تحديد الاجور والرواتب:-

على ادارة الموارد البشرية في المنظمة مراعاة المباديء التالية عند تحديد الاجور والرواتب للعاملين بها:-

١) مبدأ العدالة:-

يشير هذا المبدأ الى ضرورة ان يكون الاجر او الراتب عادلا اي ان يرتكز على اسس ثابتة وموضوعية تسري على كافة العاملين دون تفرقة. ويمثل هذا المبدأ الجانب النفسي للاجور والرواتب.

٢) مبدأ المساواة:-

يعني هذا المبدأ عن هناك مساواة في تحديد الاجور والرواتب للوظائف والاعمال التي تتساوى او تتشابه في المسؤوليات والواجبات، مما يتطلب اعتماد اسس موضوعية يتم على اساسها تحديد قيمة ومن ثم اهمية كل وظيفة بالمقارنة مع الوظائف الاخرى. ويمثل هذا المبدأ الجانب الموضوعي للاجور والرواتب.

٣) مبدأ الكفاية:-

يعني هذا المبدأ ان تكون الاجور والرواتب كافية لمساعدة الفرد في مواجهة متطلبات الحياة المختلفة والتزاماته المتعددة مما يتطلب ان يؤخذ في الاعتبار عند وضع وتحديد الاجور والرواتب بعض الاسس مثل مستوى المعيشة، ومعدل الاسعار وغيرها من الاسس بحيث يتحقق مبدأ الكفاية. يمثل هذا المبدأ الجانب الاقتصادي في الاجور والرواتب[٦].

وفي الدراسة التي قام بها لولر (Lawler) لعدة نظم للاجور والرواتب للعاملين اوضح انه يجب ليس فقط دفع الاجور والرواتب على اساس متطلبات العمل ولكن ايضا يجب الاخذ بعين الاعتبار الاختلاف في هذه المتطلبات من عمل لآخر. لذلك فان تقييم

الوظائف يتطلب مهارة وتوفر معلومات تفصيلية عن كل وظيفة لتحقيق ذلك. بجانب ذلك يقول لولر لكي تصبح الاجور والرواتب فعالة ومؤثرة في تحفيز العاملين لتحسين ادائهم يجب ان يدرك هؤلاء العاملون بأن المنظمة تدفع لهم تعويضا (اجرا) عادلا عن ادائهم وعن تحسنه. بجانب ذلك يجب ان يدرك العاملون بأن الاجور والرواتب التي يحصلون عليها تتناسب او تتساوى مع ما يمتلكون من امكانيات وخبرات ومهارات. وافضل وسيلة لتحقيق ذلك استخدام تقييم الوظائف انه يساعد على وجود تناسق بين هيكل الاجور والرواتب في المنظمة وبين هيكل الاجور والرواتب في المنظمات وفي اسواق العمالة الاخرى[٧].

تقييم الوظائف ووضع هيكل الاجور (Job Evaluation and Wage) Structure

هناك اربع خطوات رئيسية لتحديد ومن ثم وضع هيكل الاجور والرواتب في شكله النهائي وهي التالية:-

١- تحليل الوظائف.

٢- تحديد عوامل التقييم (العوامل المعوض عنها) (Compensable Factors).

٣- تقييم الوظائف.

٤- تصنيف الوظائف في مجموعات ومن ثم وضع هيكل الاجور والرواتب.

اولا: تحليل الوظائف:-

لقد ناقشنا موضوع تحليل الوظائف (Job Analysis) تفصيليا في فصل سابق. وتبدأ مرحلة تقييم الوظائف حيث تنتهي مرحلة تحليل الوظائف. قلنا بأنه ينتج عن تحليل الوظائف تحديد وصف ومواصفات الوظيفة، كذلك فقد اشرنا الى ان من الاستخدامات الرئيسية لهذا التحليل وضع هيكل الاجور بعد تقييم وظائف. وينتج عن تحديد وصف ومواصفات الوظيفة تحديد العوامل التي سوف يتم تقييمها في كل وظيفة مثل الذكاء، والخبرة، والتعليم، وظروف العمل، والمسؤولية والمجهود.. الخ. تسمى تلك العوامل عوامل التقييم اي العوامل التي سيتم تعويض الشخص الذي يقوم بالعمل تعويضا ماديا عنها. لذلك فهي تدعى احيانا عوامل التقييم او العوامل المعوض عنها (Compensable Factors).

ثانيا: تحديد عوامل التقييم:-

تعكس تلك العوامل المحتوى الفعلي والواقعي للوظيفة بحيث يمكن تبرير معدل الاجر الذي سوف يحدد فيما بعد لكل وظيفة. انها الاساس الذي يقوم عليه وضع هيكل الاجور والرواتب حيث يتم تحديد القيمة النسبية لكل عامل من تلك العوامل بعد تحديدها من خلال تحليل الوظائف ومن ثم تقييمها. وبناء على تحديد القيمة النسبية لكل عامل يمكن تبرير التفاوت في الاجور والرواتب، اي تبعا لتفاوت اهمية تلك العوامل من وظيفة الى اخرى. ومن المعروف ان الوظائف تتطلب توفر عدد من تلك العوامل مثل المهارة، والخبرة، والتعليم، والمسؤولية، وظروف العمل. ولكن بالطبع تختلف درجة المهارة المطلوبة من وظيفة الى اخرى مما يؤدي الى نوع من العدالة في تحديد معدل الاجر الذي يوضع لكل وظيفة.

مبادىء اختيار عوامل التقييم:-

يراعى عند اختيار عوامل التقييم ما يلي:-

١) ان تكون العوامل موجودة في جميع الوظائف، او على الاقل في الوظائف التي سيتم تقييمها. وستزداد صعوبة المقارنات بين الوظائف اذا كان احد العوامل لا يوجد في بعض الوظائف.

٢) ان تكون العوامل موجودة في الوظائف الاخرى بدرجات مختلفة، اذ من الواضح انه اذا وجد عامل بدرجات متساوية في جميع الوظائف فانه يصبح غير ذات قيمة في مقارنة هذه الوظائف ببعضها بعضها للوصول الى القيم النسبية لها.

٣) ان تختار العوامل الاكثر اهمية اذا تعددت العوامل الاكثر اهمية، ويترتب على اختيار العدد المناسب من العوامل ليس فقط جعل عملية تقييم الوظائف سهلة نسبيا ولكن يترتب عليه ايضا الوصول الى نتائج اكثر دقة.

٤) ان لا يكون هناك تداخل في المعنى بين العوامل. واذا حدث تداخل بين عاملين فيختار احدهما ويعطي وزنا مضاعفا في التقييم.

٥) ان تستبعد العوامل التي تنطبق على الافراد وليس على الوظائف، ذلك ان تقييم الوظائف ينصب على الوظائف فقط دون الاشخاص.

٦) ان تكون العوامل المختارة مقبولة من جانب الادارة والعاملين والنقابة ان وجدت وتعكس وجهات نظرهم باعتبارهم الاطراف المعنية في عملية تحديد الاجور والرواتب[٨].

مزايا عوامل التقييم:-

لعوامل التقييم مزايا في تحديد الاجور والرواتب هذه اهمها:-

١. تعتبر افضل وسيلة لتحقيق التناسق بين معدلات الاجور والرواتب في المنظمة.
٢. توفر مناخاً من الموضوعية في تقييم الوظائف.
٣. تساعد المنظمة والعاملين على تفهم الاختلاف بين القيم النسبية لمختلف الوظائف وبالتالي الاختلاف في الاجور والرواتب.
٤. تسهل بشكل غير مباشر اختيار طريقة تقييم الوظائف[٩].

لذلك يجب على المسؤولين عن عملية تقييم الوظائف ان يعوا اولا ثم يتفقوا ثانيا على اختيار تلك العوامل، والتي ستكون الاساس لتحقيق العدالة في الاجور والرواتب.

هناط عدة دراسات لتحديد عوامل التقييم ومنها على سبيل المثال دراسة اوتيس (Otis) التي ذكر فيها ان هناك حوالي ٨٨ عاملا في الوظائف المهنية وحوالي ٧٤ عاملا في الوظائف وهذه العوامل مقسمة كالتالي[١٠]:-

وظائف مهنية		وظائف ادارية	
عوامل رئيسية	**عوامل ثانوية**	**عوامل رئيسية**	**عوامل ثانوية**
المهارة	٣٦	المهارة	٣٣
المجهود	١٥	المجهود	١٠
المسؤولية	٢٣	المسؤولية	٢٣
ظروف العمل	١٤ ٨٨	ظروف العمل	٨ ٧٤

الشكل رقم (٣)

عوامل التقييم في وظائف مختلفة

على المسؤولين عن تقييم الوظائف ان يحددوا اولا عوامل التقييم الاساسية كما هو مبين في الشكل رقم (٣) ثم تجزئتها الى عوامل ثانوية لتتفق وتتناسب مع طبيعة كل وظيفة والشكل يوضح لنا عملية تحديد وترتيب العوامل الرئيسية والعوامل الثانوية:-

عوامل رئيسية	عوامل ثانوية
– المهارة	– الخبرة – التدريب – التعليم
– المجهود	– مجهودات ذهنية – مجهودات بدنية
– المسؤولية	– العلاقات مع العاملين – الالات والمعدات – الانتاج والاداء
– ظروف العمل	– ظروف خطرة – ظروف غير متفق عليها

الشكل رقم (٤)

ترتيب عوامل التقييم الرئيسية والثانوية

ولا شك ان هناك اختلافا في اهمية هذه العوامل، ويؤدي هذا الاختلاف الى اختلاف اخر في القيمة النسبية لكل وظيفة، لذلك لا تعطي نفس الاهمية من حيث الوزن والقيمة لجميع العوامل[١١].

ثالثا: تقييم الوظائف (Job Evaluation):-

يعتبر تقييم الوظائف الوسيلة العلمية والموضوعية لاقامة نظام عادل للاجور في المنظمات. ويعرف تقييم الوظائف بانه الوسيلة المنطقية لتحديد القيمة النسبية لاي وظيفة في المنظمة بغرض تحديد اجر عادل لهذه الوظيفة يوازى تلك القيمة النسبية . ويهدف تقييم الوظائف الى الربط بين معدل الاجور التي يحصل عليها العاملون وبين حجم ومدى

مساهمتهم في تحقيق اهداف المنظمة من خلال استثمار كل ما يتمتلكون من امكانيات وخبرات.

مزايا تقييم الوظائف:-

لتقييم الوظائف مزايا هذه ابرزها:-

١) يضع الاسس لتحديد النسب المالية لجميع الوظائف في المنظمة.

٢) يساهم في تفسير وتوضيح اوجه واسباب الاختلافات العادلة في الاجور والرواتب بين جميع الوظائف.

٣) يساهم في ايجاد نظام متكامل يساعد على ايجاد وظائف جديدة بدون احداث خلل في هيكل الاجور. وسوف يؤدي اي نوع من التوسع في المنظمة بدون شك الى اعادة تقييم بعض الوظائف الذي يستلزم بالضرورة اعادة النظر في اجور ورواتب هذه الوظائف من خلال استخدام تقييم الوظائف.

٤) يساعد تقييم الوظائف على توفير معومات للمسؤولين وخاصة متخذي القرارات في التدريب، والاختيار، والتعيين ويساعد كذلك في وضع سياسة طويلة المدى خاصة بالموارد البشرية.

٥) يساعد تقييم الوظائف على الاكتشاف المسبق لاي اختلاف او تعارض في معدل الاجور والرواتب او في ضوء القيم النسبية للوظائف قد يتطور بحيث يصبح مشكلة ادارية معقدة[١٢].

٦) يساعد على تخفيض معدل دوران العمل وفي رفع الروح المعنوية للعاملين وذلك بسبب تحديد الاجر (القيمة النسبية) لكل وظيفة على اساس مدى اهميتها للمنظمة.

٧) يسهل اجراء مقارنة واقعية بين هيكل الاجور في المنظمة بالمقارنة مع الهياكل الاخرى في منظمات متشابهة.

طرق تقييم الوظائف:-

بعد ان يتم تحديد عوامل التقييم تبدأ مرحلة تقييم الوظائف. ويمكن تقسيم طرق التقييم الى طرق كمية وطرق غير كمية. وتشمل الطرق الكمية:-

(١) طريقة التقدير بالنقاط (Point Rating).

(٢) طريقة مقارنة العوامل (Factor Comparison).

وتشمل الطرق غير الكمية على:-

(١) طريقة الترتيب (Ranking).

(٢) طريقة الدرجات (Grading).

تتم التفرقة بين الطريقتين على اساس ان الطرق غير الكمية تقضي بان يتم التقييم على اساس معاملة الوظيفة كوحدة متكاملة بدون تقسيمها الى عناصرها ومكاناتها الخارجية. اما الطرق الكمية فتقتضي تقييم كل عامل في الوظيفة باستخدام النقاط ثم تحويل تلك النقاط الى قيم مالية محددة اي الى اجور ورواتب.

ونعالج ببعض التفصيل كل نوع من انواع هذه الطرق:-

أ) الطرق غير الكمية:-

(١) طريقة الترتيب (Ranking)

تقتضي هذه الطريقة ترتيب الوظائف ترتيبا تنازليا من حيث الاهمية ومن ثم ترتيبها من حيث قيمتها على اساس استحالة تشابه الوظائف. كما انها تستخدم في المنظمات ذات الوظائف القليلة. ولا تتطلب تلك الطريقة تفتيت الوظيفة الى عناصرها او مكوناتها الجزئية، بل ينظر اليها باعتبارها وحدة متكاملة[١٣] بحيث تجري المقارنة مع الوظائف الاخرى على هذا الاساس.

خطوات (مراحل) ترتيب الوظائف:-

١) توفير معلومات تفصيلية من خلال تحليل الوظائف بحيث تعكس تلك المعلومات والوصف والمواصفات التفصيلية لكل وظيفة.

٣) تسلم تلك المعلومات الى الفرد او اللجنة المسؤولة عن عملية التقييم وتقوم اللجنة بتحديد المعايير التي سوف يتم على اساسها ترتيب الوظائف.

٤) القيام بترتيب الوظائف حسب الاهمية وذلك من خلال مقارنتها ببعضها بعضا. وثمة اسلوبان يمكن اتباعهما في الترتيب:-

أ) طريقة الترتيب المبسط:-

يقوم هذا الاسلوب على اساس وجود بطاقة لكل وظيفة يدون فيها كافة المعلومات التفصيلية الخاصة بكل وظيفة ويقوم الشخص المعني بترتيب كافة تلك البطاقات من اعلى الى اسفل حسب الاهمية.

من الافضل ان يقوم اكثر من شخص بعملية التقييم والترتيب للحصول على نتائج موضوعية. ثم يتم تسجيل متوسط الترتيبات كلها على ان يكون بينها فاصل زمني.

الجدول التالي يبين لنا بوضوح ما سبق ذكره[١٤]:-

الوظيفة	ترتيب الشخص (أ)	ترتيب الشخص (ب)	ترتيب الشخص (ج)	المتوسط	الترتيب
أ	١	٢	١	١,٢	١
ب	٢	٢	١	١,٦	٢
جـ	٣	٣	٣	٣,٠	٣
د	٤	٤	٥	٤,٣	٤
هـ	٥	٥	٦	٥,٧	٥

الشكل رقم (٥)

ترتيب الوظائف من خلال الترتيب البسيط

يتبع هذا الاسلوب عندما يكون عدد الوظائف محدودا، وتزداد المشكلة صعوبة في حالة ارتفاع عدد من الوظائف مما يتطلب استخدام الاسلوب الاخر، المقارنة الزوجية:-

ب) اسلوب المقارنة الزوجية:-

يقوم هذا الاسلوب اساسا على مقارنة كل وظيفة بوظيفة اخرى على مرات متتابعة. بحيث تتم مقارنة المعلومات التفصيلية الخاصة بوصف ومواصفات كل وظيفة مثل التعليم، والخبرة، والمهارة، وظروف العمل...... الخ.

نفترض على سبيل المثال ان هناك اربع وظائف في منظمة ما نرغب في مقارنتها، بذا تكون عدد المقارنات الزوجية التي سوف تجري بغرض الترتيب ٦ مقارنات وتكون الوظيفة

التي تحصل على علامات اكثر، اكثر الوظائف اهمية نتيجة مقارنتها مع الوظائف الاخرى. والشكل التالي يوضح لما ما سبق ذكره.

اسم الوظيفة	عدد مرات الاهمية عند المقارنة (العلاقة)	ترتيب الوظيفة
أ	٥	١
ب	٤	٢
ج	٣	٣
د	٢	٤
هـ	١	٥
و	صفر	٦

الشكل رقم (٦)
ترتيب الوظائف من خلال المقارنة الزوجية

يمكن استخدام هذا الاسلوب للمقارنة بين الوظائف في كافة اقسام المنظمة حيث يتم ترتيب الوظائف اولا في كل قسم حسب الاهمية النسبية ومن ثم تجميع جداول المقارنات من الاقسام الاخرى لدراستها وادماجها في جدول واحد يشمل كافة اقسام المنظمة مبينين الاهمية النسبية لكل وظيفة، كما هو موضح في الشكلين التاليين[١٥].

قسم المشتريات		قسم الانتاج		قسم الافراد	
الوظيفة	الترتيب	الوظيفة	الترتيب	الوظيفة	الترتيب
أ	١	أ	١	أ	١
ب	٢	ب	٢	ب	٢
جـ	٣	جـ	٣	جـ	٣
د	٤	د	٤	د	٤

الشكل رقم (٧)
ترتيب الوظائف على مستوى الأقسام

الترتيب النهائي	الوظائف
١	- الوظيفة (أ) في قسم المشتريات، الوظيفة (ب) في قسم الافراد، الوظيفة (جـ) الانتاج.
٢	-الوظيفة (ب) مشتريات، الوظيفة (جـ) افراد، الوظيفة (ب) انتاج.
٣	-الوظيفة (جـ) مشتريات، الوظيفة (أ) انتاج، الوظيفة (أ) افراد.
٤	- الوظيفة (د) انتاج، الوظيفة (د) مشتريات، الوظيفة (جـ) افراد.

الشكل رقم (٨)

ترتيب الوظائف على مستوى المنظمة

(٢) طريقة الدرجات (Grading):-

تقوم هذه الطريقة اساسا على تحديد عدد الدرجات ووصفها وتحديد معايير انتماء الوظائف اليها، بحيث تمثل كل درجة منها مجموعة من الوظائف المتشابهة في الواجبات والمسؤوليات. بعد ذلك توزع الوظائف على الدرجات على اساس امتلاك كل درجة صفات جوهرية، علما بانه يتم ايضا في تلك الطريقة التعامل مع الوظيفة كوحدة متكاملة دون تقسيمها الى عناصرها او الى مكوناتها الاساسية.

يتم تحديد الدرجات وفقا للعوامل التالية:-

أ) مدى التفاوت في القدرات والمهارات المطلوبة.

ب) حدود الاجر بالنسبة للوظائف الداخلة في الدرجة، وكلما اتسعت هذه الحدود قل عدد الدرجات.

ج) سياسة الترقية في المنظمة[١٦].

تنحصر الخطوات الاساسية في تلك الطريقة فيما يلي:-

١) تحليل كافة الوظائف في المنظمة، ومن ثم وضعها في مجموعات، اي تصنيفها في عدد من المجموعات مثل مجموعة الوظائف الكتابية، والوظائف الاشرافية .....الخ.

٢) تحديد عدد الدرجات ووضع وصف دقيق لكل درجة على اساس الواجبات والمسؤوليات والخبرة....الخ. ويتفاوت عدد الدرجات الموضوعية من منظمة الى اخرى.

٣) وضع كل وظيفة في الدرجة التي تتفق مع وصفها.

٤) تحديد القيمة المالية لكل درجة من الوظائف ذات المستوى الواحد وقد يكون هناك مدى للاجر الذي يحدد لكل درجة[١٧].

(ب) الطرق الكمية

(١) طريقة مقارنة العوامل (Factor Comparison):-

ينظر الى طريقة مقارنة العوامل كأحد الطرق الكمية الحديثة في تقييم الوظائف، وهي تعني مقارنة الوظائف في المنظمة من خلال تحديد عوامل اساسية في كل وظيفة بحيث تشكل تلك العوامل اسس (قواعد) المقارنة. وتتم المقارنة بين الوظائف على اساس مقارنة كل عامل في كل وظيفة على حدة بالمقارنة مع عامل اخر في وظيفة اخرى. وتنصب المقارنة في الاساس على الوظيفة الاساسية (Key Job) في كل مجموعة من الوظائف التي تم تحديدها من خلال تصنيف الوظائف كما جاء عند الحديث عن تحليل الوظائف والتي تدعى احيانا الوظيفة الدالة.

ويشترط في هذه الوظيفة الدالة في كل مجموعة وظيفية ان تمثل كافة انواع الوظائف المراد تقيمها وان تكون معالمها محدودة ومعروفة بحيث لا يكون هناك اختلاف في مستوى الواجبات والمسؤوليات الخاصة بها او مستوى المهارة المطلوبة فيمن يشغلها[١٨]. كما تحدد اهمية العوامل في هذه الطريقة بقيم نقدية على اساس ان اجر كل وظيفة يتحدد من منطلق مجموع القيم النقدية لكافة العوامل في الوظيفة.

مراحل تقييم الوظائف باستخدام مقارنة العوامل:-

١) اختيار الوظائف الدالة (Key Jobs) والممثلة لمجموعات للوظائف المختلفة في المنظمة. ويختلف عدد مجموعات الوظائف من منظمة الى اخرى حسب حجم المنظمة ونشاطها.

٢) اختيار العوامل التي تتوافر في الوظائف الدالة والتي ستكون بمثابة معايير للمقارنة مثل المتطلبات العقلية، والمتطلبات الجسدية، ومتطلبات المهارة، والمسؤولية، وظروف العمل.

٣) تحديد الاجر الذي يدفع لكل وظيفة من الوظائف الدالة بعد تحديد نصيب كل عامل من العوامل من هذا الاجر. وعلى سبيل المثال فلو افترضنا ان راتب الوظيفة الدالة في مجموعة الوظائف الهندسية هو ٨٠ دينار فان توزيعها قد يكون على الوجه التالي:-

المتطلبات العقلية ٣٠ دينار
المتطلبات الجسدية ١٥ دينار
متطلبات المهارة ١٥ دينار
المسؤولية ١٠ دنانير
ظروف العمل ١٠ دنانير
٨٠ دينار

من الطبيعي ان يعادل مجموع المبالغ التي وزعت على العوامل الخمس مقدار الاجر لتلك الوظيفة. يتم تحديد نصيب الاجر لكل عامل من العوامل في كافة الوظائف الدالة لكافة المجموعات الوظيفية من الاجر المحدد لكل وظيفة دالة كما هو مبين في الشكل التالي[19]:-

الوظائف الدالة	المتطلبات العقلية	المتطلبات الجسدية	متطلبات المهارة	المسؤولية	ظروف العمل	معدل الاجر الحالي
أ	٩,٥٠	٤,٥٠	٣,٠٠	١٠,٠٠	٢,٠٠	٣٠,٠٠ دينار
ب	٦,٠٠	٣,٥٠	٢,٥٠	٥,٠٠	٤,٠٠	٢٠,٠٠ دينار
جـ	٧,٠٠	٣,٠٠	١,٥٠	٩,٠٠	٣,٥٠	٢٤,٠٠ دينار
د	٨,٠٠	٢,٠٠	٧,٠٠	١١,٠٠	٤,٥٠	٣٣,٥٠ دينار
هـ	٧,٥٠٠	٤,٠٠	٨,٥٠٠	٧,٠٠	٥,٠٠	٣٢,٠٠ دينار
و	١٠,٠٠	٣,٠٠	٤,٠٠	٣,٠٠	٥,٥٠	٢٦,٠٠ دينار
ز	٨,٥٠	١،٥٠	٥,٠٠	٤,٠٠	٦,٠٠	٢٥,٠٠ دينار

الشكل رقم (٩)
مقارنة العوامل

٤) يتم تحويـل القيـم الماديـة الى رتـب وذلـك بمقارنـة القيـم التـي حصـلت عليهـا الوظائف الدالة بالنسبة لكل عامل على حدة. مثلا بالنسبة الى عامل المتطلبات العقلية يكون ترتيب الوظائف على النحو التالي[٢٠]:-

الوظيفة	الرتبة
أ	٢
ب	٧
جـ	٦
د	٤
هـ	٥
و	١
ز	٣

٥) بعد تحليل الوظائف الدالة، يتم اعداد المقيـاس الـذي سـوف يسـتخدم للتقيـيم بالنسبة لكل عامل مـن عوامـل التقييم. ويتكون هـذا المقيـاس مـن وحـدات نقدية يحدد عليها موضع الوظائف الدالة فيما يخص كـل عامـل مـن عوامـل التقييم كما هو في الشكل رقم (١٠) والذي يدعى مقياس مقارنة العوامل.

وحدات الاجر بالدينار	العوامـــــــــل				ظروف العمل
	متطلبات عقلية	متطلبات جسدية	متطلبات مهارة	مسؤولية	
١٠					
١٥					
٢٠		الوظيفة الدالة (ب)			
٢٥	الوظيفة الدالة (د)				
٣٠		الوظيفة الدالة (أ)	الوظيفة الدالة (ج)		الوظيفة الدالة (أ)
٣٥		الوظيفة الدالة (ج)	الوظيفة الدالة (أ)	الوظيفة الدالة (ب)	
٤٠	الوظيفة الدالة (أ)				الوظيفة الدالة (ج)
٤٥		الوظيفة الدالة (د)			
٥٠			الوظيفة الدالة (هـ)		
٥٥	الوظيفة الدالة (هـ)				
٦٠			الوظيفة الدالة (ب)		الوظيفة الدالة (هـ)
٦٥					
٧٠				الوظيفة الدالة (أ)	
٧٥					
٨٠					الوظيفة الدالة (د)

الشكل رقم (١٠)

مقياس مقارنة العوامل

يوضح الشكل السابق، بان هناك خمس وظائف دالة وهي الوظائف أ ، ب، ج، د، هـ وكذلك المبلغ المحدد لكل عامل من العوامل الخمسة السابق ذكرها في كل من الوظائف الخمس الدالة. ونجد على سبيل المثال ان الوظيفة الدالة (أ) تحصل على اجر يبلغ مجموعة ٢٠٥ دينار موزع كالتالي على العوامل الخمس.

٤٠ دينار متطلبات عقلية.
٣٠ دينار متطلبات جسدية.
٣٥ دينار متطلبات مهارة.
٧٠ دينار مسؤولية
٣٠ دينار ظروف عمل.
٢٠٥ دينار المجموع.

وتطبق نفس الفكرة على الوظائف الدالة الاخرى. ويدعى الشكل السابق مقياس مقارنة العوامل (Factor Comparison Scale).

٦) بعد اعداد مقياس مقارنة العوامل السابق ذكره يمكن تقييم بقية الوظائف وذلك من خلال مقارنة العوامل الخمس السابق ذكرها لكل وظيفة بالوظيفة الدالة، على ان يكون ذلك من خلال مقارنة عامل بعامل. وهكذا نستطيع ان نحدد نصيب كل وظيفة من وحدات الاجر في كل عامل. وتجمع وحدات الاجر في العوامل الخمس بالنسبة لكل وظيفة لنستطيع الحصول على القيمة النقدية الكلية لكل وظيفة.

على سبيل المثال نقارن الوظيفة (ن) وهي ليست وظيفة دالة مع الوظيفة الدالة (أ) من خلال مقارنة عامل بعامل، وذلك بعد ان عرفنا بان اجر الوظيفة (أ) هو ٢٠٥ دينار. قد نجد بعد المقارنة بان المتطلبات العقلية في الوظيفة (ن) تشابه المتطلبات العقلية في الوظيفة الوظيفة الدالة (أ) وبذلك يعطي لهذا العامل (المتطلبات العقلية) في الوظيفة (ن) نفس المبلغ المعطى لهذا العامل في الوظيفة (أ). تطبق نفس الفكرة على بقية العوامل الاربع وفي النهاية نجمع ما تحصل عليه الوظيفة (ن) في النهاية من راتب، اي القيمة النقدية الكلية لتلك الوظيفة. نجد في النهاية ان كل وظيفة وجد لها مكان في مقياس مقارنة العوامل، السابق ذكره، اي تم تحديد اجرها[٢١].

(٢) طريقة النقاط (Point Technique):-

تعتبر هذه الطريقة من اكثر الطرق موضوعية في تقييم الوظائف. كما تقتضي تلك الطريقة تفتيت الوظيفة الى العوامل الاساسية المكونة لها وتقدير قيمة لكل عامل من تلك العوامل بعدد محدد من النقاط. وتتلخص هذه الطريقة في اعطاء عدد من النقاط لكل عامل من العوامل المحددة للتقييم وبجمع هذه النقاط يمكن تحديد درجة أهمية الوظيفة بالمقارنة مع الوظائف الاخرى في المنظمة. فكلما زاد عدد النقاط فأن ذلك يدل على تزايد اهمية الوظيفة مما يستدعي ارتفاع اجرها بالمقارنة مع وظائف أخرى. ومن مميزات هذه الطريقة، بجانب الموضوعية والعدالة في التقييم، انها تأخذ بعين الاعتبار كل عامل على حدة وليس الوظيفة ككل او كوحدة متكاملة.

مراحل استخدام طريقة النقاط:-

تتكون مراحل طريقة النقاط مما يلي:-

١) تحليل الوظائف كما بينا سابقا.

٢) تحديـد الوظـائف التـي سـوف تسـتخدم كمعـايير للتقيـيم مـع تحديـد محتوياتها بالنسبة لمجموعات الوظائف الداخلة في التقييم، ومـن الممكـن استخدام العوامل الخمس السابق ذكرها كمعايير للتقييم في هذه الطريقة مع مراعاة ما يلي:-

أ-   التقليل من عدد العوامل كلما امكن ذلك منعا للازدواج بينها.

ب- التأكد من ارتباط العوامل بالوظيفة لا بالموظف شاغلها.

جـ- اختيـار العوامـل المهمـة التـي تمثـل متطلبـات الوظيفـة الفنيـة او العلمية تمثيلا موضوعيا.

د)   التأكد من اشتراك او توافر العوامل التي يجـري اختيارهـا في جميـع الوظائف بالمنظمة وذلك لضمان موضوعية التقييم وعدالته[٢٢].

٣) تحديد درجـات للعوامـل (Degrees) وذلـك لتقديـر مـدى الاهميـة التـي تعطي لكل عامل والتي تعكس مدى اهمية توفر هذا العامل في الوظيفـة. تحدد تلك الاهمية بعدد النقاط المعطاة كما هو مبين في الشكل التالي[٢٣]:-

الوزن بنسبة مئوية	الدرجات والنقط						%	العوامل وفروعها
	درجة (٦)	درجة (٥)	درجة (٤)	درجة (٣)	درجة (٢)	درجة (١)		
							٥٠	المهارة
١٢	٧٢	٦٠	٤٨	٣٦	٢٤	١٢		١) المعرفة بالعمل
٢٤	١٤٤	١٢٠	٩٦	٧٢	٤٨	٢٤		٢) الخبرة
١٤	٨٤	٧٠	٥٦	٤٢	٢٨	١٤		٣) المبادرة والابتكار
							١٥	المجهود
١٠	٦٠	٥٠	٤٠	٣٠	٢٠	١٠		٤) المتطلبات البدنية
٥	٣٠	٢٥	٢٠	١٥	١٠	٥		٥) المتطلبات الذهنية
							٢٠	المسؤولية
٦	٣٦	٣٠	٢٤	١٨	١٢	٦		٦) المعدات
٧	٤٢	٣٥	٢٨	٢١	١٤	٧		٧) المواد
٣	١٨	١٥	١٢	٩	٦	٣		٨) سلامة الاخرين
٤	٢٤	٢٠	١٦	١٢	٨	٤		٩) عمل الاخرين
							١٥	ظروف العمل
١٠	٦٠	٥٠	٤٠	٣٠	٢٠	١٠		١٠) الظروف المحيطة
٥	٣٠	٢٥	٢٠	١٥	١٠	٥		١١) الاخطار
١٠٠%	٦٠٠	٥٠٠	٤٠٠	٣٠٠	٢٠٠	١٠٠	١٠٠%	المجموع

شكل رقم (١١)

تقييم الوظائف باستخدام النقاط

يتبين لنا من هذا الشكل ما يلي:-

أ) ان العوامل الاصلية توزع بنسب مئوية فكان نصيب المهارة ٥٠ بالمائة، ونصيب المجهود ١٥ بالمائة، ونصيب المسؤولية ٣٠ بالمائة، ونصيب ظروف العمل ١٥ بالمائة والمجموع يصبح ١٠٠ % .

ب) تحدد للخطة ٦٠٠ نقطة تم توزيعها على العوامل الاصلية حسب القيمة النسبية لكل عامل. فيكون نصيب عامل المهارة ٣٠٠ نقطة، ونصيب عامل المجهود ٩٠ نقطة، ونصيب عامل المسؤولية ١٢٠ نقطة، ونصيب عامل ظروف العمل ٩٠ نقطة.

جـ) وزع نصيب كل عامل اصلي من النقط على العوامل الفرعية حسب الاهمية النسبية لكل عامل فرعي. فمثلا فيما يتعلق بعامل المهارة كانت القيم النسبية للعوامل الفرعية المكونة له كالآتي: المعرفة بالعمل ١٢%، الخبرة ٢٤%، المبادرة والابتكار ١٤%. وبالنسبة لعامل المجهود كانت القيم النسبية للعوامل الفرعية المكونة له كالآتي: المتطلبات البدنية ١٠%، المتطلبات الذهنية ٥%[٢٤].

د) تقييم كل وظيفة من خلال مقارنة كل من العوامل المذكورة سابقا مع الدرجات والنقاط المحددة في الشكل السابق لكل درجة بحيث يعطي كل عامل ما يستحق من نقاط طبقا لاهميته النسبية والتي تترجم الى عدد من النقاط. تجمع النقاط التي حصلت عليها الوظيفة ثم ترتب الوظائف كافة حسب مجموع النقاط التي حصلت عليها. على سبيل المثال في الشكل السابق نجد ان اعلى معدل للنقاط هو ٦٠٠ نقطة ويعكس هذا الرقم اهم وظيفة في المنظمة. بالتالي عندما نقيم وظيفة اخرى قد تحصل تلك الوظيفة، ولتكن الوظيفة (ن)، على عدد من النقاط يقع ما بين الحد الادنى (١٠٠ نقطة) والحد الاعلى (٦٠٠ نقطة) بالتالي فان الفرق في عدد النقاط بين أقل وظيفة واهم وظيفة هو ٥٠٠ نقطة.

رابعا: بناء هيكل الاجور (Wages Structure)

الآن وبعد ان تم الحصول على القيم النسبية لكافة وظائف المنظمة مقارنة لبعضها البعض بعد تقييمها من خلال استخدام الطرق الاربع السابق دراستها تجيء مرحلة وضع هيكل الاجور بناء على نتائج تقييم الوظائف. قبل التعرض لهيكل الاجور بالدراسة والشرح يجب ان ندرك من البداية المعايير او الاسس التي سوف تعتمد عليها المنظمة في تحديد معدل الاجور التي سوف يتضمنها هيكل الاجور بعد بنائه.

هناك خمسة معايير اساسية (Wage Criteria) يجـب وضعها في الاعتبـار وهي ما يلي:-

١- معدل الاجور والرواتب السائدة في الاسواق.

٢- المقدرة المالية للمنظمة وبالتالي القدرة على دفع معدل من الاجور.

٣- انتاجية المنظمة وامكانية قياسها.

٤- مستوى المعيشة ومستوى الاسعار.

٥- القدرة الشرائية للعاملين في المنظمة.

وسوف يتم التعرض لبعض تلك المعايير تفصيليا عند الحـديث عـن كيفيـة بناء هيكل الاجور[٢٥].

الخطوة التالية لتقييم الوظائف تحويل القيمة النسبية لكـل وظيفـة مـن الوظائف التي تم تقييمها الى قيمة نقدية (مادية) تتفق مع تلك القيمة النسبية. بالتالي فان الهدف الرئيسي في تلك المرحلة هو وضع هيكل للاجور، علما بان هيكل الاجور يختلف عن مستوى الاجور (Wage Level) والذي يقصد به معدل الاجور التي تريد المنظمة دفعها للعـاملين وهـل تتساوى تلك المعـدلات مـع المعدلات السائدة في الاسواق ام تزيد او تقل عنها. ويترك تحديد هذا المعدل كلية للمنظمة.

خطوات بناء هيكل الاجور:-

هناك ثلاث خطوات رئيسية لبناء هيكل الاجور هي:-

١) تحديد عدد فئات الوظائف (Classes).

٢) تحديد معدل الاجر المقابل لكل فئة من تلك الفئات.

٣) تعديل هيكل الاجور في شكله النهائي ليتناسب مع سياسة المنظمة.

وسنناقش كل من تلك الخطوات بالتفصيل.

(١) تحديد عدد فئات الوظائف:-

قبل ان نبدأ في شرح الخطوة الاولى بالتفصيل يجـدر بنـا ان نـذكر ان افضـل الطرق الاربع المستخدمة في تقييم الوظائف للاستعانة بها في بناء هيكل الاجور هي طريقة النقاط لما

تتسم بـه مـن موضـوعية وعدالـة في تحديـد الاجـر. كـذلك لكونهـا تتناسـب مـع المنظمات ذات الاعداد الكبيرة من الوظائف.

المقصود بفئات الوظائف هـو تجميـع الوظـائف التـي تتسـاوى تقريبـا في القيمة النسبية في عدد من الفئات (Classes). كيف يتم ذلك؟.

بعد ان يتم تقييم الوظائف من خلال استخدام طريقـة النقـاط كـما اشـير سابقا يتم رصد كافة الوظائف التي تم تقييمهـا عـلى خريطـة حيـث يمثـل المحـور الافقي النقاط، والمحور الرأسي معدلات الاجور كما يبين الشـكل التـالي. وتمثـل كـل نقطة من النقاط الموجودة على الخريطة وظيفة واحدة.

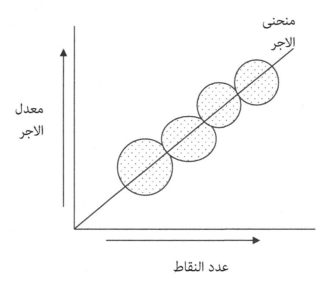

الشكل رقم (١٢)
استخدام النقاط في تحديد عدد الفئات

يتم بعد تجميع كافة تلك النقاط (الوظائف) في عدد من الفئات كما يبينها الشكل. ويمثل الخط الذي تقع عليه النقاط منحنى الاجر والذي يمثل العلاقـة بـين قيمة اية وظيفة عند نقطة معينة على المنحنى وبين معدل الاجـر المقابـل لهـا. مـا هو عدد الفئات الامثل ؟؟.

تخضع الاجابة على هذا السؤال الى عدة اعتبارات منها ما يلي:-

١. حجم المنظمة:-

فكلما كان حجم المنظمة كبيرا (اي عدد الوظائف فيها كبيرا) كان هناك مجال لتفاوت قيمة الوظائف، وبالتالي كانت هناك مدعاة لزيادة عدد الفئات او الدرجات الوظيفية.

٢. مدى شمول التقييم:-

فكلما اقتصرت دراسة التقييم وهيكل الاجور الناتج منها على فئة بعينها من الوظائف دون الفئات الاخرى، كان ذلك مدعاة لقلة عدد الفئات. وكلما كان التقييم شاملا لانواع عديدة من الوظائف تطلب هذا اكبر عدد من الفئات او الدرجات.

٣. سياسة الاجور والترقية:-

فكلما سمحت المنظمة بزيادة الاجور من خلال مدى واسع للاجر في كل فئة وظيفية دون ان يصحب ذلك بالضرورة الترقي الى الفئات الوظيفية الاعلى تطلب هذا عددا قليلا من الفئات الوظيفية.

٤. الفرق بين الحد الاعلى والادنى للاجر:-

فكلما كان هذا الفرق كبيرا تطلب هذا اكبر عدد من الفئات الوظيفية لتتناسب مع المدى المتسع للفرق بين الحد الاعلى والادنى.

وبصفة عامة، يحسن ان يقل عدد الفئات او الدرجات الوظيفية، لما في ذلك من تبسيط ووضوح في هيكل الاجور والرواتب[٢٦].

وقد تستخدم منحنيات الاجور لبيان العلاقة بين القيمة النسبية للوظائف داخل المنظمة وبين المعدلات السائدة في المجتمع، او العلاقة بين القيم النسبية للوظائف والمعدلات الحالية في المنظمة، او العلاقة بين القيم النسبية للوظائف والمعدلات المقترحة لهذه الوظائف. ومن الطبيعي ان المنحنى الذي تبدأ به هذه المقارنات هو الذي يوضح العلاقة بين القيم النسبية للوظائف ومعدلات الدفع الحالية لها. ثم نرسم ثانيا منحنى الاجر الذي يبين العلاقة بين القيم النسبية للوظائف في المنظمة والمعدلات السائدة في المجتمع. ويمكن على اساس هذين المنحنيين ان ترسم المنظمة منحنى ثالثا يمثل منحنى الاجور الذي تقترح المنظمة

استخدامه، في ضوء دراستها للمعدلات الحالية والمعدلات السائدة في المجتمع. ويمكن ان نوضح ما سبق بالرسم التالي[٢٧]:-

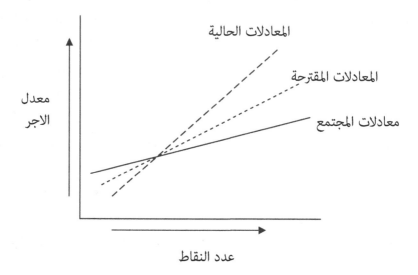

الشكل رقم (١٢)
معدلات الاجور

وكما وضح سابقا فانه يتم تجميع الوظائف في عدد من الفئات وبالتالي يدفع لجميع الوظائف داخل كل فئة نفس المعدل من الاجر. ولكن قبل ان يتم ذلك هناك ثلاثة نقاط اساسية يجب توضيحها حيث انها الاساس في تحديد معدل الاجر لكل فئة وهي:-

١- مدى الاجر لكل فئة (Class Range Of Wage)
٢- اتساع الفئة من حيث عدد النقاط (Class Width)
٣- معدل التداخل بين حدود الفئات (Class Overlap)

يقصد بمدى الاجر، الحد الادنى والحد الاعلى لمعدل الاجر للفئة الواحدة في حين يعكس اتساع الفئة عدد النقاط التي على اساسها تم جمع عدد من الوظائف في فئة واحدة. ونجد في الشكل التالي مثلا ان الوظائف التي تقع بين النقاط ١٠٠ - ١٥٠ تم جمعها في

فئة واحدة والتي تقع بين النقاط ١٥٠ - ٢٠٠ في فئة اخـرى. وفي معظـم الاحيـان يكون هذا الاتساع موحدا وثابتا في كافة الفئات بحيث يمكن بالتالي اقناع العـاملين بعدالة معدل الاجر لكل فئة والشكل التالي يوضح ما سبق ذكره.

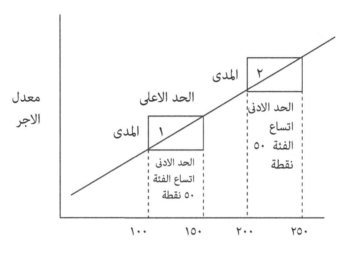

اتساع
عدد النقاط

الشكل رقم (١٤)
تحديد مدى واتساع كل فئة

يتبين لنا من الشـكل السـابق بـان المـدى للفئـة (١) اي الفـرق بنـي الحـد الاعلى (٢٠) والحد الادنى (١٠) هو (١٠) وبان اتساع الفئـة ١ ، ٢ مـن حيـث عـدد النقاط ثابت وهو ٥٠ نقطة. وفيما يخـتص كـما ذكرنـا بالاتسـاع فهـو دائمـا موحـد وثابت بغض النظر عن عـدد الفئـات التـي تـم تحديـدها في النهايـة. امـا بالنسـبة للمدى فهناك عدة خيارات، امـا ان يكـون المـدى موحـدا اي مـدى واحـدا لجميـع الفئات كما هو في الشكل التالي او ان يزداد المدى اتسـاعا كلـما اتجهنـا الى الفئـات العليا[٢٨].

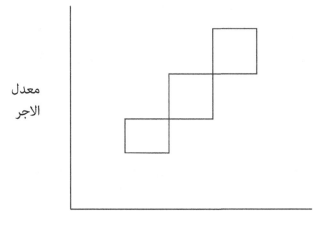

معدل
الاجر

عدد النقاط

الشكل رقم (١٥ – أ)
مدى الفئات موحد

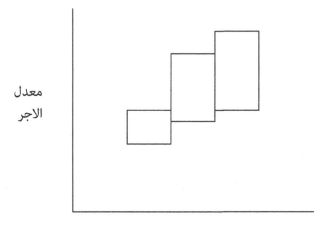

معدل
الاجر

عدد النقاط

الشكل رقم (١٥ – ب)
مدى الفئات مختلف

وفي معظم الاحيان يزداد المدى اتساعا في الفئات العليا من الوظائف ويتساوى في الفئات الدنيا من الوظائف. فيما يختص بالنقطة الثالثة الا وهي التداخل بين الفئات فيقصد به نسبة التداخل بين الفئات وهناك ثلاثة انواع من هذا التدخل.

١) نوع الحدود المتداخلة، وفيها يتداخل الحد الاعلى لراتب الدرجة مع الحد الادنى لراتب الدرجة اللاحقة، وهكذا حتى آخر الدرجات الوظيفية.

وتتميز هذه الطريقة بانها:-

أ- تهيء الفرصة لزيادة راتب الموظف، اذا لم يكن هناك مجال لترقيته الى وظيفة اخرى.

ب- تتفادى هذه الطريقة الزيادة الكبيرة في الراتب في حالة ترقية الموظف الى الدرجة الاعلى.

جـ- لا تقضي هذه الطريقة بتخفيض راتب الموظف في حالة عقوبته بالتنزيل الى الدرجة الادنى.

٢) نوع الحدود المتلامسة، وفيها تكون نهاية الحد الاعلى لراتب الدرجة متلامسة مع بداية الحد الادنى للدرجة الاعلى منها.

وبالرغم من سهولة هذه الطريقة، وتعبيرها عن الفروق المختلفة بين الدرجات المختلفة، فانها لا تتيح زيادة راتب الموظف الكفء اذا كان قد وصل الى اعلى مربوط راتب الوظيفة، وذلك في حالة عدم وجود درجات اعلى لترقيته.

٣) نوع الحدود المتباعدة، وفيها تكون هناك فروق دائمة بين نهاية الحد الاعلى لراتب الدرجة وبداية الحد الادنى لراتب الدرجة الاعلى.

وتتميز هذه الطريقة بانها تهيء حافزا كبيرا للموظفين لزيادة مجهودهم، ليرقوا الى الدرجة الاعلى كي يحصلوا على الراتب الاعلى الذي تكون فيه زيادة كبيرة عن راتبهم السابق.

ويعتبر النوع الثالث اكثر الانواع شيوعا في بناء هيكل الاجور لكونه يحفز الموظف ويدفعه الى تحسين مستوى ادائه وبالتالي زيادة أجره[٢٩].

ومن الجدير بالتنويه ان التداخل بين الفئـات يجـب ان لا تزيـد نسـبته في معظم الاحيان عن ٥٠% لتحقيق العدالـة في الاجـر. كمـا ان الهـدف الاسـاسي مـن استخدام التداخل هو حث العاملين على تحسين مستوى الاداء بحيث يتسنى لهـم الترقية من فئة الى اخرى. كما يستخدم التـداخل اذا كانـت سياسـة الترقيـة تعتمـد مبدأ الاداء وليس مبدأ عدد سنوات في الخدمة للترقية من فئة الى اخرى.

والشكل التالي يوضح لنا ما سبق ذكره:-

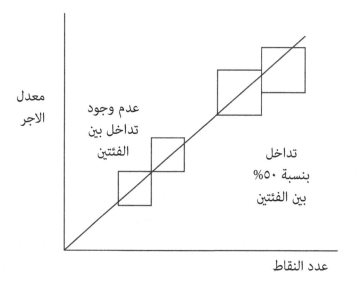

الشكل رقم (١٦)

التداخل بين الفئات

في نهايـة الامـر بعـد ان يـتم تحديـد المـدى (Range) وتحديـد الاتسـاع (Width) ونسبة التداخل بين الفئات يتم بناء هيكل الاجور في شـكله النهـائي كمـا هو في الشكل التالي:-

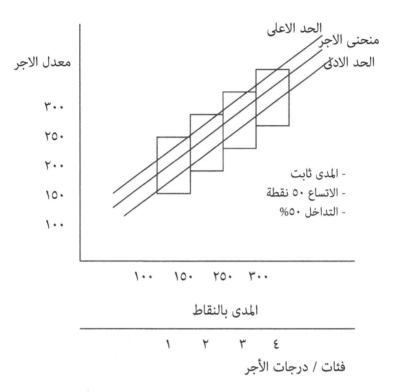

الشكل رقم (١٧)
هيكل الاجور

نلاحظ في الشكل السابق بان هناك تداخلا في معدلات الاجر لكافة الفئات نسبة ٥٠% حيث ان مدى الاجر في الفئة الاولى يبدأ بأجر يوازي ١٥٠ كحد ادنى وينتهي باجر يوازي ٢٠٠ كحد اعلى. بينما تبدأ الفئة الثانية باجر ١٨٠ كحد ادنى وينتهي باجر يوازي ٢٥٠ كحد اعلى. كما نلاحظ ايضا بان المدى واحد لمعدلات الاجر بالنسبة لجميع الفئات وكذلك اتساع كل فئة من حيث عدد النقاط.

نلاحظ في الشكل التالي بان هناك اختلافاً في المدى مع توحيد الاتساع ووجود تداخل بنسبة ٥٠% في الفئات الدنيا ثم تزايد تلك النسبة في الفئات العليا.

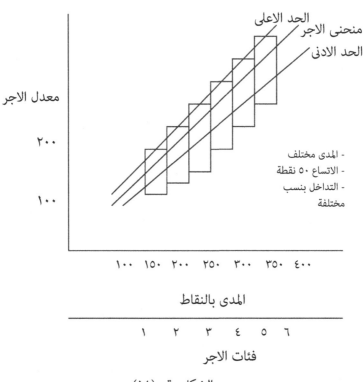

الشكل رقم (١٨)

هيكل الاجور

الا انه يجب التاكيد مرة أخرى على نقطة اساسية سبقت الاشارة اليها عنـد مناقشة موضوع تقييم الوظائف، وهي ان التقييم ينصب اساسا عـلى الوظائف وليس على الافراد القائمين بهذه الوظائف. بالتالي فان الاجر الذي يعطي مـن قبـل المنظمة يعطي في الاساس للوظيفة وبالتالي يحصل الفرد عـلى اجـر في نطـاق مـدى المعدل المحدد لفئة الاجر التي تدخل فيها وظيفته[٣٢].

في نهاية الامر يجب اجراء استقصاء للاجـور (Wage Survey) للتأكـد مـن ان معدلات الاجور التي وضعت تساير تلك التي تدفعها المنظمات الاخرى المماثلـة في الاسواق وذلك ايضا لتحقيق اهداف التعويضات ومنها الاجور والتـي أشـير اليهـا في بداية هذا الفصل.

اسئلة للمناقشة:

اجب عن الاسئلة التالية:-

١) حدد بكلماتك مفهوم التعويضات مبينا مكوناتها مع ذكر امثلة.

٢) بين كيف تؤثر العوائد على كل من رضا واداء العاملين؟.

٣) ما معنى تقييم الوظائف؟ وكيف يتم تحديد العوامل المعوض عنها. اعط امثلة توضيحية.

٤) ما هي المبادىء التي يجب مراعاتها عند تحديد الاجـور والرواتـب في ادارة الموارد البشرية؟.

٥) اشرح كيف تساعد العوامل المعوض عنها في تحديـد القيمـة النسبية لكـل وظيفة.

٦) اشرح مزايا تقييم الوظائف مع اعطاء امثلة.

٧) اشرح كيف يتم تقييـم الوظائف باستخدام اسـلوب النقـاط مـع اعطـاء الأمثلة.

٨) اشرح كيف يتم تقييم الوظائف باستخدام تصنيف الوظائف خاصـة في قطاع الدولة مع اعطاء امثلة.

٩) اشرح كيف يتم وضع هيكل الاجور وما هي مكوناته الاساسية؟. دلـل عـلى الاجابة بذكر بعض الامثلة.

١٠)لماذا يفضل المختصون في ادارة الموارد البشرية ان يكون هناك تـداخل بـين فئات الوظائف عند هيكل الاجور وان يكون اتساع الفئة موحداً؟.

١١)اذا طلب اليك ان تفسر للعاملين في منظمة مـا السبب في اخـتلاف معـدل الاجور بها، فكيف تفسر ذلك الاختلاف؟.

تمرين

تقوم الشركة العربية للاسمدة بانتاج اسمدة كيماوية تستخدم في عدد من الاقطار المجاورة وتستخدم الشركة الان ٧٥ عاملا غير ماهر، و ١٥ عاملا ماهرا و ١٠ موظفين اداريين. كانت الشركة في بداية السبعينات تدفع اجورا تتنافس مع مثيلاتها من الشركات في الاسواق، ولكن مع مرور الوقت وجدت الشركة نفسها بانها لا تدفع اجورا تتناسب مع المعدل السائد في الاسواق، ولكن مع مرور الوقت وجدت الشركة نفسها بانها لا تدفع اجورا تتناسب مع المعدل السائد في الاسواق مما زاد من معدل دوران العاملين في الشركة. ولم يبد مدير عام الشركة الدكتور حسن محمود اهتماما بهذه المشكلة في بادىء الامر وذلك لان سوق العمالة كان يوفر له العمال الذين يحتاجهم دوما، وكان في مقدر الشركة ان تحصل على ما تريد من عمال من تلك الاسواق ولكن موقفة تغير بعد فترة لان سوق العمالة بدأ يعاني من تضاؤل حجم الموارد العاملة ومن حدوث عجز في العمالة عندها وجدت الشركة نفسها تواجه مشكلة ضعف قدرتها على توفر عمال كما ونوعا تحتمها متطلبات العمل. وبشيء من التردد قررت ادارة الشركة تعديل معدل الاجور التي تدفعها لتخفيض نسبة دوران العاملين بحوالي ٤٥%.

ومرت ثلاثة اعوام منذ حدوث هذا التعديل ولم تحدث الشركة اي تعديل اخر في الاجور وخلال تلك الفترة ارتفعت معدلات الاجور في الاسواق، واصبح سوق العمالة اكثر ضيقا، مما ادى الى ازدياد نسبة دورات العاملين، ونقص عدد العاملين في الشركة.

طلب اليك كمستشار ان تدرس هذه المشكلة. وبعد مراجعة اوضاع الشركة اكتشفت انه لا يوجد تقييم للوظائف على الاطلاق، وكذلك لا يوجد دراسة او مسح للاجور في الاسواق. كما انك تعتقد بان هناك ١٥ وظيفة مختلفة في الشركة. يرجى بما يلي:-

١. دراسة المشكلة التي تعاني منها الشركة مستخدما طريقة النقاط في تقييم الوظائف.

٢. القيام بمسح للاجور في الاسواق.

٣. وضع هيكل للاجور للوظائف الخمس عشرة، محددا التداخل والمدى والاتساع لتلك الاجور.

الهوامش

(1) J. Dun and F. Rachel, **Wage and Salary Administration: Total Compensation Systems** (McGraw-Hill, 1971), PP. 9-14.

(2) M. Carrell and F. Kuzmits, **Personnel Management of Human Resource** (Charles Merrild, 1982), P. 431.

(3) Edward Lawer, **Pay and Organization Effectiveness** (McGraw-Hill 1971).

(٤) زهير الصباغ، "تقييم الوظائف كمدخل لعدالة الاجر"، **الادارة العامة**، فوفمبر ١٩٨١، (العدد ٣١)، ص ١٣١ - ١٥٢.

(5) William Werther and Keith Davis, **Personnel Management and Human Resource** (McGraw-Hill, 1980), P. 280.

(٦) منصور احمد منصور، **المبادىء العامة في ادارة الموارد العاملة** (وكالة المطبوعات، الكويت، ١٩٧٣)، ص ١٥٥ - ١٥٦.

(7) E. Lawer, **Op. Cit.**

(٨) صلاح الشنواني، **ادارة الافراد والعلاقات الانسانية** (مؤسسة شباب الجامعة، الاسكندرية، ١٩٨٣) ص ٢٩٤ - ٢٩٥.

David Belecher, **Compensation Administration** (Prentice Hall, 1974), P. 143.

(9) Dunn, **Op. cit.**, P. 168.

(10) J. Otis, **Job Evaluation as a Basis for a Sound Wage Administration (Prentice-Hall, 1994), PP. 118-119.**

(١١) زهير الصباغ، **المصدر السابق**، ص ٨.

(١٢) زهير الصباغ، **المصدر السابق**، ص ٩-١٥.

(١٣) منصور احمد، **المصدر السابق**، ص ٢١٤.

(١٤) عادل حسن، **ادارة الافراد** (دار الجامعات المصرية، الاسكندرية، ١٩٨٢) ص ٢١٨ - ٢١٩، وكذلك منصور احمد، **المصدر السابق**، ص ٢١٨.

(١٥) منصور احمد، **المصدر السابق** ص ٢١٤، وكذلك

Thomas Patten, **Pay: Employees Compensation and Incentive Systems. (The Free Press, 1977).**

(١٦) احمد صقر عاشور، ا**دارة الموارد العاملة** (دار النهضة العربية للطباعة، بـيروت، ١٩٨٣)، ص ٤٥٦.

(17) Dunn, **Op. Cit.**, P. 215 – 224.

(١٨) عادل حسن، **المصدر السابق**، ص ٢٥٤.

(١٩) احمد عاشور، **المصدر السابق**، ص ٤٥٨ – ٤٥٩.

(٢٠) نفس ا**لمصدر السابق**، ص ٤٦٠.

(21) Leonard Burgess, **Wage and Salary Administration** (Charles Merrill, 1984), Ch. 8.

(٢٢) منصور احمد، **المصدر السابق** ص ٢٣٣.

(٢٣) صلاح الشنواني، **المصدر السابق**، ص ٣٢٨. وكذلك

William Tunner, The Mathematical Basis of the Percentage Method of job Evaluation, **Personnel**, V. 25, No. 2, PP. 154 – 160.

(24) Ernest Miller, 'Setting Supervisors Pay and Pay Differentials'. **Compensation Review.**, 10. 3, 1976, PP. 167-185.

(25) Dunn, Op. Cit., Chapter 12.

(26) D. Belecher, **Wage and Salary Administration** (Prentice-Hall 1962).

(٢٧) صلاح الشنواني، **المصدر السابق**، ص ٣٤٩ – ٣٥٠.

L. Burgess, **Op. Cit.**, PP. 201-206.

(28) Cliford Baumback, **Structural Wage Issues in collective Bargaining** (Health Lexington Books, 1971).

(٢٩) محمد انس، **نظـم الترقيـة في الوظيفـة العامـة واثرهـا في فاعليـة الادارة** (دار النهضـة العربية، القاهرة، ١٩٧٣، ص ٤٣ – ٤٥ – **نظام الخدمة المدنيـة في الاردن** – بحـث غـير منشور، المنظمة العربية للعلوم الادارية، الاردن ١٩٨٥، ص ٢٥ – ٢٦.

(30) Dunn, **Op. Cit.**, PP. 227-229.

Burgess, **Op. Cit.**, P. 200-201.

(31) Dunn, **Op. Cit.**

(٣٢) صلاح الشنواني، **المصدر السابق**، ص ٣٥٦.

الفصل الحادي عشر
فهم دافعية العاملين وحفزهم ومعالجة أوضاعهم ومشكلاتهم

Understanding The Motivation of The Personnel and Handling Their Problems

أهداف الفصل :

يتوقع ان يتمكن الدارس من تحقيق الاهداف التالية بعد دراسة هذا الفصل والتفاعل مع نشاطاته:

١- تحديد مفهوم الدوافع ومفهوم الحوافز.

٢- توضيح عناصر العملية الدافعية الاساسية وتحديد خصائصها.

٣- مقارنة منظور نظريات محتوى الدوافع ومنظور نظريات عمليات الدوافع من حيث الخصائص.

٤- ذكر ثلاث نظريات في منظور محتوى الدوافع وثلاث نظريات في منظور عمليات الدوافع.

٥- توضيح صلة الدوافع بالحوافز.

٦- الاستعانة بارشادات عامة لتطبيق نظريات الدوافع والحوافز في تنشيط العاملين وتحفيزهم.

٧- تحديد واجبات الموظفين العموميين وحقوقهم.

٨- توضيح جوانبن الترفع والنقل والتأديب في نظام الخدمة المدنية الاردني.

مقدمة :

تحـتم علينـا طبيعــة البحـث في تحفيــز العــاملين وتنشـيطهم ومعالجــة
اوضاعهم ومشكلاتهم ان نقدم خلفية نظرية للموضوع بمعالجة نظريـات الـدوافع
ومفهوم الحوافز، ثم نقدم تطبيقات على نظريات الدوافع في ادارة الموارد البشرية.

ومن هنا فاننا سنبحث في هذا الفصل الموضوعات الفرعية التالية :

أولاً: تحديد معنى الدوافع وطبيعتها.

ثانياً: نظريات الدوافع الشهيرة:

− نظريات تتعلق بمحتوى الدوافع (Content)

أ- نظرية مازلو في تدرج الحاجات.

ب- نظرية هرزبرج في العوامل الدافعة والعوامل الصحية.

ج- نظرية ماكليلاند في الحاجات الثلاث المكتسبة.

- نظريات تتعلق بالعمليات في الدوافع (Process)

أ- نظرية التوقعات.

ب- نظرية العدالة.

ج- نظرية تحديد الاهداف.

ثالثاً: النظريات المعاصرة في الدوافع .

رابعاً: تطبيقات نظريات الدوافع في ادارة الموارد البشرية"

− حفز العاملين وتنشيطهم.

خامساً: معالجة اوضاع العاملين ومشكلاتهم.

اولاً: تحديد معنى الدوافع وطبيعتها:

ان فهم طبيعة الدوافع وتسخيرها لخدمة اهداف المنظمة هي مـن المهـام
والانشطة الرئيسية في ادارة الموارد البشرية، ذلك ان المنظمات تسعى لتحقيق ثلاثة
متطلبات سلوكية هي:

١- جذب عناصر بشرية كفؤة لتعمل في المنظمة، وان تحتفظ بتلك العناصر.

٢- التأكد من ان العاملين يؤدون المهام المطلوبة منهم بكفاية وفاعلية.

٣- التأكد من ان العاملين يتجاوزون القيام باعمال روتينية يومية الى القيـام باعمال مبدعة مجددة في وظائفهم.

بعبارة اخرى فان على المنظمات الفعالة ان تنهض بمسؤولية تحريك العاملين بها وحثهم على الانضمام اليها اولا ومسؤولية رفع انتاجيتهم ثانيا. ومـن الواضـح ان هاتين المسؤوليتين مسؤوليتان مرتبطتان بالدوافع ارتباطا وثيقا.

ماذا نعني بالدوافع التي يمكن ان يكون لها كل هذا التأثير في المنظمات؟ الدوافع هي الرغبات والحاجات واية قوى مشابهة تسير وتوجه السلوك الانسـاني نحو اهداف معينـة. فتكـون الدافعيـة (Motivation) هـي كـل مـا يتعلـق بتلـك الموارد التي تنشط السـلوك الانسـاني، او تحـافظ عليـه في مسـتوى معـين او توجـه وجهة معينة او توقعه [١]. وبعبارة اخرى فان الدافعية هـي كـل مـا يتعلـق بتلـك الموارد التي تحافظ على او تغير اتجاه طبيعة وشدة سلوك ما، وكذلك يمكن النظـر اليها على انها نتاج لعمليات داخلية او خارجيـة عـن الفـرد، تثير حماسـه واصراره واندفاعه للقيام بعمل معين[٢] ان الدافعية قوة وميل تحرك الفرد بطريقة محـددة مرتبطة بهدف ما فالسلوك الانساني الذي تحركه الـدوافع سـلوك هـادف. وعنـدما يبحث المديرون بشكل عام، ومدير الموارد البشـرية بشكل خـاص، الـدوافع فـانهم يهتمون بقضايا ثلاث اساسية هي:

- القوى والعوامل التي تحرك سلوك العاملين.

- الاتجاه الذي يتجه اليه سلوك العاملين.

- كيفية المحافظة على ذلك السلوك في مستوى معين.

ان مما يلقي الضوء على فهم مديري الموارد البشرية للدوافع والدافعية فهمهم للطريقة التي تؤثر فيها الدوافع على السلوك او مـا نسـميه بالعمليـة الدافعيـة (Motivational Process) فالعاملون في مؤسسة ما يملكون بدرجات مختلفة الشدة حاجات ورغبات وتوقعات. وتخلق هذه الحاجات والرغبات والتوقعات توتراً في نفوسهم يشعرون معه انهم غير مرتاحين. واعتقادا منهم بان سلوكا مـا يمكن ان يقلل من احساسهم بـالتوتر، فـانهم يتصرـفون تصرـفات معينـة . ومن ثم فانهم يوجهون سلوكهم نحو هدف تقليل التوتر ويرسل القيام بهذا

السلوك اشارات تكون بمثابة معلومات راجعة الى هؤلاء العاملين عن تأثير سلوكهم. والشكل رقم (١) يمثل العملية والدافعية الاساسية وعناصرها وهي:

- الحاجات والرغبات والتوقعات.
- السلوك.
- الاهداف.
- التغذية الراجعة.

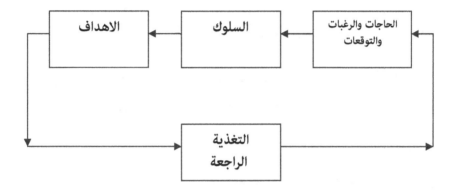

الشكل رقم (١)
العملية الدافعية الاساسية

ولنوضح العملية الدافعية الاساسية بمثال: اننا قد نرى في بعض المؤسسات انسانا تجتاحه رغبة قوية في السيطرة على الاخرين (الحاجة) ومن ثم فانه يحاول ان يوسع في امبراطوريته- كما يقولون- في المؤسسة بالسعي للحصول على مكتب فخم به اكثر من تلفون (السلوك) رغبة في زيادة نفوذه وتأثيره في المؤسسة (الهدف). فاذا ما عززت المؤسسة ذلك السلوك لدى هذا الانسان بأن نال ترقية او زيادة في راتبه، فان ذلك بمثابة تغذية راجعة او اشارات من المؤسسة بان سلوكه سلوك ملائم مرضي عنه.

ان هذا النموذج للعملية الدافعية نموذج بسيط، ولكنه غير ذلك في واقع الحال فالدافعية عملية معقدة التركيب، وذلك للدواعي التالية:

١- لا يمكن رؤية الدافع للعمل، بل يمكن استنباطه استنباطاً ومن هنا فانه اذا رأينا انسانا يبذل جهداً متميزاً في العمل، فليس معنى ذلك ان دافعه لذلك قوي. فقد يكون هناك اسباب اخرى كرغبته في الهروب من البيت او رغبته في انجاز مهامه ليستطيع اخذ اجازة.
٢- للانسان حاجات او توقعات متعددة، تتغير باستمرار وقد تتضارب معا.
٣- يشبع الافراد حاجاتهم بطرق مختلفة، مما يزيد العملية تعقيدا.
٤- ان اشباع حاجة ما لانسان ما، قد يؤدي الى ازدياد في قوة تلك الحاجة وليس الى اطفائها.
٥- من النادر ان نجد دوافع وحاجات منفصلة، بل كثيرا ما تكون مجموعة دوافع وحاجات.
٦- ان السلوك الهادف لا يشبع في جميع الاجوال حاجات الانسان. فكثيرا ما تحدث تحولات وعقبات مما يؤدي الى حدوث سلوك آخر غير السلوك الاشباعي للحاجات.

ولنوضح الفكرة الاخيرة فان الانسان اذا وجدت لديه حاجة غير مشبعة (كالحاجة الى الطعام مثلا) يصاب بالتوتر، ومن ثم يقوم بسلوك معين تحقيقاً لهدف اشباع حاجته الى الطعام واذا ما اعترضت طريق الانسان عقبات مادية او نفسية اصيب بالاحباط وتمثل ذلك في سلوك دفاعي يأخذ شكل التبرير او الاسقاط او التعويض او الارتداد الى السلوك الطفولي، او الانسحاب، او الكبت او العدوان.

واذا اعترض طريق الانسان عقبات وكان الانسان واقعياً ولم يشعر بضرورة حماية ذاته بشكل دفاعي كان السلوك ايجابياً. والشكل رقم (٢) يوضح مفهوم العملية الدافعية الاساسية والسلوك الدفاعي والسلوك الايجابي .

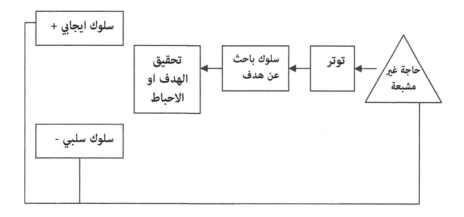

شكل رقم (٢)
العملية الدافعية الاساسية والسلوك الدفاعي والسلوك الايجابي

ان للدوافع خصائص اخرى بالاضافة الى انها ذات تعقيد مركب ومنها ما يلي:

١- الدافعية ظاهرة متفردة:
ما دامت الدافعية تمثل قوة داخلية تحرك السلوك وتوجهه عند الفرد، وما دام كل انسان يمتلك خصائص تميزه عن الاخرين، فان الدافعية ظاهرة متفردة.

٢- الدافعية ذات توجه قصدي (Intentional)
ونعني بذلك ان كل انسان او عامل في مؤسسة عندما يقوم بعمل ما فانه يقوم بذلك بناء على اختياره، ومـن ثـم تكـون الـدوافع التي دفعتـه ذات طـابع قصدي.

٣- للدوافع وجوه ومظاهر عدة :
ان الباحثين قد حللوا اوجه الدوافع ومظاهرها المختلفة. فمنهم من بحـث في كيفية تحركها وثورانها، وآخرون تنـاولوا كيفيـة توجيهها وجهـة معينـة، وفريـق ثالث تناول العوامل التي تؤثر على ديمومتها او كيفية ايقافهـا. ومـن هنـا نـرى ان للدوافع وجوها ومظاهر متعددة.

٤- ثمة نظريات متعددة تفسر الدوافع، وهدف النظريات في النهاية هو التنبؤ بالسلوك الانساني:

وهذه الخاصية مرتبطة بالخاصية السابقة. ان نتيجة لتعقد الظاهرة الدافعية ووجود عدة اوجه ومظاهر للدوافع، فاننا نرى عدة نظريات تناولتها بالعرض والتحليل والهدف النهائي الذي ترمي اليه تلك النظريات هو التنبؤ بالسلوك الانساني ونستطيع ان نتبين اهمية هذا الهدف اذا علمنا ان الدوافع هي التي تسبب السلوك وتحدثه، فاذا عرفنا الاسباب والدواعي فاننا نعرف المسبَّب او السلوك.

وسنحاول في الجزء التالي ان نتعرف الى اهم نظريات الدوافع.

ثانياً: نظريات الدوافع الشهيرة:

ثمة تصنيفات مختلفة لنظريات الدافعية، فكل باحث يعالج تلك النظريات من منظوره الخاص. فبعضهم ينظر اليها من حيث المنهج الذي تستخدمه ومن ثم يقسمها الى نظريات عقلانية استنتاجية ونظريات استقرائية، ونظريات عملية تطبيقية، وبعضهم ينظر اليها من حيث طبيعتها وتصنيفها الى نظريات ذات طبيعة استكاتيكية ساكنة، ونظريات ذات طبيعة ديناميكية متغيرة. ومنهم من يأخذ الزمن عنصرا من عناصر التمييز فيقسمها الى نظريات ظهرت في العشرينات والثلاثينات من هذا القرن، ونظريات ظهرت في الخمسينات والستينات منه، ونظريات حديثة معاصرة [٣].

والواقع ان هذه التصنيفات تصنيفات متداخلة فقد ترى نظرية عملية تطبيقية، مثلا، ظهرت في الخمسينات، واخرى في السبعينات ان التصنيف الذي ستأخذ به في هذا الفصل هو التصنيف الذي اخذ به عدد من العلماء السلوكيين المحدثين وهو تقسيم نظريات الدافعية الى نظريات تتعلق بمحتوى الدوافع ونظريات تتعلق بالعمليات في الدوافع [٤].

وسنحاول في الصفحات القادمة ان نوضح خصائص كل من المنظورين للدوافع (منظور نظريات محتوى الدوافع ومنظور نظريات عمليات الدوافع) ثم نتحدث ببعض التفصيل عن بعض النظريات الشهيرة في كل من المنظورين.

ان النظريات التي تقع في منظور محتوى الدوافع تركز على العوامل المحددة التي تحرك سلوك الانسان. ومن النظريات الشهيرة في هذا المنظور نظرية ابراهام مازلو في تدرج

الحاجات، ونظرية هرزبرج في العوامل الدافعة والعوامل الصحية، ونظرية ماكليلاند في الحاجات الثلاث المكتسبة اما النظريات التي يضمها منظور عمليات الدوافع فانها تحاول ان تصف وتفسر عمليات كيف يبدأ الانسان سلوكا ما، وكيف يوجهه وكيف يحافظ عليه عند مستوى معين، وكيف يوقفه. ومن النظريات الشهيرة في هذا المنظور نظرية فروم وزملائه في التوقعات، ونظرية العدالة، ونظرية تحديد الاهداف.

والجدول التالي يقارن بين منظور محتوى الدوافع ومنظور عمليات الدوافع من حيث الخصائص، واشهر النظريات، وامثلة توضيحية (٥) .

عناصر المقارنة / المنظور	الخصائص	اشهر النظريات	امثلة توضيحية
منظور محتوى الدوافع	الاهتمام بالعوامل التي تبدأ او تثير سلوكا ما.	١. نظرية تدرج الحاجات. ٢. نظرية العوامل الدافعة والعوامل الصحية. ٣. نظرية الحاجات الثلاث المكتسبة.	الدوافع قد تكون الحاجة الى النقود او الانجاز او المركز او ظروف العمل.
منظور عمليات الدوافع	الاهتمام ليس فقط بالعوامل التي تبدأ السلوك بل ايضا بتوجيهه والمحافظة عليه وايقافه. تهتم كذلك بالعوامل التي تكرر سلوكا مرغوبا فيه.	١. نظرية التوقعات. ٢. نظرية العدالة. ٣. نظرية تحديد الاهداف.	الدوافع قد تكون توضيح مفهوم الفرد للجهد الذي يبذله في العمل او مكافأة سلوك معين.

جدول يقارن بين نظريات منظور محتوى الدوافع
ونظريات منظور عمليات الدوافع

اشهر نظريات محتوى الدوافع:

تقع في هذا المنظور نظريات عدة ومن أشهرها النظريات التالية:

أ- نظرية مازلو في تدرج الحاجات (Maslow's Need Hierachy Theory)

رأى عالم النفس ابراهام مازلو ان الناس يحرصون على اشباع حاجات مرتبة ترتيبا هرميا في تكوينهم الجسمي والنفسي. ويضع مازلو افتراضات اربعة تحكم مفاهيم نظريته، وهي:

١- اذا اشبعت حاجة ما فانها لا تعود دافعا للسلوك.

٢- ان في كل انسان شبكة حاجات معقدة مترابطة.

٣- ان الحاجات التي تحتل المراتب الدنيا من الهرم يجب ان تشبع اولا قبل ان يكون للحاجات التي تحتل المراتب العليا من الهرم تأثير على سلوك الانسان.

٤- تفوق السبل والطرق التي تشبع الحاجات العليا في عددها السبل والطرق التي تشبع الحاجات الدنيا.

اما حاجات الانسان المتدرجة على شكل هرم فهي خمس حاجات يمثلها الشكل رقم (٣):

١- الحاجات الفسيولوجية (الاساسية):

وتتمثل في الحاجة الى الاكل والشرب والهواء والجنس.

٢- الحاجة الى الامان:

وتتمثل في الحاجة الى الشعور بالامان والاطمئنان، والاستقرار والبعد عما يهدد سلامة الانسان سواء كان تهديداً مادياً أو نفسياً.

٣- الحاجة الى الانتماء :

وهي الحاجة الى ان يكون للانسان اصدقاء، وان يكون محبوبا من الاخرين وان يبادل الاخرين تلك العاطفة.

٤- الحاجة الى تقدير الذات:

وهي الحاجة الى ان يشعر الانسان باهمية ذاته، وبالانجاز وبأن الاخرين يحترمونه.

٥- الحاجة الى تأكيد الذات (تحقيق الذات):

وهي الحاجة الى ان يحقق الانسان ذاته وان يستفيد من طاقاته وقدراته ومواهبه، وان يبدع ويجدد في كثير مما يقوم به من اعمال.

وتعتبر الحاجة رقم (١)، (٢) هي الحاجات الدنيا، والحاجات رقم (٣)، (٤)، (٥) هي الحاجات العليا.

شكل رقم (٣)
هرم مازلو في تدرج الحاجات

ورغم الاعتراضات التي وجهت لنظرية مازلو، فانها تظل نظرية بسيطة وتصلح الى حد ما لتفسير ظاهرة الدافعية بتحديدها الحاجات التي تحرك السلوك الانساني. كذلك فان هذه النظرية تقيم نوعا من العلاقة بين اشباع الحاجة والدافعية فالحاجات غير المشبعة هي التي تحرك السلوك، واذا ما تساوت حاجتان في قوتهما فانه يجب اشباع الحاجات الاولية اولا.

ونظرا لبساطتها وقدرتها النسبية على تفسير الدوافع، فانها نظرية مقبولة لدى كثير من المديرين وعلماء النفس.

ب- نظرية فردريك هرزبرج في العوامل الدافعة والعوامل الصحية:
(Herzberg's Two-Factor Theory)

لقد قدم فردريك هرزبرج وزملاؤه نظرية في الدوافع عام ١٩٥٩. ومنذ ذلك التاريخ ونظريته موضع اهتمام كثير من الباحثين والمديرين. قبل ظهور نظريته كان الرأي الشائع النظر الى الرضا الوظيفي باعتباره ذا بعد واحد فقط فكان البحاث ينظرون الى ان الرضا الوظيفي (Job Satisfactions) يقع على طرف من خط متصل بينما يقع عدم الارتياح في الوظيفة (Job Dissatisfaction) على الطرف المعاكس ويبين الخط المتصل التالي هذا المفهوم الشائع:

الرضا الوظيفي	**عدم الارتياح في الوظيفة**

المفهوم الشائع قبل هرزبرج لمفهوم الرضا الوظيفي وعدم الارتياح

ونتيجة للمقابلات التي اجراها هرزبرج مع عدد من المديرين والمحاسبين فقد خرج بمجموعتين من العوامل سمى المجموعة الاولى العوامل الدافعية (Motivators) هي التي تسبب الرضا وعدم الرضا الوظيفي، وسمى المجموعة الثانية العوامل الصحية (Hygiene Factors) هي التي تسبب غيابها عدم الارتياح (Dissatisfaction) ومن هنا جاء المفهوم الذي اكده هرزبرج في نظريته وهو الرضا الوظيفي (Job Satisfaction) وعكسه وهو انعدام الرضا الوظيفي (No Job Satisfaction) وكذلك المفهوم وهو الارتياح في الوظيفة (No Job Dissatisfaction) وعكسه وهو عدم الارتياح في الوظيفة (Job Dissatisfaction) ويبين الخطان المتصلان التاليان هذه المفاهيم.

الرضا الوظيفي ———————————————— انعدام الرضا الوظيفي

خط متصل يبين رأى هرزبرج في الرضا الوظيفي وانعدام الرضا الوظيفي

الارتياح في الوظيفة ———————————————— عدم الارتياح في الوظيفة

خط متصل يبين رأى هرزبرج في الارتياح وعدم الارتياح في الوظيفة

ونستطيع الآن ان نلخص النقاط الاساسية في نظرية هرزبرج في النقاط التالية:

١- ثمة عوامل يؤدي وجودها الى رضا وظيفي عند الانسان وعوامل اخرى يمنع وجودها عدم الارتياح في الوظيفة. وتسمى العوامل الاولى (العوامل الدافعة) والعوامل الثانية (العوامل الصحية).

٢- ترتبط العوامل الدافعة بمحتوى الوظيفة، ومن الامثلة عليها:
- الانجاز
- الاقرار بالانجاز.
- التقدم.
- العمل نفسه.
- المسؤولية.

٣- تتعلق العوامل الصحية بالظروف المحيطة بالعمل اكثر من محتوى العمل نفسه، ومنها ما يلي:
- سياسات المؤسسة وادارتها.
- الاشراف الفني.
- العلاقات بين الاشخاص.

- الراتب.
- الامان الوظيفي.
- الحياة الشخصية.
- المزايا الاضافية.
- المركز .

٤- تعتبر العوامل الدافعة داخلية اما العوامل الصحية فهي عوامل خارجية. ويتضمن الشكل رقم (٤) نموذجا يبين العوامل الدافعة والعوامل الصحية وعلاقاتها في حالة وجود تلك العوامل او غيابها. [٦]

العوامل / الحالة	العوامل الدافعة	العوامل الصحية
وجود العوامل	الرضا الوظيفي	الارتياح في الوظيفة
غياب العوامل	انعدام الرضا الوظيفي	عدم الارتياح في الوظيفة

الشكل رقم (٤)

نموذج يبين العوامل الدافعة والعوامل الصحية وعلاقاتها في حالة وجود تلك العوامل او غيابها

ورغم الاعتراضات التي وجهت لنظرية هرزبرج فان هذه النظرية تعتبر من اكثر النظريات رواجا بين المديرين الممارسين. فلقد اسهمت النظرية في توضيح العلاقة بين روح الموظفين المعنوية وبين الانتاجية. ويمكن ان نعزو الحماس الذي سرى بين كثير من المديرين في الستينات والسبعينات في هذا القرن لموضوع "تصميم العمل" واثرائه واغنائه واعطاء العاملين مسؤولية اكبر في تخطيط وظائفهم - يمكن نعزو الحماس الى ابحاث هرزبرج وزملائه .

ج- نظرية ماكليلاند في الحاجات الثلاثة المكتسبة:

(McClleland's Three Needs Theory)

اجرى ديفيد ماكليلاند ابحاثا تطبيقية متعددة وخرج من هذه الابحاث بان ثمة حاجات ثلاثة لها تأثير كبير في تحريك سلوك العاملين في المنظمات وهذه الحاجات هي:

١- الحاجة الى الانجاز (The Need for Achievement-n-Ach)

وهي الحاجة الى ان يبذل الانسان جهدا، وان يحقق انجازات معينة وان يتفوق فيها وفقا لمعايير معينة.

٢- الحاجة الى القوة (The need for Power-n Pow)

وهي الحاجة الى ان يكون الانسان مؤثرا في الاخرين، وان يجعلهم يسلكون بطريقة معينة تتفق وما يريد.

٣- الحاجة الى الصداقة والانتماء (The Need for Affiliation-n Aff)

ومن ملامح هذه النظرية كذلك العناصر التالية:

- لقد اعتقد ماكليلاند ان كل انسان يملك هذه الحاجات (بالاضافة الى حاجات اخرى) وبدرجات متفاوتة.

- استخدام ماكليلاند كطريقة لمعرفة قوة هذا الحاجة او تلك الاختبارات الاسقاطية. وفيها كان يطلب الى الاشخاص موضوع البحث تفسير صور معينة. فيبرز التفسير العفوي مكونات نفوسهم ومحتوياتها، ومن ثم اعتبرت هذه الطريقة طريقة ناجحة لاستخراج قوة تلك الحاجات بعيدا عن التأثيرا الخارجية.

- رغم ان ماكليلاند اهتم في ابحاثه بالحاجات الثلاثة الا ان ابحاثه حول الحاجة عن الانجاز استأثرت بعناية الباحثين، وقد اعتقد ماكليلاند ان هذه الحاجة يمكن ان تعلَّم اذا ما وضع المتعلم في ظروف خاصة وخضع لاختبارات معينة، ومن هنا جاء التعبير ان هذه الحاجات حاجات مكتسبة باعتبار أنها يمكن ان تعلم.

- حدد ماكليلاند وزملاؤه خصائص الاشخاص الذين يتميزون بقوة الحاجة الى الانجاز بانهم:

  - اناس يميلون إلى المواقف التي يتحملون فيها مسؤوليات خاصة لايجاد حلول لمشكلات تواجههم.

  - اناس يميلون الى المخاطرة المعقولة بدلا من المخاطرة الكبيرة او الضعيفة.

– اناس يرغبون في ان تعطى لهم تغذية راجعة ملموسة محددة عـن ارائهم.

• كان اهتمام ماكليلاند منصبا على ايجاد نـوع مـن التوافـق بـين الـنمط الدافعي للافراد وبين حاجات المنظمة التـي يعملون بها. فقد وجد ماكليلاند لدى استخدمه الاختبارات الاسقاطية ان الحاجـة المسيطرة لدى بعض الاشخاص هي الحاجة الى الصداقة والانتماء وانهم يعملـون في منظمة تقدر السلوك الذي ينزع الى القوة والسيطرة. ومن ثم فانـه اقترح ان يتعرض اولئك الاشخاص لبرنامج تـدريبي يقـوي الحاجـة الى القوة لـيكون هنـاك تـواؤم وتوافـق بـين حاجـاتهم وحاجات المنظمـة. ووجد ايضا انه قد يكون هناك مرشد اجتماعـي وتكـون الحاجـة الى الانجاز هي الحاجة المسيطرة لديه على الحاجات الاخرى. ومن ثم فقد ينصح بان ينضم الى برنامج تطويري يقلل خلاله مـن قـوة الحاجـة الى الانجاز لـيكون هناك توافق بين هذه الحاجة والحاجتين الاخريين.

ورغم الانتقادات التي وجهت الى هذه النظرية، فانه يمكن ان يكون لها تطبيقـات عملية لا سيما في الميدان الاقتصادي. كذلك يمكن لمتخـذي القـرارات في منظمة مـا اختيـار اشخاص يتميـزون بقـوة الحاجـة الى الانجـاز لـديهم، ووضعهم في بـرامج تدريبهم يتسلمون بعدها مراكز قيادية تتطلب استثمار مثل تلك الحاجة.

كلمة اخيرة عن نظريات محتوى الدوافع

استعرضنا في الصفحات السابقة ثلاث نظريات في منظور محتـوى الـدوافع، وهذه النظريات هـي: نظريـة تـدرج الحاجـات لمـازلو، ونظريـة العوامـل الدافعـة والعوامل الصحية لهرزبرج، ونظرية الحاجات الثلاث المكتسبة لماكليلاند.

والواقع ان هذه النظريـات الثـلاث حاولت ان تحـدد القـوى التـي تـدفع الانسان وتحركه في العمل. فالنظرية الاولى ركزت على الحاجـة الى تحقيـق الـذات، وابرزت النظرية الثانية العوامل الدافعة، واهتمت الاخيرة اهتماما خاصا بالحاجـة الى الانجاز، وقد حاول صاحب كل نظرية ان ينظر الى دوافع الانسـان مـن زاويتـه الخاصة به.

لقـد لاقت نظريـات الحاجـات رواجـاً بـين كثيـر مـن الباحثـين والمـديرين الممارسين لانهـم وجـدوا سـهولة في فهمهـا واستخدامهـا، وهـذا صـحيح. وفي نفس الوقت فاننا يجب ان لا ننسى انـه مـن الصـعب ان نؤكـد او نـرفض حاجـة معينـة للاسباب التالية:

- صعوبة تحديد وقياس الحاجة.
- وجـود مشـكلات حقيقيـة عندمـا نحـاول ان نـربط بـين الحاجـات وبـين متطلبات المواقف العملية المتعددة في الوظائف.
- صعوبة اخذ الاختلافات بين الافراد والمواقف بعـين الاعتبار عنـدما نحـاول تطبيق اي نظرية من نظريات اشباع الحاجات.
- صعوبة تقدير اثر العوامل الخارجية في الدوافع.

ومجمل القول انه من الصعوبة ان نتمسك بنظرية واحدة وندعي انها تستطيع ان تفسر الـدوافع الانسانية، بـل يجـب تبنـي نظـرة انتقائيـة واختيـار اقـوى عناصـر النظريات لكي نتمكن من الاقتراب من الفهم العلمـي الـدقيق للـدوافع وتشـخيص السلوك التنظيمي.

ونختتم هذا الجزء باثبات جدول يقارن بـين النظريـات الثـلاث في منظور محتوى الدوافع ويبين ترابط الحاجات فيها (الشكل رقم ٥) :

نظرية العوامل الدافعة والعوامل الصحية	نظرية الحاجات الثلاثة المكتسبة	نظرية تدرج الحاجات
العوامل الصحية		الحاجات الفسيولوجية
		الحاجة الى الامان
	الحاجة الى الصداقة	الحاجة الى الانتماء
العوامل الدافعة	الحاجة الى الانجاز	الحاجة الى تقدير الذات
	الحاجة الى القوة	الحاجة الى تحقيق الذات

الشكل رقم (٥)

جدول يقارن بين نظريات محتوى الدوافع ويبين ترابط الحاجات فيها

اشهر نظريات عمليات الدوافع:

تقع في منظور عمليـات الـدوافع نظريـات عـدة، ومـن اشهرهـا النظريـات التالية:

أ- نظرية التوقعات: (The Expectancy Theory)

لقد وضع هذه النظرية فكتور فروم (Victor H. Vroom) في منتصف الستينات من القرن العشرين. ومنذ ذلك الوقت لقيت هـذه النظرية رواجا بين البحاث، وقد طورها في اواخر الستينات مفكرون بارزون امثال ليمان بورتر (Lyman W. Porter) وادوارد لولر (Edward F. Lawler) . ولذا فان عرضنا لهذه النظرية سيتناول افكار فروم ، وسيكون العرض تحت اسم نموذج فروم.

نموذج فروم :

يذهب فروم الى ان الدافعية هي نتاج لرغبة الانسان في شيء ما وتقديره لاحتمال ان عملا ما (سلوكا ما) سيحقق ما يريده. ويمكن وضع هـذا الـرأي في معادلة هي:

الدافعية (Motivation) = قوة الرغبة (Valence) × التوقع (Expectancy)
وبكلمات بسيطة فان الدافعية تعني قوة الدافع نحو عمل ما، وقوة الرغبة تعني شدة رغبة انسان في شيء ما، والتوقع يعنـي احتمـال حصـول ذلـك الانسـان علـى الشيء من خلال عمل (سلوك) معين.

ولكن نموذج فروم ليس بهذه البساطة، اذ انه يتضمن تعريفات اوسع لهذه المفاهيم كما يتضمن مفاهيم اخرى. وسنقوم الان بعرض هـذه التعريفات والمفاهيم.

١- قوة الرغبة: شعور انسان ما تجاه نتاج (Outcome) معين او نتيجة معينة:

او هي شدة تفضيل انسان ما لنتيجة معينة عن نتاجات اخـرى فـاذا كـان انسان ما يطمح في ترقية عاجلة في وظيفة فاننا نقول ان قـوة رغبته كبيرة وتنبع قوة الرغبة من داخل الانسان وتؤثر عليها تجاربه التـي يمـر بهـا، ومـن ثـم فانهـا تختلف من انسان لاخر.

وما دام الناس يفضلون ولا يفضلون نتائج معينة، فان قوة الرغبة قد تكون سالبة او موجبة. فعندما لا يفضل انسان نتيجة معينة (كتنزيل درجتـه مـثلا) فـان قوة رغبته تكون سالبة وعندما يفضل نتيجة معينة فان قوة رغبته تكون موجبـة، وعندما يكون لا مباليا فان قوة الرغبة تكون صفرا. ومن ثم فان قوة الرغبة تتراوح بين (١+) الى (١-) كما يمثل ذلك الشكل التالي (الشكل رقم ٦) :

قوة الرغبة

_____

‏١-   صفر   ‏١+

شكل رقم (٦)

شكل يبين قوة الرغبة

‏٢- التوقع :

قوة اعتقاد انسان ما ان مستوى معينا من الجهـد سـيتبعه مستوى معـين من الاداء. ويمثل التوقع تقدير موظف ما لاحتمال ان نتيجة ما سـتؤدي الى نتيجـة اخرى. وما دام التوقع هو عبارة عن علاقة بين عمل ونتيجة، فانه يتراوح بـين صـفر الى ‏١+ ويمثل ذلك الشكل التالي:

التوقع

_____

صفر   ‏١+

شكل رقم (٧)

شكل يبين مفهوم التوقع

‏٣- الوسيلة (الواسطة) (Instrumentality)

وهي العلاقة بين الاداء والنتائج، او اعتقاد محتمل يحمله انسان بـان اداء ما سيؤدي الى نتيجة معينة وتتراوح قوة الوسيلة بين (‏١+) ، (‏١-) كقوة الرغبة.

‏٤- النتائج (النتاجات) (Outcomes)

وهي ما يحصل عليه انسان نتيجـة اداء او جهـد، وقـد تكـون نتـائج مـن المستوى الاولى (First Level) او المستوى الثاني (Second Level) .

والشكل رقم (٨) يمثل نموذج فروم بمفاهيمه الاساسية التي عرضناها:

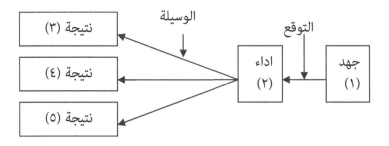

شكل رقم (٨)
نموذج فروم في الدافعية

والمثال التالي يوضح ذلك النموذج :

لنفرض ان طالبا جامعيا يدرس في جامعة ما، فكيف يمكن ان نفهم دافعيته في ضوء هذا النموذج؟ فالجهد (المربع رقم ١) يمثل ما يبذله الطالب من نشاط كالدراسة، وحضور المحاضرات، وكتابة الابحاث، والمناقشة في المحاضرة. اما الاداء (المربع رقم ٢) فيمثله المستوى الذي يصل اليه ذلك الطالب وهو هل يحصل على تقدير ممتاز او جيد او متوسط. اما النتائج (المستطيلات رقم ٣، ٤، ٥) فقد تكون سعادة والديه، او الحصول على بعثة، او القبول في الدراسات العليا.

لقد عرفنا ان الدافعية حسب نموذج فروم هي حاصل ضرب القوة الرغبة في التوقع. فاذا كانت قوة الرغبة صفرا والتوقع صفرا فان دافعيته تكون صفرا.

ان نموذج فروم يقوم على افتراضات اربعة هي :

• ان سلوك الانسان تحدده قوى تنبع من داخله ومن البيئة.

• ان العاملين في المنظمات يتخذون قرارات بشأن سلوكهم في تلك المنظمات. ومن القرارات التي يأخذها العاملون القرارات الخاصة بالانضمام الى منظمة بها والبقاء بها او تركها والقرارات الخاصة ببذل جهد معين في وظائفهم.

• يختلف الناس في حاجاتهم واهدافهم، ومن ثم فهم يختلفون فيما يريدون من المنظمات التي يعملون بها بعضهم يريد سد رمقه، وبعضهم يريد الامان في الوظيفة، وبعضهم يريد الترقي، وبعضهم يبغي تحمل مسؤوليات اكبر وهكذا.

- يتخذ العاملون في المنظمات قرارات معينة مبنية على ادراكهم ان سلوكا معينا سيؤدي الى نتائج مرغوب فيها. ويميل اولئك العاملون الى التصرفات التي يرون انها ستؤدي الى عوائد يطمحون اليها، ويتجنبون القيام بتصرفات يرون انها ستؤدي الى نتائج لا ترضيهم.

ومن هنا يمكن القول ان نظرية التوقعات، بوجه عام، تذهب الى ان للناس حاجاتهم وارائهم حول العوائد التي يبغون جنيها من وظائفهم وتوجههم حاجاتهم واراؤهم لاتخاذ قرارات تتصل بالمنظمات التي ينضمون اليها وبمستوى الجهد الذي سيبذلونه فيها فالناس ليسوا بالفطرة مندفعين او غير مندفعين للعمل. ان دافعيتهم للعمل تستمد من المواقف التي تواجههم وكيف يلائمون بينها وبين حاجاتهم.

ب- نظرية العدالة (Equity Theory)

صاحب هذه النظرية هو ستاسي آدامز (J.Sacey Adams) وقد وضعها في منتصف الستينات من هذا القرن، وحاول عدد من البحاث فيما بعد ان يجروا ابحاثا ليدعموا به اراءه.

تنطلق هذه النظرية من فرضيتين اساسيتين:

١- ينظر الناس الى العلاقات الاجتماعية مع الاخرين على انها عملية تبادلية اي انهم يتوقعون عوائد معينة لقاء ما يبذلونه من جهد او يقدمونه من خدمة للاخرين.

٢- يميل الناس الى مقارنة العوائد التي يحصلون عليها بالعوائد التي يحصل عليها الاخرون.

هذه النظرية اذن وكما يدل عليها الاسم تقول ان الافراد تحركهم رغبتهم في ان يعاملوا بالعدل في علاقاتهم في الوظيفة. فعندما يعمل الافراد في منظمة ما، فانهم في الاساس يبادلون خدماتهم بما يحصلون عليه من راتب وفوائد اخرى. ويحاول الافراد حسب ما يقول به انصار هذه النظرية ان يقللوا من الظلم الذي قد يحسون به نتيجة العملية التبادلية تلك فاذا ما شعر الموظفون مثلا انهم ينالون اقل او اكثر مما يستحقون، فانهم يتحركون ويندفعون لتصويب هذا الظلم.

وثمة مفاهيم اساسية اربعة في هذه النظرية (٧):

١- الانسان (Person) : ويعني الفرد الذي تصيبه العدالة او يسمه الظلم.

٢- المرجع المقارن (Comparison Referent) :

ويعني هنا اي فرد او مجموعة من الافراد او النظام الذي يحاول الانسان ان يقارن نفسه بهم.

اما بالنسبة للفرد او مجموعة الافراد فقد يكونون اشخاصا يقومون بنفس المهام التي يقوم بها الانسان في المنظمة، وقد يكونون جيرانه، واصدقاءه وزملاءه في المهنة فيحاول الانسان ان يقارن نفسه بهم.

اما بالنسبة للنظام فيشمل سياسات الاجور والرواتب وسياسات الادارة نفسها، ويحاول الانسان ان يحللها ويقارن نفسه بها.

٣- المدخلات: (Inputs)

وتعني الخصائص التي يحملها الانسان الى العمل سواء كانت وراثية (كالعمر والجنس) او مكتسبة (كالمؤهل والخبرة) وهذه عناصر يراها الانسان ذاتياً وليس موضوعياً.

٤- المخرجات (Outcomes)

وهي الامور التي يتلقاها الانسان من عمله (مثل الراتب والترقية) وهي امور يراها الانسان ذاتيا.

وتقول هذه النظرية ان الدافعية تفعل فعلها عندما يقارن الانسان نسبة مدخلاته الى مخرجاته (مدخلات الانسان/ مخرجات الانسان) مع نسبة مدخلات الاخرين الذين يقارن نفسه بهم الى مخرجاتهم (مدخلات الاخرين/ مخرجات الاخرين) ويوضح هذه المفاهيم الشكل رقم(٩)

الانسان		المرجع المقارن (الاخرون)
المدخلات		المدخلات
المخرجات	◄-------------►	المخرجات

شكل رقم (٩)

المفاهيم الاساسية في نظرية العدالة

ويحدد مفهوم الظلم في هذه النظرية بانه نظرة الانسان الى نسبة مدخلاته الى مخرجاته وادراكه انها لا تساوي نسبة مدخلات الاخرين الذين يقارنهم بنفسه الى مخرجاتهم، وعندما يشعر الانسان بالظلم فانه تتولد لديه الرغبة للتخفيف منه، وكلما ازداد احساسه بالظلم، زادت دافعيته للتخفيف منه. وعندما يحاول الانسان التخفيف من الظلم فانه يتبع واحدا من البدائل التالية :

- يحاول ان يشوه مدخلاته ومدخلات الاخرين او مخرجاته ومخرجاتهم.
- يتصرف بطريقة معينة تدفع الاخرين ليغيروا من مدخلاتهم او مخرجاتهم.
- يتصرف بطريقة معينة يغير فيها من مدخلاته او مخرجاته.
- يحاول ان يختار مرجعا اخر ليقارن نفسه به.
- ترك الوظيفة الى وظيفة اخرى.

ويمثل الشكل رقم (١٠) العملية الدافعية في الظلم:

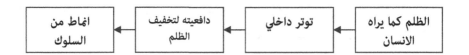

الشكل رقم (١٠)
العملية الدافعية في الظلم

وبموجب هذا النموذج فان الظلم هو ما يشعر به الانسان في المنظمة ويحدث هذا الظلم توترا داخليا عند الانسان، مما يدفعه لتخفيفه الى مستوى مقبول بالقيام بنمط او اكثر من انماط السلوك (البدائل) التي سبق عرضها.

والواقع ان الابحاث التي اجريت فيما بعد على النظرية اكدت كثيرا من مقولاتها. فدافعية العاملين تتأثر بشكل ملموس بالعوائد المطلقة والنسبية التي يحصلون عليها. وكذلك فانه عندما يحس العاملون بالظلم فانهم يحاولون تصحيح الوضع. وقد يتم ذلك عن طريق

زيادة انتاجيتهم او تخفيفها، او تحسين في نوع الاداء او ضعف في الجودة او ازدياد نسبة التغيب وعدم الانتظام او الاستقالة الطوعية من العمل.

ولا شك ان هذه النظرية تعمق من بصيرة المديرين في فهم الدافعية والدوافع فيمكنهم القيام بما يلي:

* ان يراعوا العدل والمساواة في معاملتهم للموظفين العاملين معهم. فاذا وقع الظلم على العاملين، فانهم يحاولون ان يسلكوا واحدا او اكثر من البدائل التي سبق طرحها. وقد يكون من عواقب احساسهم بالظلم ان يخف حماسهم للعمل، ويضعف التزامهم للمؤسسة، فيكثر غيابهم، ولا ينتظم دوامهم، ولا يقومون بالمهام الموكلة اليهم.

ومن جهة اخرى فان المنظمة نفسها قد تقلل من مدخلاتها وعوائدها للموظفين، فتوكل لهم اعمالاً روتينية مملة، وتقلل من زيادات الرواتب، وتحرمهم من الامتيازات.

* ان يعوا جيداً رؤية الموظفين للعدالة وادراكهم لها . ان هؤلاء الموظفين يتخذون قرارات تتعلق بالعدالة عندما يقارنون مدخلاتهم ومخرجاتهم بمدخلات ومخرجات الاخرين. ومن سوء الحظ فقد يكون الاخرون هؤلاء اناسا يعملون في نفس المنظمة. او اناسا يعملون في منظمات اخرى. ويمثل هذا في الواقع تحديا للمديرين ومسؤولي ادارات الموارد البشرية الذين لا يستطيعون التحكم في رواتب وامتيازات المؤسسات الاخرى.

ج- نظرية تحديد الاهداف (Goal Setting Theory)

ان موضوع تحديد الاهداف موضوع ذو علاقة باكثر من حركة او مدرسة في الادارة، فهو جوهر حركة "الادارة بالاهداف" وهو من النظريات الدافعية الشهيرة. ورغم ارتباط حركتي الادارة بالاهداف والدافعية فاننا سنتناول نظرية تحديد الاهداف من منظور الدافعية والاداء.

من الباحثين الذين عالجوا موضوع نظرية تحديد الاهداف في الدافعية ادوين لوك (E.A. Locke) الذي تأثر باستاذه ثوماس ريان (Thoms Ryan) [٨] نقطة البداية في هذه النظرية ان للاهداف وظائف واثاراً مقررة على الافراد والجماعات والمنظمات.

ومن هذه الوظائف والاثار ما يلي:

- تحدد الاهداف السلوك وتوجهه: فالاهداف توجه الجهد الانساني في اتجـاه محدد.

- تمثل الاهداف معايير يمكن في ضوئها تقييم اداء الانسان او المجموعـات او التنظيمات.

- تمثل الاهداف مصدرا من مصادر الشرعية: فالاهداف تعطي المبرر للقيـام بالانشطة وتخصيص الموارد لتنفيذ تلك الانشطة.

- تؤثر الاهداف على هيكل المنظمة: فالاهداف، الى حد كبير، تحـدد انمـاط الاتصال، وعلاقات السـلطة والقوة، وتقسـم العمـل فللاهداف مـن هـذه الناحية وظيفة تنظيمية.

- تعمق الاهداف البصيرة في سلوك الافراد والجماعات : ان الاهداف تحـدد الانشـطة والعمليـات، وتـؤثر هـذه بشـكل واضـح علـى سـلوك الافـراد والجماعـات. وتوجـه الاهـداف جهـود الافـراد والجماعـات نحـو مجالات الاهمية والاولوية في انشطتهم.

هذا عن اهمية الاهداف في النشاط الانساني بشكل عـام، فـاذا انتقلنا الى الدافعية فان نظرية تحديد الاهداف تقول بوجود علاقة قوية بين تحديد الاهداف في العمل. والدافعية لانجاز ذلك العمل . والشـكل رقـم (١١) يبـين عناصـر نظريـة تحديد الاهداف في الدافعية.

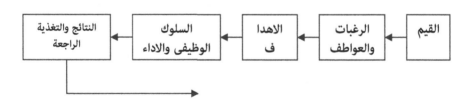

الشكل رقم (١١)
عناصر نظرية تحديد الاهداف في الدافعية

وكما يبين هذا الشكل فان السلوك الموجه لتحقيق اهداف معينة ويتجلي في مستوى معين من الاداء يبدأ بقيم الموظفين انفسهم التي تعبر عن نفسها في شكل رغبات وعواطف.

ولاشباع هذه الرغبات والعواطف فان الموظفين يضعون لانفسهم اهدافا ويحرصون على تحقيقها. ومن هنا فان الاهداف التي يضعها الموظفون تحدد سلوكهم واداءهم.

ويرى اصحاب هذه النظرية ان عملية تحديد الاهداف تشكل، نظرياً ، وعملياً احدى الوسائل الفعالة في ايدي المديرين والتأثير على سلوك مرؤوسيهم. ولقد دلت عدد من الابحاث ان عملية تحديد الاهداف يمكن ان تكون اداة دافعيتهم فعالة. (٩)

اذن فتحديد الاهداف يحكم الاداء عند العاملين. ولكن ثمة مواصفات معينة يجب ان تتوفر لكي يكون الاداء اداء فعالا. ولقد انبثقت عن هذه المواصفات فرضيات نجملها فيما يلي:

١- تميل الاهداف المحددة تحديدا دقيقا الى تكوين اداء فعال، بينما تميل الاهداف الغامضة او العاملة الى اداء هابط.

٢- تقود الاهداف الصعبة الى تحقيق اداء فعال، بينما تقود الاهداف السهلة الى تحقيق اداء هابط.

٣- يؤدي اشراك العاملين في تحديد الاهداف الى اداء فعال في ظل ظروف معينة، ويؤدي فرض الاهداف عليهم الى اداء هابط وهذا هو جوهر فلسفة "الادارة بالاهداف".

٤- يعتبر تقبل العاملين للاهداف، بغض النظر عن الطريقة التي حددت بها الاهداف، من مقومات الاداء الفعال، وقد يفضي عدم تقبلهم لها الى اداء هابط.

٥- يرتبط اعطاء الموظفين تغذية راجعة في الوقت المناسب عن النتائج التي حققوها ارتباطا قويا بالاداء الفعال، وقد يسبب تجاهل اعطاء تغذية راجعة مناسبة الى اداء هابط.

ونستطيع ان نضع الفرضيات الاربع الاولى عن العلاقة بين مواصفات الاهداف والاداء في الجدول التالي (الشكل رقم ١٢) :

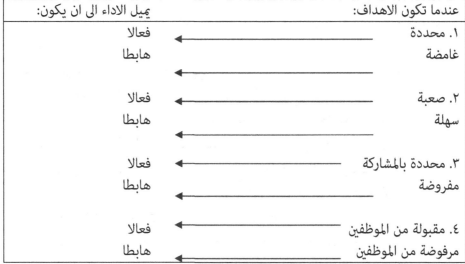

عندما تكون الاهداف:	يميل الاداء الى ان يكون:
١. محددة	فعالا
غامضة	هابطا
٢. صعبة	فعالا
سهلة	هابطا
٣. محددة بالمشاركة	فعالا
مفروضة	هابطا
٤. مقبولة من الموظفين	فعالا
مرفوضة من الموظفين	هابطا

الشكل رقم (١٢)

جدول يبين العلاقة بين مواصفات الاهداف والاداء

كلمة اخيرة عن نظريات عمليات الدوافع:

لقـد استعرضـنا في الصـفحات المـاضية ثـلاث نظريـات عالجـت عمليـات الدوافع وهي:

• نظرية التوقعات.

• نظرية العدالة.

• نظرية تحديد الاهداف.

ان نظرية التوقعات عالجت قضية العوائد الحقيقية وكما يراها العـاملون، وكذلك تناولت السلوك المتوقع: ما يتوقعه العاملون من المنظمـة فتوقعـات الموظـف عـن الاداء والعائد والنتائج تحدد مستوى ادائهم.

اما نظرية العدالة فقد تناولت مفهوم العدالة والظلم وكيـف ان المـوظفين يتخـذون قـرارات تتعلـق بـدافعيتهم للعمـل في ضـوء مقارنـة مـواقفهم بمواقـف الاخرين.

اما نظرية تحديد الاهداف فقد بينت ان الانسـان كـائن عاقـل مفكـر وان تحديده لاهدافه بدقة يساعده في ايجاد قوة دافعة له لاداء ممتاز.

ومجمل القول انه من الصعب ان نتبنى نظرية واحدة ونقول انها نظرية تصلح برأسها لتفسير ظاهرة الدافعية المعقدة. بل علينا ان نأخذ باقوى العناصر في كل نظرية لتكون نظرة شاملة عن دوافع الانسان بشكل عام ودوافعه في العمل بشكل خاص.

ثالثاً: النظريات المعاصرة في الدوافع : [١٠]

ان معظم النظريات التي عالجت الدافعية كانت نتاج من الخمسينات والستينات والسبعينات والثمانينات من القرن الماضي. والواقع ان مفهوم الدوافع استأثر باهتمام علماء النفس المعاصرين فظهرت نظريات جديدة تساعد على فهمنا لعملية الدافعية. ويمكن تقسيم هذه النظريات الى نظريات الدوافع العقلية ونظريات الدوافع الاجتماعية. ونقدم نبذة عن اشهر النظريات المعاصرة :

أولاً: نظرية الدوافع العقلية Cognitive Motives :

إن الدوافع العقلية تتعلق بالطريقة التي نفكر بها وتدفعنا لأن نمارس سلوكاً معيناً وتنبع من أفكارنا ومفاهيمنا ومعتقداتنا، إنها الدوافع التي تتعلق بكيفية فهمنا لما يجري حولنا وبالطريقة التي نفهم بها موقفاً ما . ومن هذه الدوافع العقلية ما يلي:

١- البنى العقلية الشخصية Personal Constructs :

إن لكل منا خبراته الشخصية الخاصة به التي يتعلم منها شيئاً ما ومنها ما يتعلق بالآخرين من حولنا. فكل منا كوّن "نظرات خاصة" تجاه الأشخاص الذين تفاعلوا معنا في الماضي ويطلق على هذه النظرات الخاصة مصطلح البنى العقلية الشخصية التي ننظر بها إلى أشخاص جدد نلتقي بهم. وكثيراً ما تكون هذه البنى العقلية الشخصية أو النظرات الخاصة على شكل ثنائيات مثل:

رقيق - قاس

حاد المزاج - هادئ

ذكي - غبي

كريم - بخيل

ولا يتجاوز في العادة عدد هذه الثنائيات ثمانية أو عشرة، وهي في الواقع تؤثر على قراراتنا حول كيف نتصرف مع الآخرين، هل نميل إليهم أو نكرههم أو نتفاعل معهم أو نبتعد عنهم؟

إن البنى العقلية هي اعتقادات ومفاهيم نكونها نتيجة الخبرات التي تمر بنا وهـي مختلفة من شخص لآخر، وهي بالطبع تدفعنا لسلوك ما قد يختلف عن سلوك شخص آخر له بنى عقلية مختلفة.

ومن أشكال البنى العقلية الشخصية ما يعرف ب "التوقعات أو النبوءات التي تحقق نفسها" (Self-fulfilling Prophecies) وذلك أن هذه التوقعات أو التنبؤات التي يحملها الآخرون عنا تؤثر على سلوكنا إلى حد كبير، إننا في الغالب نتصرف وفق التوقعات التي يحملها الآخرون عنا ومن ثم فإنها دافع من دوافع سلوكنا.

٢- وسائل الدفاع النفسية Defense Mechanisms :

وسائل الدفاع النفسية هي عمليات يستخدمها العقل الإنساني لتحميه من التهديدات التي ترد إليه ومن ثم تكون شكلاً من أشكال الدوافع.

ومن الوسائل الدفاعية التي يلجأ إليها العقل الإنساني الإنكار Denial فإذا واجهنا موقفاً مؤلماً يمس كرامتنا نحاول أن ننكر ذلك ونرفضه ورغم أن إنكارنا لذلك الموقف يكون غير مبرر، فإننا نتمسك بإنكارنا لحماية أنفسنا من أن نفكر ونعيد النظر في اعتقاداتنا وآرائنا.

ومن وسائل الدفاع النفسية أيضاً الكبت أو القمع Repression ذلك أن العقل الإنساني يحاول أن يقمع الذكريات المؤلمة، وأن يتجنب ما يذكره بموقف مؤلم ، والواقع أن هذا الكبت أو القمع محرك من محركات سلوكنا .

٣-الاعتقاد (الإيمان) بالكفاءة الذاتية Self-efficacy Beliefs :

إن الإيمان بالقدرة الذاتية هو الاعتقاد الذي نحمله عن مدى فعاليتنا في إنجاز الأعمال أو هو اعتقاداتنا عن قدراتنا ومهاراتنا. إن الأفراد الذين تكون لديهم اعتقادات قوية بقدراتهم الذاتية يكونون في الغالب واثقين من أنفسهم مما يحملهم على القيام بأعمال تحقق النجاح فيما يقومون به.

٤- العجز المكتسب (المتعلّم) Learned Helplessness :

ان بعض الأشخاص الذين يمرون بخبرات مؤلمة وقاسية ولا يستطيعون القيام بأي عمل تجاهها فانهم يستسلمون ويصبحون في وضع يطلق عليه مصطلح "العجز المكتسب" أي الذي تعلموه، أي تعلموا أن يكونوا سلبيين وعاجزين عن تغيير ما حدث لهم .

٥-الاعتقاد بمدى سيطرة الانسان على مصيره (Locus of Control) :

ونعني بذلك اعتقاد انسان وشعوره بمدى سيطرته على حياته ومصيره، وهل ما يجري في حياته يعزى إلى ارادته الحرة وباختياره. ام انه يعزى إلى البيئة والحظ والصدفة والعوامل الخارجية الأخرى وقد قسم علماء السلوك الأفراد إلى نمطين بالنسبة لهذا الاعتقاد فاما أنهم يعتقدون أنهم مسيطرون على مصيرهم وسلوكهم، ومن ثم يسمون داخليو السيطرة (Internalizers) أو أن السيطرة خارج ارادتهم فيطلق عليهم خارجيو السيطرة (Externalizers) .

ان شعور الانسان بان لا سيطرة له على مصيره، وانه عاجز امام الحوادث والصعاب شعور مقبض للنفس، ومضعف للثقة. إن دافع انسان للعمل يرى انه حر في ارادته وانه مسيطر على ما يحدث له يختلف عن دافع انسان آخر يرى أنه ضحية لظروف خارجة عن إرادته أو لحظ تعيس أو مؤامرات يحيكها الناس ضده. والواقع أن الإسلام في جوهر فلسفته يقول بأن الانسان في معظم تصرفاته مخيّر، ومن ثم فانه ينال الجزاء ان خيراً فخير وان شراً فشر.

ثانياً: نظرية الدوافع الاجتماعية (Social Motives) :

كما تحركنا الدوافع النفسية الشخصية فانه تحركنا أيضاً دوافع اجتماعية ذلك ان الانسان كائن اجتماعي يحيط به الناس منذ ولادته إلى أن يتوفاه الله. ولابد أن يكون لهم تأثير على سلوكنا، أي أن تأثيراتهم تحركنا للقيام بسلوك ما. ومن هذه الدوافع :

١- احترام الآخرين للانسان :

ان من الدوافع المحركة للسلوك الانساني احترام الاخرين لنا، ان في داخل كل واحد منا حاجة عميقة إلى أن يحترمه الآخرون وان لا نبدو حمقى أو أغبياء أمامهم. ويعتقد بعض علماء النفس أن شعورنا باحترام الآخرين لنا دافع اساسي لدينا، ذلك أن كثيراً مما نقوم به تحركه حاجتنا إلى أن نبدو معقولين، وأن يقدر الآخرون ما ننجزه.

٢- تجنب التنافر المعرفي (Cognitive dissonance) :

نعني بالتنافر المعرفي حدوث تناقض في اتجاهات الانسان او اعتقاداته أو قيمه أو سلوكه، مما يتسبب في عدم ارتياح في نفس الانسان، والافتراض الذي تقوم عليه هذه

النظرية ان الانسان يحرص على ان يكون هناك توافق بين اعتقاداته من جهة وبين اتجاهاته وقيمه وسلوكه. فاذا وقع شيء يحدث تنافراً أو تناقضاً بين تلك الاعتقادات وبين اتجاهاته وقيمه وسلوكه فان ذلك الانسان يحرص كل الحرص على التخفيف من ذلك التنافر أو التناقض.

ما يهمنا هنا أن حالة التنافر المعرفي قد تشل الإنسان عن العمل، ومن ثم فان عليه ان يحل معضلة التنافر المعرفي بتغيير اعتقاداته عن نفسه أو اتجاهاته، ليكون في حالة توافق معرفي ودافعية للعمل والانجاز .

رابعاً: تطبيقات نظريات الدوافع في ادارة الموارد البشرية:

حفز العاملين وتنشيطهم:

سنحاول في هذا الجزء من الفصل ان نبين كيف نترجم مفاهيم النظريات التي عرضناها الى تطبيقات وممارسات في ادارة الموارد البشرية.

بعبارة اخرى كيف يستطيع المسؤولون ومديرو ادارات الموارد البشرية ان يحفزوا العاملين وان ينشطوهم، وان يزيدوا من دافعيتهم للعمل، وان يحسِّنوا من ادائهم، ويزيدوا من انتاجيتهم مستفيدين من افكار ونظريات محتوى الدوافع وعملياتها؟

ونجد لزاما علينا ان نوضح مفهوم الحوافز لان عددا من الباحثين يخلطون بينها وبين الدوافع او على احسن تقدير لا يتبينون الطبيعة المتميزة لكل منها. فما نعني بالحوافز؟ وما طبيعتها؟ وما انواعها؟

ولابد ان نقرر منذ البداية ان بعض الباحثين يستخدمون تعبير الحوافز بالمعنى الواسع وبعضهم يستخدمه بالمعنى الضيق.

أما الحوافز بالمعنى الواسع فهي مرادفة لكلمة العوائد (Rewards) اي تلك المواقف او المثيرات الخارجية التي تثير وتحرك الدوافع (الحاجات والرغبات) فالحوافز هي كل الادوات والخطط والوسائل التي تستخدمها الادارة لبدء سلوك ما او ايقافه او تشجيعه او تنشيطه او توجيه اتجاهه او تغيير شدته. [١١]

اما الحوافز بالمعنى الضيق فترتبط على الغالب بكلمة نظام فنقول نظام الحوافز ونعني خطط دفع الاجور التي تربط دفع الاجور مباشرة او غير مباشرة بانتاجية العاملين او

بارباح الشركة وقد تشمل هذه الخطط خططا فردية مثل خطة دفع الاجور على القطعة لعامل ما، او خططا جماعية تطبق على مجموعة من الافراد وليس فردا واحدا، او خطط مشاركة العاملين في الارباح.[١٢]

والواقع اننا نستعمل كلمة الحوافز بالمعنى العام الواسع، وعندما نريد ان نستخدمها بالمعنى الضيق فنطلق عليها نظام الحوافز وترتبط الحوافز بالدوافع ارتباطا وثيقا[١٣] ويبين الشكل رقم (١٣) هذا الارتباط:

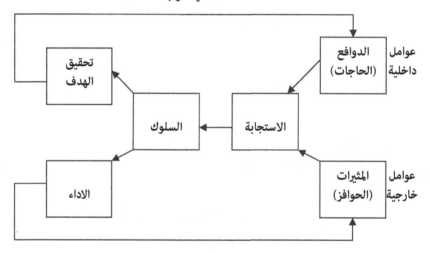

التغذية الراجعة

شكل رقم (١٣)
ارتباط الدوافع بالحوافز

وكما عرفنا من قبل فان الدوافع (الحاجات) تسبب نوعاً من الرغبة للتغلب على نوع من التوتر او عدم التوازن، اما المثيرات (الحوافز) فتحرك الانسان للاستجابة والقيام بسلوك معين تحقق هدفا معينا (او يشبع الحاجة) ويساعد المنظمة على انجاز اداء معين. وتكمل التغذية الراجعة الدورة وترسل اشارات الى الدوافع والحوافز فيجري تعديل فيها او تبقى على حالها.

والحوافز ذات انواع مختلفة. ويمكن تقسيمها الى الانواع التالية وفقا لمعايير معينة(١٤) ومن هذه المعايير ما يلي:

- من حيث النوع: وتقسم الحوافز الى حوافز مادية او غير مادية.
- من حيث الفئة المستهدفة: وتقسم الى حوافز فردية وحوافز جماعية.
- من حيث طبيعة الجزاء: وتقسم الحوافز الى حوافز ايجابية وحوافز سلبية.
- من حيث الامكانات: وتقسم الحوافز الى حوافز اساسية وحوافز بديلة.
- من حيث الاثر والاسلوب: تقسم الحوافز الى حوافز مباشرة سريعة وحوافز غير مباشرة مؤجلة.

والشكل رقم (١٤) يبين انواع الحوافز وفق المعايير السابقة:

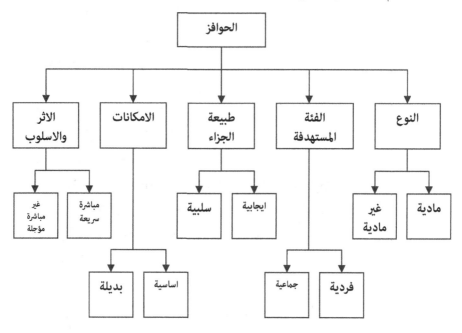

الشكل رقم (١٤)
انواع الحوافز

ويقسم بعض الباحثين الحوافز (العوائد) التي تقدمها المنظمات الى الحوافز التالية[١٥]:

- **حوافز مادية:**

وتنقسم إلى:

- **حوافز في شكل نقود،** ومن الأمثلة عليها:
- زيادة الرواتب.
- توزيع اسهم على العاملين.
- مشاركة في الارباح.
- مكافآت في المناسبات الوطنية والقومية والدينية.

- **مزايا اضافية:** ومن الامثلة عليها:
- التأمين الصحي.
- سيارة خاصة من المؤسسة.
- التأمين على الحياة.
- امتيازات تقاعدية.
- اجازات طويلة ورحلات خارجية.
- عضوية نوادي رياضية او اجتماعية.

- **رموز المركز (Status Symbols)** ومن الامثلة عليها:
- تخصيص سكرتيرة او عدد منهن او آذن على باب المسؤول.
- الحاق حمام او مطبخ صغير بمكتب المدير.
- المكتب الواسع.
- عدد التلفونات.
- البرادي والسجاد والصور الزيتية التي تزين جدران المكتب.
- موقع المكتب.
- مكان مخصص لوقوف السيارة.

٢- حوافز اجتماعية بين شخصية (Interpersonal) :

ومن الامثلة عليها:

- كتب الشكر والثناء.
- تقييم اداء مرتفع.
- كيل المديح للعامل امام زملائه.
- توجيه دعوات لحضور حفلة غذاء او عشاء.
- طلب اقتراحات من العاملين.
- تزويد الموظف بالجرائد.
- جوائز.
- اقرار رسمي او غير رسمي بالانجاز.

٣- حوافز تنبع من العمل نفسه:

ومن الامثلة عليها:

- احساس الموظف بالانجاز.
- نقل الموظف الى وظيفة اكثر مسؤوليات.
- التدوير في الوظائف (Job Rotation)

وسواء اخذنا بالمعايير الاولى او المعايير الثانية فالمهم هو ان نعرف ان ثمة حوافز عدة يمكن استخدامها لحفز العاملين وتنشيطهم، ثم ان هذه الحوافز يجب ربطها مع الدوافع الداخلية لاولئك العاملين.

السؤال الان ما الارشادات والموجهات التي ترشد متخذي القرارات والمسؤولين في ادارات الموارد البشرية للاستفادة من نظريات الدوافع المختلفة لتحفيز العاملين وتنشيطهم. ولتحقيق اداء مرتفع وانتاجية عالية؟

الواقع ان ثمة **ارشادات وخطوطاً عريضة** يمكن ان يستهدى بها في تحفيز العاملين وتنشيطهم، ومنها ما يلي:

١- العلاقة الصحيحة بين الرضا الوظيفي والاداء علاقة تبادلية:

لقد ساد الاعتقاد بين مفكري حركة العلاقات الانسانية ان الرضا الـوظيفي يؤدي إلى اداء ممتاز. ولقد عرفنا اثناء دراستنا لنظرية التوقعات ان الاداء قد يؤدي إلى الرضا الوظيفي، وان ثمة عوامل اخرى تحدد الرضا الوظيفي كالعوائد الداخليـة والخارجية وكيف ينظر اليها العاملون.

٢- العلاقة بين الدافعية والانتاجية ذات طبيعة معقدة :

لقـد عرفنـا ان الانتاجيـة عـلى المسـتوى الفـردي والجماعـي والتنظيمـي والمجتمعي هي من مخرجات ادارة الموارد البشرية الاساسية. ان الدافعيـة القويـة قد تؤدي الى الانتاجية المرتفعة للموظف ولكن الدافعية لوحدها لا تقرر تلـك الانتاجية، فثمة عوامل اخرى تحدد تلك الانتاجية وتؤثر عليها، ومنها:

أ- طبيعة العمل والتكنولوجيا المستخدمة:

اذا كان العمل مصمما تصميما ضعيفا فان انتاجية الموظف ستضعف بغض النظر عن دافعيته. كذلك فان نوع التكنولوجيا يحدد الانتاجية. فتعقد التكنولوجيا او بساطتها مثلا يضع الحد الادنى والاعلى للانتاجية.

ب- العوامل الفردية:

فليست الدافعية او الرغبة فقط هـي التـي تحـدد انتاجيـة الموظـف بـل قدراته وشخصيته وادراكه لادواره هي عوامل فردية اخرى تتحكم في الانتاجية.

ج- عوامل تتعلق بالجماعات الصغيرة:

تعتبر معايير الجماعـات الصغيرة وتماسـك الجماعـة والتنسـيق بينهـا مـن العوامل التي تلعب دوراً واضحاً في رفع او خفض انتاجية الفرد.

د- عوامل تنظيمية:

فالهيكل التنظيمي والمناخ التنظيمي عوامل تتفاعـل مـع العوامل الاخرى تؤثر على انتاجية الموظف.

هـ- العوامل البيئية:

ويدخل فيها العوامل الاقتصادية والسياسية والثقافة الحضارية وعلاقات المنظمة التي يعمل فيها الموظف مع المنظمات الأخرى وهذه جميعا تؤثر سلبا او ايجابا على الانتاجية.

٣- ثمة معادلات معروفة تحدد العلاقات بين الدافعية وبين الاداء الفردي والتنظيم:

لقد توصل العلماء السلوكيون المحدثون الى معادلات تبين عناصر الدافعية وتحدد العلاقات بينها وبين الاداء الفردي والتنظيمي [١٦].

وهذه هي المعادلات:

١- القدرة = المعرفة × المهارة

٢- الدافعية (الرغبة) = الاتجاهات والقيم× المواقف

٣- الاداء (السلوك) الفردي = القدرة × الدافعية (الرغبة)

٤- الاداء (السلوك) التنظيمي = الاداء الفردي × الموارد المتاحة

ما انعكاسات هذه المعادلات؟ ان المسؤول في ادارة الموارد البشرية اذا لاحظ اداء منخفضا لموظف فقد يكون السبب في ذلك ضعف دافعيته او تدني مستوى قدراته. ومن ثم فانه يجب ان تكون لديه القدرة على تشخيص العامل او العوامل المسبب ليضع العلاج فان كان السبب انخفاضا في مستوى القدرة فقد يكون التدريب هو السبيل لرفع مستوى ادائه. وان كان الامر يتعلق بضعف رغبته في العمل فان المشكلة تكون اكثر صعوبة وعليه ان يستفيد من نظريات الدوافع لمعالجة الوضع. فقد يكون احساس الموظف بالظلم (نظرية العدالة) سببا في ضعف رغبته ومن ثم فان عليه ان يرفع عنه الظلم، وهكذا على ان الاداء التنظيمي الذي هو مجموع اداءات (انماط سلوك) لافراد اذا افترضنا عدم تدخل عوامل اخرى، هو محصلة الاداء الافراد والموارد المتاحة التي تشمل الموارد المادية والتكنولوجية واشكال السلطة في التنظيم.

٤- ينبغي الاقرار بوجود فروق فردية بين العاملين:

العاملون في التنظيمات ليسوا افرادا متجانسين. انهم يختلفون في اتجاهاتهم، وشخصياتهم، وقيمهم وقدراتهم ومهاراتهم واسلوب تعلمهم ويجب اخذ هذه العناصر بعين الاعتبار عند تصميم نظام حوافز فعال ومن هنا فانه يجب تفريد الحوافز.

٥- ينبغي ان يتفق تصميم الوظائف (تصميم العمل) مع الاشخاص:

ثمة ادلة تزودنا بها الدراسات الميدانية في الدوافع وتبين ان دافعية الافراد تكون قوية عندما نصمم الوظائف تصميماً دقيقاً يتفق وخصائص الاشخاص الـذين يشغلونها. فاذا ما اردنا ان نملأ وظيفة مـدير عـام في منظمة بيروقراطيـة فيجب اختيار اشخاص تكون الحاجة الى القوة حاجة متميزة لـديهم والحاجـة الى الانتماء والصداقة ضعيفة.

ومن ناحية اخرى فاننا يجب ان نراعي المبادئ التالية عند تصميم الوظائف ^(١٧):

- ينبغي ان يحس العاملون بانهم مسؤولون شخصيا في وظائفهم.
- كما ينبغي ان يشعر هؤلاء بالاستقلال الذاتي والاحسـاس بالانتماء والملكيـة لما ينتجون.
- ينبغي تصميم الوظائف بحيـث يشعر شـاغل الوظيفة بـان النتـائج التـي يحققها ذات معنى داخلي له.
- ينبغي تصميم الوظائف بحيـث يعطـى لشاغلها تغذيـة راجعـة وعوائـد ايجابية له.

ولتصميم الوظائف اشكال كثيرة منها:

- اغناء العمل (Job Enrichment).
- تكبير العمل (Job Enlargement).

٦- الاهداف المحددة ذات دور فعال في الدافعية للعمل:

ان الاهداف المحددة التي يمكن قياسها والوصول اليها توجه الافراد وتقوي مـن دافعيـتهم للعمـل. ويحسـن تعزيـز هـذه الخصائص باعطاء العـاملين تغذية راجعـة مستمرة عن مدى تحقيقهم للاهداف وباشراك العاملين في تحديد تلك الاهداف.

٧- ينبغي ربط الحوافز (العوائد) بالاداء:

تمشيا مع مفاهيم نظرية التوقعات فانه يجب ربط الحـوافز بالاداء فـلا تعطى الحوافز الا اذا كان هناك اداء متميز. واذا اعطيت الحوافز لعوامل اخرى غير الاداء فاننا نعمل عـلى تعزيـز تلـك العوامل وينبغـي مـنح العوائـد الرئيسية كالزيادة الواضحة في الراتب والترقية عندما يحقق الموظف اهدافا محـددة، كذلك ينبغي الابتعاد عـن السرية في مـنح الحوافز، وتعميم الزيادات المرتبطة بـالاداء وجعلها واضحة للعيان امام الجميع.

٨- مراعاة العدالة في العوائد :

ينبغي ان يرى العاملون العوائد التي يحصلون عليها معادلة لمدخلاتهم او ما يبذلونه من جهد. ومعنى هذا ان الخبرة والقدرة والجهد وعناصر المدخلات الاخرى يجب ان تفسر الاختلافات في الاجور والمسؤوليات والمخرجات الاخرى.

٩- للنقود قيمة اقتصادية واجتماعية ويجب اخذها بعين الاعتبار في اي برنامج ناجح للحوافز:

يدور جدل بين عدد من الباحثين حول اهمية النقود كمحفز ومحرك للنشاط الانساني، فقد اعتبرها فردريك تايلور، مؤسس حركة الادارة العلمية، مثلا محركاً اساسياً لنشاط العمال والعاملين في المصانع والمنظمات. واعتبرها فردريك هرزبرج مثلا عاملا من العوامل الصحية اذا توفرت جلبت الارتياح، واذا غابت سببت عدم الارتياح، ولكن وجودها لا يسبب الرضا الوظيفي.

والرأي المتوازن هو ان للنقود قيمة اقتصادية، فللنقود قوة شرائية وتجلب السعادة لمن يمتلكها، واذا اخذنا نظرية مازلو في تدرج الحاجات كأساس للتفكير فان النقود تشبع الحاجات الاساسية والحاجة الى الامن. وهي – من ناحية اقتصادية بحتة – تعتبر محركاً لمن لا يملكها. فمن يكن في حاجة ماسة اليها فانه سيبذل جهوداً حثيثة للحصول عليها.

وللنقود كذلك قيمة اجتماعية فكثيرا ما نحكم على قيمة الانسان بمقدار ما يملكه منها، ومن هنا تتخذ اساسا للحكم على هيبة الانسان ومنزلته الاجتماعية. ويمكن لبعض الاشخاص ان يحققوا الحاجات العليا كالحاجة الى الانتماء وتقدير الذات اذا حصلوا عليها.

والواقع انه يمكن ان تتخذ النقود اساسا لبرنامج حوافز ناجح فيمكن ربط الزيادة في الاجر بالتحسن في الاداء، ويمكن اخذها اساسا لدفع الاجر، فيزداد الاجر كلما تعدى العامل معدلا معينا في انتاج وحدات انتاجية (او الشغل بالقطعة) (Piece-Work bonuses) او منح العامل عمولة معينة نتيجة ادائه مهام معينة، كالبيع بوالص تأمين مثلا.

١٠- للمناخ التنظيمي ارتباط وثيق بالدافعية:

المناخ التنظيمي هو خصائص البيئة الداخلية للمنظمة وتبرز في شعور العاملين العام بها كما تبرز في وصفهم لتلك الخصائص بصفات معينة كالدفء او البرود في

العلاقات، وتشجيع المشاركة في اتخاذ القرارات او قتل المبادأة والابداع، والاتصال المنفتح او الانغلاق في قنوات الاتصال وهكذا.

والواقع ان المناخ التنظيمي يمكن ان يكون عاملا من عوامل الدافعية او نتيجة من نتائجها. فعندما يكون المناخ التنظيمي مناخاً دافئاً ودوداً فان ذلك ينشط العاملين ويزيد من انتاجيتهم وكذلك فانه اذا توفر للمؤسسة عدد متميز من العاملين المتحمسين الملتزمين فان ذلك قد يشبع مناخاً يدفع الاخرين للحماس والاداء الممتاز.

ومن ناحية اخرى فان نوع المناخ التنظيمي السائد يؤثر على جذب عناصر من العاملين بحاجات متميزة. فالمنظمات التي يكون توجهها نحو القوة والسلطة كالمنظمة العسكرية تميل الى جذب اشخاص تكون الحاجة الى القوة لديهم حاجة قوية. وقد تجذب شركات التأمين اشخاصا تكون الحاجة الى الانجاز حاجة قوية عندهم. (١٨)

١١- الدافعية ليست المحرك الوحيد للسلوك الانساني.

على الانسان ان يدرك أن الدافعية ليست هي المحرك الوحيد للسلوك الإنساني، فهناك عوامل أخرى كالادراك والتعلم وكذلك توافر عوامل مثل توافر قدرات خاصة كالذكاء مثلاً، أو وجود مهارات معينة، أو توافر بعض الفرص الاجتماعية. وعلى الانسان أن يطوع كل هذه العوامل ويضمها إلى الدافعية لتحرك سلوكه ليبني ثقته بنفسه.

١٢- فهم بعض الدوافع الاجتماعية.

على الانسان ان يفهم جيداً بعض الدوافع الاجتماعية مثل سعي الانسان لاكتساب احترام الآخرين والسعي للتغلب على التنافر المعرفي (Cognitive Dissonance) .

خامساً: معالجة اوضاع الموظفين ومشكلاتهم:

تحت هذا العنوان سنعالج الموضوعات الفرعية التالية:

- واجبات الموظفين العموميين وحقوقهم.
- التأديب.

واجبات الموظفين العموميين وحقوقهم (١٩)

الوظيفة العامة مسؤولية وأمانة لخدمة المواطن والمجتمع تحكمها وتوجه مسيرتها القيم الدينية والوطنية والقومية للحضارة العربية والإنسانية وتحرص على إرساء معايير وقواعد

ومبادئ اخلاقية تحكم آداب الوظيفة العامة وقيم ثقافية مهنية عالية لدى موظفي الخدمة المدنية وتعزز إلزامهم بهذه المعايير والقواعد والقيم وتخلق الثقة والتقدير لدى المواطن ومتلقي الخدمة العامة بعمل الدوائر وتبني حالة من الاحترام والتقدير لدورها في توفير الخدمات بأفضل طريقة ممكنة للمواطن والمجتمع على حد سواء، ومن أجل تحقيق ذلك فإن على الموظف الالتزام بما يلي:

- أوقات الدوام الرسمي وأداء مهام وواجبات وظيفته الموكلة إليه بنشاط وأمانة ودقة، مع جواز تكليفه بالعمل لأكثر من الساعات المقررة للدوام الرسمي بما في ذلك أيام العطل والأعياد الرسمية إذا اقتضت مصلحة العمل ذلك.
- معاملة الجمهور بلباقة وكياسة، وعلى أساس الحيادية والتجرد والموضوعية والعدالة دون تمييز بينهم على أساس الجنس أو العرق أو المعتقدات الدينية أو أي شكل من أشكال التمييز.
- تنفيذ أوامر رؤسائه وتوجيهاتهم وفق التسلسل الإداري والتعامل مع رؤسائه ومرؤوسيه باحترام وتطبيق مبدأ المشاركة وبناء روح الفريق في العمل.
- المحافظة على المال العام ومصالح الدولة وممتلكاتها وعدم التهاون بأي حق من حقوقها والتبليغ عن أي تجاوز على المال العام والمصلحة العامة وعن أي تقصير أو إهمال يضر بهما.
- ضرورة الإلمام بالقوانين والأنظمة والتعليمات والمهام والخطط والبرامج المتعلقة بعمل الدائرة والاستفادة من الخبرة وفرص التدريب والتأهيل لزيادة الإنتاجية ورفع كفاءة الأداء الفردي والعام في الدائرة.
- التحلي بالصدق والشجاعة والشفافية في إبداء الرأي والإفصاح عن جوانب الخلل والإبلاغ عنه مع الحرص على التأكد من المعلومات وعدم اغتيال الشخصية.
- التعامل بروح الزمالة والتعاون وتبادل المعرفة واحترام علاقة الشراكة في العمل بين الرجل والمرأة وتعميق الانتماء للدائرة والاعتزاز بانجازاتها.

ويحظر على الموظف وتحت طائلة المسؤولية التأديبية الإقدام على أي من الأعمال التالية:

- ترك العمل أو التوقف عنه دون إذن مسبق.
- الاحتفاظ خارج مكان العمل لنفسه بـأي وثيقـة أو مخـابرة رسميـة أو نسخة منها أو صـور عنهـا أو تسـريبها لأي جهة خارجيـة أو الكتابـة أو التصريح عنها دون أن يكون ذلك من صلاحياته.
- استغلال وظيفته لخدمة أغراض أو أهداف أو مصالح حزبيـة أو القيام أو الاشتراك في أي مظاهرة أو إضراب أو اعتصام أو أي عمل يمس بأمن الدولة ومصالحها، أو يضر أو يعطل مصالح المواطنين والمجتمع والدولة.
- استغلال وظيفته لخدمة أي منفعة شخصية أو لمنفعة أي طرف لـيس لـه حق بها أو قبول أو طلب أي إكراميات مادية أو عينية مـن أي شخص لـه علاقة أو ارتباط بالدائرة أو مصلحة معها أثناء عمله إلا إذا كانت ضـمن المعايير الطبيعية المتعارف عليها للاحترام والتقدير.
- القيام بـأي تصرفات أو ممارسات أو أعمال تسيء إلى الأخلاق والآداب والسـلوك العـامين والإسـاءة لـلآراء والمعتقـدات السياسـية والدينيـة أو التحريض ضدها.
- العمل خارج أوقات الدوام الرسمي دون إذن مسبق مـن الجهات ذات العلاقة.

يجب على المؤسسة ما يلي:

- أن تحدد بوضوح مهام الموظف ومسؤولياته وما يتوقع منـه إنجازه، والتعامل معه في كل مـا يتعلـق بأوضـاعه الوظيفيـة علـى أسـاس الجدارة والاستحقاق.
- أن تضمن للموظف حرية الرأي والتعبير وفقاً للتشريعات النافذة.
- أن تكفل له حق التظلم والتأكد من وجود ضمانات للموظف عند تطبيـق الإجراءات والعقوبات التأديبية وفقاً لأحكام هذا النظام.
- توفير متطلبات تعزيز مهاراته وتطوير قدراته المتعلقة بطبيعة العمل مـن خلال الوسائل والبرامج التطويرية والتدريبية المختلفة.

التأديب:

من الاوضاع والمشكلات التي تواجهها ادارة الموارد البشرية مشكلة التأديب:

ثمة كتب وانظمة تتناول موضوع التأديب من زاوية قانونية فتتحدث عن العقوبات المسلكية التي يجوز توقيعها على الموظفين مثل:

- الانذار .
- الحسم من الراتب.
- توقيف الزيادة السنوية.
- تنزيل الراتب.
- تنزيل الدرجة.
- العزل.

لكن النظرة الحديثة في ادارة الموارد البشرية لا تلجأ الى هذه العقوبات الا كسلاح اخير. تعالج النظرة الحديثة موضوع التأديب من منظور واسع وتربطه بتدني الاداء الوظيفي.

ان تدني اداء الموظفين هو الاطار الذي يجب ان نضع فيه مشكلة تأديب الموظفين. والمنهج الذي يجب ان يتبعه مديرو ادارات الموارد البشرية هو منهج تشخيصي-يحاول ان يشخص اسباب ومصادر الاداء المتدني. [٢٠]

ان الاداء المتدني للموظفين اسبابا وعوامل عدة، ويمكن ان نرجعه الى العوامل والاسباب التالية:

١- اسباب وعوامل ادارية تنظيمية، ومن الامثلة عليها:

- عدم توفر مناخ يساعد على العمل والانتاجية في التنظيم.
- صراع في الشخصيات بين الموظف وبين رئيسه او بين الموظف وزملائه.
- عدم تحديدط مهام الوظيفة تحديدا دقيقا.
- الاشراف السيء.
- النقص في التدريب.
- عدم تحديد واجبات الموظف.
- نقص في الموارد المادية او تأخر في وصولها.

٢- عوامل بيئية خارجية: ومن الامثلة عليها:

- الاضطراب السياسي.

- صراع بين القيم والاتجاهات التي يحملها الموظف وبين القيم والاتجاهات السائدة في المجتمع.
- الاحوال الاقتصادية وظروف سوق العمل.
- تشريعات حكومية.
- سياسات النقابات.

٣- عوامل تتعلق بالموظف نفسه، ومن الامثلة عليها:

- نقص في رغبته ودافعيته.
- كسله.
- ضعف في شخصيته او قصور في قدراته العقلية.
- تغيب مستمر عن العمل.
- شرب الخمر وتناول المخدرات.
- مرض عقلي او جسمي.
- مشكلات عائلية .

إن واجب مسؤولي ادارة الموارد البشرية ان يحددوا اسباب تدني اداء الموظف كان لسبب خارج عن ارادته، ومن ثم فان اللجوء الى احدى العقوبات المسلكية السابقة يكون فيه ظلم له.

كما ان على مسؤولي ادارة الموارد البشرية ان يتفهموا جيدا اهداف التأديب ويمكن ان نلخص هذه الاهداف فيما يلي:

١- تقوية دافعية الموظف للعمل واقناعه بوجوب تطبيق سياسات المنظمة والتمشي مع معايير الاداء بها.
٢- ايجاد جو من الثقة والاحترام المتبادل بينهم وبين الموظفين او بين الموظفين ورؤسائهم.

وثمة مداخل ثلاث تتبناها ادارت الموارد البشرية لمعالجة مشكلة تأديب الموظفين وهذه المداخل هي:

١- المدخل الوقائي (Preventive discipline)

وفي هذا المدخل تدار امور العاملين بطريقة تقيهم من ايقاع اجراءات التأديب عليهم. وهنا يحرص المديرون على ايجاد مناخ يكون اداء العاملين فيه اداء متميزا. ومن الممارسات التي تساعد على توفير ذلك المناخ:

- ايجاد نوع من المواءمة بين الموظف وبين الوظيفة مـن خـلال نظـام فعـال من الجذب والاختيار والتعيين.

- الاهتمام بتوجيه الموظفين وتدريبهم.

- وضع قواعد السلوك الوظيفي السليم وتوضيحهما للموظفين.

- تزويد الموظفين بتغذية راجعة مستمرة عن ادائهم.

- اتباع سياسة باب تواصل مفتوح تتيح للمـوظفين نقل ادائهـم للمسـؤولين وطرح مشكلاتهم.

٢- المدخل العقابي الانتقامي (Punitive discipline)

وهو مدخل يقوم على الخوف والتهديد والانتقام والارهاب ومن مساوئه:

- ان مفعوله قصير العمر، ونتائجه مدمرة.

- وضع اللوم على شخصية الموظف، وعدم الفصل بين شخصيته وبين سلوكه.

- اضعاف الصلة بين الرئيس والمرؤوس واشاعة الخوف والشك بينهما.

- دفع الموظف الى الانتقام والتدمير في مجالات ومناحي متعددة.

٣- المدخل الايجابي:

وهو مدخل يصحح السلوك غير المرضي عنـه للموظف مـن خـلال تقبـل الموظف ومعاونته واحترامه. انه مدخل يقوم على ممارسـة القيـادة الواعيـة وليس الانتقام وازعاج الموظفين. ومـن مزايا اسـتخدام هـذا المـدخل ان نتائجه تكتسـب الديمومة، وانه يشيع روح التفهم والاصلاح وليس الانتقام والتأر بين الموظفين. ولتبني هذا المدخل لابد من اتباع خطوات هي:

١. تحديد الاطراف المسؤولة عن التأديب في المنظمة

٢. تحديد انماط السلوك المتوقعة من الموظفين

٣. توعية الموظفين بسياسات وقواعد واجراءات التأديب

٤. جمع معلومات عن اداء الموظفين

٥. تطبيق اجراءات التأديب التدريجية التي تبدأ من التحذير وتنتهي بالعزل عند الضرورة

٦. استخدام اساليب الارشاد التصحيحية

الشكل رقم (١٥)
خطوات المدخل الايجابي لمعالجة تأديب الموظفين

والواقع انه يقترح على ادارات الموارد البشرية في الوطن العربي ان تأخذ بالمدخلين الوقائي والايجابي وان تبتعد كل الابتعاد عن المدخل الانتقامي في التأديب لان هذا كفيل بصيانة الموارد البشرية العاملة في المنظمة ولانه يتمشى مع فلسفة الاسلام السمحة التي تنص على (ان درهم وقاية خير من قنطار علاج) وعلى انه لو كان الرسول فظا غليظ القلب لانفض الناس من حوله.

اسئلة للمناقشة

اجب عن الاسئلة التالية:

١- حدد بكلماتك الخاصة معنى الدوافع.

٢- حدد معنى العملية الدافعية الاساسية وبين خصائصها.

٣- لماذا كانت العملية الدافعية عملية معقدة التركيب؟

٤- وضح المفاهيم الاساسية في نظرية مازلو في تدرج الحاجات وقيم تلك النظرية من حيث نقاط الضعف ونقاط القوة.

٥- اشرح العبارة التالية شرحا وافيا:
"اتى فردريك هرزبرج بمفهوم جديد للرضا الوظيفي"

٦- ما العوامل الدافعة والعوامل الصحية في نظرية فردريك هرزبرج في الدافعية؟

٧- ما الحاجات الثلاث في نظرية ماكليلاند في الدافعية؟

٨- ما معنى قول ديفيد ماكليلاند "ان الحاجة الى الانجاز يمكن ان تعلم"؟

٩- كيف يمكن الاستفادة من نظرية التوقعات في ادارة الموارد البشرية؟

١٠- من هو مؤسس نظرية العدالة في الدافعية؟ وما الافكار الرئيسية في هـذه النظرية؟

١١- ما الافكار الرئيسية في نظرية تحديد الاهداف؟ وما ارتباط الاهداف بالاداء في الوظيفة؟

١٢- قارن بين منظور محتوى الـدوافع ومنظور عمليـات الـدوافع مـن حيـث الخصائص والاهتمام الرئيسي، ونقاط القوة ونقاط الضعف.

١٣- ناقش نظريتين من نظريات الدوافع المعاصرة .

١٤- حدد معنى الحوافز وبين انواعها؟

١٥- "العلاقة بين الرضا الوظيفي والاداء علاقة تبادلية"
اشرح هذه العبارة شرحاً واضحاً.

١٦- "العلاقة بين الدافعية والانتاجية ذات طبيعة معقدة"
اشرح هذه العبارة شرحاً واضحاً.

١٧- ما المعادلات التي تحكم الاداء الفردي والاداء التنظيمي؟

١٨- ما معنى المناخ التنظيمي؟ وكيف يرتبط بالدافعية؟

١٩- ما واجبات الموظفين وحقوقهم في نظام الخدمة الاردني؟

٢٠- ما معنى التأديب؟ وما العوامل التي توجب التأديب؟

٢١- قارن بـين المـدخل الوقـائي والمـدخل العقـابي والمـدخل الايجـابي في تأديـب الموظفين من حيث المزايا والمحاذير؟

حالة ادارية
الحاجة الى نظام حوافز جديد في المؤسسة العامة لصناعة الاحذية

المؤسسة العامة لصناعة الاحذية هي احدى المؤسسات الرئيسية التي تصنع الاحذية في الدولة العربية، وهي تدير اكثر من مصنع في الدولة. كان العاملون في المصنع قبل عشر سنوات من مواطني الدولة وكان عددهم لا يتجاوز (٥٠٠) عاملا اما الان فان الوضع قد اختلف فقد كبرت المؤسسة، واصبح عدد العاملين في المصنع والادارة العامة اربعة آلاف وخمسمائة عاملا وموظفا. وقد استوردت المؤسسة كثيرا من العمال من اقطار عربية اخرى ومن الهند والباكستان وبنغلاديش والفلبين بحيث طغى هؤلاء على العنصر الوطني الذي اصبحت نسبته لا تتجاوز ثلث العاملين والموظفين في المؤسسة.

في اجتماع عام دعا اليه المدير العام المهندس ممدوح عبد السميع، وضم مديري الادارات في المؤسسة ناقش فيه المجتمعون اوضاع المؤسسة.

المدير العام المهندس ممدوح عبد السميع:

- انني بشكل عام راض عن الاوضاع في المؤسسة ولكن ازعجني كثيرا ما يصلني من تقارير عن الخلافات التي تحدث بين الجنسيات المختلفة للعمال وعن انخفاض كمية الانتاج في الشهور الاخيرة. وكذلك ازعجني المكالمة الهاتفية التي وصلتني اليوم من وكيلنا في اوروبا الشرقية. لقد ذكر لي الوكيل ان الارسالية الاخيرة من الاحذية التي أرسلناها لها كانت دون المستوى، فقد تبين ان ربع تلك الارسالية كانت فردات شمال.

(دار ضحك وهمس بين المديرين، وتجهم وجه مدير الانتاج، المهندس علي الاحمد)

مدير الانتاج السيد علي الاحمد:

- هذا غير معقول؟ ربع الارسالية فردات شمال!

المدير العام:

- نعم، هذا ما قاله الوكيل، على اي الاحوال هذه ليست جلسة اتهام، بل انها فرصة لنا لتدارس اوضاع المؤسسة، واريد ان اسمع آراءكم .

مدير شؤون العاملين السيد عبد الخالق سليم:

- اشكر المدير العام عقده هذا الاجتماع، واود ان اقول بان شكواه من انخفاض نوعية الانتاج ما هو الا مظهر لمشكلة عميقة في المؤسسة تتمثل في اختلاف اهداف وتوجهات العاملين ذوي الخلفيات المتضاربة. ان المشكلة التي نواجهها هي كيفية المواءمة بين اهدافهم واهداف المؤسسة المتمثلة في انتاج احذية تغطي ٧٥% من حاجة السوق المحلي وتصدير احذية الى الخارج ذات نوعية جيدة. هناك العامل الوطني، وهناك العامل الباكستاني او الهندي او الفلبيني، وهناك الرجل، وهناك المرأة، وهناك العامل النشيط، وهناك العامل الكسول. ولهؤلاء جميعا حاجات وتطلعات واهداف قد تتفق وقد تتضارب مع الاهداف العامة للمؤسسة.

مدير الشؤون المالية سالم المصطفى:

- اعتقد انه آن الأوان لوضع نظام حوافز جديد يستطيع ان يواجه الظروف المستجدة في المؤسسة، وانا على استعداد للمساهمة في وضع هذا النظام.

المدير العام:

- هذه فكرة جيدة واقترح تشكيل لجنة من جميع المديرين الحاضرين تكون مهمتها دراسة اوضاع المؤسسة واقتراح نظام حوافز يساعد المؤسسة على معالجة مشكلات العاملين بها .

اشكركم على ارائكم البناءة، وارجو ان توافوني بمقترحاتكم خلال شهر من تاريخه.

اسئلة للمناقشة :

١- ما الظروف المستجدة التي احاطت بالمؤسسة العامة لصناعة الاحذية بالدولة العربية ؟

٢- ما رأيك في اقوال مدير شؤون العاملين في المؤسسة السيد عبد الخالق سليم من ان انخفاض نوعية الانتاج ما هو الا مظهر لمشكلة اعمق؟ وما هي تلك المشكلة كما حددها مدير شؤون العاملين؟

٣- ما معنى الحوافز؟ وكيف تميز بينها وبين الدوافع؟

٤- كيف يختلف نظام الحوافز في مؤسسة عامة عن نظام الحوافز في مؤسسة خاصة؟

٥- ما ملامح نظام الحوافز الجديد الذي تقترحه على لجنة المديرين لمعالجة اوضاع المؤسسة العامة لصناعة الاحذية؟

هوامش الفصل

1- W. Jack Duncan, **Organizational Behavior** (Boston: Houghton Mifflin Company, 1981), P. 140.

٢-   انظر ما يلي:

   a- Richard M. Hodgetts and Steven Altman, **Organizational Behavior** (Philadelphia: W. B. Sounders Company, 1979), P.91.

   b- Jerry L. Gray and Frederick A. Starke. **Organizational Behavior: Concepts & Applications** (Columbus: Charles E. Merrill Publishing Company, 1984), P. 69.

٣-   لمزيد من التفاصيل عن هذه التصنيفات، انظر:

د. عبد البـاري درة: **العامـل البشـري والانتاجيـة في المؤسسـات العامـة** (عـمان- دار الفرقـان، ١٩٨٢)، ص ٧٦-٨٧.

٤-   انظر في هذا :

   a- John R. Schemrmerhorn Jr. James G. Hunt and Richard N. Osborn, **Managing Organizational Behavior** (NewYork: John Wiley & Sons, 1982), PP. 107-127.

   b- Don Hellrigel, John W. Slocum Jr. and Richard W. Woodman, **Organizational Behavior**; Third Edition (St. Paul: West Publishing Company, 1983), PP. 357-384.

5- Hellriegel, et.al., **Ibid**, P. 358.

6- Gray and Starke, **Op.Cit.** , P. 80 .

7- Ibid, PP. 86-87 .

٨-   انظر ما يلي:

   a- Hellriegel, **Op.Cit.**, PP. 566-567 .

   b- John B. Miner, **Theories of Organizational Behavior** (Hinsdale, Illinois: The Dryden Press, 1980), PP. 168-200.

9- Stephen P. Robbins, **Essentials of Organizational Behavior** (Englewood Clifts, N.J.: Prentice Hall, Inc., 1984), PP. 31-35.

١٠-   انظر ما يلي:

   a- Nicky Hayes, **Psychology** (London: Hodder & Stougnton Educational, 2003), PP. 85-103.

ب-د. محمد عودة الريماوي (محرراً): **علم النفس العام** (عمان: دار المسـيرة، ٢٠٠٤) ص ١٩٧-٢٣٣.

١١- درة: **نفس المرجع** ، ص ٨٨ .

12- Wendell L. French, **The Personnel Management Process**, Fourth Edition (Boston: Houghton Mifflin Company, 1978) P. 438.

13- Leon C. Megginson, Donatd C. Mostey, and Paul Hi Pietri, Jr., **Management : Concepts and Applications** (New York: Harper & Row, Publishers: 1983) P. 353 .

١٤- أنظر:

أ- د. علي محمد عبد الوهاب: **العلاقات الانسانية في الانتاج والخدمات** ، القاهرة: مكتبـة عـين شمس، ١٩٨٥)، ص ٢٦٦-٢٧٠.

b- Leon C. Megginson, **Personnel: A Behavioral Approach to Administration** (Homework, LLLionois, Richard D. Lrwin, Inc., 1972), PP. 674-675.

15- Hellriegel, et al., Op.Cit., PP. 100-101.

١٦- تمت الاستعانة بالمرجعين التاليين لصياغة تلك المعادلات:

a- Davis, **Op.Cit.**, PP. 514 , 515 .

b- Andrew F. Sikula, **Personnel Administration and Human Resources Management** (Santa Berbara: John Wiley & Sons, Inc. 1978), PP. 82, 83.

17- Rober C. Beck, **Motivation : Theories and Principles** : Second Edition (Englewood Cliffs , N.J. : Prentice-Hall, Inc., 1983) P. 397.

18- Gray and Starka, Op.Cit., P. 105 .

١٩- المملكة الأردنية الهاشمية: **نظام الخدمة المدنية رقم (٣٠) لسنة ٢٠٠٧**، ص ٤١-٤٣ .

20- Michael R. Carrell and Frank E. Kuzmits, **Personnel: Management of Human Resources** (Columbus: Charles E. Merrill Publishing Company, 1982) PP. 656-657.

الفصل الثاني عشر

مستقبل ادارة الموارد البشرية

مقدمة

لو سأل سائل بعد هذا الاستعراض لجوانب ادارة الموارد البشرية في الفصول السابقة.

ما مستقبل ادارة الموارد البشرية حقلاً دراسياً ومهنة وممارسة ونشاطاً ؟

الواقع ان الاجابة على هذا السؤال ليست سهلة ذلك ان ادارة الموارد البشرية ميدان معقد التركيب، ويزيد من تعقيده السياق المجتمعي الذي تعمل فيه فهو يعج بكثير من التطورات الاقتصادية والاجتماعية والسياسية والتكنولوجية والمهنية.

ورغم ذلك فاننا نقول ان مستقبل ادارة الموارد البشرية تحكمه عدة اتجاهات وحركات ومفاهيم وجدنا انها تقع في عشرة عناوين هي :

١-   التعاقد الخارجي (Outsourcing)

٢-   تعدد وتنوع العاملين (Work Diversity) في المنظمات

٣-   تمكين العاملين (Empowerment)

٤-   حركة رأس المال الفكري (Intellectual Capital)

٥-   الثقافة التنظيمية (Organizational Culture)

٦-   الاستقطاب الالكتروني (E Recruiting)

٧-   الحكم الصالح الرشيد والحكومة الصالحة والمساءلة والشفافية (Good Governance , Accountability and Transparency)

٨-   حركة تكنولوجيا الاداء (Human Performance Technology- HPT)

٩-   حركة الذكاء العاطفي (Emotional Intelligence- EI)

١٠-   ميثاق عمل اخلاقي للعاملين (Code of Ethics) في ادارة الموارد البشرية.

والواقع ان كل اتجاه وحركة من هذه الاتجاهات العامة والحركات ذو صلة مباشرة بادارة الموارد البشرية وتلعب دوراً بارزاً في حسن ادارة تلك الموارد ونجاح المنظمات في تحقيق الاداء المتميز وفي مستقبلها.

كما ان على مديري ادارات الموارد البشرية المعاصرة ان يعوا انعكاسات كل منها على عملهم ونعالج الآن كل عنوان من هذه العناوين ببعض التفصيل :

١- التعاقد الخارجي (Outsourcing)

إن إحدى الاتجاهات الحديثة في مجال إدارة الموارد البشرية هي محاولة تخفيض تكلفة تلك الإدارة من خلال ما يسمى أو يدعى التعاقد الخارجي والذي يتمثل في التعاقد مع إحدى الشركات المتخصصة للقيام بإحدى المهام المتعلقة بإدارة الموارد البشرية، والتي من المفترض أن تقوم بها تلك الإدارة، وذلك بسبب كفاءة وخبرة هذه الشركات المتخصصة في القيام بهذه المهام بشكل أفضل وبتكلفة أقل. ومن أمثلة هذا التعاقد الخارجي ما تتعلق بوظائف الاستقطاب، والتعيين المؤقت، وإدارة المزايا الوظيفية مثل التامين وصناديق الادخار والتقاعد، والتدريب، إدارة الرواتب والأجور. والتفسير الأساسي لمثل هذا الاتجاه هو محاولة تخفيض التكلفة (Cost Reduction).

يضاف إلى ذلك أن هذا التعاقد الخارجي يعطي إدارة الموارد البشرية في المنظمة الفرصة للتركيز على الأنشطة والمهام التي تضيف قيمة للشركة Value added activities مثل التخطيط الاستراتيجي، وإدارة التميز، والإبداع، وثقافة المنظمة، وتطوير رأس المال البشري[1].

والواقع أن إدارة الموارد البشرية تستطيع أن تضيف قيمة للمنظمة من خلال:

(١) التركيز على الدور الاستراتيجي لإدارة الموارد البشرية.

(٢) توفير الموارد البشرية التي تتلاءم والتوجه الاستراتيجي للمنظمة.

(٣) البحث عن كيفية الوصول إلى الأداء المتميز جزئياً وكلياً من خلال حسن أداء واستثمار الموارد البشرية استثماراً فاعلاً لتحقيق نتائج ملموسة.

(٤) التركيز على إحداث التغيير الإيجابي في المنظمة.

إن للتعاقد الخارجي إيجابيات وسلبيات ومن هذه الإيجابيات ما يلي:

(١) تركيز جهود إدارة الموارد البشرية على الأنشطة والأهداف والاستراتيجيات الرئيسية التي تسعى لتحقيقها.

(٢) الحصول على خبرات متميزة من قبل الشركات المتخصصة في الأنشطة التي يتم التعاقد عليها.

(٣) تحرير بعض موارد المنظمة المالية، والبشرية والإدارية للاستفادة منها في مجالات أخرى أكثر إفادة للمنظمة.

(٤) تخفيض التكلفة التشغيلية (Operational Cost) للمنظمة ومن ثم توفير مصادر مالية مما قد يساعد على تحسين واستثمار تلك الأموال في مجالات أخرى.

(٥) التخلص من المهام والأنشطة التي ليست ذات أهمية أو لا تحقق قيمة للمنظمة.[٣]

أما السلبيات فهي:

(١) اعتماد نجاح التعاقد الخارجي على مدى فاعلية وكفاءة الشركة أو المؤسسة التي ستتولى المهمة من حيث خبراتها وكفاءة العاملين لديها وهناك عدد من الشركات والمؤسسات التي لا ترقى الى مستوى الطموح.

(٢) إمكانية فقدان السيطرة على النشاط الذي يتم التعاقد عليه وعدم التنسيق الجيد مع الشركة المتخصصة.

(٣) ارتفاع تكلفة هذا النشاط المتعاقد عليه خارجياً وتجاوز الحدود المتوقعة منه.

(٤) انعكاس هذا التعاقد الخارجي سلباً على معنويات العاملين وفقدان ثقتهم بالمنظمة التي يعملون بها[٤].

٢- تعدد وتنوع العاملين (Work Diversity) في المنظمات :

تتميز الموارد البشرية الآن بسبب التغييرات الديموغرافية بالتعدد والتنوع الذي يتطلب إيجاد صيغة او أسلوب مناسب وملائم لإدارة هذا التنوع الذي يتمثل في دخول العنصر النسائي الى سوق العمل وكذلك دخول الشباب وكبار السن، هذا بجانب التعدد والتنوع الثقافي، والعرقي، والديني وإن مثل هذا التعدد والتنوع يتطلب من إدارة الموارد البشرية التعامل معه بشكل فاعل ومختلف في بعض المجالات، لا سيما ما يتعلق بالأسواق العالمية[٥] ومنها:

(١) **الاستقطاب:** وينطلب هذا التعرف على طبيعة سوق العمل ومكوناته وتحسن وتغيير أسلوب الاستقطاب والتعامل مع مخرجات التعليم المتنوعة.

(٢) **تطوير المسلك الوظيفي (Career Development):** ويتطلب هذا إعطاء فرص متساوية للعنصر النسائي والشبابي لتطوير وتحقيق أهدافهم المهنية من خلال توفير برامج تدريبية وتطويرية تتلاءم وطموحاتهم المستقبلية.

(٣) **الحراك للأمام (Upward Mobility):** ونعني بذلك إتاحة الفرصة لهذا التنوع والتعدد في الموارد البشرية التقدم لأعلى السلم الوظيفي وتولي مناصب إدارية قيادية بحيث لا تكون حكراً على فئة معينة، مما يتطلب إعداد برامج تدريبية وتطويرية مناسبة لهؤلاء الطامحين للصعود لأعلى في الهرم الوظيفي.

(٤) **الرواتب والأجور:** إن هذا الاتجاه قد يدفع إدارة الموارد البشرية لإعادة النظر في الرواتب والأجور بحيث تتحقق العدالة والمساواة بين كافة العاملين خاصة فيما يتعلق بالعنصر النسائي.

إن تعدد وتنوع العاملين في المؤسسات الحديثة يتطلب أن تضع إدارة الموارد البشرية عدة سياسات مختلفة وليس سياسة واحدة فقط تتلاءم وهذا التعدد والتنوع على المستوى الفردي والمستوى الوظيفي. السؤال هنا هو كيف يمكن التعامل مع هذا التعدد والتنوع.

تتمثل الاجابة فيما يلي: [٦]

(١) توفر قيادة فاعلة في إدارة الموارد البشرية.

(٢) دراسة وملاحظة مستمرة لإنعكاس هذا التعدد والتنوع على الأداء.

(٣) توفير فرص تعليم وتدريب متعددة تتلاءم وهذا (Diverse Training and Education) التعدد والتنوع.

(٤) إحداث تغيير في ثقافة المنظمة بحيث تتقبل وتتعامل مع التعدد والتنوع.

(٥) إحداث تغيير في انماط الإدارة لتستطيع التعامل مع تعدد وتنوع العاملين.

(٦) أن يكون هناك تقييم دوري لبرامج وسياسات إدارة التعدد والتنوع في الموارد البشرية.

ونود أن ننوه هنا إلى أن الفشل في التعامل مع هذا التعدد والتنوع له انعكاساته السلبية منها:

(١)   ارتفاع تكلفة دوران العاملين.

(٢)   ارتفاع تكلفة الغياب عن العمل.

(٣)   ارتفاع نسبة الأخطاء في العمل وتدني الأداء.

(٤)   عدم القدرة على استقطاب عناصر جيدة ومؤهلة.

(٥)   بروز المشاكل القانونية التي قد يثيرها العاملون.

٣- تمكين العاملين (Empowerment):

تسعى العديد من المنظمات إلى تحسين أداءها وإنتاجها وإن أحد الاتجاهات الحديثة التي تصب في ذلك هي أن يتولى العاملون إدارة اعمالهم ووظائفهم من خلال تمكينهم من أعمالهم.

لقد أصبح هذا الاتجاه أتجاهاً إدارياً شائعاً في أدبيات الإدارة الحديثة وخاصة ما يتعلق بإدارة الموارد البشرية. ويتمثل هذا المفهوم في إعطاء العاملين الحرية والمسؤولية والصلاحية الكاملة في اتخاذ القرارات ذات العلاقة بأعمالهم ووظائفهم، أي منحهم السيطرة الكاملة على مخرجات أعمالهم ووظائفهم واستثمار كافة قدراتهم وإمكانياتهم الأمر الذي يحس مستوى ونوعية الأداء على المستوى الفردي ومن ثم على المستوى المؤسسي.

إن من الأسباب لانتشار هذا الاتجاه ارتفاع مستوى القدرات والمهارات والإمكانيات سواء بين العاملين أو الباحثين عن عمل واتساع رقعة البرامج التدريبية والتطويرية المتعددة والمتنوعة وكذلك رغبة الأفراد أنفسهم في تطوير قدراتهم لتحقيق أهدافهم المهنية وإثبات أنفسهم للحصول على عمل مناسب.

وينعكس مفهوم التمكين على إدارة الموارد البشرية من حيث ارتباطه الشديد بوظيفة التدريب حيث يتطلب تطبيقه الكثير من التدريب المكثف لتهيئة وإعداد العاملين لهذا الدور الجديد وتمكينهم من أعمالهم ووظائفهم. وقد يشمل هذا التدريب عدة مواضيع في العلاقات والتعامل مع الآخرين، والقيادة والمشاركة في اتخاذ القرارات، والعمل الجماعي.

وتسعى المنظمات التي تطبق مفهوم التمكين إلى تحقيق الأداء المتميز كما هو الحال في شركة فورد للسيارات، وإلى الإبداع في العمل كما هو الحال في شركة 3M. [٧]

للتمكين عدة فوائد منها:

١- يزداد الالتزام بين العاملين لتنفيذ القرارات التي شاركوا في اتخاذها او اتخذوها بأنفسهم، مما يساعد على الوصول إلى قرارات رشيدة.
٢- يساعد على تفهم العاملين لظروف وأهداف وإمكانيات وإستراتيجيات المنظمة ومن ثم الالتزام بتحقيقها.
٣- يساعد على إشباع العديد من الرغبات والدوافع النفسية لدى العاملين مما يؤدي الى ارتفاع معدل الرضا الوظيفي.
٤- يساعد على تماسك الجماعات مما يؤدي الى تحقيق أهداف المنظمة.

٤- حركة راس المال الفكري (Intellectual Capital) : [٨]

ترتبط هذه الحركة بخركة ثورة المعرفة، بل إنها تقع في قلبها. والواقع أن هناك عدة تحولات أو عوامل أدت الى بروز حركة رأس المال الفكري ومنها:

(١) عولمة الاقتصاد وازدياد حركة رأس المال والتحولات المالية، وظهور الأسواق العالمية بمنتجات تنتج كونياً وتسوق وتروج بواسطة وسائل ومنافذ دولية. وقد دفع ذلك المؤسسات لكي تزيد من قدرتها على التكيف (Adaptability) والإبداع (Innovation) وتسريع دورة عملياتها (Process Speed). مما يتطلب قدرات فكرية متنوعة لدى مديري تلك المؤسسات والعاملين بها.
(٢) ازدياد أهمية القيم المرتبطة بالمعرفة التخصصية (Specialized Knowledge).
(٣) بروز الدور الذي تقوم به المعرفة كعامل متميز من عوامل الانتاج (Distinct Factor of Production).
(٤) الإدراك المتزايد لأهمية القدرارت الفكرية والعقلية والمعرفية التي يمتلكها العاملون في المؤسسات في إعطاء تلك المؤسسات الميزة التنافسية المستدامة (Sustainable Competitive Advantage).

إن حركة رأس المال الفكري تركز على أن عناصر رأس المال الفكري تتكون مما يلي:

(أ) رأس المال البشري (Human Capital):

ويتضمن ما يملكه الأفراد الذين يعملون ف بمنظمة ما من مهارات وقدرات وخبرات متراكمة، ومعرفة وتقنيات عمل.

(ب) رأس مال العلاقات (Relations Capital) أو رأس المال الاجتماعي Social Capital وراس مال البيئة (Environmental Capital)، ويتضمن:

(١) ما يملكه الأفراد الذي يعملون في المنظمة من علاقات داخلية فيما بينهم وعلاقات خارجية.

(٢) ما تملكه المؤسسة من سمعة وشهرة وعلاقات مع الجهات والأطراف المتعاملة معها وعن مواردها الداخلية.

(٣) ما تملكه المؤسسة من معلومات عن مواردها الخارجية وعن الجهات المتعاملة معها (Stakeholders) وعن الأسواق والمنافسين والبيئة الخارجية بصفة عامة.

(ج) الأصول الفكرية المعرفية (Intellectual Knowledge Assets):

وتشمل العنصرين أ ، ب اللذين تم رصدهما، وتوثيقهما وتصنيفهما، وترميزهما، وتحديدهما، وحفظهما، والتمكن من استراجهما واستخدامهما.

(د) راس المال الداخلي (الملكية الفكرية) (Intellectual Property):

ويتضمن براءات الاختراع، وحقوق الطبع، والعلاقات التجارية والأسرار التجارية.

٥- الثقافة التنظيمية (Organizational Culture):

ينظر الآن إلى موضوع ثقافة المنظمة بكثير من الاهتمام لما له من دور بارز في السعي نحو الأداء المؤسسي المتميز والذي أصبح ايضاً من المواضيع التي تثير الاهتمام في أدبيات الإدارة وتتناولها أدبيات إدارة الموارد البشرية بكثرة. ما هي ثقافة المنظمة؟ "إنها مجموعة من القيم والاتجاهات والمشاعر والمعتقدات التي يتقسمها / يؤمن بها العاملون ومن ثم تؤطر قواعد السلوك والأداء في المنظمة ".

ويمكن اعتبار ثقافة المنظمة إحدى معايير أو قواعد (Norms) السلوك والأداء والتي قد توجه أو تعيق الأداء المتميز في المنظمة. تتولد الثقافة التنظيمية عبر عدد من السنوات وعلى فترات زمنية حتى تستقر في شكلها النهائي. وتلعب ثقافة المنظمة دوراً أساسياً في نجاح المنظمة في تحقيق أهدافها واستراتيجيتها وهي إحدى أهم مدخلات النجاح الاستراتيجي لأية منظمة. ومن هنا يجب أن يسود نوع من التوافق / المواءمة

(Strategic Fit) بين استرتيجية المنظمة المصاغة وبين ثقافتها. وفي حالة عدم توفر هذا التوافق سيكون الفشل هو المصير المحتوم لهذه الاستراتيجية؛ الأمر الذي قد يتطلب تغيير إما الاستراتيجية أو ثقافة المنظمة الأمر الذي ينطوي على كثير من الصعوبة. لذلك ينظر العديد من الكتاب في مجال إدارة الموارد البشرية إلى ثقافة المنظمة كأحد المدخلات الرئيسية لنجاح استراتيجية إدارة الموارد البشرية. وثم مشكلة في هذا المجال تواجه تلك الإدارة. وتتمثل في دوران العاملين، حيث يفكر العديد من الأفراد خاصة اصحاب الخبرة والكفاءة والقدرات في الاستقالة وترك العمل بسبب سوء اوضاع العمل والمناخ السائد في المنظمة أي سوء وسلبية الثقافة السائدة الأمر الذي ينعكس سلباً على المعنويات والأداء. وعلى النقيض من ذلك ثم أمثلة عديدة لثقافات تنظيمية فعالة تشجع وتحقق الإبداع في العمل، مثل شركة مايكروسوفت، ومن ثم تساعد على تحقيق الميزة التنافسية، وخاصة تلك الثقافات التي من الصعب تقليدها.

من هنا يجب على إدارة الموارد البشرية أن تسعى جاهدة ومن خلال كافة استراتيجيتها المتعددة إلى خلق او إيجاد ثقافة تنظيمية جيدة وإيجابية وداعمة ومحفزة ومشجعة للأداء الجيد والإبداع في العمل. والواقع انه لا يمكن أن تفرض أية ثقافة فرضاً على العاملين بل يجب أن ترعى بعناية وأن تكون محصلة للإعداد والتنفيذ الجيدين لاستراتيجية الموارد البشرية التي قد تتمثل في التقييم الفعال للأداء ومكافأة الأداء الجيد، تشجيع الإبداع في العمل وتمكين العاملين والاهتمام بتدريب العاملين وتطويرهم.

هناك مجموعة من الأسئلة يجب على إدارة الموارد البشرية أن تجيب عليها عندما يتعلق الموضوع بثقافة المنظمة:

(١) هل تبحث المنظمة عن عاملين يتلزمون حرفياً بسياسات وإجراءات المنظمة أم تبحث عت عاملين مبدعين أو لديهم ملكة الإبداع.

(٢) هل تحاول المنظمة تطوير وتنمية قدرات العاملين لديها أم انها تركز على استقطاب وتعيين أفراد مؤهلين فعلياً لسوق العمل.

(٣) هل تسعى المنظمة إلى البحث عن وسائل وطرق لتحسين الأداء الجدي لدى العاملين أم التخلص منهم وإحلال أفراد محلهم من سوق العمل.

(٤) إلى أي مدى تتلاءم / وتتوافق ثقافة المنظمة مع استراتيجيتها؟ وفي حالة عدم وجود هذا التوافق ما الذي يجب تغييره، فهل نغير الثقافة التنظيمية ام الاستراتيجية أم كليهما وكيف يتم ذلك.

٦- الاستقطاب الإلكتروني (E. Recruiting):

تزايد خلال الأعوام السابقة الإعلان عن الوظائف الشاغرة ومحاولة استقطاب أفضل العناصر البشرية من خلال استخدام الانترنت. ويعود ذلك الى تدني تكلفته مقارنة بالوسائل الأخرى التقليدية هذا بجانب إطلاع عدد أكثر من الأشخاص على تلك الاعلانات عن الشواغر وفي أوقات مختلفة على مدار اليوم. كما يمكن للأفراد الإطلاع على كافة المعلومات التفصيلية، التي قد لا تنتشر في وسائل الاعلان التقليدية بسبب تكلفتها، ومن هذه المعلومات ما يتعلق بالشركة من حيث طبيعة أعمالها، استراتيجيتها، خدماتها، اسواقها...، هذا الى جانب المعلومات الخاصة بالوظيفة من حيث مواصفاتها ومتطلباتها والمزايا الوظيفية والرواتب، وذلك لفترات زمنية طويلة وليس لعدة ايام كما هو الحال في الصحف مثلاً. ويتيح هذا الوضع للفرد المتقدم لشغل الوظيفة بان يكون على علم مسبق بكافة التفاصيل، وبالتالي يقرر التقدم او عدم التقدم مما يوفر الوقت والجهد على الشركة. وفي الغالب لا يتقدم للعمل في الشركة إلا من يعتقد ان شروط الوظيفة تنطبق عليه ويستطيع أن يكون عضواً فاعلاً في الشركة. ومن نزايا الاستقطاب الالكتروني انه يمكن الشركة من استقطاب افراد من أفضل العناصر مما هذا الى جانب ان الشخص المتقدم يستطيع أن يقوم بتعبئة طلب الوظيفة على الإنترنت، ويرسل كافة أوراقه ومستنداته بالبريد الإلكتروني، الأمر الذي يخفض من التكلفة، ويزيد من فاعلية عملية الاستقطاب والاختيار.

٧- الحكم الصالح الرشيد (الحكومة الصالحة) والمساءلة والشفافية [٩] :

Good Governance, Accountability and Transparency

الحكم الصالح Good Governance:

قبل أن نتحدث عن الحكم الصالح نتحدث عن الحكم (Governance):
ظهر هذا المفهوم في أواخر الثمانينات، وأثار جدلاً كثيراً حول معناه والأسباب التي دعت إلى ظهوره وانتشاره.

ويمكن القول أن المفهوم يتضمن بعدين: البعد الأول يؤكد على الجوانب الإدارية والاقتصادية للمفهوم، وهو المفهوم الذي تبناه البنك الدولي والبعد الثاني ويؤكد على الجانب السياسي، بحيث يشمل إلى جانب الاهتمام بالإصلاح والكفاءة الإدارية التركيز على منظومة القيم الديمقراطية المعروفة في المجتمعات الغربية.

ولقد ظهر المفهوم عام ١٩٨٩ في كتابات البنك الدولي عن كيفية تحقيق التنمية الادارية ومحاربة الفساد في الدول الافريقية جنوب الصحراء، حيث تم الربط بين الكفاءة الادارية الحكومية والنمو الاقتصادي.

وفي بداية التسعينات اتجه التركيز على الأبعاد الديمقراطية للمفهوم من حيث تدعيم المشاركة وتفعيل المجتمع المدني وكل ما يجعل من الدولة ممثلاً شرعياً لمواطنيها. وقد أكدت هذا المعنى منظمة التنمية الاقتصادية الأوروبية (OECD) حيث ذهبت الى ان مفهوم الحكم يتضمن ما يلي:

• حقوق الانسان.
• العملية الديمقراطية.

وتربط تلك المنظمة المفهوم بالعلاقات والصلات (Links) التالية:

➤ شرعية الحكومات (درجة الديمقراطية).

➤ مساءلة العناصر السياسة والادارية في الحكومة (حرية وسائل الاعلام، والشفافية في اتخاذ القرارات، وآليات المساءلة).

➤ كفاءة الحكومات لصياغة سياسات وتقديم خدمات.

➤ احترام حقوق الانسان وسلطة القانون (حقوق الافراد والجماعات)، والأمان، وإطار للمشاركة الاجتماعية والاقتصادية.

ولقد تطور مفهوم الحكم (Governance) من مفهوم يشمل الجوانب الادارية الكفؤة، الى مفهوم يتضمن بالاضافة الى ذلك الديمقراطي في حياة الشعب او الامة ليكون مفهوماً شاملاً يعني "إدارة الدولة والمجتمع"، ويذهب بعض الباحثين الى أن المفهوم يشمل المحاور الستة التالية:

(١) العلاقة بين آليات السوق من جانب والتدخل الحكومي من جانب آخر.

(٢) التركيز على المنظمات الخاصة ومنظمات إدارة الأعمال.

(٣) إدخال أساليب إدارة الأعمال في المنظمات العامة وإدخال قيم جديدة مثل المنافسة، وقياس الأداء، والتمكين (Empowering) ومعاملة متلقي الخدمة على أنهم زبائن.

(٤) الإدارة الجيدة (الرشيدة) للدولة والمجتمع (Good Governance) والربط بين الجوانب السياسية والادارية.

(٥) اعتبار السياسات العامة محصلة للتفاعلات الرسمية وغير الرسمية بين عدد من الفاعلين (مثل الدولة، والمنظمات غير الحكومية، والقطاع الخاص).

(٦) إدارة مجموعة من الشبكات المنظمة في عدد من الأجهزة والمنظمات.

والواقع أن الحكم والحكم الصالح بالمفاهيم والمحاور التي ذكرت سابقا تعبير أكاديمي سياسي إداري عن متغيرات العصر ـ منذ الثمانينات من القرن العشرين مثل بروز حركة الخصخصة، وأثر ثورة الاتصالات، وازدياد أهمية البعد الدولي في السياسات العامة للدول، وتأثر جميع الشعوب والحكومات بالعولمة (Globalization) التي تعني الانفتاح بين الدول والشعوب والأفراد، وازدياد التفاعلات التبادلية بينها، وسيطرة قطب دولي واحد، واتجاه الدول نحو الانضمام الى منظمة التجارة العالمية (WTO)، وسيادة ثقافة عالمية واحدة، وتهديد كيانات وثقافات الأمم والشعوب الأخرى، وازدياد أهمية تكنولوجيا المعلومات والحاسبات الإلكترونية في حياة المجتمعات.

المساءلة Accountability:

تعتبر المساءلة مصطلح ذو ابعاد سياسية وإدارية واجتماعية وتربوية عدة.

والمساءلة في معناها الضيق التزام طرف ما بأن يخضع للمحاسبة من قبل طرف آخر. والأطراف قد تكون فردا او افراد او جهة تسائل (بكسر الهمزة) فردا او افرادا أو جهة تحاسب وتساءل (بفتح الهمزة) وتقبل الأطراف الثانية ضمنا أو علانية بأن تقدم تقريرا او كشفا بالحساب للأطراف الأولى.

وهي مسؤولية والتزام من طرف بتحقيق أهداف أو تقديم خدمات خلال فترة واستخدام موارد وتقديم تقارير عن الأداء. وقد يترتب على تقييم الأداء فرض عقوبات أو مكافأة إيجابية (ثواب) ومن هنا فإن المساءلة ذات بعد خارجي للطرف المساءل.

وهي قد تكون عامة كلية تـربط بـالحكم الصالح والحكومـة الدسـتورية والديمقراطية، وقد تكون جزئية مثل المساءلة الادارية والمساءلة المالية.

وهي مفهوم يرتبط ارتباطا وثيقاً بمفاهيم إدارية وسياسية واجتماعية مثل القوة والسلطة، والمسؤولية، وتفويض السلطات، والبيروقراطيـة، والفسـاد الاداري، وإصلاح نظام الخدمة المدنية، وأخلاقيات الوظيفة العامة، والشفافية وتوفير المعلومـات. وهـي مطلـب للمـواطنين والهيئات التشريعية والقضائية، ووسـائل الاعلام وموضوع اهتمام الدول والهيئات الدولية التي تمنح قروضاً للـدول الناميـة او تدعم مشاريع تنموية. وهـي ذات جـذور عميقـة في التراث العربي الاسلامي وضعيفة التأثير في المجتمعات العربية المعاصرة.

الشفافية (Transparency):

إن قضيتي الشفافية وتوفر المعلمات تمثلان جوهر الحكم الصالح (Good) (Governance وتعززان المساءلة. إن توفر المعلومات وسهولة الحصول عليها أمر أساسي لاقتصاديات السـوق المنافسـة. والشـفافية تحسـن كـلاً مـن الحصـول عـلى معلومات السوق وتدعم دقتها، مما يقلل من تكاليف الصفقات التي تعقد. ولقد اتجهت الحكومات في السنوات الأخيرة الى زيادة تقديرها لأهمية الشـفافية وهـي تتجه الى آليات السوق في إدارتها لاقتصادها.

وتعد الشفافية أمراً حيوياً لبعض البرامج العامة مثل خصخصة المشروعات التي تملكهـا الدولة. كـما أن الشـفافية تعتبر متطلبـاً اساسـياً لمشـاركة المـواطنين والقطاع الخاص في تصـميم البرامج التنمويـة وتنفيذها. وفي الواقع أن الشـفافية تساعد الحكومة في إيجـاد بيئـة لتنفيـذ سياسـات تتعلـق بالسـوق بتوضيح تلـك السياسات والمشاريع. وبهذه الطريقـة يمكـن للخبراء ان يـدلوا بـآرائهم واصحاب العلاقة ان يعبروا عن وجهة نظرهم.

وتعتبر الشفافة ضرورة كبرى في محاولات الاصلاح الاداري التي قد يتطلب تسريح عدد من الموظفين وتعيين موظفين أكفياء. وبدونها تزداد المقاومـة للتغيـير وتتعثر محاولات الإصلاح الاداري.

إن توفر المعلومات او الشـفافية التـي يـرى مـن خلالهـا المواطنـون مشرـوعات الحكومـة وسياسـاتها ضرورات اساسـية لتحسـين المسـاءلة في الأداء (Performance Accountability)، كما أن الشفافية تعتبر عاملاً مساعداً في مكافحة الفساد الاداري.

ويتصل اتصالا مباشراً بموضوعي الشفافية وتوفر المعلومات موضـوع تـوفر حرية وسائل الاعلام، ومنها حرية الصحافة بـالطبع، فوسـائل الاعـلام الحـرة تهـيء المناخ لمناقشات مستنيرة حـول السياسـات العامـة. فالصـحافة عـلى سـبيل المثـال تلعب دوراً رئيسياً في تشـجيع المـنظمات والتجمعـات المدنيـة عـلى ان تشـارك في النقاش حول سياسات ومشرـوعات الحكومـات. وفي نفـس الوقـت فـإن الصـحافة الحـرة تكشـف الممارسـات الخاطئـة والفسـاد الاداري وتنبـه المسؤولين الاداريـين والسياسيين الى مراعاة المساءلة والمحاسبة في أدائهم. ومن ناحية أخرى فإن وسائل الاعلام الحرة تبنـي لـديها آليـات المراقبـة الذاتيـة عنـد تقـديم تقاريرهـا وتقلـص إمكانية الحظر الحكومي على وسائل الاعلام.

إن الشفافية تلزم الشركات والحكومات بنشر حساباتها الماليـة في شـكل تقـارير مهنية، وفتح العطاءات العامة بطريقة سليمة، وإعلان الموازنات وحسـاباتها في الأوقـات المناسبة.

وتشجع الشفافية بشكل عام على خلق أجواء الانفتـاح في المجتمـع، وتوجـد مـا يسمى بحضارة المساءلة (Accountability Culture). ومن الواضح أنه لابـد أن تـدعم الشفافية بوجود هيئات وتنظيمات مناسبة مثل توفر الالتزام السياسي ووجود جماعـات المجتمع المدني الضاغطة، والصحافة الحرة. فكـل هـذا يجعـل عمليـات اتخـاذ القـرارات العامة عمليات شفافة بعيدة عن السرية وتصب في الصالح العام.

هذا ويبين تقرير التنمية الانسانية العربية للعام ٢٠٠٤ سـوء حـال الحريـة والحكم في العالم فيقرر ما يلي [(١٠)].

"إن الحريـة هـي مـن الطيبـات الانسـانية والخـواتيم التـي تحتـاج بنـى وعمليات مجتمعية تفضي اليها وتصونها، وتضمن اطرادها وترقيتها. وتتلخص هـذه البنى والعمليات المجتمعية الضامنة للحرية في نسـق الحكـم الصـالح الـذي يقـوم على المحاور التالية:

- صـون الحريـة بمـا يضـمن توسـيع خيـارات النـاس (يحمـي جـوهر التنميـة الانسانية).

- الارتكاز إلى المشاركة الشعبية الفعالة، مع تمثيل شامل لعموم الناس.
- الاعتماد على المؤسسات بامتياز، نقيضا للتسلط الفردي، بحيث تعمل مؤسسات الحكم بكفاءة وبشافية كاملة، وتخضع للمساءلة الفعالة، في ما بينها في ظل فصل السلطات والتوازن بينها، ومن قبل الناس مباشرة من خلال الاختيار الدوري الحر النزيه.
- سيادة القانون، المنصف والحامي للحرية، على الجميع على حد سواء.
- سهر قضاء كفء ونزيه ومستقل تماما على تطبيق القانون، وتنفيذ احكامه بكفاءة من جانب السلطة التنفيذية.

ولا يكون الفرد حراً تماما إلا في مجتمع/وطن حر. فاين حال الحرية والحكم في الوطن العربي من هذا الأنموذج؟ "

يتدنى مستوى التمتع بالحرية في جميع البلدان العربية، وإن بدرجات متفاوتة. فالحريات، حتى عندما نضع القهر الخارجي جانباً، مستهدفة من سلطتين: سلطة الأنظمة غير الديمقراطية، وسلطة التقليد والقبلية المتسترة بالدين أحياناً. وقد أدى تضافر السلطتين على الحد من الحريات والحقوق الأساسية إلى إضعاف مناعة المواطن الصالح وقدرته على النهوض.

وشملت انتهاكات حرية الرأي والتعبير الاعتداء على الناشطين السياسيين والمدافعين عن حقوق الانسان بسبب إبداء آرائهم.

٨-حركة تكنولوجيا الاداء البشري(-Human Performance Technology) :HPT(١١)

تكنولوجيا الأداء البشري حقل معرفة ذات توجه عملي ميداني، تطور نتيجة لخبرات عدد من المهنيين الممارسين في الادارة والاستشارات وافكارهم وتصوراتهم حرصوا من خلالها على تحسين الأداء في مواقع العمل.

ويستخدم حقل تكنولوجيا الأداء البشري مجموعة واسعة من التدخلات (Interventions) المستمدة من حقول معرفة متعددة مثل الادارة والتربية وعلم النفس السلوكي (Behavioral Psychology) تصميم النظمة التعليمية (Instructional Systems design) وإدارة الموارد البشرية. ومن هنا فإن هذا الحقل يشدد على تحليل

دقيق صارم لمستويات الأداء الحالية والمرغوب فيها، ويحدد أسباب فجـوة الأداء، ويقدم مجموعة واسعة من التدخلات التي تحسن الأداء، ويضع اسس عمليـة إدارة التغيير المطلوب، ويقيم النتائج. ونتيجة لهذا كله فإن الحقل يتضمن ايضاً وضعاً لاستراتيجية تحسين الأداء التي تتمخض عنها تلك الخطوات.

وتأسيساً على ما سبق فإن حقل تكنولوجيا الأداء البشري يتضمن مجموعة منتظمة (Systematic) من عمليات أساسية هـي: تحليل الأداء (Performance Analysis) وتحليل الأسباب (Cause Analysis) واختيـار التـدخلات وتصـميمها (Intervention Selection and Design).

ويشتمل حقل المعرفة هـذا عـلى مجموعـة منظمـة (Systematic) مـن الأساليب والإجراءات والاستراتيجيات لحل المشكلات، أو إتاحة فرص تتعلـق بـأداء الموارد البشرية في المنظمات. ويمكن تطبيق نظريات هـذا الحقل وأساليبه عـلى الأفراد والجماعات الصغيرة، وفرق العمـل، كـما عـلى المـنظمات. ومـن الأساليب والتدخلات التي يستخدمها: التدريب، والاتصال، وأساليب تنمية المنظمة (OD) ، وتصميم العمـل والوظيفـة (Work Job design) وإدارة الأداء واختيـار وتعيـين الموظفين، وإعادة هندسة البيئة (Environmental Engineering) وفن تصـميم الأجهـزة والعمليـات لتـوفير راحـة جسـم العامـل (Ergonomics) والدافعيـة، والتغذية الراجعة، والحوافز وأنواع الثواب.

من خصائص هذا الحقل الـذي يتضمن المبادىء النظريـة، وأساليب التطبيق والممارسة لتحسين الأداء البشري في المنظمات ما يلي:

- أنه مدخل منظم متتابع ذو منهجيـة محـددة (Systematic) لتحسـين الأداء البشري.
- أنه ذو توجه نظمي (Systemic) إذ يحاول تحسين الأداء البشري في جزء من النظام (المنظمة) أو النظام ككل.
- أن نظرياته وأساليبه العمليـة ذات طابع علمـي (Scientific) مسـتمد مـن الأدلة العلمية المحققة.

- أنه حقل مفتوح يستمد نظرياته واساليبه من عدد من حقول المعرفة المترابطة (Multidisciplinary)، ومن ثم فإنه يتضمن العديد من الأساليب والوسائل والتدخلات.
- أنه يركز على إنجازات العاملين ذات القيمة المضافة (Value-Added Achievements) في مواقع العمل.

ومن ثم فإن مجالات تركيزه هي:

- أداء الموارد البشرية.
- النتائج المتحققة.
- النتائج ذات الطابع الكمي (Quantified Results).
- إنجازات العاملين (Accomplishments).
- تحقيق أمر ذي قيمة للمنظمة.

٩- حركة الذكاء العاطفي (Emotional Intelligence) : [١٢]

يعني الذكاء العاطفي ببساطة الاستخدام الذكي للعواطف، أي أن يطوّع الإنسان عواطفه لتعمل من أجله بأن يجعل توجه سلوكه وتفكيره بطريقة تحقق نتائج إيجابية.

ويتكون الذكاء العاطفي من مهارات (مجالات أو قواعد بناء Building Blocks) هي:

١- معرفة الإنسان لعواطفه :

إن الوعي بالنفس، والتعرف على شعور ما وقت حدوثه، هو الحجر الأساس في الذكاء العاطفي.

٢- مهارة إدارة العواطف:

ويعني ذلك التعامل مع المشاعر لتكون مشاعر ملائمة، وهي القدرة على تهدئة النفس، والتخلص من القلق الجامح، والتهجم، وسرعة الاستثارة.

٣- مهارة تحفيز النفس:

وتعني توجيه العواطف في خدمة هدف ما، وتحفيز النفس يعين على التفوق والإبداع.

٤- مهارة التعرف على عواطف الآخرين التقمص الوجداني (Empathy) :
وتعني أن يضع نفسه مكان الآخرين، مما يدفعه إلى الإيثار والغيرية.

٥- مهارة توجيه العلاقات الإنسانية :
وتعني إتقان فن إدارة العلاقات بين البشر والمهارة في تطويع عواطف الآخرين.

١٠- ميثاق عمل اخلاقي (Code of Ethics) للعاملين في ادارة الموارد البشرية:

إن وجود ميثاق عمل أخلاقي في أية مهنة ركن أساسي في تلك المهنة، وهو أكثر ضرورة وإلحاحاً في ادارة الموارد البشرية فوجود ميثاق عمل أخلاقي يوفر المزايا التالية:

- يوفر أداة وآلية اتصال بين العاملين في المهنة.
- يمثل مرجعية للعاملين في المهنة يحتكمون إليها، ويساعدهم على حل المعضلات الأخلاقية عندما تنشب.
- يدعم مفهوم المهنة ويعطي رسائل إيجابية للعاملين فيها والمتعاملين معها عن أهميتها ودورها في تشخيص المشكلات التنظيمية وحلها.
- يبرز دور الخلق لدى العاملين في ادارات الموارد البشرية في القطاع العام والخاص على حد سواء.
- يقر بحقوق كل عضو في الجمعية ويحفظ كرامته.

مصادر ميثاق العمل الأخلاقي في ادارة الموارد البشرية [١٣]

يستمد ميثاق العمل الأخلاقي من عدة مصادر هذه همها :

١-التراث الإسلامي :

إن التراث الإسلامي مصدر غني لمن يمارس مهنة الادارة بوجه عام وادارة الموارد البشرية بوجه خاص وان تعمق العاملين في تلك الادارة في ذلك التراث يضمن تكوين شخصية تتمتع بالخلق القويم، كما أنه يسهم في أن يكون قدوة صالحة للآخرين والمتعاملين معه.

والقرآن الكريم أغنى مصدر للأخلاق في التراث الإسلامي .

قال تعالى : "إن خير منه استأجرت القوى الأمين " .

وقال تعالى : "يا أيها الذين آمنوا اجتنبوا كثيراً من الظن إن بعض الظـن أثـم، ولا تجسسوا ولا يغتب بعضكم بعضاً".

وقال تعالى: "ويؤثرون على أنفسهم ولو كان بهم خصاصة ".

وقال تعالى: "ولا تمنن تستكثر ".

وقال تعالى: "ويدرأون بالحسنة السيئة ".

وقال تعالى: "وتعاونوا على البر والتقوى ولا تعاونوا على الإثم والعدوان".

وقال تعالى: "وإن يروا سبيل الرشد لا يتخذوه سـبيلاً، وأن يـروا سـبيل الغـي يتخـذوه سبيلاً".

وقال تعالى: "ولا يجـرمنكم شـنئان قـوم عـلى إلا تعـدلوا، أعـدلوا هـو اقـرب للتقوى".

وقال تعالى: "أتأمرون الناس بالبر وتنسون أنفسكم وأنتم تتلون الكتـاب أفـلا تعقلون؟".

وقال تعالى: "لقد كان لكم في رسول الله أسوة حسنة".

وكذلك يعتبر الحديث النبـوي مصـدراً آخـر ثمينـاً للخلـق القـويم فهـو نبراس للمعلم الذي يتحلى بالأخلاق الكريمة.

قال عليه السلام : "إنما بعثت لأتمم مكارم الأخلاق".

وقال : "إن الله يحب إذا عمل أحدكم عملاً أن يتقنه".

وقال : "لا يدخل الجنّة نمّام".

وقال: "آية المنافق ثلاث: إذا حدث كذب وإذا وعد أخلف وأذا أوتمن خان".

وقال: "لا ينظر الله إلى من جر إزاره بطراً" .

وقال: "أن الرفق لا يكون في شيء إلاّ زانه، ولا يُنزع من شيء إلا شانه".

وقال: "إن من شر الناس ذو الوجهين الذي يأتي هؤلاء بوجه وهؤلاء بوجه".
وقال: "طوبى لمن عمل بعلمه، وانفق الفضل من ماله، وأمسك الفضل من قوله".
وقال: "كل علم وبال على صاحبه إلاّ من عمل به".
وقال : لمن سأله أن يوصيه: "لا تغضب" ، ورددها مراراً.
وقال : "ليس الشديد بالصرعة، إنما الشديد من يمسك نفسه عند الغضب".

ومن مصادر أخلاقيات العمل ما كتبه المفكرون المسلمون ومن الأمثلة على ذلك الامام ابو حنيفة والامام الغزالي وابن خلدون .

٢- العلوم الإنسانية والاجتماعية :

ومن هذه العلوم :

- الفلسفة : والفلسفة تبحث في ثلاث مسائل رئيسية: الوجود ونظرية المعرفة ومسألة القيم.
- علم الاجتماع.
- علم النفس.
- علم النفس الإجتماعي .
- علم السياسة.
- الإدارة .
- التربية.

إن دراسة العلوم الإنسانية والاجتماعية تعيننا على أن ندرس أخلاقيات العمل والادارة من منظور واسع، ويضعها جميعاً في سياق علمي واجتماعي عام .

تقول د. يمنى طريف الخولي في تصديرها لكتاب أخلاقيات العلم: وهكذا أسفرت تطورات فلسفة العلم عن انسنة العلم - أي النظر إليه بوصفه ظاهرة إنسانية - مما يعني ضرورة البحث في سائر أبعادها الحضارية، من قبيل سوسيولوجيا العلم وسيكولوجية البحث والإبداع العلمي وعلاقة العلم، بالأطر الأيدولوجية والأنظمة السياسية، والدراسة المقارنة للمؤسسات العلمية، والتوظيف الأمثل للمعلومات، والتثقيف العلمي الأشمل والإعلام العلمي مقروءأومسموعاًومرئياً،وسائرأبعادعلاقةالعلم بالمجتمع.وفي القلب منه كل هذا

تقبع قيم البحث العلمي وقيم المجتمع العلمي الكائنة وما ينبغي أن يكون، ومعايير السلوك العلمي. لقد باتت أخلاقيات العلم في صدر الساحة.[١٤]

٣- القوانين والأنظمة والتشريعات السارية

تتضمن القوانين والأنظمة السائدة كثيراً من المقولات والأحكام الخلقية التي تحكم المؤسسات العلمية والعاملين فيها ومن هذه القوانين والأنظمة القوانين والانظمة والتعليمات التي تنظم العمل في المؤسسات العامة والخاصة، ومن الأمثلة على ذلك نظام الخدمة المدنية.

٤- المنظمات الدولية والإقليمية والمهنية .

تتضمن دساتير ووثائق تلك المنظمات فصولاً مطولة من المواثيق الأخلاقية والمعايير الخلقية ومن هذه المنظمات:

- الجمعية الامريكية للتدريب والتنمية

American Society for Training & Development - ASTD

- الجمعية الدولية لتحسين الاوامر

International Society for Performance Improvement - ISPI

- الاتحاد الدولي لمنظمات التدريب والتنمية

The International Society for Training & Development Organizations- IFTDO

- جمعية ادارة الموارد البشرية

Society for Human Resource Management - SHRM

٥-المجتمع العربي والأردني بكل أنظمته الاجتماعية والتربوية والسياسية والثقافية والحضارية وقيمه وعاداته وتقاليده

وهذا يعطي ميثاق العمل الأخلاقي بعداً اجتماعياً، ولا يفصله عن السياق الاجتماعي العام بكل مثله وقيمه وتطلعاته .

ويمثل الشكل رقم (١) مصادر العمل الأخلاقي

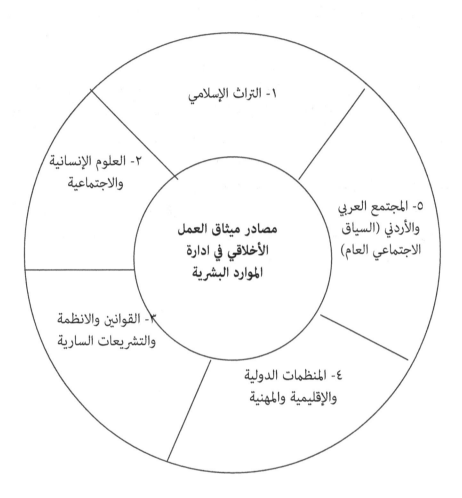

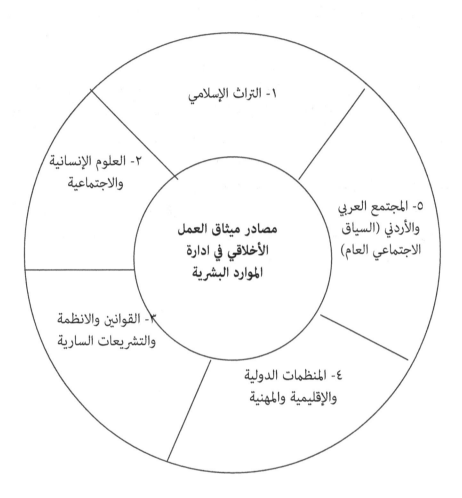

مصادر ميثاق العمل الأخلاقي في ادارة الموارد البشرية

١- التراث الإسلامي

٢- العلوم الإنسانية والاجتماعية

٥- المجتمع العربي والأردني (السياق الاجتماعي العام)

٣- القوانين والانظمة والتشريعات السارية

٤- المنظمات الدولية والإقليمية والمهنية

الشكل رقم (١)
مصادر ميثاق العمل الأخلاقي في ادارة الموارد البشرية

ومن الأمثلة على ميثاق عمل اخلاقي في ادارة الموارد البشرية صدور مدونة قواعد مدونة السلوك الوظيفي واخلاقيات الوظيفة العامة التي اصدرها مجلس الوزراء في الأردن.

وقد ورد في هذه المدونة انها تهدف الى ارساء معايير اخلاقية وقواعد ومبادئ اساسية لاداب الوظيفة العامة، وقيم وثقافة مهنية عالية لدى موظفي الخدمة المدنية، وتعزيز الالتزام بهذه المعايير والقواعد والقيم.

كما تهدف الى تعزيز ثقة المواطن ومتلقي الخدمة العامة وقد ورد فيها واجبات الموظف ومسؤولياته العامة ونصت على أسس التعامل مع الآخرين لمتلقي الخدمة والرؤساء والزملاء والمرؤوسين كما نصت على الحفاظ على السرية وآليات الافصاح عن المعلومات وعلى قبول او طلب الهدايا والامتيازات والفوائد الاخرى وعلى تضارب المصالح وعلى الاستحقاق والجدارة والتنافسية والعدالة، وعلى المحافظة على المال العام ومصالح الدولة وممتلكاتها. كما نصت على حقوق الموظف.

ولمزيد من التفاصيل انظر الملحق رقم (١)

أسئلة للمناقشة

١- لماذا يجب ان نجيب عن السؤال التالي: ما مستقبل ادارة الموارد البشرية؟

٢- حدد مفهوم التعاقد الخارجي وانعكاساته على ادارة الموارد البشرية.

٣- حدد مفهوم تعدد وتنوع العاملين في المنظمات وانعكاساته على ادارة الموارد البشرية.

٤- حدد مفهوم تمكين العاملين وانعكاساته على ادارة الموارد البشرية.

٥- حدد مفهوم حركة رأس المال الفكري وانعكاساتها على ادارة الموارد البشرية.

٦- حدد مفهوم الثقافة التنظيمية وانعكاساتها على ادارة الموارد البشرية.

٧- حدد مفهوم الاستقطاب الالكتروني وانعكاساته على ادارة الموارد البشرية.

٨- ما معنى الحكم الرشيد والمساءلة والشفافية؟ وكيف يمكن لمديري ادارات الموارد البشرية ان يتأثر عملهم بها؟

٩- ما مفهوم حركة تكنولوجيا الاداء البشري؟ وما الجديد في هذه الحركة، وكيف تنعكس اساليبها على إدارة الموارد البشرية.

١٠- ما مهارات الذكاء العاطفي التي يجب ان يمتلكها مديرو ادارة الموارد البشرية.

١١- ما أهمية وجود ميثاق عمل أخلاقي في ادارات الموارد البشرية في المنظمات؟

١٢- ما الجوانب التي ترى ان يتضمنها ميثاق العمل الاخلاقي للعاملين في ادارة الموارد البشرية.

الهوامش

1. Gary Dessler. **Human Resource Management**. 8th.ed; (New York: Prentice Hall, 2002) P. 25.

2. "Outsourcing Gains Attention" BNA **Bulletin to Management** June, 5, 1997, PP. 180-181.

3. Goolsby Kathlun, "If the Shoe Fits". **The Outsourcing Journal**, March 2001, PP. 3-10.

4. J. Von Dyke. "Outsourcing from pain to gain" **System Review**, November, 1996, PP. 53-62.

5. R. Schulor and V. Huber. **Personnel and Human Resource Management**. (New York: West Publishing Company, 1993) PP. 59-62.

6. Dessler, **Op. Cit**, PP. 64-70.

7. William Anthony and Others. **Human Resource Management – A Strategic Approach**. Ed (New York; 3rd Dryden press, 1999), PP. 465-468.

٨. أنظر ما يلي :

أ- د. أحمد صقر عاشور: إدارة رأس المال الفكري-آفاق استراتيجية وتحديات جديدة لإدارة منظمات القرن الحادي والعشرين". بحث قدم إلى المؤتمر الدولي الثاني عشر للتدريب والتنمية الإدارية الذي نظمه الخبراء العرب في الهندسة والإدارة تحت عنوان: "نحو مؤسسات عربية دائمة التعلم"، القاهرة ٢٥ ، ٢٠٠٠/٤/٢٧، ص٤-٨.

ب- د. سعد غالب ياسين: المعلوماتية وإدارة المعرفة: رؤيا استراتيجية عربية"، **المستقبل العربي**، السنة ٢٣، العدد ٢٦٠، تشرين الأول/ أكتوبر ٢٠٠٠، ص١٢٤-١٢٥.

٩. للإطلاع على المزيد من الحكم الصالح الرشيد (الحكومة الصالحة والمساءلة والشفافية): انظر ما يلي :

a. Peter F. Drucker, **Management Challenges For The 21st Century,** (NewYork: Harper Business, 1999), PP. 3-40 .

b. The World Bank, **Governance and Development** (Washington D. C. 1992.

c. The World Bank, **Governance. The World Bank's Experience** (Washington D.C.) 1944.

د. د. زهير عبد الكريم الكايد: **الحكمانية:** (Governance) قضايا وتطبيقات (القاهرة: المنظمة العربية للتنمية الادارية، ٢٠٠٣) الاصدار ٣٧٢ .

هـ "مفهوم ادارة الدولة والمجتمع"، حلقة نقاشية، **المستقبل العربي** ، السنة ٢٢ ، العدد ٢٤٩، تشرين الثاني/ نوفمبر - ص ١٠٦-١٣٤ .

١٠. برنامج الأمم المتحدة الانمائي والصندوق العربي للانماء الاقتصادي والاجتماعي وبرنامج الخليج العربي لدعم منظمات الامم المتحدة الانمائية: **تقرير التنمية الانسانية العربية للعام ٢٠٠٤ . نحو الحرية في الوطن العربي** (عمان: المطبعة الوطنية، ٢٠٠٥) ص ٨ .

١١. عبد الباري ابراهيم درة: **تكنولوجيا الاداء البشري في المنظمات: الأسس النظرية ودلالالتها في البيئة العربية المعاصرة** (القاهرة: المنظمة العربية للتنمية الادارية ٢٠٠٣، ص ٢٢ -٣١ .

١٢. أنظر ما يلي:

a. Daniel Goleman: **Emotional Intelligence** (New York) Bantam Books, 1995.

وقد ترجمته إلى العربية ليلى الجبالي تحت عنوان **الذكاء العاطفي** (المجلس الوطني للثقافة والفنون والآداب- الكويت)، عالم المعرفة، رقم ٢٦٢، أكتوبر/ تشرين الأول ٢٠٠٠ .

b. Hendrie Weiseniger, **Emotional Intelligence at Work** (San Francisco: Jossey- Bass Publishers , 1998 .

c. Cary Chernis and Mitchal Adler, **Pomoting Emotional Intelligence in Organizations. Make Training in Emotional Intelligence Effective** (Alexandria , VA, The American Society For Training & Development, 2000).

١٣. أنظر ما يلي :

a. Henry J. Sredl & William J. Roth well. **The ASTD Reference Guide to Professional Training Roles & Competencies**, Vol. I (Amherst, Massachusettc : HRD Press, Inc. 1987) PP. 48-50 .

ب. رشيد عبد الحميد ومحمود الحياري: **أخلاقيـات المهنـة**، الطبعـة الثانيـة، ١٩٨٥، ص ١٠-١٢ .

ج. د. توفيق مرعي و د. أحمد بلقيس: **أخلاقيات مهنة التعليم**، سـلطنة عـمان: وزارة التربية والتعليم وشؤون الشباب/ ١٩٨٦ ، ص ١٧- ٢٠ .

د. محمد عبد الغني المصري: **أخلاقيات المهنـة**، عـمان: مكتبـة الرسـالة الحديثـة، ١٩٨٦، ص ١٣-٢٣ .

هـ. د. زكي راتب غوشة: **أخلاقيات الوظيفة في الإدارة العامـة** ، عـمان، مطبعـة التوفيـق، ١٩٨٣، ص ٤٣-٦١ .

و. د. محمد عبد الفتاح ياغي: **الأخلاقيات في الإدارة**، عمان: ١٩٩٥، ص ٢١-٤٨.

ز. أوليفر ليمان (محرراً) / **مستقبل الفلسفة في القرن الواحد والعشرين، آفـاق جديـدة للفكر الإنساني** (ترجمة مصطفى محمـود محمـد) (الكويت: عـالم المعرفة)، العـدد ٣٠١، مارس ٢٠٠٤ ، ص ٨٥-١١٦ .

١٤. ديفيد بارزنيك: **أخلاقيات العلم مدخل** (ترجمة د. عبد النـور عبد المـنعم مراجعـة أ. د يمنى طريف الخولي) (الكويت: عالم المعرفة، العدد ٣١٦ ، يونيو ٢٠٠٥) ص٩، ١٠.

ملحق رقم (١)
مدونة قواعد السلوك الوظيفي وأخلاقيات الوظيفة العامة

المادة (١):

تسمى هذه المدونة مدونة قواعد السلوك الوظيفي وأخلاقيات الوظيفية العامة، ويعمل بها اعتباراً من تاريخ إقرارها من مجلس الوزراء.

المادة (٢):

تعتمد التعاريف الواردة في نظام الخدمة المدينة رقم (٥٥) لسنة ٢٠٠٢ لغايات هذه المدونة.

المادة (٣):

أ. تسري أحكام هذه المدونة على جميع الموظفين الخاضعين للخدمة المدنية، وعلى موظفي المؤسسات والدوائر المستقلة.

ب. يجب على كل موظف جديد وقبل مباشرته العمل توقيع وثيقة يتعهد بها الالتزام بهذه المدونة، ويتم الاحتفاظ بنسخة من هذا التعهد في ملفه الوظيفي.

ج. ترتكز هذه المدونة على أسس العدالة ومبادئها، وعلى تكافؤ الفرص، والشفافية، والمساءلة، والنزاهة المهنية، والحيادية، والانتماء للوطن والدائرة والإصرار على تحقيق رسالتها وأهدافها، وتحمل المسؤولية، وعلى الموظف الالتزام بأحكام هذه المدونة إضافة إلى الأسس والمبادئ التي ترتكز عليها.

د. أي مخالفة لأحكام هذه المدونة تستوجب المساءلة واتخاذ الإجراءات والعقوبات التأديبية وفقاً لأحكام النظام.

المادة (٤):

تهدف هذه المدونة إلى ما يلي:

أ. إرساء معايير أخلاقية، وقواعد ومبادئ أساسية لآداب الوظيفة العامة، وقيم وثقافة مهنية عالية لدى موظفي الخدمة المدنية،وتعزيزالالتزام بهذه المعاييروالقواعد والقيم،

وترسيخ أسس الممارسات الجيدة والحاكمية الرشيدة، وذلك من خلال توعية موظفي الخدمة المدنية وتوجيههم نحو الأخلاقيات الوظيفية السليمة وأطر الانضباط الذاتي التي تحكم سير العمل في الخدمة المدنية والمنسجمة مع القوانين والأنظمة السارية، وكذلك من خلال بيان واجباتهم ومسؤولياتهم الوظيفية ودورهم في تحسين الخدمات وتعزيز المصداقية بالخدمة العامة.

ب. تعزيز ثقة المواطن ومتلقي الخدمة بعمل المؤسسات الحكومية، وزيادة الاحترام والتقدير لدورها في توفير الخدمات بأفضل طريقة ممكنة.

المادة (٥): واجبات الموظف ومسؤولياته العامة

على الموظف:

أ. أداء واجبات وظيفته ومهامها الموكلة إليه بنشاط متوخياً الأمانة والنزاهة والدقة والمهنية والتجرد وبأقصى إمكانياته، وأن يعمل على خدمة أهداف وغايات الدائرة وتحقيق المصلحة العامة دون سواها.

ب. الحرص على الإلمام بالقوانين والأنظمة النافذة وتطبيقها دون أي تجاوز أو مخالفة أو إهمال.

ج. تكريس أوقات الدوام الرسمي للقيام بمهام وواجبات وظيفته، وعدم القيام بأي نشاط لا يتعلق بواجباته الرسمية.

د. السعي الدائم لتحسين أدائه وتطوير قدراته المهنية والاطلاع على آخر المستجدات في مجال عمله وعمل الدائرة التي يعمل لديها، والقيام بتقديم المقترحات التي من شأنها تحسين أساليب العمل ورفع مستوى الأداء في الدائرة، والمساعدة في توفير بيئة عمل آمنة وصحية.

هـ الامتناع عن أي تصرفات أو ممارسات أو أعمال تنتهك الآداب والسلوك القويم، والامتناع عن الإساءة إلى الآراء السياسية أو المعتقدات الدينية للآخرين داخل أو خارج دائرته أو التحريض ضدها.

و. تسهيل إجراءات التحقيق والتفتيش التي تقوم بها الجهات المختصة بجميع الوسائل الممكنة وتقديم المعلومات والرد على الاستفسارات التي بحوزته للمسؤولين عن مهمات التحقيق والتفتيش، وذلك وفقاً للقوانين والأنظمة النافذة.

ز. عدم الإضراب عن العمل أو تحريض الغير عليه، والامتناع عن تنظيم العرائض الجماعية المتعلقة بالوظيفة أو الاشتراك في تنظيمها مهما كانت الأسباب والدوافع، والالتزام بطرق التظلم الواجبة الإتباع.

ح. الإيفاء بكل المستحقات المالية المترتبة عليه للدائرة وفقاً للقوانين والأنظمة النافذة دون تأخير.

المادة (٦): التعامل مع الآخرين

أ. في مجال التعامل مع متلقي الخدمة، على الموظف:

١. احترام حقوق ومصالح الآخرين دون استثناء، والتعامل مع الجمهور باحترام ولباقة وكياسة وحيادية وتجرد وموضوعية دون تمييز على أساس العرق أو النوع الاجتماعي أو المعتقدات الدينية أو السياسية أو الوضع الاجتماعي أو السن أو الوضع الجسماني أو أي شكل من أشكال التمييز.

٢. السعي إلى اكتساب ثقة الجمهور من خلال نزاهته وتجاوبه وسلوكه السليم في كل أعماله بما يتوافق مع القوانين والأنظمة والتعليمات النافذة.

٣. إنجاز المعاملات المطلوبة بالسرعة والدقة المطلوبة وضمن حدود الاختصاص، والإجابة على إستفسارات وشكاوى متلقي الخدمة بدقة وموضوعية وسرعة، وبيان الأسباب في حال عدم الموافقة أو حصول تأخير على معاملاتهم.

٤. توفير المعلومات المطلوبة لمتلقي الخدمة والمتعلقة بأعمال ونشاطات دائرته بدقة وسرعة دون خداع أو تضليل وفقاً للتشريعات النافذة، والقيام بإرشادهم إلى آلية تقديم الشكاوى في حالة رغبتهم في رفع شكوى إلى الجهات المعنية.

٥. إعطاء أولوية العناية والرعاية لذوي الاحتياجات الخاصة وتقديم العون والمساعدة لهم.

٦. التعامل مع الوثائق والمعلومات الشخصية المتعلقة بالأفراد الذين يتعامل معهم بسرية تامة ووفقاً للقوانين والأنظمة المعمول بها، وعدم استغلال هذه المعلومات لغايات شخصية.

٧. الامتناع عن أي عمل يؤثر سلباً على ثقة الجمهور بالوظيفة العامة.

ب. في مجال التعامل مع رؤسائه، على الموظف:

١. التقيد بتنفيذ أوامر رؤسائه وتوجيهاتهم وتعليماتهم وفق التسلسل الإداري، وإذا كانت تلك الأوامر والتعليمات مخالفة للتشريعات النافذة فعلى الموظف أن يعلم رئيسه خطياً إلى المخالفة الحاصلة، ولا يلتزم بتنفيذ هذه الأوامر والتعليمات إلا إذا أكدها رئيسه خطياً، وله في هذه الحالة أن يعلم ديوان المحاسبة بالمخالفة الحاصلة، وفي جميع الأحوال على الموظف أن يرفض تنفيذ التعليمات إذا كانت مخالفتها تشكل مخالفة أو جنحة أو جناية يعاقب عليها قانون العقوبات أو أي تشريع نافذ آخر.

٢. التعامل مع رؤسائه باحترام وعدم محاولة كسب أي معاملة تفضيلية عبر أساليب التملق أو الخداع أو من خلال الواسطة والمحسوبية.

٣. عدم خداع أو تضليل رؤسائه، والامتناع عن إخفاء معلومات متعلقة بعمله بهدف التأثير على القرارات المتخذة، أو إعاقة سير العمل، وعليه أن يتعاون مع رؤسائه وتزويدهم بالرأي والمشورة والخبرة التي يمتلكها بكل موضوعية وصدق، وأن يضع بتصرفهم المعلومات التي بحوزته بما فيه مصلحة العمل.

٤. إعلام رئيسه عن أي تجاوز أو مخالفة أو صعوبات يواجهها في مجال العمل.

٥. إطلاع رئيسه المباشر الجديد وبشكل كامل ودقيق على المواضيع والوثائق بما في ذلك الأمور العالقة، لضمان استمرارية العمل.

ج. في مجال التعامل مع الزملاء، على الموظف:

١. التعامل باحترام ولباقة وصدق مع زملائه، والمحافظة على علاقات سليمة وودية معهم، دون تمييز، والحرص على احترام خصوصياتهم والامتناع عن استغلال أية معلومات تتعلق بحياتهم بقصد الإساءة.

٢. التعاون مع زملائه ومشاركتهم آراءه بمهنية وموضوعية عالية وتقديم المساعدة لهم حيثما أمكن لحل المشكلات التي تواجههم في مجال العمل، والحرص على نشر الاتجاهات الايجابية بين الزملاء للمساعدة في الارتقاء بأداء العمل وتحسين بيئة العمل وتجذير الثقافة المؤسسية السليمة في الدائرة.
٣. الامتناع عن أية تصرفات أو ممارسات أو أعمال لا أخلاقية تنتهك الآداب العامة والسلوك القويم، والتزام الرجل باحترام المرأة كزميلة، وشريكة في العمل.

د. في مجال التعامل مع مرؤوسيه، على الموظف:

١. تنمية قدرات مرؤوسيه ومساعدتهم وتحفيزهم على تحسين أدائهم، وأن يكون قدوة حسنة لمرؤوسيه بالعمل على الالتزام بالقوانين والأنظمة والتعليمات النافذة.
٢. نقل المعرفة والخبرات التي أكتسبها إلى مرؤوسيه وتشجعهم على زيادة تبادل المعلومات ونقل المعرفة فيما بينهم.
٣. الإشراف على مرؤوسيه ومساءلتهم عن أعمالهم، وتقييم أدائهم بموضوعية وتجرد والسعي لتوفير فرص التدريب والتطوير لهم وفقاً للأنظمة والتعليمات النافذة ذات العلاقة.
٤. رفض أية ضغوطات من طرف ثالث تؤدي إلى التعامل مع المرؤوس معاملة تفضيلية.
٥. احترام حقوق مرؤوسيه والتعاون بمهنية عالية دون محاباة أو تمييز.
٦. الالتزام بأن تكون التوجيهات لمرؤوسيه خطية في حالة تلقي ملاحظة خطية من مرؤوسه بأن أوامره أو توجيهاته التي أصدرها مخالفة للتشريعات المعمول بها.

المادة (٧): الحفاظ على السرية وآليات الإفصاح عن المعلومات

على الموظف:

أ. عدم الإفشاء للغير المعلومات الرسمية والوثائق والمستندات التي حصل أو اطلع عليها أثناء قيامه بوظيفته سواء كان ذلك كتابياً أو شفوياً أو الكترونياً، وصدر بشأن سريتها تعليمات أو قرارات أو تشريعات خاصة، أو يجب أن تظل مكتوبة بطبيعتها، حتى بعد إنتهاء مدة خدمته، إلا إذا حصل على موافقة خطية من الوزير بذلك.

ب. الامتناع عن الإدلاء بأي تعليق أو تصريح أو مداخلة تتعلق بمواضيع ما زالت قيد الدراسة أو المداولة لدى الأجهزة الحكومية.

ج. إعلام الأمين العام في حال طلبه للشهادة في المحاكم المختصة، إلا إذا تعلقت الشهادة بمعلومات يحظر القانون إفشاءها وبشكل يتفق مع القوانين والأنظمة المعمول بها.

د. الإفصاح بشكل كامل ودقيق عن كل المعلومات الرسمية التي تستوجب الإفصاح عنها بحكم وظيفته.

المادة (٨): قبول أو طلب الهدايا والامتيازات والفوائد الأخرى:

أ. عدم قبول أو طلب أي هدايا أو ضيافة أو أي فوائد أخرى من أي نوع كانت، سواء كانت مباشرة أو بالواسطة، قد يكون لها تأثير مباشر أو غير مباشر على موضوعيته في تنفيذ مهامه الوظيفية أو من شأنها أن تؤثر على قراراته، أو قد تضطره للالتزام بشيء ما لقاء قبولها.

ب. عندما يكون الموظف في حالة لا يمكنه فيها رفض الهدايا أو الضيافة أو الفوائد الأخرى التي لا تنطبق عليها الحالات الواردة في الفقرة (أ) من هذه المادة، أو عندما يعتقد أن قبول أنواع معينة من الضيافة سيعود بنفع جيد على المؤسسة، على الموظف إعلام رئيسه المباشر بذلك خطياً، وعلى الرئيس إعلام الموظف خطياً ما إذا كان يجب رفض الهدايا أو الضيافة أو الفوائد الأخرى أو الاحتفاظ بها من قبل الدائرة، أو التبرع بها لمؤسسة خيرية، أو التصرف بها أو الاحتفاظ بها من قبل الموظف المعني.

ج. تقوم الدائرة بفتح سجل خاص بالهدايا المقدمة للدائرة تسجل فيه الهدايا الواردة في الفقرة (ب) من هذه المادة وكيفية التعامل معها سواء كانت من خلال الاحتفاظ بها في الدائرة أو التبرع بها أو الاحتفاظ بها من قبل الموظف.

المادة (٩): تضارب المصالح

على الموظف:

أ. الامتناع عن القيام بأي نشاط من شأنه أن يؤدي إلى نشوء تضارب حقيقي أو ظاهري أو محتمل بين مصالحه الشخصية من جهة وبين مسؤولياته ومهامه الوظيفية من جهة أخرى.

ب. الامتناع عن القيام بأي نشاط لا يتناسب مع أدائه الموضوعي والمتجرد لمهامه، أو يمكن أن يؤدي إلى معاملة تفضيلية لأشخاص طبيعيين أو اعتباريين في تعاملاتهم مع الحكومة، أو يسيء لسمعة دائرته أو يعرض علاقتها مع الجمهور للخطر.

ج. إعلام رئيسه المباشر خطياً وبشكل فوري في حال تضارب مصالحه مع أي شخص في تعاملاته مع الحومة، أو إذا نشأ التضارب بين المصلحة الشخصية والمصلحة العامة، أو تعرض الموظف إلى ضغوط تتعارض مع مهامه الرسمية، أو تثير شكوكاً حول الموضوعية التي يجب أن يتعامل بها، مع إيضاح طبيعة العلاقة وكيفية التضارب، وعلى الرئيس المباشر اتخاذ الإجراءات اللازمة لذلك. وفي جميع الأحوال يجب مراعاة المصلحة العامة عند معالجة هذا التعارض.

د. عدم استخدام وظيفته بصورة مباشرة أو غير مباشرة للحصول على مكاسب مالية أو أي شيء ذي قيمة لمصلحة خاصة به أو بعائلته، لعائلته علاقة بها.

هـ. عدم استغلال أو توظيف المعلومات التي يحصل عليها أثناء تأديته لمهامه الرسمية وبعد انتهاء عمله في الدائرة، كوسيلة لتحقيق منافع شخصية لنفسه أو لغيره بشكل مباشر أو غير مباشر، أو للإساءة إلى الغير، وعدم القيام بإفشاء معلومات لإعطاء امتياز غير عادل أو غير معقول لأطراف أخرى.

و. يجب الحصول على الموافقات والتفاويض اللازمة وفقاً للقوانين اللازمة وفقاً للقوانين والأنظمة النافذة ذات العلاقة، في حالة رغبته في الاشتراك في عملية جمع التبرعات أو الجوائز أو المساهمات العينية لمؤسسات خيرية، ويجوز للرئيس المباشر الطلب من الموظف تقليص الأنشطة أو تعديلها أو إنهائها عندما يرى أنه سيترتب عليها نشوء تضارب حقيقي أو ظاهري أو محتمل في المصالح.

ز. تفادي إقامة علاقات وثيقة مع أفراد أو مؤسسات تعتمد مصالحها بشكل أساسي على قراراته أو قرارات دائرته.

ح. عدم قبول وظيفة، خلال سنة من تاريخ تركه للعمل، في أية مؤسسة كان لها تعاملات رسمية هامة مع الدائرةالتي عمل بها إلابموجب موافقةخطيةمن الوزير،كما لا يسمح

له بعد ترك الوظيفة تقديم نصائح لعملاء هذه المؤسسات اعتماداً على معلومات غير متاحة للعامة فيما يتعلق ببرامج وسياسات الدائرة التي كان يعمل لديها.

ط. على الرئيس المباشر إعلام الموظف الذي ينوي ترك العمل بالالتزامات الواردة في هذه المادة.

المادة (١٠): الاستحقاق والجدارة والتنافسية والعدالة

على الموظف:

أ. اتخاذ الإجراءات ذات العلاقة باختيار أو تعيين الموظفين أو ترفيعهم أو تدريبهم أو مكافآتهم أو تقييمهم أو نقلهم أو انتدابهم أو إعارتهم أو بأي من الأمور المتعلقة بأعمالهم، بشفافية ونزاهة مطلقة، وبمنأى عن أية اعتبارات ذات صلة بالقرابة أو الصداقة أو بالمفاهيم النفعية، ودون أي تمييز مبني على النوع الاجتماعي أو العرق أو العمر أو الدين، وبأتباع أسس الاستحقاق والجدارة والتنافسية، والتقيد التام بالصلاحيات وإجراءات العمل المعتمدة.

ب. إبلاغ الرئيس المباشر خطياً عن أي تجاوز للقوانين والأنظمة والتعليمات النافذة التي يطلع عليها خلال عمله في مجال الاختيار والتعيين والترفيع والتدريب وتقييم الأداء وما شابه ذلك، وعلى الرئيس المباشر التحقق من صحة البلاغ واتخاذ الإجراءات اللازمة مع الجهات المعنية لضمان تصويب الوضع وفقاً للقوانين والأنظمة والإجراءات المتعمدة.

ج. الامتناع نهائياً، سواءً بشكل مباشر أو غير مباشر، عن القيام بأي معاملة تفضيلية لأي شخص من خلال الواسطة والمحسوبية.

المادة (١١): المحافظة على المال العام ومصالح الدولة وممتلكاتها

أ. المحافظة على المال العام ومصالح الدولة وممتلكاتها وعدم التفريط بأي حق من حقوقها وتبليغ رئيسه المباشر عن أي تجاوز على المال العام أو المصلحة العامة وعن أي إهمال أو تصرف يضر بالمصلحة العامة.

ب. عدم استخدام ممتلكات الدولة للحصول على مكاسب خاصة أو للترويج عن سلع أو خدمات لمنفعته الشخصية أو منفعة طرف ثالث.

ج. على الموظف الذي تم تزويده بجهاز حاسوب مراعاة ما يلي:

١. اتخاذ كافة الإجراءات اللازمة للحفاظ على الحاسوب الخاص به.

٢. عدم تنزيل البرامج على الجهاز إلا بعد مراجعة دائرة أنظمة المعلومات.

٣. التأكد من إطفاء الجهاز قبل مغادرة مكان العمل.

٤. المحافظة على سرية المعلومات الموجودة على الجهاز الخاص به من خلال استعمال كلمة السر الخاصة به وعد إفشائها للغير.

٥. عدم استخدام الجهاز لأغراض التسلية وعدم تنزيل الألعاب والبرامج الترفيهية.

٦. عدم الدخول إلى أجهزة الآخرين ومحاولة الحصول على معلومات منها.

٧. استخدام الجهاز لغايات تطوير المهارات والقدرات وبما يتلاءم مع مصلحة العمل.

٨. عدم استخدام الجهاز لإنجاز أعماله الشخصية.

٩. ترشيد استخدام الطابعات ما أمكن.

د. على الموظف الذي تتوفر لديه إمكانية الوصول إلى شبكة الانترنت مراعاة ما يلي:

١. الالتزام باستخدامها لأغراض العمل بما في ذلك لغايات تطوير القدرات والمهارات ذات العلاقة بطبيعة عمله وبما يصب في مصلحة العمل.

٢. الالتزام بشروط ومتطلبات حقوق الملكية الفكرية للملفات والبرامج ومراعاة شروط ترخيص استخدامها.

٣. استشارة الوحدة المعنية بنظم المعلومات فوراً لدى ملاحظة أية أمور غير طبيعية خلال استخدام الانترنت.

٤. عدم تنزيل النصوص والصور التي تحتوي على مواد غير أخلاقية، أو عنصرية، أو تحتوي على آراء سياسية متطرفة، أو تحرض على العنف والكراهية، أو أية أنشطة غير قانونية.

٥. عدم تنزيل الملفات التي لا تتعلق بطبيعة عمله مباشرة كملفات الفيديو وملفات الوسائط المتعددة، مثل الأفلام أو الأغاني، أو الموسيقى وما شابه ذلك.

٦. عدم استخدام الجهاز والانترنت لمحاولة الدخول والتسلل إلى أجهزة وشبكات أخرى. وعدم استخدام الانترنت لإرسال مواد سرية، أو سياسية، أو تحتوي على تهديد ومضايقة للآخرين.

هـ على الموظف الذي يخصص له عنوان بريد الكتروني مراعاة ما يلي:

١. عدم استخدام البريد الالكتروني لإنشاء وتوزيع الرسائل التي تحتوي على مواد دعائية، أو شخصية، أو لا أخلاقية، أو تلك التي تتضمن آراء سياسية متطرفة أو تعليقات عنصرية حول المعتقدات والممارسات الدينية أو النوع الاجتماعي، أو العمر، أو العرق، وفي حال ورود أية رسالة من أي موظف بهذا الخصوص يجب إبلاغ الوحدة المعنية بنظم المعلومات عن ذلك مباشرة.

٢. عدم إعادة إرسال الرسائل التي تصله وتحتوي على النكات أو الصور أو ملفات الأفلام والصور ذات الحجم الكبير.

٣. عدم إعادة إرسال الرسائل الواردة والتي قد تحتوي على فيروسات أو ملفات قد يشتبه بأنها فيروسات، ويجب في هذه الحالة الاستعانة بالوحدة المعنية بأنظمة المعلومات.

٤. الأخذ بعين الاعتبار بأنه ليس هنالك أية خصوصية فيما يتعلق بالرسائل التي تصل إلى أي موظف أو التي يرسلها من خلال نظام البريد الالكتروني، ويجوز الرقابة على البريد الالكتروني لأي موظف من قبل موظفين مصرح لهم دون إخطار مسبق.

٥. عدم فتح أية رسائل واردة غير معروفة أو غير متوقعة، حتى لو كانت الرسالة من شخص معروف لدى الموظف وكذلك عدم فتح أو تنزيل أية ملفات مرفقة يشك في مصدرها.

٦. استخدام البريد الالكتروني لتطوير القدرات والمهارات وفقاً لمتطلبات العمل.

المادة (١٢): حقوق الموظف

على الدائرة:

أ. أن تحدد بوضوح مهام الموظف ومسؤولياته وما يتوقع منه من إنجاز.

ب. التعامل مع الموظف في كل ما يتعلق بأوضاعه الوظيفية على أساس الاستحقاق والجدارة والتنافسية وتكافؤ الفرص.

ج. أن تؤمن ظروف عمل جيدة وآمنة، وتضمن عدم ممارسة أي تمييز بحقه في موقع العمل.

د. أن توفر فرص التدريب المناسب والمستمر لتحسين فرص تقدمه ومساره الوظيفي وفقاً لأحكام نظام الخدمة المدنية أو نظام الموظفين الخاص وحسب مقتضى الحال.

هـ. أن تضمن له حرية الرأي والتعبير في إطار النصوص القانونية ووفق أحكام هذه المدونة.

و. أن تكفل حقه بالتظلم أو الشكوى من أي قرار خاطئ أتخذ بحقه ووفقاً لأحكام النظام.

المادة (١٣): أحكام عامة

أ. يتوجب على الموظف الاطلاع على هذه المدونة والإلمام بمحتوياتها والالتزام بأحكامها.

ب. على الدائرة تمكين المواطنين ومتلقي الخدمات من الاطلاع على هذه المدونة.

ج. الوزراء والأمناء العامون مسؤولون عن الإشراف على تفعيل تطبيق هذه المدونة.

ثبت بالمصطلحات في الكتاب
(Glossary)

أثر الهالة (Halo Effect)

خطأ من الأخطاء التي يقع فيه المقيِّم، وفيه يسمح لجانب واحد من أداء الموظف أن يؤثر على تقديره العام لذلك الأداء.

احتياطي قوة العمل (Labor Reserve)

ويشمل أولئك الذين يعملون ولا يهدفون إلى الكسب الاقتصادي.

الاختبار (Test)

هو وسيلة قياس السمات والقدرات، يعطي لجماعة أو أفراد بقصد التأكد من وجود أو غياب قدرة معينة، أو معرفة، أو مهارة، أو بغية تعيين الدرجة التي توجد فيها هذه الصفات والأمور.

اختبارات التحصيل (Achievement Tests)

وهي نوع من الاختبارات يستخدم كوسيلة لقياس الكفاية التحصيلية ومقدرة المرشح وخبرته في مجال الوظيفة المتقدم لها، وذلك من خلال الطلب إليه أن يقوم ببعض الأعمال لإعطاء فكرة عن مقدرته في أداء العمل.

اختبار الأداء (Performance Test)

وهو أداة من أدوات تقييم الأداء، وفيها يطلب إلى الشخص المقيَّم أن يقوم بعمل شيء ما ذات صلة بعمله، وبناء على العلامات الت يحصل عليها في ذلك الاختبار يرقى أو يعدل راتبه.

اختبارات الذكاء (Intelligence Tests)

وهي نوع من الاختبارات يهدف إلى معرفة القدرات الذهنية والعقلية للمرشح من خلال قياس مستوى ذكائه، وكذلك معرفة طريقة تفكيره وحكمه على الأمور، وقوة الذاكرة والملاحظة لديه.

اختبارات رد الفعل (الاسقاطية) (Projective Tests)

وهو نمط من الاختبارات يرمي إلى تحديد بعض الصفات الشخصية من خلال رد فعل المرشح لبعض المثيرات وكيفية تصرفه وسلوكه.

اختبارات الشخصية (Personality Tests)

وهي نوع من الاختبارات يهدف إلى قياس دوافع الشخص المهنية في إحدى مجالات العمل من حيث مقدرته على القيادة، وتحكمه في أعصابه وتعبيره عن رأيه.

الاختيار (Selection)

هو عملية انتقاء أشخاص مؤهلين من بين مجموعة مرشحين قادرين على القيام بأعباء الوظيفة.

أداة الوقائع ذات الأهمية القصوى (Critical Incident Technique)

أداة من أدوات تقييم الأداء يقوم فيها المقيم بتسجيل الأحداث الأساسية التي كان الموظف فعالاً أو غير فعال فيها.

ادارة الجودة الشاملة (Total Quality Management)

هي فلسفة إدارية معاصرة، وتتضمن مجموعة مبادئ ادارية تهدي المديرين ليديروا منظماتهم بشكل افضل، سعياً للتحسين المستمر.

هي مجموعة أدوات احصائية وأدوات لقياس الجودة في المنتجات والخدمات.

هي جهد تعاوني لانجاز الأعمال يعتمد على مواهب وقدرات العاملين والمديرين لتحقيق الجودة المحسنة والانتاجية العالية باستخدام فرق العمل وأدوات احصائية مختلفة لقياس جوانب الجودة والعمليات الادارية المختلفة.

لهذه الحركة رواد من أشهرهم ادوارد ديمنج W. Edwards Deming .

من أهم مبادئ هذه الحركة:

-العناية والاهتمام الشديدين بالزبون أو العميل.

-اتقان العمل من أول مرة والتشديد على أن لا عيوب مطلقاً.

-وضع علامات مقارنة مناسبة للمنافسة. (Competitive Benchmarking)

إدارة المعرفة   (Knowledge Management)

حركة إدارية حديثة كثرت الدراسات فيها منذ اواخر التسعينات من القرن الماضي.

هي محاولة معرفة القدرات والقابليات المنغرسة في عقول الافراد والارتفاع بها لتكون نوعاً من الموجودات التنظيمية (Organizational assets) التي يمكن الوصول اليها والاستفادة منها.

هي الالتزام من قبل المؤسسة بايجاد وخلق معرفة جديدة ذات علاقة بمهام المؤسسة، ونشرها خلال المؤسسة، وتجسيدها في سلع وخدمات وانظمة.

إدارة الموارد البشرية كحقل من حقول الدراسة:

(Human Resources Management as a Field of Study)

هي تخصص أساسي وفرع من فروع الإدارة العامة أو إدارة الأعمال يدرس في الجامعات والمعاهد.

إدارة المواد البشرية كممارسة ونشاط:

(Human Resources Management as a Practice)

مجموعة وظائف وأنشطة وبرامج تتعلق بتصريف شؤون الموارد البشرية في المنظمة، وترمي إلى تحقيق أهداف الأفراد والتنظيم والمجتمع.

إدارة الموارد البشرية كمهنة:-

(Human Resources Management as a Profession)

تعني ميداناً من ميادين الدراسة والعمل تتوافر به معايير مثل توفر تدريب لمن يدرسها، ووجود جمعيات مهنية ينضم إليها الممارسون لها، ووجود أهداف اجتماعية وقانون أخلاقي وترخيص أو اعتماد.

إدارة الموارد البشرية كوحدة إدارية:

(Human Resources Management as An Administrative Unit)

تعني وحدة تنظيمية في تنظيم أو مؤسسة مهمتها القيام بجميع الأعمال والمسؤوليات الخاصة بالموارد البشرية في ذلك التنظيم أو المؤسسة.

" الإدارة بالأهداف" كأداة من أدوات تقييم الأداء:

(Management By Objectives-MBO)

وهي أسلوب من أساليب تقييم الأداء، ويمثل الخطوة الأخيرة من سلسلة خطوات، وفيه يستعرض الرئيس والمرؤوس مدى تحقيق المرؤوس للأهداف التي سبق أن اشترك مع الرئيس في تحديدها.

الاستراتيجيات (Strategies)

هي برامج عمل عامة في التنظيم، وتحديد للأهداف العامة، واختيار لطرق العمل، وتخصيص للموارد الضرورية لتحقيق تلك الأهداف.

الأسلوب التدريبي: (Training Method)

هو طريقة تستخدم في ظرف ملائم لإيجاد موقف تدريبي يتم فيه إكساب أو تنمية معلومات أو مهارات أو اتجاهات أو واحد أو أكثر من هذه العناصر بين المشاركين وبين المدرب أو بين المشاركين أنفسهم، وصولاً لتحقيق أهداف البرنامج التدريبي.

الاعلان عن الوظائف داخلياً (Job Posting)

وهو الاعلان داخل المنظمة باستخدام لوحة الاعلانات عن وجود شواغر، مع تحديد وصف ومواصفات الوظائف الشاغرة استناداً إلى سياسة المنظمة في الترقية من الداخل.

الانتاجية (Productivity)

هي العلاقة بين ناتج ومورد داخل في تكوينه.

الانتاجية التنظيمية (Organizational Productivity)

هي معيار حسن استخدام وتجميع موارد التنظيم استخداماً يساعد على تحقيق نتائج معينة، وهي كذلك الوصول إلى أعلى مستوى من الأداء باستخدام أقل ما يمكن من الموارد.

البيئة الخارجية البعيدة (Distant External Environment)

هي تلك القوى والعوامل المجتمعية العامة التي تتفاعل مع، وفي الغالب، تؤثر على النظام وعلى عناصر البيئة القريبة، ويكون التفاعل تفاعلاً غير مباشر وتشمل بالنسبة لنظام إدارة الموارد البشرية النظام الاقتصادي، والنظام السياسي والقانوني، والنظام الحضاري

والاجتماعي، والنظام التكنولوجي، والنظام الديموغرافي (السكاني)، والنظام التربوي، والنظام الاداري، والنظام الديني.

البيئة الخارجية القريبة:

Immediate External Environment-Organizational Task)
(Environment

هي تلك القوى والعناصر والتنظيمات التي يقوم بينها وبين النظام تفاعل وتبادل مباشر مكثف، وتشمل بالنسبة لنظام إدارة الموارد البشرية الزبائن أو الجمهور، والمزوِّدين بالموارد، والمنافسين، والتنظيمات ذات العلاقة، ومستوى المعرفة ووضعها.

تحليل قوة العمل (Work Force Analysis)

هو أحد الطرق المتبعة في تحديد احتياجات المنظمة من القوى البشرية، وتستند إلى تحرك العاملين داخل وخارج المنظمة مثل دوران العاملين والترقية والنقل.

تحليل الوظيفة (Job Analysis)

عملية جمع معلومات عن كل وظيفة بغرض التعرف على وصف الوظيفة ومتطلباتها ومواصفاتها وخصائصها وطبيعتها.

تحليل عبء العمل (Work Load Analysis)

هو أحد الطرق المتبعة في تحديد احتياجات المنظمة من الموارد البشرية، وتستند إلى تحديد مخرجات العمل أو الوظيفة، ومن ثم تحديد حجم المطلوب من الفرد في المتوسط سنوياً.

تحيز السلوك الحديث (Recent Behavior Bias)

خطأ من الأخطاء التي يقع فيها المقيِّم، وفيه يميل المقيِّم إلى نسيان وقائع وتفاصيل الأداء الماضي للموظف، ويظل عالقاً في ذهنه أداء الموظف في الأسابيع أو الأيام الأخيرة فقط.

تخطيط الموارد البشرية (Human Resources Planning)

هو عملية التأكد من توفر العدد والنوع الصائبين من القوى البشرية في المكان والزمان الملائمين والقيام بما هو مطلوب منها من أعمال ومهام في المنظمة.

التخطيط المهني (Career Planning)

هو تخطيط يحاول الفرد من خلاله أن يحدد إمكانياته وقدراته الحالية في مهنة ما وكيفية تنميتها للعمل في مهنة أخرى مستقبلاً.

التداخل في الأجور (Wages Overlap)

ويعني نسبة التداخل بين الفئات، أي التداخل بين الفئات فيما يختص بالحد الادنى والحد الأعلى من الاجر لكل فئة.

التدرج (Grading)

هو طريقة من طرق تقييم الوظائف تقوم على أساس تحديد عدد الدرجات ووضعها وتحديد معايير انتماء الوظائف لها، بحيث تشمل كل درجة منهامجموعةمن الوظائف المتشابهة في الواجبات والمسؤوليات، وذلك على أساس التعامل مع الوظيفة كوحدة متكاملة.

التدريب والتنمية (Training & Development)

هما معنيان:

أ. الجهد المنظم والمخطط له لتزويد الموارد البشرية في الجهاز الإداري بمعارف معينة، وتحسين وتطوير مهاراتها وقدراتها، وتغيير سلوكها واتجاهاتها بشكل ايجابي بناء.

ب. تخصص فرعي من تخصصات حقل الموارد البشرية في التنظيمات، يهتم بتحديد وتقدير وتطوير الكفايات الرئيسية للموارد البشرية (المعارف والمهارات الاجتماعية) من خلال التعليم المخطط له، مما يساعد الافراد على أداء وظائفهم الحالية والمستقبلية.

التدقيق الاستراتيجي لإدارة الموارد البشرية (Strategic Audit)

تدقيق أو مراجعة شاملة ومنظمة ودورية للموارد البشرية ولإدارتها. يشمل هذا التدقيق والمراجعة تدقيقاً شاملاً للأهداف والاستراتيجيات والسياسات والبرامج والأنشطة المتبعة، التي صيغت في استراتيجية إدارة الموارد البشرية لتحديد أو التعرف على نقاط الضعف والقوة في تلك الاستراتيجية أو في تنفيذها، لوضع التوصيات اللازمة لتحسين أداء المنظمة الاستراتيجي في مجال الموارد البشرية.

الترغيب والجذب (Recruiting)

مجموعة من الأنشطة ترمي إلى جذب الأفراد المؤهلين للعمل في المنظمة لإشباع رغبات كل من الأفراد والمنظمة.

تصنيف الوظائف (Job Classification)

ترتيب الوظائف وتجميعها في المنظمة بشكل منظم في فئات (مجموعات) على أساس التشابه في الواجبات والمسؤوليات والمؤهلات اللازمة لاشغالها، بحيث تضم كل فئة مجموعة من الوظائف المتشابهة في كل من الوصف والمواصفات الوظيفية وحسب درجة صعوبة العمل ومسؤوليته.

التطوير المهني (Career Development)

هو مجموعة الوظائف المختلفة التي يستطيع الفرد أن يشغلها انطلاقاً من أسفل السلم الوظيفي في المنظمة صعوداً إلى القمة حتى الوصول إلى سن التقاعد.

التعاقد الخارجي (Outsourcing)

يتمثل في التعاقد مع إحدى الشركات المتخصصة للقيام بإحدى المهام المتعلقة بإدارة الموارد البشرية، والتي من المفترض أن تقوم بها تلك الإدارة، وذلك بسبب كفاءة وخبرة هذه الشركات المتخصصة في القيام بهذه المهام بشكل أفضل وبتكلفة أقل.

التعددية في تحقيق الأهداف (Equifinality)

هي إحدى خصائص النظام المفتوح، وتعني أن النظام المفتوح يصل إلى نتائج مرغوب فيها بطرق ووسائل متعددة كثيرة.

التعلم (Learning)

هو تغير يمكن ملاحظته في سلوك المتعلم.

التعلم المبني على الخبرة (Experiential Learning)

هو نوع من التعلم يُحدث في سلوك المتعلم تغيراً دائماً أو شبه دائم نتيجة اشتراكه وتعرضه لموقف تعليمي يكون فيه المتعلم نشطاً، فاعلاً، مستمتعاً، متأملاً، مستنتجاً، وتستخدم فيه الحالات الإدارية، والمباريات الإدارية، والمشروعات التطبيقية.

التعلم التنظيمي (Organizational Learning)

هو تلك العملية التي تؤدي إلى تطوير المعرفة عن العلاقات بين الأعمال (Actions) وبين النتائج (Outcomes) وتأثير البيئة الخارجية على تلك العلاقات. وهذا يتطلب ان تتصف تلك المعرفة بطبيعة تشاركية بين الأفراد العاملين في المنظمة.

التغذية الراجعة (Feedback)

وهي نوع من المعلومات تشكل نوعاً من الرقابة والضبط تصل بين مخرجات النظام من جهة والعمليات والمدخلات من جهة أخرى.

الترتيب (Ranking)

وهو أحد طرق تقييم الوظائف، وفيه ترتب الوظائف ترتيباً تنازلياً من حيث الأهمية، ومن ثم ترتيبها من حيث قيمتها على أساس عدم تفتيت الوظيفة إلى عناصرها ومكوناتها الجزئية بل باعتبار الوظيفة وحدة متكاملة ويجري مقارنة الوظيفة الاخرى على هذا الأساس.

ترتيب العاملين تنازليا (Ranked Ordering)

أداة من أدوات تقييم الأداء يقوم فيها المقيِّم بترتيب جميع العاملين في دائرة أو قسم على خط متصل يتراوح بين أدنى الدرجات وأعلى الدرجات، ويكون أساس التقييم الأداء العام الإجمالي للعاملين.

الترفيع (الترقية)

يعني صعود الموظف من وظيفة إلى أخرى أسمى في سلم التدرج الوظيفي، مقترناً غالباً بحصوله على درجة مالية أو مرتبة أو فئة مالية أعلى أو راتب أكبر.

تقييم الأداء (Performance Appraisals) (Performance Evaluation)

هو عملية اصدار حكم عن أداء وسلوك العاملين في العمل.

تقييم التدريب (Training Evaluation)

هو تلك الإجراءات التي تقاس بها كفاءة البرامج التدريبية ومدى نجاحها في تحقيق أهدافها المرسومة، كما تقاس بها كفاءة المتدربين ومدى التغيير الذي نجح التدريب في إحداثه فيهم، وكذلك تقاس بها كفاءة المدربين الذين قاموا بتنفيذ العمل التدريبي.

تقييم الوظائف (Job Evaluation)

وهو وسيلة منطقية منظمة لتحديد القيمة النسبية لأية وظيفة في المنظمة بغرض تحديد أجر عادل لها.

التقنيات السمعية البصرية (Audio- Visual Technologies)

هي أدوات ووسائل تستخدم لتسهيل تعلم وتعليم المفاهيم والأساسيات والنظريات المختلفة في التدريب، وبطريقة منظمة، مشوقة، فعالة، وكذلك لتطوير مهارات واتجاهات ايجابية لدى المتدربين.

التكنولوجيا كعملية (Technology As A Process)

وتعني التطبيق المنظم للمعرفة العلمية أو أية معرفة منظمة أخرى في المسائل العملية.

التكنولوجيا كنتاج (Technology AsA Product)

وهي أي شيء ملموس ينتج نتيجة تطبيق العمليات العلمية المنظمة، وتشمل الاجهزة والمعدات والبرامج والمناهج والدراسات.

تكنولوجيا الأداء البشري (Human Performance Technology – HPT)

هي حركة معاصرة، وحقل معرفة ذات توجه عملي ميداني يستمد نظرياته وأدواته من حقول معرفة متعددة. ويتكون هذا الحقل من مجموعة منتظمة (Systematic) من العمليات الأساسية هي:

- تحليل الأداء   Performance
- تحليل الاسباب Cause Analysis
- اختيار التدخلات وتصميمها Intervention Selection and Design

تمكين العاملين (Empowerment)

يتمثل هذا المفهوم في إعطاء العاملين الحرية والمسؤولية والصلاحية الكاملة في اتخاذ القرارات ذات العلاقة بأعمالهم ووظائفهم، أي منحهم السيطرة الكاملة على مخرجات أعمالهم ووظائفهم واستثمار كافة قدراتهم وإمكانياتهم الأمر الذي يحسن مستوى ونوعية الأداء على المستوى الفردي ومن ثم على المستوى المؤسسي.

التنمية الإدارية (Administrative Development)

هي تلك الجهود والنشاطات التي تبذل باستمرار لتطوير الأجهزة والمؤسسات في الدولة، ورفع المقدرة الإدارية بها تحقيقاً لأهداف التنمية الاقتصادية والاجتماعية في الدولة.

التوازن الديناميكي (Dynamic Homeostasis)

أحد خصائص النظام المفتوح وتتمثل في أن النظام يكون في حالة توازن مع بيئته الخارجية المتغيرة، والتوازن في حالة حركة دوما.

التوجيه (Orientation)

وهو عملية يقوم بها شخص مسؤول، بعد اختيار وتعيين موظف في المنظمة، بتقديمه إلى الوظيفة والعاملين فيها من خلال إمداده بمعلومات خاصة بالمنظمة والوظيفة والعاملين والإجراءات والسياسات والأهداف بغرض تسهيل عمله في المنظمة.

التوظيف (Staffing)

هو عملية من عمليات إدارة الموارد البشرية تقتضي من المنظمة الإعلان عن الوظائف، وترغيب الموارد البشرية المؤهلة للعمل في المنظمة، ثم اختيار وتعيين أفضل العناصر المتقدمة للعمل إسهاما في تحقيق أهدافها.

التوقع (نظرية فروم) (Expectancy)

١) قوة اعتقاد إنسان ما أن مستوى معيناً من الجهد سيتبعه مستوى معين من الأداء.

٢) هو تقدير موظف ما لاحتمال أن نتيجة ما ستؤدي إلى نتيجة أخرى.

الثقافة التنظيمية (Organizational Culture)

إنها مجموعة من القيم والاتجاهات والمشاعر والمعتقدات التي يعتقدها ويؤمن بها العاملون ومن ثم تؤطر قواعد السلوك والأداء في المنظمة.

الثبات الإحصائي (Reliability)

وهو معيار يبين مدى اتساق أو انسجام المعلومات التي نحصل عليها عند استخدام أداة تقييم أو اختبار في زمنين مختلفين أو من قبل أشخاص مختلفين.

الحاجة إلى القوة (ماكليلاند) (The Need of Power-nPow)

وهي الحاجة إلى أن يكون الإنسان مؤثراً في الآخرين، وأن يجعلهم يسلكون بطريقة معينة تتفق وما يريد.

الحاجة إلى الانجاز (ماكليلاند) (The Need for Achievement-nAch)

وهي الحاجة إلى أن يبذل الإنسان جهداً، وإن يحقق انجازات معينة، وأن يتفوق وفقاً لمعايير معينة.

الحاجة التدريبية (A Training Need)

وجود تناقض أو اختلاف حالي أو مستقبلي بين وضع قائم وبين وضع مرغوب فيه في أداء منظمة أو وظيفة أو أفراد في أي من المعارف أو المهارات أو الاتجاهات أو في هذه النواحي جميعاً، ويستطيع التدريب المنظم والمخطط يمكن ان يعاون في معالجة التناقض والاختلاف.

الحاجة غير التدريبية (Non training Need)

وجود نقص في المنظمة يعالج بغير التدريب مثل ادخال التكنولوجيا أو تغيير أساليب العمل أو تعيين موظفين جدد او الاستغناء عن موظفين أو غير ذلك من الحلول.

الحدود (Boundaries)

وهي الخطوط التي تفصل النظام عن بيئته الخارجية.

حركة رأس المال الفكري (Intellectual Capital)

ترتبط هذه الحركة بحركة ثورة المعرفة، بل إنها تقع في قلبها. والواقع أن هناك عدة تحولات أو عوامل أدت إلى بروز حركة رأس المال الفكري ومنها:

(١) عولمة الاقتصاد وازدياد حركة رأس المال والتحولات المالية، وظهور الأسواق العالمية بمنتجات تنتج كونياً وتسوق وتروج بواسطة وسائل ومنافذ دولية. وقد دفع ذلك المؤسسات لكي تزيد من قدرتها على التكيف (Adaptability) والإبداع (Innovation) وتسريع دورة عملياتها (Process Speed). مما يتطلب قدرات فكرية متنوعة لدى مديري تلك المؤسسات والعاملين بها.

(٢) ازدياد أهمية القيم المرتبطة بالمعرفة التخصصية (Specialized Knowledge).

(٣) بروز الدور الذي تقوم به المعرفة كعامل متميز من عوامل الانتاج (Distinct Factor of Production).

(٤) الإدراك المتزايد لأهمية القدرارت الفكرية والعقلية والمعرفية التي يمتلكها العاملون في المؤسسات في إعطاء تلك المؤسسات الميزة التنافسية المستدامة (Sustainable Competitive Advantage).

يتكون رأس المال الفكري من العناصر التالية:

- رأس المال البشري (Human Capital)
- رأس مال العلاقات (Relations Capital)
- رأس المال الاجتماعي (Social Capital) ورأس المال البيئة (Environmental Capital)
- الأصول الفكرية المعرفية (Intellectual Knowledge Assets)
- رأس المال الداخلي (الملكية الفكرية) (Intellectual Property)

الحضارة (Culture)

هي كل ما صنعه الإنسان في بيئته خلال تاريخه الطويل في مجتمع معين، وتشمل اللغة والعادات والتقاليد وآداب السلوك العام، والقيم، والمثل، والأدوات، والفنون والآداب، وأية قدرات وتقاليد يكتسبها الإنسان بصفته عضواً في مجتمع.

الحكم الصالح الرشيد (الحكومة الصالحة) (Good Governance)

يتضمن مفهوم الحكم (ويسميه البعض الحاكمة) Governance بعدين هما الجانب الاداري والاقتصادي والجانب السياسي. ويؤكد الحكم الصالح (الحكم الرشيد) على جوانب منها حقوق الانسان والعملية الديمقراطية والعلاقة بين آليات السوق والتدخل الحكومي، وادخال أساليب إدارة الأعمال في المنظمات العامة، وقياس الأداء، والتمكين، ومعاملة متلقي الخدمة على أنهم زبائن، والتركيز على منظمات المجتمع المدني . ومن أسس الحكم الصالح المساءلة والشفافية.

الحوافز (Incentives)

١. هي تلك المواقف أو المثيرات الخارجية التي تثير وتحرك الدوافع (الحاجات والرغبات).

٢. هي كل الأدوات والخطط والوسائل التي تستخدمها الإدارة لبدء سلوك ما أو إيقافه أو تشجيعه أو تنشيطه أو توجيه اتجاهه أو تغيير شدته.

الخدمة العامة (Public Service)

هي ذلك النشاط الذي يقوم به جميع العاملين في كافة الأجهزة والوحدات التي يتكون منها الجهاز الاداري للدولة ذات الصفة المدنية، سواء كانوا موظفي الوزارات والمصالح أو موظفي المؤسسات العامة.

خرائط الإحلال (Replacement Charts)

وهي خرائط بيانية تستخدم لملء الشواغر في المنظمة، وتتضمن معلومات عن المديرين الذين يمكن أن يخلفوا غيرهم في المنظمة نتيجة التقاعد أو النقل مثلاً.

الدافعية (Motivation)

١. هي كل ما يتعلق بتلك القوى التي تنشط السلوك الانساني، أو تحافظ عليه في مستوى معين أو توجهه وجهة معينة أو توقفه.

٢. هي كل ما يتعلق بتلك القوى التي تحافظ على أو تغير اتجاه طبيعة وشدة سلوك ما.

٣. هي قوة تعتبر نتاجاً لعمليات داخلية على الفرد، تثير حماسه واصراره واندفاعه للقيام بعمل معين.

الدوافع (Motives)

هي الرغبات والحاجات وأية قوى مشابهة تسيِّر وتوجه السلوك الانساني نحو أهداف معينة.

دورات الحياة المهنية (Career Life Cycle)

وهي الدورة التي يمر بها الفرد أثناء عمله في منظمة بدءاً من بداية حياته المهنية وحتى التقاعد، وتشتمل تلك الدورة على أربعة مراحل هي التجربة والنمو، والإنتاج والتداعي.

الذكاء العاطفي (Emotional Intelligence)

هو الاستخدام الذكي للعواطف، أي أن يطوّع الانسان عواطفه لتعمل من أجله، ويتكون من مهارات هي:

معرفة الانسان لعواطفه، ومهارة ادارة العواطف، ومهارة تحفيز النفس، ومهارة التعرف على عواطف الآخرين أو التقمص الوجداني (Empathy) ومهارة توجيه العلاقات الانسانية.

رسالة التنظيم (Mission)

هي الوظيفة الأساسية أو المهمة الأساسية للتنظيم.

سلم التقدير التمثيلي البياني (Graphic Rating Scale)

أداة من أدوات التقييم، يقدَّر فيها أداء الموظف أو صفاته على خط متصل يبدأ بدرجة قليلة وينتهي بدرجة مرتفعة.

سلم التقدير السلوكي

(Behaviorally-Anchored Rating Scales (BARS)

أداة حديثة من أدوات تقييم الأداء، تحاول أن تقيم كيف تم أداء موظف معين عن طريق ابراز أهمية الأهداف التطويرية، والتركيز على الوظائف الفردية، وتحديد السلوك الذي يقيم بشكل محدد يمكن ملاحظته وقياسه.

السياسات (Polices)

هي مبادىء أو مجموعة مبادىء تدعمها قواعد عمل تساعد على تحقيق أهداف المؤسسة بنجاح.

الشفافية (Transparency)

هي من أسس الحكم الصالح، وتعني توفر المعلومات وسهولة الحصول عليها من قبل المواطنين أو الأطراف ذات العلاقة بقضية من القضايا العامة.

الصدق الاحصائي (Validity)

وهو معيار لقياس ما صممت أداة اختيار لقياسه، أي التأكد من أن ما جمع من معلومات من خلال أية طريقة متبعة يرتبط ارتباطاً وثيقاً بما هو مطلوب قياسه.

طريقة التوزيع الاجباري (Forced-Distribution)

أداة من أدوات تقييم الأداء، وفيها يطلب إلى المقيِّم أن يقيم عدداً من الموظفين وفق توزيع معد سلفاً (اجباري) ويقوم بالتالي بتقسيمهم إلى مجموعات الضعفاء، والأقل من متوسط، والمتوسطين، والأعلى من متوسط، والممتازين.

العملية التدريبية (Training Process)

هي مجموع الأنشطة أو العمليات الفرعية التي توجه لعدد من المتدربين لتحقيق أهداف معينة في برنامج تدريبي معين، وتحدث الأثر أو الآثار المطلوبة منه.

العملية الدافعية الأساسية (Basic Motivational Process)

وهي الطريقة التي تؤثر فيها الدوافع على سلوك الانسان، وتتكون من حاجات ورغبات وتوقعات توجد توتراً لدى الانسان فيقوم بسلوك معين لتحقيق هدف تخفيف التوتر، مما قد يرسل اشارات أو تغذية راجعة عن تأثير سلوكه.

العمليات (Processes)

وهي تفاعلات تتم داخل النظام.

عوائد داخلية (Intrinsic Rewards)

وهي عوائد تقدمها المنظمة للعاملين وترتبط مباشرة بالعمل الذي يقوم به الشخص وتشتمل على ظروف العمل، والصلاحيات، والترقية، والعلاقات، وأهمّية العمل.

عوائد خارجية (Extrinsic Rewards)

وهي العوائد التي تقدمها المنظمة للعاملين ولا ترتبط مباشرة بالعمل وتشتمل على الأجور والمرتبات، والمكافآت، والتأمينات، والإجازات والحوافز.

العوامل الدافعة عند فردريك هرزبرج (Motivators)

هي العوامل التي تسبب الرضا وعدم الرضا الوظيفي، وهي ترتبط بمحتوى الوظيفة مثل الانجاز، والإقرار بالانجاز، والمسؤولية، والعمل نفسه.

العوامل الصحية عند فردريك هرزبرج (Hiegene Factors)

هي العوامل التي يسبب غيابها عدم الارتياح، وهي ترتبط بالظروف المحيطة بالعمل، ومنها سياسات المؤسسة وإدارتها، والإشراف الفني، والعلاقات بين الأشخاص، والرواتب، والأمان الوظيفي.

العوامل المعوض عنها (Compensable Factors)

وهي العوامل التي سيتم بموجبها تعويض الشخص الذي يقوم بالعمل تعويضاً مادياً، كما أنها جزء من كل وصف ومواصفات الوظيفة يتم التعرف عليها من خلال تحليل الوظيفة.

العولمة (Globalization)

عرف العالم هذه الظاهرة بعناها الحديث في نهاية الثمانينات من القرن الماضي هي تطلع وتوجه اقتصادي سياسي تكنولوجي حضاري تربوي تذوب فيه الحدود بين الدول، وبين الشمال والجنوب، وبين الحضارات بعضها بعضاً، وتتواصل فيه الأمم والشعوب والدول والأفراد باستمرار وبسرعات هائلة، وينشأ اعتماد متبادل (Interdependence) بينها في جميع مجالات الحياة، كالاقتصاد والاستثمارات، والسلع والخدمات والأفكار والمفاهيم والثقافات والأشخاص.

ويتضمن مفهوم العولمة ايضاً اتجاهات (Attitudes) ومناحي (Approaches) وقيماً (Values).

للعولمة ايجابيات وسلبيات.

الفعالية (Effectiveness)

هي صفة ذات معايير تتمثل في مدى تحقيق الأهداف، والتعامل بوعي مع البيئة الخارجية، والأداء ذي المستوى الرفيع.

أو هي القيام بالأعمال الصحيحة بالشكل الصحيح.

فلسفة التنظيم (Philosophy)

وتعني التوجه العام للتنظيم ونوع الخدمة وجودة السلعة التي تقدم للجمهور.

قائمة الرصد ذات الوزن النسبي للعناصر (Weighted Checklists)

أداة من أدوات تقييم الأداء، وتحتوي القائمة على عدد من العبارات التي تصف أنماطاً سلوكية، ويعطي لكل عبارة وزن ثقل يحدده الخبراء في ضوء أهمية العبارة.

قائمة الرصد في التقييم (Check Lists)

هي أداة من أدوات تقييم الأداء، وهي مجموعة عبارات وصفية لأنماط سلوكية للموظف معينة.

قائمة المهارة (Skill Inventory)

هي قائمة متكاملة تتضمن معلومات تفصيلية كماً ونوعاً عن الموارد البشرية في المنظمة.

الموارد البشرية (منظور جزئي) ('Human Resources 'A Micro Perspective)

جميع الأفراد العاملين في المنظمة، وتشمل المديرين والعمال والمستخدمين.

الموارد البشرية من منظور كلي ('Human Resources A' Macro Perspective)

جمع سكان الدولة المدنيين منهم والعسكريين باعتبارهم مواطنين ترعاهم الدولة اقتصادياً واجتماعياً وسياسياً وثقافياً وتربوياً.

قوة الرغبة (نظرية فروم) (Valence)

١. شعور إنسان ما تجاه نتاج معين أو نتيجة معينة.

٢. هي شدة تفضيل إنسان ما لنتيجة معينة عن نتاجات أخرى.

الكفاية (Efficiency)

هي حسن استخدام الموارد والاقتصاد في النفقات، أو هي أداء الأعمال بشكل صحيح.

المساءلة (Accountability)

المساءلة في معناها الضيق التزام طرف ما بأن يخضع للمحاسبة من قبل طرف اخر والأطراف قد تكون فردا او افراد او جهة تسائل (بكسر الهمزة) فردا او افرادا أو جهة تحاسب وتساءل (بفتح الهمزة) وتقبل الأطراف الثانية ضمنا أو علانية بأن تقدم تقريرا أو كشفا بالحساب للأطراف الأولى.

مجمل قوة العمل (القوى العاملة) (Total Labor Force)

ويشمل العاملين في القوات المسلحة وقوات الأمن العام وكذلك قوة العمل المدنية التي تتكون من العاملين براتب أو أجر والعاطلين عن العمل.

مخرجات (Outputs)

وهي المنتجات أو الخدمات أو المعلومات التي ينتجها النظام وتصب في البيئة الخارجية.

المدخلات (Inputs)

وهو الموارد البشرية والأموال والمعلومات والطاقة التي ترد من البيئة الخارجية، وتصب في النظام.

مدى الأجر (Wage Range)

وهو الحد الأدنى والحد الأعلى لمعدل الأجر للفئة الواحدة.

المدخل الايجابي في التأديب (Positive Discipline)

وهو مدخل يصحح السلوك غير المرضي عنه للموظف من خلال تقبل الموظف واحترامه وتعاونه.

المدخل العقابي الانتقامي (Punitive Discipline)

وهو مدخل يقوم على الخوف والتهديد والانتقام والإرهاب في التأديب.

المدخل الوقائي في التأديب (Preventive Discipline)

وفيه تدار أمور العاملين بطريقة تقيهم من إيقاع إجراءات التأديب عليهم.

المرجع المقارن (Comparison Referent)

أحد المفاهيم الأساسية في نظرية العدالة، ويعني أي فرد أو مجموعة من الأفراد أو النظام الذي يحاول الإنسان أن يقارن نفسه بهم.

مركز التقييم (Assessment Center)

وهو وسيلة لاختيار الإداريين في مستوى الإدارة العليا حيث يقيَّم المرشحون للوظيفة في هذا المركز لعدة أيام يتعرضون خلالها لوسائل اختيار مختلفة كالمقابلة والتمارين الإدارية بغرض التأكد من خبراتهم وقدراتهم ومدى ملاءمتهم للوظيفة.

المعززات (المدعمات) (Reinforcements)

هي النتائج التي تعقب مباشرة استجابة ما من الإنسان، وتزيد من احتمال تكرار ذلك السلوك في المستقبل، وقد تكون معززات ايجابية كالثناء أو معززات سلبية أو عقاباً أو تجاهلاً. وب.ف سكنر هو صاحب الفكرة.

المقابلة (Interview)

هي وسيلة لتبادل الرأي بين الطرفين، وتستخدم في عملية اختيار الموظفين أو تقييم الأداء في إدارة القوى البشرية.

المقابلة المشوبة بالتوتر: (Stress Interview)

وهي نوع من المقابلة يخلق جواً مقصوداً من التوتر بغرض الكشف عن كيفية تصرف المرشح وكيف سيتصرف وما طبيعة سلوكه.

المقابلة المنمَّطة (Patterned Interview)

وهي المقابلة التي يتم إعدادها والتخطيط لها قبل إجراء المقابلة حيث يتم تحديد الأسئلة التي يجب أن تسأل واختيار ثباتها وصدقها الاحصائي قبل طرحها على المتقابلين.

المقابلة الموجهة (Directed Interview)

هي نمط من المقابلة المنمطة يترك فيه الحرية للمقابل أن يوجه ما يرغب من أسئلة في محاولة لكشف حقيقة المرشح للوظيفة وشخصيته.

المقارنة الثنائية (Paired Comparison)

أداة من أدوات تقييم الأداء يقوم فيها المقيِّم بمقارنة الموظف بكل موظف من زملائه، والترتيب النهائي يكون بتحديد عدد المرات التي كان فيها الموظف متفوقاً على الآخرين.

مقارنة العوامل (Factor Comparison)

هي طريقة من طرق تقييم الوظائف تقارن بها الوظائف من خلال تحديد عوامل أساسية في كل وظيفة بحيث تشكل تلك العناصر أسس المقارنة، ويقارن كل عامل في كل وظيفة على حدة مع عامل آخر في وظيفة أخرى.

المقال كأداة تقييم (Essay Type Technique)

أداة من أدوات تقييم الأداء يطلب فيها إلى المقيم أن يكتب مقالاً أو تقريراً عن أداء الموظف، وأن يبرز نقاط قوته ونقاط ضعفه.

المناخ التنظيمي (Organizational Climate)

هو خصائص البيئة الداخلية للمنظمة، وتبرز في شعور العاملين العام بها، كما تبرز في وصفهم لتلك الخصائص بصفات معينة كالدفء أو البرود.

المنظمة (التنظيم) (Organization)

مجموعة أفراد يتفاعلون معاً تفاعلاً تبادلياً، ويقومون بصورة مستمرة، بأنشطة لتحقيق أهداف معينة ضمن موارد متاحة، وينظم علاقاتهم هيكل تنظيمي يتضمن وحدات

تنظيمية مختلفة تعمل على تحقيق تلك الأهداف، وتتفاعل المنظمة بكل عناصرها مع البيئة الخارجية المتغيرة.

المنظمة الساعية للتعلم (Learning Organization)

هي تلك المؤسسة التي استطاعت ان تنسج في كيانها وحضارتها (Culture) قدرة مستمرة متجددة على التعلم والتكيف والتغير، وهي تشجع وتسرع التعلم لجميع العاملين فيها. وينتج عن هذا تحسن مستمر في مجالات عدة كالعمليات والمنتجات والخدمات وهياكل ووظائف أعمال الأفراد، وفرق العمل، والممارسات الادارية.

مواصفات الوظيفة (Job Specifications)

تتمثل في تحديد المهارات والخبرات والقدرات التي يجب توفرها في شاغل الوظيفة.

الميل إلى التقييم العشوائي (Tendency of Random Response)

خطأ يقع فيه المقيم، وفيه لا يهتم بمراعاة الدقة في تقديراته بل يهتم بأن يقال عنه بأنه غير متحيز، ومن ثم فإنه يعطي وبشكل عشوائي تقديرات متفاوتة للعاملين دون أن تعكس تقديراته حقيقة أداء أولئك العاملين.

الميل إلى التشدد في التقييم (Strictness Leniency)

خطأ من الأخطاء التي يقع فيها المقيِّم، وفيه يتجه إل اعطاء جميع العاملين تقديرات عالية، فيمنح العاملين ذوي الأداء الرديء تقديرات متوسطة، ويمنح البقية من العاملين تقديراً عاليا.

الميل نحو الوسط في التقييم (Central Tendency)

خطأ من الأخطاء التي يقع فيها المقيِّم، وفيه يميل إلى تقييم كل العاملين على أنهم متوسطون في أدائهم، ويتردد في إعطاء تقدير ضعيف أو ممتاز لبعض العاملين.

النجاح النفسي (Psychological Success)

هو نوع من الترابط والتكامل بين جميع عناصر الذات بحيث يستطيع الفرد أن يلعب عدة أدوار مختلفة في حياته المهنية والعائلية والاجتماعية في نفس الوقت.

النتاجات (نظرية فروم) (Outcomes)

هي ما يحصل عليه انسان نتيجة أداء وجهد.

نسبة الاختيار (Selection Ratio)

هي نسبة من تم اختيارهم لملء الشواغر في المنظمة إلى عدد من المرشحين المتقدمين للاختيار.

النظام (System)

هو مجموعة عناصر أو أشياء مترابطة أو متفاعلة تشكل معاً وحدة واحدة متشابكة فالكون نظام، ومجلس الخدمة المدنية نظام، وإدارة القوى البشرية نظام.

نظام الحوافز (Incentives System)

هو خطط دفع الأجور التي تربط دفع الأجور مباشرة أو غيره بإنتاجية العاملين أو بأرباح الشركة.

نظام النقاط (Point System)

هو طريقة لتقييم الوظائف، وتقتضي تفتيت الوظيفة إلى العوامل الأساسية المكونة لها وتقدير قيمةٍ لكل عامل بعدد محدد من النقاط بحيث يمكن تحديد درجة أهمية الوظيفة بالمقارنة مع الوظائف الأخرى في ضوء مجموع النقاط التي تحصل عليها كل وظيفة.

النظام المتعاقب (Successive Hurdle)

وهو نظام يتبع في اختيار الأشخاص لملء الشواغر على أساس تقسيم عملية الاختيار إلى عدة مراحل ويستخدم في كل مرحلة وسيلة اختيار معينة ويجب على المرشح أن يجتاز بنجاح كل مرحلة قبل الانتقال إلى المرحلة التالية حتى نهاية كافة المراحل المتبعة.

نظام التعويض (Compensatory Approach)

وهو نظام يقوم على افتراض مؤداه أن الفشل في مرحلة من مراحل الاختيار يمكن تعويضه من خلال النجاح في مرحلة أخرى.

نظريات عمليات الدوافع (Process Theories of Motivation)

هي نظريات تحاول أن تصف وتفسر عمليات كيف يبدأ الانسان سلوكاً ما، وكيف يوجهه، وكيف يحافظ عليه عند مستوى معين، وكيف يوقفه. ومن النظريات الشهيرة فيها نظرية فروم وزملائه في التوقعات، ونظرية العدالة، ونظرية تحديد الأهداف.

نظرية مازلو في تدرج الحاجات (Maslow's Need Hierarch Theory)

تذهب هذه النظرية إلى أن الناس يحرصون على إشباع حاجات مرتبة ترتيباً هرمياً في تكوينهم الجسمي والنفسي. وهذه الحاجات هي الحاجات الفسيولوجية (الاساسية)، والحاجة إلى الأمان، والحاجة إلى الإنتماء، والحاجة إلى تقدير الذات، والحاجة إلى تأكيد (تحقيق) الذات.

نظريات محتوى الدوافع (Content Theories of Motivation)

هي نظريات تركز على العوامل المحددة التي تحرك سلوك الإنسان، ومن النظريات الشهيرة فيها نظرية أبراهام مازلو في تدرج الحاجات، ونظرية هرزبرج في العوامل الدافعة والعوامل الصحية، ونظرية ماكيلاند في الحاجات الثلاث المكتسبة.

نظرية الدوافع الاجتماعية (Social Motives)

هي نظرية معاصرة ترى أن تحركنا دوافع نابعة من المجتمع، فالانسان كائن اجتماعي يحيط به الناس ويؤثرون على سلوكه.

من الدوافع في هذه النظرية:

- احترام الآخرين للانسان (وجود حاجة عميقة لدى الانسان لان يحترمه الآخرون)

- تجنب التنافر المعرفي (Cognitive Dissonance) (أي أن الانسان يتجنب ان لا يحدث تناقض بين اتجاهاته او اعتقاداته او قيمه أو سلوكه، فيسعى الانسان الى التخفيف من ذلك التناقض أو التنافر).

نظرية الدوافع العقلية (Cognitive Motives)

هي نظرية معاصرة ترى ان الطريقة التي نفكر بها تدفعنا الى القيام بسلوك معين.

من الدوافع في هذه النظرية:

- البنى العقلية الشخصية (Personal Constructs) (هي النظريات الخاصة التي كونها الانسان عن اشخاص في الماضي وتدفعه إلى النظر الى اناس جدد يلتقيهم من نفس المنظور) من هذه البنى العقلية النبوءات التي تحقق نفسها (Self -fulfilling Prophecy) (أي تلك التوقعات او التنبوءات التي يحملها الآخرون عنا وتؤثر على سلوكنا)

- وسائل الدفاع نفسها (Defense Mechanism)
- الايمان بالكفاءة الذاتية (Self-efficacy Beliefs) (أي الاعتقاد الذي نحمله عن مدى فعاليتنا في انجاز الاعمال .
- العجز المكتسب المتعلم (Learned Helplessness) (ويعني استسلام شخص ما والتحول الى انسان سلبي عاجز نتيجة لخبرات مؤلمة وقاسية مر بها)
- الاعتقاد بمدى سيطرة الانسان على مصيره (أي اعتقاد الانسان ان ما يجري في حياته يعزى الى اراداته الحرة واختياره).

هيكل الأجور (Wage Structure)

وهو الهيكل الذي يعكس عدد الفئات (الدرجات) المالية في المنظمة وعدد الوظائف التي تحتويها كل فئة، وكذلك بعد أن يتم تقييم كافة الوظائف، كما يعكس هذا الهيكل مدى كل فئة ونسبة التداخل فيها.

الوسيلة (الواسطة) (نظرية فروم) (Instrumentality)

١. هي العلاقة بين الأداء والنتائج.

٢. هي اعتقاد محتمل يحمله إنسان بان أداء ما سيؤدي إلى نتيجة معينة.

وصف الوظيفة (Job Description)

يتمثل وصف الوظيفة في إعداد وصف عن متطلبات الوظيفة كالواجبات والمسؤوليات، وظروف العمل والأدوات المستخدمة فيها.

الوقوع في التحيزات الشخصية (Personal Biases)

خطأ من الأخطاء التي يقع فيها المقيِّم حيث ينجذب إلى صفات شخصية معينة في الموظف، أو قد يحمل كرهاً لمجموعات من الناس على أساس لونهم أو عقيدتهم أو جنسهم، وتؤثر هذه التحيزات في تقييمه لأداء العاملين، فلا يكون موضوعياً.

المراجع العربية والأجنبية
(BIBLIOGRAPHY)

المراجع العربية

أبو شيخة، نادر مع آخرين. **بعض سياسات الأفراد بالجهاز الحكومي بالمملكة الأردنية الهاشمية.** المنظمة العربية للعلوم الإدارية: ١٩٨٥ .

أنس، محمد. **نظم الترقية في الوظيفة العامة وأثرها في فاعلية الإدارة.** القاهرة، دار النهضة العربية، ١٩٧٣.

بركات، حليم. **المجتمع العربي المعاصر، بحث استطلاعي اجتماعي**، بيروت، نيسان(ابريل) ١٩٨٤.

بارزنيك، ديفيد. **اخلاقيات العلم . مدخل** (ترجمة د. عبد النور عبد المنعم ومراجعة د. يحيى طريف الخولي. الكويت. المجلس الاعلى للثقافة والفنون والاداب. العدد ٣١٦ من سلسلة عالم المعرفة، يونيه ٢٠٠٥ .

برنامج الأمم المتحدة الإنمائي. الصندوق العربي للإخاء الاقتصادي والاجتماعي: **تقرير التنمية الإنسانية العربية للعام ٢٠٠٣ نحو اقامة مجتمع المعرفة.**

برنامج الأمم المتحدة الانمائي والصندوق العربي للانماء الاقتصادي والاجتماعي وبرنامج الخليج العربي لدعم منظمات الأمم المتحدة الانمائية، **تقرير التنمية الانسانية العربية للعام ٢٠٠٤. نحو الحرية في الوطن العربي.** عمان: المطبعة الوطنية، ٢٠٠٥.

جلميران، عمار نجم الدين. **تصميم البرامج التدريبية**، ورقة غير منشورة، ١٩٨٤.

حبيش، فوزي. **الموظف العام: حقوقه وواجباته.** المنظمة العربية للعلوم الإدارية: ١٩٨٢.

حبيش، فوزي. **الوظيفة العامة وإدارة شؤون الموظفين.** منشورات المنظمة العربية للعلوم الإدارية. العدد ٢٦٢.

حسن، عادل. **إدارة الأفراد**. الإسكندرية: دار الجامعات المصرية، ١٩٨٢.

الحلبي، حسن. **الخدمة المدنية في العالم**. بيروت: منشورات عويدات، ١٩٨١.

خطاب، محمد عبد المنعم. **كفاءة التدريب وفعاليته، الأسس العلمية والمداخل الإجرائية في بحوث ندوة التخطيط وتنفيذ البرامج التدريبية**. الرياض: معهد الادارة العامة.

درة، عبد الباري. "الإدارة بالأهداف: فلسفة ومدخل فعالان في الإدارة". **مجلة الإدارة العامة** العدد ٢٩، مايو ١٩٨١، ص ص ٣٣-٥٤.

درة، عبد الباري. **العامل البشري والانتاجية في المؤسسات العامة**. عمان: دار الفرقان، ١٩٨٢.

درة، عبد الباري. "التدريب الإداري: بيئته، أسسه وافتراضاته الفكرية". **المجلة العربية للإدارة**، عدد ٣، مجلد ٤ ، أكتوبر ١٩٨٠، ص ص ٦٠-٧١.

درة، عبد الباري، "تقييم البرامج التدريبية في ضوء المنحنى المبني على نظرية النظم". **المجلة العربية للإدارة**. عدد ١، ٢ مجلد ٥ يونيو ١٩٨١، ص ص ٥٨-٦٥.

درة، عبد الباري. **تكنولوجيا الأداء البشري في المنظمات: الأسس النظرية ودلالاتها في البيئة العربية المعاصرة**. القاهرة: المنظمة العربية للتنمية الإدارية، ٢٠٠٣.

درة، عبد الباري وآخرون. **الحقائب التدريبية**. بغداد: معهد النفط العربي للتدريب، ١٩٨٨.

درة، عبد الباري. **دور النقابات والجمعيات المهنية في تنمية الموارد البشرية في الأردن**. عمان: المركز الوطني لتنمية الموارد البشرية، ٢٠٠٦.

درة، عبد الباري "**العولمة والنوعية في التعليم الجامعي والعالمي**" بحث غير منشور، المؤتمر العلمي، الجامعات العربية وتحديات القرن الحادي والعشرين"، صنعاء: ١٩٩٧، اتحاد الجامعات العربية.

درة، عبد الباري وآخرون: **مشروع تصنيف الوظائف الإدارية والفنية في جامعة اليرموك**، الأردن: ١٩٧٨.

درة، عبد الباري. "نظرية الإدارة الموقفية. أصولها وانعكاساتها على الإدارة في الوطن العربي" **المجلة العربية**. عدد ٣، مجلد ٣، أكتوبر ١٩٧٩، ص ص ٤-١٣.

الريماوي، محمد عودة (محرراً). **علم النفس العام**. عمان: دار المسيرة، ٢٠٠٤.

سعيد، نضال محمد. "**مدخل إلى العملية التدريبية، المفهوم والممارسة**"، ورقة غير منشورة، ١٩٨٤.

السلمي، علي. **إدارة الأفراد لرفع الكفاية الإنتاجية** ، القاهرة: دار المعارف، ١٩٧٠.

سليمان، حنفي. **الأفراد**. الإسكندرية: دار الجامعات المصرية.

شفيق، محمد نوري. **الدراسة في مرحلة التعليم العالمي بين الواقع والمطلوب**. المملكة الأردنية الهاشمية، مجلس التعليم العالي، ١٩٨٤، عدد ٧.

الشنواني، صلاح. **إدارة الأفراد والعلاقات الصناعية**. الإسكندرية: مؤسسة شباب الجامعة، ١٩٨٣.

الصايغ، يوسف. "التنمية العربية والمثلث الحرج في التنمية العربية، الواقع الراهن والمستقبل". **المستقبل العربي**، بيروت، ١٩٨٤.

الصباغ، زهير. "الإدارة بالأهداف كأسلوب لتقييم الأداء". **مجلة التنمية الإدارية**. العدد١٦، أغسطس ١٩٨١، ١١-٣٣.

الصباغ، زهير. "التدقيق الاستراتيجي لإدارة الموارد البشرية". **مجلة جامعة الملك سعود**، م٢، ١٩٩٠.

الصباغ، زهير. "التسرب بين العاملين وانعكاساته الإدارية". **الإدارة العامة**. العدد ٣٨، يوليو ١٩٨٣، ١٥٠-١٦٥.

الصباغ، زهير. "تقييم الوظائف كمدخل لعدالة الأجر". **الإدارة العامة**، العدد ٣١، نوفمبر ١٩٨٢، ١٣١-١٥٢.

الطويل، محمـد عبـد الـرحمن. "دور الإدارة العامـة في التنميـة الاقتصادية والاجتماعية". المجلة العربية للإدارة، عدد ٢، ١ السنة الربعة يونيو ١٩٨٠.

عاشور، أحمد صقر "إدارة رأس المال الفكري – آفاق إستراتيجية وتحديات جديدة لإدارة مـنظمات القـرن الحـادي والعشرـين" المؤتمر الـدولي الثامن عشر للتدريب والتنمية الإدارية، القاهرة ٢٠٠٠ .

عاشور، أحمد صقر. إدارة القوى العاملة. بيروت ، دار النهضة العربية، ١٩٨٣.

العبد، جعفر. "تعريف التدريب وتحديـد الاحتياجـات التدريبيـة". إدارة البحوث والدراسات بمركز ابروماك- القاهرة. العدد ١-٤.

عبد الحميد، رشيد، وزميله. اخلاقيات المهنة، الطبعة الثانية، ١٩٨٥.

عبد الهادي، حمدي أمين. التقرير العام حول إصلاح نظم الخدمة المدنية بالـدول العربية. عمان: المنظمة العربية للعلوم الإدارية، ١٩٧٩.

عبد الواسع، عبد الوهاب. علم الإدارة والأفراد. الرياض: دار تهامة للنشر، ١٩٨١.

عبد الوهاب، عـلي محمـد. التـدريب والتطوير: مـدخل علمي لفعاليـة الأفراد والمنظمات. الرياض: معهد الإدارة العامة، ١٩٨٠.

عبد الوهاب، عـلي محمـد. العلاقـات الانسـانية في الانتاج والخدمات، القاهرة: مكتبة عين شمس، ١٩٨٥.

عبيد، عاطف. إدارة الأفراد والعلاقات الإنسانية. القاهرة: ١٩٧٠.

العلي، وجيه عبـد الرسـول. الإنتاجيـة: مفهومهـا، قياسـها، العوامـل المـؤثرة فيهـا. بيروت: دار الطليعة، ١٩٨٢.

علي، نبيل. العرب وعصر المعلومات. الكويت: المجلس الـوطني للثقافـة والفنـون والآداب، العدد ١٨٤ من سلسلة عالم المعرفة.

عليان، عبد الله. "الاحتياجات التدريبية" ورقة غير منشورة، ١٩٨٤.

الغمري، إبراهيم. **الأفراد والسلوك التنظيمي**. الإسكندرية: دار الجامعات المصرية، ١٩٨٢.

غوشة، زكي راتب. **اخلاقيات الوظيفة في الادارة العامة**. عمان، مطبعة التوفيق، ١٩٨٣.

الكايد، زهير. **الحكمانية: قضايات وتطبيقات**. القاهرة: المنظمة العربية للتنمية الإدارية، ٢٠٠٣.

الكبيسي، عامر. **إدارة شؤون الموظفين والعاملين في الخدمة المدنية**. بغداد، دار الكتاب، ١٩٨٠.

ليمان، اوليفر (محرراً) . **مستقبل الفلسفة في القرن الحادي والعشرين. آفاق جديدة للفكر الانساني** (ترجمة مصطفى محمود محمد) الكويت: المجلس الوطني للثقافة والفنون والآداب، العدد ٣٠١ من سلسلة عالم المعرفة، مارس ٢٠٠٤.

مرعى، توفيق وزميله. **اخلاقيات مهنة التعليم**. سلطنة عمان، وزارة التربية والتعليم وشؤون الشباب، ١٩٨٦.

مريان، نادر. **"واقع الفقر في الأردن" في البطالة والفقر واقع وتحديات**. الأردن، المغرب، مصر، تونس، لبنان تحرير خالد الوزني، بيروت: المؤسسة العربية: ٢٠٠٠.

مقلد، إسماعيل صبري. **دراسات في الإدارة العامة مع بعض تحليلات مقارنة**. مؤسسة الصباح: ١٩٨٠.

المملكة الأردنية الهاشمية: نظام الخدمة المدنية رقم (٣٠) لسنة ٢٠٠٧.

منصور، احمد منصور. **المبادئ العامة في إدارة القوى العاملة**". الكويت: وكالة المطبوعات، ١٩٧٩.

منصور، أحمد منصور. **تخطيط القوى العاملة بين النظرية والتطبيق**. الكويت: وكالة المطبوعات، ١٩٧٩.

النابلسي، محمد سعيد. "الاقتصاد العربي راهناً ومستقبلاً" في **التحولات الاقتصادية العربية والالفية الثالثة**، تحرير منذر الشرع، عمان: مؤسسة عبد الحميد شومان، بيروت: المؤسسة العربية، ٢٠٠٤.

ياسين، سعد غالب. "المعلوماتية وإدارة المعرفة- رؤيا إستراتيجية عربية". **المستقبل العربي** السنة ٢٣، العدد ٢٦٠، أكتوبر ٢٠٠٠ .

ياغي، محمد عبد الفتاح. **الاخلاقيات في الإدارة**، عمان ١٩٩٥ .

المراجع الأجنبية

Allee, Verna. **The Knowledge Evolution. Expanding Organizational Intelligence**. Boston: Butterworth- Heinemann, 1997.

Aplin, J. 'Issues and Problems in Developing Managerial Careers and Potentials'. **Business Quarterly**, Summer,1978, PP.22-29 .

Amsden, David. Robert and Others " TQM : Core Paradigm Changes. " **Business Horizons**, Vol. 34, No.6, November 1996 , PP. 6-14 .

Anthony, William. **Human Resources Management: A Strategic Approach** 3rd .ed. New York: **Dryde Press**, 1999 .

Bank, John. **The Essence of Total Quality Management**. NewYork: Prentice Hall, 1992 .

Barkhouse, R. 'Career Development: Whose Responsibility'. **SAM Advance Management Journal**, Summer, 1978, PP.51-57.

Bartholoman, D.J.**Manpower and Management**. The English University Press,1970 .

Baumaback, Cliford. **Structural Wage Issues In Collective Bargaining**. Heath Lexington Book, 1971 .

Boyatzis, Richard. **The Competent Manager: A Model For Effective Performance**. John Wiley Sons, 1982 .

Boydell, T.H. A **Guide to the Identification of Training Needs**. British Association for Commercial and Industrial Education,1979.

Boydell, T.H. A **Guide to Job Analysis**. British Association for Commercial and Industrial Education, 1973 .

Beach, Dale. **Personnel-The Management of People at Work**. Macmillan Publishing Company, 1980.

Beach, Raber. **Motivation: Theories and Principles**. Prentice Hall, 1983.

Belcher, David. **Compensation Administration**. Prentice-Hall, 1974.

Bennett, Joan Kremer and O'Brien Michael J. "The Building Blocks of the Learning Organization". **Training** . Vol. 319. No. 6 (June 1994) PP.41-49.

Bramham, John. **Practical Manpower Planning**. London. Institute of Personnel Management, 1978.

Brown, D. 'Career Planning for the Employees Development'. **California Management Review**, (Winter, 1977), PP. 23-35.

Burgess, Leonard. **Wage and Salary Administration**. Charles Miller, 1984.

Byers, Kenneth (ed.) **Employee Training and Development in the Public Service.** Public Personnel Association, 1976.

Biech, Elaine. **Training for Dummies,** New Jersey: Wiley Publishing, 2005.

Carlson, R.C. 'Improvement in the Selection Interview'. **Personnel Journal**, V.50 (1971), PP. 268-275 .

Carrell, M. and Kuzmit, F. **Personnel Management of Human Resources**. Charles Merrill Publishing Company, 1982.

Chernis, Cary and Adler, Mitchel. **Prompting Emotional Intelligence in Organizations. Make Training in Emotional Intelligence Effective**. Alexandria, VA: The American Society for Training & Development, 2000.

Cherrington, David. **Personnel Management**. Brown Company Publisher, 1983.

Conway, Charney & Kathy. The Trainers Tool Kit. 2nd ed. New York: **American Management Association**, 2005 .

Crane, Donald. **Personnel: The Management of Human Resources**. Wadsworth Publishing Company Inc., 1979.

Davis, K. and W. Werther. **Personnel Management and Human Resources**. Mc Graw-Hill, 1983 .

Davis, Keith. **Human Behavior at Work: Organizational Behavior**. McGraw- Hill, 1981 .

Davies, Ivor. **Instruction Technique**. Mc Graw-Hill, 1981 .

Dessler, Gary. **Humon Resource Management** 8th .ed. New York: Prentice hall, 2002 .

Donaldson, Les. **Huamn Resource Development: The New Trainer's Guide**. Addison-Wesley Publishing Company, 1978 .

Drucker, Peter F. **Management Challenges For the 21st Century**. NewYork: Hurper Business, 1999.

Duncan, Jack. **Organizational Behavior**. Haughton Mifflin, 1981.

Dunn, J and F. Rachell. **Wage and Salary Administration: Total Compensation System**. McGraw Hill, 1971.

Dunnettee, M.D. **Personnel Selection and Placement**. Brooks Publishing Company, 1966.

Dyke, Vone, " **Outsourcing from Pain to Gain** " System Review, November, 1996 .

Elsabbagh, Zoheir 'Human Resources Accounting and Personnel Management'. **Journal of Management Business and Economic** 1983, PP. 334-345.

Flippo, Edwin. **Personnel Management**. McGraw-Hill, 1984.

French, Wendell. **The Personnel Management**. Houghton Mifflin Company, 1978.

Galagan, Patricia A. How Wallace Change Its Mind. **Training and Development**, Vol. 45, No.6 June 1991.

Galbraith, John. **The New Industrial State**. Houghton Mifflin, 1967.

Glueck, William. **Personnel: A Diagnostic Approach**, Busines Publishing Company, 1982.

Ginzberg, E. **The Development of Human Resources**. McGraw Hill, 1966.

Ginsburg, L. 'Career Planning : Help Your Organization Grow'. **Supervisory Management**, (June, 1977), PP.9-16

Hodgetts, Richard and Steven Altman. **Organizational Behavior**. W.B.Saunders Company, 1979.

Goleman, Daniel. **Emotional Intelligence**. New York: Bantam Books, 1995.

Gray, Jerry. And Other. **Organizational Behavior**. Charles Merrill Publishing Company, 1984.

Hayes, Nicky. **Psychology**. London: Hodder & Stougnton Educational, 2003 .

Hayres, Marlon. 'Developing An Appraisal Program'. **Personnel Journal**, (January,1978), PP. 16-21 .

Hawk, **P. H. The Recruitment Function**. AMACOM, The American Management Association, 1967.

Hellriegal, Don and Other . **Organizational Behavior**. West Publishing Company, 1983.

House , Thomas and Bell, Arthur H. **Measuring and Managing Knowledge**. Boston: McGraw-Hill, Irwin, 2001.

Huse, Edgar Behavior in **Organizations A System Approach to Managing**. Addison Wesley Publishing Company, 1977.

Hyman, Bevely. **Training for Productivity**. American Management Association 1980.

Huselid, Mark. " Documenting **Human Resource Effect on Company Performance** " Human Resource Management, January, 1994 .

Ingalls, John D. **A Trainers Guide to Andragogy. Its Concepts, Experience & Hpplications**, Revised Edition.

Jone, Jean. 'Job Analysis: National Survey Findings'. **Personnel Journal,** (October 1969), PP. 805-815.

Joseph, Albert. ' Writing Training Materials That Turn People on'. **Training and Development Journal**. V.35, N.5. (May,1981).

Johlonsky , Joseph R. **Implementing Total Quality Management**. Overview. San Diego: Pfeifer and Company, 1991.

Kathlun, Goolsby, " **of the shoe fits" the Outsourcing Journal**, March, 2001 .

Kirkpatrick, Donald. 'Techniques for Evaluating Programs'. **Training and Development Journal**, V. 33, N.6 (June, 1979), PP. 78-92.

Klinger, Donald. **Public Personnel Management**. Prentic Hall, 1980 .

Klatt, Bruce. **The Ultimate Training Workshop Handbook**. New York : McGrow Hill, 1999 .

Knowles, Malcolm . **The Modern Practice of Adult Education. Andragogy Versus Pedagogy** . NewYork. Association Press, 1976.

Landy, F. 'The Validity of Interview'. **Journal of Applied Psychology**, V. 61 (1976), PP. 193-198 .

Locher, Alan.'Performance Appraisal – A Survey of Current Practice'. **Personnel Journal,** (May, 1977), PP. 245-254 .

Lawler, Edward and Allan Mohrman, 'Performance Appraisal Revisited'. **Organizational Dynamics**, Summer, 1984, PP. 20-35 .

Lawier, Edward. **Pay and Organization Effectiveness**. McGraw Hill, 1971.

Luthans, Fred. **Organizational Behavior**. McGraw Hill, 1977.

Lawson, Karen. **The Trainers Handbook**. 2nd.ed. San Francisco: Pfeiffer, 2006 .

Mamoria, C.B. **Personnel Management**. Himalaya Publishing House, 1980.

Matais, Robert and others. **Human Resource Management**. 9th . ed. Ohio: South Western Publishing, 2000 .

Megginson, Leon and Other. **Management: Concepts and Application**. Harper & Raw Publishers, 1983 .

Megginson, Leon. **Personnel and Human Resources Administraion**. Richard lrwin lnc., 1977 .

Megginson, Leon. **Personnel: A Behavioral Approach to Administration**. Richard lrwin lnc., 1976 .

McMurry, R. 'Validity of the Patterned lnterview'. **Personnel,** V. 23 January, 1947, PP. 263-272 .

Milkovich, G. 'The Use of Delfi Procedures in Manpower Forecasting'. **Management Science**, (December, 1972) PP. 381-388 .

Miller, Ernest. 'Setting Supervisors Pay and Pay Differatials'. **Compensation Review**. V. 10. N.3 (1976), PP. 167-185 .

Miner, John. **Theories of Organizational Behavior**, Dryden Press, 1980 .

Miner, M. **Personnel and Industrial Relations**. Macmillan Publishing Company, 1973 .

Munson, Lawrence. **How to Conduct Training** Seminars. McGraw Hill,1984.

Myers, M.S. ' Breakthrough in on the Job Training; **HBR**. V. 44, PP. 62-72.

Nadler, Leonard (ed.) **The Handbook of Human Resources Development**. John Wiley, 1984 .

Nigro, Felix and Loyd Nigro. **The New Public personnel Administration**. Peacack Publishers lnc., 1981

Norton, S.D. ' The Empirical and Content Validity Of Assessment Centers, V.S. Traditional Methods of   Predicting Managerial Success'. **Academey of Management Review**, N02., 1977, PP.442-453 .

Novit, M. **Essentials of Personnel Management**. Prentice Hall, 1979.

Olivas, Louis. ' Designning and Conducting A Training Needs Analysis'. **The Journal of Management Development**. V.2., N. 3, 1983, PP. 29-31 .

Olsaon, Richard. **Performance Appraisal: A Guide to Greator Productivity** John Wiley & Sons lnc., 1981 .

Otis, J. **Job Evaluation As Basis for A Sound Wage Administration**. Prentice Hall, 1954.

Patten, Thomas. **Manpower Planning and the Development of Human Resources**. John Wiley, 1971 .

Patten, Thomas. **Pay: Employees Compensation and lncentive Systems**. The Free Press, 1977.

Phillips, Jack. **Handbook of Training Evaluation and Measurement Methods**. Gulf Publishing Company, 1983.

Prusak, Laurence (ed.) **Knowledge In Organizations** (Boston: Butterworth-Heinemann, 1997).

Robey, Darie and Sales, Carol A. **Designing Organizations**. Fourth Edition. Burr Ridge, Illinois: Irwin , 1994.

Rosen Berg, Jerry . **The Essential Dictionary of Management & Human Resources**. New York. Barnes & Noble books 2004 .

Robbins, Stephen. **Essentials of Organizational Behavior**. Prentice Hall, 1984.

Robert, James. 'Effective Planning Strategies'. **Human Resources Planning Journal**, V. 3, 1980, PP.1-10 .

Romiszowski, A. **Designing instructional Systems**. Kogan Page, 1981 .

Schermerhorn, John and others. **Managing Organizational Behavior**. John Willey & Sons, 1983 .

Schmitt, N. ' Social and Situational Determinants of Interview'. **Personnel Psychology**, V.24, (1976), PP. 79-102 .

Schuler, Ronald. **Personnel and Human Resource Management**. West Publishing Company, 1981.

Senge, Peter M. **The Fifth Discipline . The Art and Practice of the Learning Organization** . NewYork: Currency- Doubleday , 1990.

Sikula, Andrew. **Personnel Administration and Human Resources** Management. John Wiley, 1976.

Souerwine, A. ' Career Strategies, Planning for Personal Growth'. **Management Review**, (June, 1974), PP. 55-60 .

Stahl, Glenn. **Public Personnel Administration**.. Harper and Row Publisher, 1971 .

Stephens, E. **Management of Personnel**. McGraw Hill, 1972.

Sibson, Robert. **Strategic Planning for Human Resource Management**. New York: Amacom books, 1999 .

Sparhwk, Sally. **Identifying Training needs. California**: Richard Chary Associates, Publication Division, 1995 .

Schulor, R. **Personnel & Human Resource Management**. New York: West Pmblishing Company, 1993 .

Sredl, Henry and Others. **The ASTD Refernce Guide to Professional Training . Roles & Competencies**, V.l, Massachusette, : HRD Press INC. 1987 .

Turner, William. ' **The Mathematical Basis of the Percentage Method of Job Evalution**'. Personnel, V.25, N.2, PP. 154-160 .

Walker, James. **Human Resources Planning**. McGraw-Hill, 1980 .

Watson, Charles. **Management Development Through Training**. Addison Wesley Publishing Company, 1979 .

Yader, Dale. **Personnel Management and Industrial Relations**. Prentice Hall, 1964.

Yader, Dale. **Personnel Management and Industrial Relations**. Nation Business, (December,1975),PP. 62-64 .

Vaver, Charles. ' **The right Way to Straighten out a Young Manager**'. Bureau of Industrial Relations, University of Michigan, 1967.

Vetter, E. **Manpower Planning for the Right Talent Personnel**.

Weiseninger, Hendrie . **Emotional Intelligence at Work**. San Francisco: Jossey-Bass Publishers, 1998.

Wexley, Kenneth and Gary Latham. **Increasing Productivity Through Performance Evaluation**. Addison Wesley Publishing Company, 1981 .

The World Bank. **Governance and Development**. Washington. D.C., 1992.

The World Bank. **Governance. The World Bank's Experience**. Washington. D.C., 1994.